· 毛泽东谈文论史全编 ·

顾　问：龙新民　郑欣淼　陈　晋　阎晓宏

# 评说古今中外著名战争

MAOZEDONG PINGSHUO GUJIN ZHONGWAI
ZHUMING ZHANZHENG

毕桂发　主　编
李　涛　副主编

中国文史出版社

图书在版编目（CIP）数据

毛泽东评说古今中外著名战争 / 毕桂发主编 . —— 北京 : 中国文史出版社 , 2023.12
（毛泽东谈文论史全编）
ISBN 978-7-5205-4555-6

Ⅰ . ①毛… Ⅱ . ①毕… Ⅲ . ①毛泽东军事思想 – 研究 ②战争史 – 研究 – 世界
Ⅳ . ① A841.65 ② E19

中国国家版本馆 CIP 数据核字 (2023) 第 244595 号

**责任编辑：**窦忠如
**特约编辑：**王德俊　窦广利　赵增越　张幼平　邓文华　张永俊

出版发行：中国文史出版社
社　　　址：北京市海淀区西八里庄路 69 号院　邮编：100142
电　　　话：010-81136606　81136602　81136603（发行部）
传　　　真：010-81136655
印　　　装：廊坊市海涛印刷有限公司
经　　　销：全国新华书店
开　　　本：787 毫米 × 1092 毫米　1/16
印　　　张：22.25
字　　　数：329 千字
版　　　次：2024 年 1 月北京第 1 版
印　　　次：2024 年 8 月第 3 次印刷
定　　　价：76.00 元

# 总　序

2023 年 12 月 26 日，是中国人民的伟大领袖毛泽东同志诞辰 130 周年。经过多年酝酿策划和组织编撰，我们于今年正式出版发行《毛泽东谈文论史全编》（以下简称《全编》）以示隆重纪念。

十年前，习近平总书记在纪念毛泽东同志诞辰 120 周年座谈会上的重要讲话中指出："毛泽东同志是伟大的马克思主义者，是伟大的无产阶级革命家、战略家、理论家，是马克思主义中国化的伟大开拓者，是近代以来中国伟大的爱国者和民族英雄，是党的第一代领导核心，是领导中国人民彻底改变自己命运和国家面貌的一代伟人。"同时，毛泽东同志又是世所公认的伟大的文学家、史学家、诗人和作家。在深入学习贯彻党的二十大精神、纪念毛泽东同志诞辰 130 周年的重要时间节点上，组织编撰出版这一大型项目图书，为人们缅怀毛泽东同志的丰功伟绩，学习毛泽东同志的伟人品格、政治智慧和文化思想，提供了一套非常重要的文化历史资料；对于弘扬中华优秀传统文化，学习贯彻党的二十大报告中关于"推进文化自信自强，铸就社会主义文化新辉煌"的重要精神，具有十分宝贵的启示和积极的意义。

在组织编撰这部大型项目图书的过程中，我们坚持以习近平新时代中国特色社会主义思想为指导，认真学习党中央关于历史问题的三个决议精神，特别是十九届六中全会通过的《中共中央关于党的百年奋斗重大成就和历史经验的决议》精神，对全部书稿的政治观点和思想内容进行了认真把关，使其符合三个决议精神，也符合习近平总书记十年来有关论述毛泽东同志历史功绩和毛泽东思想指导地位的重要讲话精神，以及关于学习党史国史和弘扬中华传统文化的重要讲话精神。

《全编》计 27 种 40 册 1500 万字。编撰者耗费数十年心血收集、整理、阐析、赏评，把毛泽东在各个时期的文章、诗词、书信、讲话、谈话中引用、化用、批注、圈阅、点评、编选的古今人物和文史作品，把毛泽东传记、年谱、回忆录中提及或引用和评点的古今人物和文史作品，即使片言只语、寸缣尺楮也收集入册，希望能够集散为专、分门别类，尽量避免遗珠之憾，力求内容全面系统、表述科学客观。

　　这部《全编》有以下几个特点：

　　资料齐全。毛泽东同志一生酷爱读书，可以说是博览群书、通古贯今。他曾说："饭可以一日不吃，觉可以一日不睡，书不可以一日不读。"他熟读《二十四史》《资治通鉴》等中国历代著名历史著作，熟读中国历代优秀的诗词文学作品，且不动笔墨不读书，读书时做了大量批注和圈画，还常常在自己的文章、诗词、讲话、谈话中引经据典、巧妙运用，真可谓博学约取、学以致用。这就给我们留下了浩如烟海的珍贵史料。在编著这部《全编》时，我们想最大限度地收集、整理、汇编其所涵盖的各个方面的文献史料，力争做到文献可靠、史料精准，可读性、知识性和趣味性兼具，使其成为研究毛泽东思想特别是毛泽东文化思想的重要资料。

　　分类精细。毛泽东同志喜欢中国古代文学，阅读、圈评了大量各类体式的文学作品，他的诗词创作尤为脍炙人口。因此，收录《全编》中关于毛泽东同志的文史资料，浩瀚如海，编撰者都进行了认真严格的划分整理，将其分三辑，文学类就有两辑，所占分量最大。比如，编撰者将其细分为评点名诗、名词、散曲、辞赋、小说、散文、戏曲的"毛泽东同志评点中国传统文化赏析" 7 种 19 册，以及《跟着毛泽东学诗词》《毛泽东诗话》《周世钊论毛泽东诗词》《毛泽东致周世钊书信手迹》与毛泽东读唐诗、宋词、元曲、古文等的"毛泽东与中国诗词曲赋" 8 种 9 册。

　　评述允当。在这部《全编》中，编撰者将每篇作品分为毛泽东评点、人物、事件评述或毛泽东评点、原文和赏析，力求评述或赏析允妥、适当，即深刻理解毛泽东原文含义，紧扣毛泽东的评点，不作过多发挥，文字力求简明生动。同时，编撰者注重史料收集整理的文献性，兼顾知识性和趣味性，这就使得这部大型项目图书兼具很强的可读性。

这部《全编》还有一个最突出的重要特点，那就是比较集中地梳理和呈现了毛泽东同志的历史自信和文化自信。习近平总书记在纪念毛泽东同志诞辰120周年座谈会上的讲话中明确指出，毛泽东同志"是马克思主义中国化的伟大开拓者，是近代以来中国的爱国者和民族英雄"。这个评价反映在毛泽东同志学习和运用、继承和发展中华优秀传统文化方面，鲜明地体现为他的历史自信和文化自信。因此，我们认为这部《全编》的编撰出版，有益于读者更深入体会党的二十大报告论述的"坚持和发展马克思主义，必须同中华优秀传统文化相结合"的重大论断。在这部《全编》中，有关毛泽东圈阅、评点历史人物和文史作品的材料，就很具体地体现了他作为"马克思主义中国化的伟大开拓者"，是如何运用马克思主义的世界观和方法论，去激活中华优秀传统文化的；又是如何通过继承、运用和发挥中华优秀传统文化，为坚持和发展马克思主义提供深厚滋养的。

《全编》除了引用毛泽东同志的相关评点外，主要篇幅是介绍、叙述和评论毛泽东同志评点的对象即历史人物和文史作品，所引毛泽东的评点内容都出自公开的出版物并注明出处。从目前已出版的各类关于毛泽东同志的书籍来看，这是目前更加全面系统反映伟人毛泽东同志的一部大型丛书，但每册又可独立成书，以满足不同读者的阅读喜好与多样需求。当然，限于编撰者的水平和时间，这部《全编》的体例编排和文字表述等方面还有改进和完善空间，恳请专家学者和广大读者朋友不吝批评指正。

《毛泽东谈文论史全编》编委会

2023 年 12 月 18 日

# 目　录

# 齐鲁长勺之战

**【战例】**

春秋时，鲁庄公十年（前684年）的春天，齐国派军队攻打鲁国。鲁庄公决心率国人抵抗，同齐国决一雌雄。当时有个叫曹刿的人听到这个消息，请求晋见鲁庄公。有人对他说："战争是国家的事，有权位的人自会谋划，你何必去管它呢？"曹刿说："那些做官的人眼光短浅，不可能深谋远虑。"于是就去见了庄公。曹刿首先问道："您依靠什么和齐国作战？"鲁庄公说："生活中所必需的衣食，我不敢独自享用，一定拿来分给下臣。"曹刿说："这是小恩小惠，不能普及众人，人们是不会跟随你去作战的。"庄公说："祭神用的牛、羊、猪和玉帛等祭品要如实报告，不敢以小为大，以恶充美，一定以虔诚的态度对待鬼神。"曹刿说："这是小小的信用，未必能感动神明，神也不会保佑你的。"庄公说："无论大小案件，虽然不能一一查清，但是一定根据实情慎重处理。"曹刿说："尽心做事这是你的本分，这就可以作战了。作战时请让我跟着一起去。"

齐鲁两军在长勺（今山东曲阜东北）相遇后，鲁庄公和曹刿共坐一辆战车指挥作战。两军刚一列阵，鲁庄公就想擂鼓进攻，曹刿说："还不到时机。"等到齐军三次击鼓后，曹刿才说："可以出击了。"鲁军擂鼓进击，结果把齐军打得大败而逃。庄公想趁齐军败退的机会驱车追赶。曹刿说："不可以。"说完跳下车，仔细察看齐军战车的轮迹，又登上车，观察齐军撤退的情况，然后才说，"可以下令追击了。"于是将齐军赶出了国境。

战斗胜利结束后，鲁庄公问曹刿取胜的原因。曹刿说："战争是要靠勇气的。齐军第一次击鼓时士气最旺盛；第二次击鼓冲锋时，士气就有些衰落；第三次击鼓冲锋时，士气已经没有了。敌人士气已尽，我们的士气正旺盛，所以我军就获得了胜利。为什么不能马上追击呢？因为齐国是个大国，实力难以预测，也许是诈败，恐怕前面还有埋伏。后来我看见他们的车迹混乱，指挥的旗帜也已倒下了，这才证明他们是真的败逃，所以我们才放心地去追赶。"

## 【毛泽东评说】

春秋时候，鲁与齐战，鲁庄公起初不待齐军疲惫就要出战，后来被曹刿阻止了，采取了"敌疲我打"的方针，打胜了齐军，造成了中国战史中弱军战胜强军的有名的战例。请看历史学家左丘明的叙述……

当时的情况是弱国抵抗强国。文中指出了战前的政治准备——取信于民，叙述了利于转入反攻的阵地——长勺，叙述了利于开始反攻的时机——彼竭我盈之时，叙述了追击开始的时机——辙乱旗靡之时。虽然是一个不大的战役，却同时是说的战略防御的原则。中国战史中合此原则而取胜的实例是非常之多的。楚汉成皋之战、新汉昆阳之战、袁曹官渡之战、吴魏赤壁之战、吴蜀彝陵之战、秦晋淝水之战等等有名的大战，都是双方强弱不同，弱者先让一步，后发制人，因而战胜的。

——《中国革命战争的战略问题》，《毛泽东选集》第一卷，第 203—204 页。

## 【评析】

本文据《左传·庄公十年》编写，一般选本题作《曹刿论战》。

《左传》，书名，编年体春秋史。主要记载了东周王朝及各主要诸侯国的盛衰兴亡，也保存了一些夏、商、西周的事迹和传说。旧传为鲁国史官左丘明所撰。

长勺之战发生在公元前 684 年，即春秋时鲁庄公十年。当时齐国在现在的山东中部，鲁国在山东南部，齐强鲁弱。这是一次弱国抵抗强国的战争。战争的起因是，在公元前 685 年齐国内乱，国君齐襄公被杀，逃亡在莒国的公子小白和逃亡在鲁国的公子纠都想继承齐国的君位。公子小白先从莒国赶回齐国，当上了国君，就是后来的齐桓公。鲁庄公派兵护送公子纠回齐。齐桓公立即出兵截击，齐鲁两军发生战斗，鲁军战败。齐桓公逼迫鲁庄公杀了公子纠，但是还不肯罢休，于是便发生了这次长勺之战。

在这场战争中，曹刿正确地掌握了战略防御原则：首先，考虑到战前的政治准备，认为鲁庄公在审判案件方面还比较公道而且合乎情理，判断这次战争可以得到国人的支持；其次，选择了利于反攻的阵地长勺，长勺在鲁国境内，在国内抵抗敌人的入侵比较有利；再次，采取敌疲我打的方针，在敌人几次冲击无效，士气衰竭，而鲁军士气旺盛，强弱形势转变的条件下开始反攻；最后，选择了敌人兵车已乱、旗子已倒、确实败退的恰当时机进行追击，大获全胜。这次战役是弱者先让一步，后发制人，因而取胜的，是以弱胜强的一个范例。

1936年，毛泽东为总结第二次国内革命战争的经验，在《中国革命战争的战略问题》一文中，高度评价了这个战例在军事思想方面的价值。在第五章"战略防御"的第三节"战略退却"中，他全文引用了《曹刿论战》，并进行了精辟的分析：战前的政治准备充分，反攻的时机、追击的时机选择适当，所以打了胜仗。认为这次战役采用的打法，和我们在红军时期采取的"敌疲我打"的方针相符，体现了战略防御的原则。接着，毛泽东又列举了中国战争史上的"以弱胜强"的许多著名战例，如楚汉成皋之战、新汉昆阳之战等等。

在"战略退却"这一节的开头，毛泽东还说："战略退却，是劣势军队处在优势军队进攻面前，因为顾到不能迅速地击破其进攻，为了保存军力，待机破敌，而采取的一个有计划的战略步骤。可是，军事冒险主义者则坚决反对此种步骤，他们的主张是所谓'御敌于国门之外'。"这样，便把战略退却视为弱军战胜强军的一个有效的具有普遍意义的战略步骤。

据陈士榘将军回忆，1936年3月，毛泽东在陕北保安附近红军大学以"军事辩证法"为题作战略学演讲时，讲到战略追击问题时，曾援引齐鲁长勺之战这个战例来作佐证。

# 宋楚泓水之战

鲁僖公二十二年（前638年），楚国发兵攻打宋国以救援郑国。宋襄公准备迎战。大司马公孙固劝阻说："上天抛弃商朝已经很长时间了，您如果想振兴起来，必不会成功。不如不与楚军决战吧。"宋襄公不听。这年的十一月初一，宋襄公的军队与楚军在泓水展开了战斗。宋军已经排好了阵势，楚军还没有全部渡过河。司马子鱼说："敌众我寡，乘他们还没有完全渡过泓水，请下令出击。"宋襄公说："不可以。"等到楚军渡过河，还没有摆好阵势，子鱼又建议趁机进攻。宋襄公说："不行。"等到楚军完全摆好阵势后，宋襄公才下令出击。结果宋军惨败。宋襄公下肢受伤，他的左右侍卫都被杀死。

战后，宋国人都埋怨宋襄公不听司马子鱼的话，以致吃了败仗。宋襄公说："讲仁义的人不忍心再杀伤已经受伤的敌人，不俘虏头发花白的人。自古用兵之道，不在形势险要的地方拦击敌人。我虽然是亡国者的后代，但是我也不进攻没有摆好阵势的敌人。"司马子鱼反驳道："主公不懂得战争的道理。强大的敌人处于不利地形，又没有摆好阵势，这是老天在帮助我们，乘机发动进攻，不可以吗？即使是这样，还怕不能取胜呢。况且我们的敌人都是强大的军队，就是年老的敌人也应该俘虏他，不要管他头发斑白！我们平时教育士兵奋勇杀敌，认识到战败是可耻的，目的就是希望士兵在战场上能勇敢地杀敌，对于受伤但没有完全丧失战斗力的敌人，怎么可以不再杀伤他们呢？假若怜悯那些受伤的敌人，就不如不伤害他们。如果怜惜年老的敌人，那就不如向对方投降。军队本来是按照有利的时机而作战的，金鼓是用来助长声势、鼓舞士气的。因此，既然军队作战要抓住有利的时机，那些迫敌于险地以求胜是可以的。造成声势而激起士兵的斗志，发动进攻是可以取得胜利的。"

## 【毛泽东评说】

我们不是宋襄公，不要那种蠢猪式的仁义道德。我们要把敌人的眼睛和耳朵尽可能地封住，使他们变成瞎子和聋子，要把他们的指挥员的心尽可能地弄得混乱些，使他们变成疯子，用以争取自己的胜利。

——《论持久战》，《毛泽东选集》第二卷，第492页。

## 【评析】

这段文字有的选本题为《宋楚泓之战》。泓，水名，在今河南柘（zhè）县城北。战争发生的时间是鲁僖公二十二年（前638年），当时周王朝已经衰落，强大的诸侯国便起来争夺霸业做盟主。齐桓公是春秋时代第一个盟主，齐桓公死后，宋襄公起来同楚国争霸，与楚国争夺地处中原的郑国。鲁僖公二十二年三月，郑伯到楚国去，宋襄公便联合卫国、许国、滕国去攻打郑国。十一月，楚国来救郑国，便发生了这次战争。当时楚国强大，宋国弱小，宋国的大司马子鱼（公孙固）因此指出："小国争盟，祸也。"宋襄公却不肯接受正确意见，作战时又两次失去攻击敌人的良机，因而遭到惨败。

宋襄公之所以战败，首先，由于他对宋楚双方的实力缺乏正确的估计，不能根据敌强我弱的形势采取战略防御措施；其次，失去进攻的有利形势和有利时机，不肯在只有少数敌人渡河时进攻，不肯在敌人布置好阵地前进攻，宋襄公笃信仁义道德，一再坐失战机，丧失了优势和主动，结果被楚军打得大败。这是极其迂腐、愚蠢的行为。以后，人们便用"宋襄公式的仁义道德"，来形容这类糊涂、愚蠢的人。

毛泽东在《论持久战》中引用了这个典故。他说："我们不是宋襄公，不要那种蠢猪式的仁义道德。"意思是说，我们在对敌作战中，不要讲什么仁义道德，要敢于运用一切手段，去打击消灭敌人，夺取战争的胜利，对侵略成性的日本法西斯尤其应该这样。

# 晋楚城濮之战

【战例】

周襄王二十年（前632年），楚成王率军攻占了宋国的缗邑（今山东金乡），又联合鲁军攻占了齐国的谷邑（今山东东阿南）。次年冬，楚成王又率以令尹子玉为主将的楚军及郑、蔡、陈、许等国的军队围攻宋国都城商丘（今河南商丘南），大有入主中原之势。宋成公派大夫公孙固到晋国求援。晋文公听从了大将先轸、大臣狐偃等人的建议，决定以此为契机，发兵攻楚，解齐、宋之围，以争霸中原。鉴于楚联军实力强大，为避免与其正面交锋，晋文公根据大臣狐偃之谋，首先攻打楚之盟国曹、卫，诱楚军北上，以解商丘之围。

二十一年（前631年）春，晋文公率军东进，攻打曹国，向卫国借道，遭到卫成公的拒绝。晋军遂转而南下，从卫国西部之棘津（今河南淇县南）渡过黄河，进入曹国，尔后又挥师北进，进攻卫国，占领了卫国的五鹿邑（今河南清丰西北）。晋军连攻曹、卫，本欲诱楚联军北上，以解商丘之围，但楚联军却不为所动，反而加紧攻打商丘。宋成公再次派使臣赴晋军告急。这使晋文公陷入了进退两难的境地。若置宋于不顾，则晋就会在诸侯国面前威信扫地了，如南下救宋，又怕打不过强大的楚军，也担心齐、秦两国采取反对的态度。在这种情况下，晋文公采纳了中军主帅先轸的建议，指使宋国以财宝贿赂齐、秦两国，请齐、秦两国出面劝楚国撤兵。同时，晋分曹、卫之地予宋，以坚定其抗楚的决心，并以此激怒楚国。果然，楚成王拒绝了齐、秦的调停，致使齐、秦两国也怒而发兵，形成了晋、齐、秦三国联合抗楚的局面。由于中原形势发生了变化，楚成王遂率部分军队从商丘撤回到申地（今河南信阳），令大夫申公叔侯撤离齐谷邑，命令令尹子玉率军从宋国撤退，以避免与晋、齐、秦三国之师交战。但是刚愎自用的令尹子玉，不甘心放弃指日可得的商丘城，遂向晋国提出使曹、卫复国，楚解商丘之围的要求。晋文公此时又采纳先轸之谋，私下答应曹、卫复国，使两国叛楚从晋，并扣留楚使臣宛春，以激怒子玉。子玉果然中计，不顾楚成王的告诫，岔然率军离商丘北上，寻求与晋军决战。为争取政治和军事上的主动，晋文公命晋军向后撤退九十里，既履行他在流亡楚国时的"退避三舍"的承诺，又避免楚军的锋芒，向齐、秦两军靠拢。子玉求战心切，率军穷追不舍，致使楚军陷入孤军深入的不利境地。

四月初一，晋联军与楚联军相持于城濮（今山东鄄城西南，一说在今河南陈留附近）。次日晨，两军相对列阵。晋联军的上军在右，狐毛为主将，狐偃为副将；下军在左，栾枝为主将，胥臣为副将；中军以先轸为主将，郤溱为副将。楚联军以左、中、右的阵势排列，左军由子西指挥，右军由子上指挥，由楚军精锐组成的中军则由子玉亲自指挥。战斗开始后，晋军下军副将命部队将战马蒙上虎皮，率先向由陈、蔡军组成的楚右军发起攻击，陈、蔡军一触即溃。而后，晋上军主将狐毛，在其战车上竖起两旗稍退，佯作主将后撤。下军主将栾枝在阵后命士卒用战车拖起树枝奔驰，扬起尘土，制造晋军后军逃跑的假象。见此情景，急于求胜的子玉下令全军出击。楚左军在攻击晋上军时，侧翼暴露。先轸、郤溱即以中军对楚左军实施侧击；狐毛、狐偃也率其上军进行反击。在晋军中军、上军的夹击下，楚左军大败。子玉见其左、右两军均已溃散，急令中军停止前进，率残部退回楚国后，自杀身亡。

## 【毛泽东评说】

我们的原则是三条：第一条不打第一枪，《老子》上讲"不为天下先"，我们不先发制人，而是后发制人。第二条"退避三舍"，一舍三十里，三舍九十里，这是《左传》上讲晋文公在晋楚城濮之战中的事，我们也要采取这样的政策；第三条"礼尚往来"，这是《礼记》上讲的，礼是讲究往来的……我让国民党的联络参谋把这三条告诉胡宗南，希望他们也采取"不为天下先"、"退避三舍"、"礼尚往来"的政策，这样就打不起来。他们不喜欢马克思主义，我们说：这是老子主义，是晋文公主义，是孔夫子主义。

——《在中国共产党第七次全国代表大会上的结论》,《毛泽东文集》第三卷,第 389 页。

我说,我们的方针:第一条,就是老子的哲学,叫做"不为天下先",就是说,我们不打第一枪。第二条,就是《左传》上讲的"退避三舍"。你来,我们就向后转,开步走,走一舍是三十里,三舍是九十里,不过这也不一定,要看地方大小。我们讲退避三舍,就是你来了,我们让一下的意思。第三条,是《礼记》上讲的"礼尚往来"。往而不来非礼出,来而不往亦非礼也,就是说:"人不犯我,我不犯人;人若犯我,我必犯人。"还在一九三九年我们就提出了这个口号,现在还是这个方针。

——转引自《中共党史资料》第 48 辑,第 26 页,中共党史出版社 1993 年版。

## 【评析】

城濮之战,发生在公元前 632 年,是春秋时晋楚两个诸侯国在城濮(今山东鄄城西南)一带进行的争霸战争。但《左传》在鲁僖公二十七年(前 633 年)先综合了楚、晋两方面的准备情况,所以战争实际涉及了两年时间。

春秋时期,中原地区各个诸侯国中起初是齐国最强大。齐国衰落以后,南方长江中游地区的楚国向北推进,灭掉了许多小诸侯国,势力发展到长江、淮水、黄河、汉水之间,拥有人口数百万,兵车数千辆,成为争霸中原的强国。

与此同时,在今山西、河北西南、河南北部一带的晋国也兴盛起来。

晋文公在外已流亡了 19 年,于公元前 636 年回国做了国君,进行了一系列的内政改革和外交活动,国力日益增强,也逐步向中原地区发展,于是晋楚两国的利益便发生了冲突。

公元前 634 年,鲁国因几次遭到齐国的进攻,请求楚国给予援助,同时泓水之战后屈服于楚的宋国转而投靠晋国。为了阻止楚国向北发展,楚出兵攻打宋、齐,以保持其在中原的地位,晋国也借口救宋国而出兵中原。这样，城濮之战便不可避免了。战争开始时，楚军实力比晋军强，但是晋国在外交上争取了齐、秦两国参战，在军事上采取了退让一步、后发制人的方针，终于打败了楚国。

从这一篇战纪中可以看出晋文公能打胜仗的原因，有如下几个方面：

第一，由于他做好了战前的政治准备，使人民生活安定、服从命令，心里不再有所怀疑，所谓"一战而霸，文之教也"。与此相反，楚国的执政令尹子玉却靠刑罚来建立威信，在取得人民的拥护上，显得晋国已经超过了楚国。

第二，晋文公善于争取同盟国，把劣势变为优势。战前，陈、蔡、郑、许跟楚国一起攻打宋国，鲁跟楚攻齐，曹、卫亲楚。楚国有这样多的盟国，占着优势。晋文公把齐、秦两大国争取过来，他出兵救宋，宋国自然也站在晋国一边，他又使曹、卫和楚国断绝关系。到战时，只有陈、蔡两个小国帮助楚国，楚国完全处于劣势了。

第三，晋文公善于变被动为主动。楚国围攻宋国，如果晋国去救，楚国就可以选择有利地势以逸待劳，使晋军处于被动挨打地位。晋文公因此不去救宋国，却去打楚的同盟国曹、卫，让楚来救，以争取主动。楚国也在争取主动，派宛春去请晋国放弃曹、卫，它也放弃宋国。倘晋国不同意，那就与曹、卫、宋结怨，陷于不利的形势。晋文公扣留宛春，暗中允许恢复曹、卫，使曹、卫与楚绝交，用来激怒楚国。楚令尹子玉真的被激怒了，引兵前来。晋国就这样由被动转为主动。

第四，选择有利的作战时机。晋文公退后九十里避开了楚军锋芒，使楚军麻痹轻敌。反过来，晋文公退后九十里，以君避臣，楚军还要追上来，激怒了晋军。先让一步，后发制人，晋文公选择了这样有利的作战时机。

第五，抓弱点进攻，各个击破。晋国出兵不去救宋而去打曹、卫，就是找弱点进攻。在战争中，晋国先打楚国最弱的右翼陈、蔡军队，再集中三军力量打楚军的右翼，避开楚军最强的中军。晋文公运用了这样的战略战术，才打败了强大的敌人，取得胜利。

城濮之战是历史上由于主观指导正确，弱军打败强国的一个著名战例。毛泽东在《中国革命战争的战略问题》和《论持久战》中都举过这个例子。在 1945 年党的七大上的口头政治报告和结论中也两次讲到这个战例。毛泽东高屋建瓴，着眼于对晋国在政治上、外交上和军事上所采取的正确政策，特别是在军事上争取秦、齐参战的"统一战线"，退让一步，后发制人，避实击虚，选择敌军的薄弱环节，实施各个击破的作战方针的科学分析，为我们研究战争规律提供了有益的借鉴。

城濮之战是春秋时期一次规模颇大的战争。这样纷繁的军事和政治斗争中，作者抓住指挥者的主观指导正确与否来作为胜负的关键所在来写。通过战前的策划、战时的交锋、战后的安排，不仅令人信服地写出了晋胜楚败的原因，而且形象鲜明地刻画了晋楚指挥集团中许多代表人物。子玉的刚愎自用，晋侯的老谋深算，都给人留下了深刻的印象。

# 晋齐鞌之战

【战例】

周定王十八年（前589年），卫国派军队攻打齐国，结果反被齐国打败了。率军伐齐的卫国执政孙桓子，到晋国请求出兵。同年二月齐军侵鲁。这时鲁国大夫臧宣叔也到晋国请求出兵。晋景公答应派郤克率700辆战车援鲁。晋大臣郤克说："这是城濮之战的战车数。当时有先君的明察，先大夫的敏捷，所以得胜。我和先大夫相比，做他们的仆人还不够格，请发八百辆战车。"晋国君主答应了。郤克率领中军，上军主将因故未出征，士燮以上军佐代之，栾书率领下军，韩厥做司马，以救援鲁国和卫国。臧宣叔迎接晋军，并为晋军做向导引路。鲁国执政季文子率鲁军参战。

晋军在莘（今山东莘县东北）地追上齐军。六月十六日，军队到达靡笄（jī）山下。齐顷公派使者请战说："您带领国君的军队光临敝邑，敝国的士兵人数很少，请在明天早晨相见。"郤克回答说："晋和卫、鲁是兄弟国家，他们前来告诉我们：'大国不分早晚都在敝邑的土地上发泄怨愤。'我们的国君不忍，派下臣们前来向大国请教，同时又不让我军长久留在贵国。我们只能前进，不能后退，您的命令是不会照办的。"齐顷公说："大夫允许，正是齐国的愿望。如果不允许，也要相见。"齐国将领高固冲进晋军，举起石头砸人，向晋师挑战，捉住晋国士兵，然后坐上他们的战车，返回齐军营地。把战车系在齐国营垒前的桑树根上，以遍告齐军将士说："要勇气的人可以来买我剩下的勇气。"这便是"余勇可沽"的由来。

六月二十日，晋齐两国军队在鞌（齐地名，今山东历城）地摆开战阵。邴夏为齐国君驾车，逢丑父作为防备车子倾斜或受阻的力士。晋国的解张为郤克驾车，郑丘缓作为防备车子倾斜或受阻的力士。齐顷公骄傲地说："我将消灭了这些敌人再吃早饭。"说罢，马不披甲，驰向晋军。郤克被箭射伤，血流到鞋上，还忍痛击鼓指挥晋军作战，说："我受伤了！"解张告诉他："从一开始交战，箭就射穿了我的手和肘，左边的车轮子都染成赤黑色了，哪里敢说受伤？您忍着点吧！"郑丘缓也说："从一开始交战，如果遇到危险，我一定下车推车，您哪里知道？然而，您却负伤了！"解张说："军队的耳目，在于我的旗子和鼓声，前进后退都要听从它。这辆车子一个人坐上指挥，战争就可以打胜。为什么要因为自己的痛苦而败坏国君的大事呢？身披盔甲，手执武器去打仗，本来就是去死的，伤痛还没有到死，您还是尽力而为吧！"于是就左手一把握住马缰，右手拿着鼓槌（代郤克）击鼓。由于解张左手原已受伤，马狂奔不能控制，全军就跟着冲了上去，大败齐军。晋军追赶齐军，绕华不注山追了三圈。

韩厥梦见他父亲子舆对他说："明天不要站在战车左右两侧。"韩厥因梦而代替御者站在中间驾车追赶齐顷公。邴夏说："射那个驾车人，他是个贵族。"齐顷公说："认为他是个贵族而射他，这不合于礼。"射车左边的武士，武士倒在车下。射车右边的力士，力士死在车里。綦毋张丢失了战车，赶上韩厥说："请允许我搭乘您的战车。"上车后准备站立在左边或右边，韩厥用肘触动他，让他站在背后。韩厥弯下身子，安置好车右的尸体，逢丑父乘机和齐顷公交换了位置。将到华泉，骖马被树木绊住而不能前进。头几天，逢丑父睡在有栈篷的战车里，有一条蛇爬到他身子下边，他用小臂去打蛇，小臂受伤。他隐瞒了受伤的情况。因此，他不能用臂推车前进，才被韩厥追上了。韩厥拿着马缰绳走到马前，跪下叩头，捧着酒杯和玉璧献上，说："我国国君派臣下们为鲁、卫两国请求：'不要让军队进入齐国的土地。'下臣不幸，正好在后车行列，不能逃避军役。而且也害怕奔走逃避成为两国国君的耻辱，下臣勉强充当一名战士，谨向君王报告我的不才，承齐君驾车人空乏权充此职，欲代驭手为齐顷公驾车。"逢丑父冒充齐顷公而叫居于御者地位的齐顷公下车到华泉去取水以便逃走。郑周父驾着副车，宛茷作为挽车力士，载着齐顷公逃走而得免于被俘。韩厥献上逢丑父，郤克打算杀掉他，他喊叫说："到现在为止还没有代替他的国君被杀的人，有一个在这里，还要被杀死吗？"郤克说："一个人不怕死来使国君得免于难，我杀了他，不吉利，赦免了他，用来勉励侍奉国君的人。"于是就赦免了逢丑父。

齐顷公逃走之后，曾三次出入晋军，企图救出逢丑父。每次出来的时候，齐顷公都领先冲击以督率散乱的齐军进退。每次冲入参加晋军的狄人步卒，狄人的士兵都用矛和盾拥蔽遮护齐顷公并把他送出来。齐顷公冲进卫国的军队中，卫军也对他不加伤害。于是，他就从徐关逃回齐国都城临淄。齐顷公看到守卫城邑的部队，说："你们努力吧！齐国军队战败了。"有个女子挡住齐顷公的去路，部下令她避开。这个女子问道："国君免于祸难了吗？回答说："免了。"她又问："主管冲锋陷阵的士兵的锐司徒免于祸难了吗？"回答说："免了。"她说："如果国君和我丈夫都免于祸难了，那就没有什么可担心的了。"说罢，她就跑开了。齐顷公认为她很有礼貌。不久查问清楚原来这个女子是主管士卒守营垒的官吏锐司徒的妻子，就把石窌赏赐给她作为封邑。

晋军追赶齐军，从丘舆进入齐国，攻打马陉。齐顷公派执政宾媚人把齐国灭亡纪国时所得的国宝纪甗（甑，礼器）、玉磬（乐器）交给晋国，并愿意割让土地送给晋国，说："如果再不答应媾和，就随晋国怎么办吧！"宾媚人把这些礼物送给晋国，晋国果然不答应，说："一定要让萧同叔子作为人质，同时使齐国境内的田垄全部东向。"宾媚人回答说："萧同叔子不是别人，是我国国君的母亲。如果从对等地位来说，那也就晋国国君的母亲。您在诸侯中发布重大的命令，反而说一定要把人家的母亲作为人质以取信，您又怎么打算对待周天子的命令呢？而且这样做就是用不孝来号令诸侯。《诗经·大雅·既醉》中说：'孝子的孝心没有竭尽，永远可以赐给你的同类。'如果用不孝来号令诸侯，这恐怕不是道德的准则吧？先王划分各国的疆界和田里，物色其土地所宜，分布其适合种植的作物。所以《诗经·小雅·信南山》说：'区划土地陇亩，必须顺河流道路物土之宜，有的南北向，有的东西向。'现在您让诸侯区分疆界和田里，反而只说田垄全部都要东西走向罢了。只管您的兵车走着方便，不顾地势是否适宜，恐怕不是先王的政令吧？违反先王就是不合道义，怎么能做诸侯的盟主呢？晋国的确是有缺点的。夏禹、商汤、周文王、周武王等四王统一天下，树立德行风范而完成诸侯共同的愿望。春秋时齐桓公、宋襄公、晋文公、秦穆公、楚庄公五位霸主领袖诸侯，自己勤劳而安抚诸侯，使大家为天子的命令而效力。现在您要求会合诸侯，来满足没有止境的欲望，《诗经·商颂·长发》说：'商汤施政宽和，所以百福归聚。'您确实不能宽大，丢弃了各种福禄，这对诸侯有什么害处呢？如果您不肯答应求和，我国国君向使臣我下达补充命令，继续抵抗晋国就有话可说了。"宾媚人又说："您率领国君的军队光临敝邑，敝邑用很少的财富，来犒劳您的部卒。害怕贵国国君的威严，军队挫败。您惠临而求齐国的福佑，不灭亡我们的国家，让我们和贵国继续保持友好，那么先君的破旧的器物和土地我们是不敢吝惜的。您如果再不肯允许，我们就请求收集残余部队，背靠自己的城墙再决一死战。敝邑幸而战胜，仍将听从晋国。即使将来不幸战败，结果也不过是惟命是听。"鲁、卫两国都劝郤克说："齐国怨恨我们了，他们死亡和溃散的，都是宗族亲戚。您如果不肯答应，必将更加仇恨我们。即使是您，还有什么可追求的呢？如果您得到你们的国宝，我们也得到土地，而祸难又得以解除，这荣耀也就很多了。齐国和晋国都是上天授予的，晋国岂能每战必胜？"晋人答应了，郤克回答说："下臣们率领战车，是应鲁、卫两国的请求，如果有话可以向我国国君复命，这就是君王的恩惠了，岂敢不唯命是听？"

鲁大夫禽郑从军中去迎接鲁成公。这年秋天七月，晋军和齐国执政宾媚人在爰娄（今山东临淄西）结盟，让齐国人把侵占的汶阳的土田归还给鲁国。成公在上鄍会见晋军，把卿的礼车和礼服赐给晋国的郤克、士燮、栾书三位高级将领，司马、司空、舆师、侯正、亚族都接受了大夫的礼服。

## 【毛泽东评说】

四十八天中，红军的保卫斯大林城，和去年保卫莫斯科市有某种相同。这就是说，它使得希特勒今年的计划也像他的去年计划一样，归于失败。其不同点，则在莫斯科保卫战之后，虽然接着举行了冬季反攻，可是还要遭到今年德军的一个夏季攻势，这是因为一则德国及其欧洲尚有余勇可贾，二则英美拖延开辟第二条战线的缘故。

——《第二次世界大战的转折点》，《毛泽东选集》第三卷，
第 887—888 页。

"灭此朝食"的气概是好的，"灭此朝食"的具体计划是不好的。因为中国的反动势力，是许多帝国主义支持的，国内革命势力没有积聚到足以突破内外敌人的主要阵地以前，国际革命势力没有打破和钳制大部分国际反动势力以前，我们的革命战争依然是持久的。

——《中国革命战争的战略问题》，《毛泽东选集》第一卷，第 234 页。

## 【评析】

发生在鲁成公二年（前 589 年）的鲁齐鞌（ān）之战，是春秋时期大国争霸的一次著名战役。晋国和齐国当时都是大国、强国，都有一些小国、弱国依附它们，接受它们的保护。这次战争的直接起因，就是晋国接受卫、鲁两国的请求，而在齐国的鞌地（今山东历城县）进行的。整个战役分战前、战中和战后三个阶段。在战役的第一阶段，晋师以郤克等三位大夫率兵车八百辆长驱直入，到达齐国，纪律严明，态度谨慎，而齐顷公亲率齐国军队迎敌，浮躁轻敌，特别是齐将商固竟冲入晋军，举石砸人，捕捉晋兵并乘其战车而回，把战车系在齐国阵地前的桑树根上，遍告齐营将士：欲勇者贾余勇，言下之意，尚有作战的勇气可卖。自矜其力，教人效己。齐国君臣的这种狂傲轻敌思想为其战败埋下了祸根。战役第二阶段，晋齐两军在鞌地交战。齐顷公扬言：我要消灭了敌人再吃早饭，马不披甲便冲入晋军。与之相反，晋军的主帅郤克却坚忍不拔，他被箭射中了，血流到鞋子里，还在击鼓，坚持带伤指挥进攻。他告诉为他驾车的解张说，实在支持不住了，解张却告诉他，从战斗一开始，他的手及肘就被箭射穿了，车的左轮都被染红了，谁敢说受伤，你忍着点吧！他用左手控制马缰，用右手替郤克击鼓，以至于战马控制不住，狂奔起来，士兵跟着冲了上去。齐国军队被打败了，绕着华不注山被追了三圈。后来由于齐顷公的驾车人逢丑父乘机和他交换了位置，齐顷公才以取水为由逃掉了。

战争的第三阶段，写齐国战败以后，齐国执政宾媚人和晋军主帅郤克谈判媾和条件，结果是齐赠晋世甗、玉磬等国宝，晋归还侵占的鲁国土地。"敢不唯命是听"，即完全答应了晋国的条件，战争结束。

这次战役给人们留下了很多历史教训。毛泽东熟知这个故事，在不同历史时期，数次运用这个战例教育全党。1936 年 12 月，毛泽东在《中国革命战争的战略问题》第八节"速决战"中，论述了中国革命战争持久性的特点，虽然当时革命战争的发展已慢慢地摆脱了孤军作战的境地，"然而不应该打算明天就会成功。'灭此朝食'的气概是好的，'灭此朝食'的具体计划是不好的。"这是历史经验的总结和灵活运用。为什么这样说呢？从历史上看，在晋齐鞌之战中，齐顷公有先消灭了晋军再吃早餐的气概，自然是好的，但这种气概不是建立在"知己知彼"的科学分析上，而是建立在狂妄自大的盲动上，战斗打响便一败涂地，所以说这种"灭此朝食"的具体计划是不好的。用这个历史教训，教育全党全军，在革命战争中既要有压倒一切敌人的勇气，又不要企图一天早上革命就会成功，这样在实践中才不会吃亏，使大家更懂得了中国革命持久性的特点。

1942 年 10 月 12 日，毛泽东在他写的《第二次世界大战的转折点》一文中，援引晋齐鞌之战中"余勇可贾"的典故。他在比较了发生在 1942 年的斯大林格勒保卫战和 1941 年的莫斯科保卫战的异同时指出，莫斯科保卫战之后，苏联红军虽然展开了冬季反攻，而德国还进行了一个夏季攻势，其主要原因是德国及其欧洲伙伴尚有"余勇可贾"，而斯大林格勒保卫战之后，"德国及其欧洲伙伴再也无力举行大规模的攻势了，希特勒只好把整个战役方针转入战略防御"，而"进攻一完结，它的生命也就完结了。"所以，斯大林格勒战役，是希特勒灭亡的决定点。毛泽东在此为革命人民指明了斗争方向，鼓舞了革命人民的斗争勇气，坚定了胜利的信心。

# 齐围魏救赵之战

【战例】

周显王十五年（前354年），魏惠王率军攻打赵国，包围了赵国国都邯郸。赵国派人向齐国求援。周显王十六年（前353年），齐威王派大将田忌与孙膑一起率军解救邯郸之围。

当初，孙膑与庞涓同学兵法。后来庞涓做了魏惠王的将军。他自知本领不及孙膑，于是派人将孙膑骗到魏国。孙膑到来后，庞涓就用膑刑去掉了他的两个膝盖骨，使孙膑终身残疾。不久，齐国使者来到魏国，孙膑设法以罪人的身份，见到了齐国使者，劝说齐使。齐使认为孙膑是个奇才，就秘密地用篷车把他载回到齐国。齐国将军田忌很赏识孙膑，待以宾客之礼，并将孙膑推荐给齐威王。齐威王向孙膑询问兵法并拜他为军师。齐威王在计划发兵解救赵国之危时，想以孙膑为主帅，孙膑以受过刑罚的人不宜做主帅为由加以推辞。于是，齐威王任用田忌为主帅，孙膑为军师，让孙膑坐在用布帷围着的车中策划计谋。

田忌想率兵直攻赵国。孙膑说："要解开乱丝只能用手慢慢地解开，不能急躁地用力去扯或用拳头去打；劝解斗殴只能好好地劝说，不能动手去帮着打。撇开敌人力量充实的地方，冲击空虚的地方；敌人在形势上遇到阻碍，在行动上就会有所顾忌，就会自然而然地解围了。现在魏国在攻打赵国，精锐部队全部开到前线去了，只剩下老弱残兵守卫国都；您不如带兵直趋魏国都城大梁，占据交通要道，袭击其空虚的地方，魏军必然要回师自救。这样一来，我们不仅解了赵国的邯郸之围，并且可以以逸待劳打败魏军。"田忌听从了孙膑的建议。十月，魏军果然撤去赵国都城邯郸之围。魏军回救途中，与齐军战于桂陵，打了大败仗。

**【毛泽东评说】**

攻魏救赵，因败魏军，千古高手。

——《读冯梦龙〈智囊·孙膑〉批语》，《毛泽东读文史古籍批语集》，中央文献出版社1993年版，第66页。

在反围攻的作战计划中，我之主力一般是位于内线的。但在兵力优裕的条件下，使用次要力量（例如县和区的游击队，以至从主力中分出一部分）于外线，在那里破坏敌之交通，钳制敌之增援部队，是必要的。如果敌在根据地内久踞不去，我可以倒置地使用上述方法，即以一部留在根据地内围困该敌，而用主力进攻敌所从来之一带地方，在那里大肆活动，引致久踞之敌撤退出去打我主力：这就是"围魏救赵"的办法。

——《抗日游击战争的战略问题》，《毛泽东选集》第二卷，第429页。

战国时魏国围攻赵国都城邯郸，赵求救于齐。齐国并不派兵去邯郸，却反过来围攻魏国都城大梁，结果魏国不得不回国救援，赵国都城也就因此解围。

——转引自叶永烈《历史选择了毛泽东》，上海人民出版社1992年版，第135页。

**【评析】**

《齐围魏救赵》的故事，是根据《史记·孙子吴起列传》和《资治通鉴》的有关记载编写的。

这场齐围魏救赵的战争，发生在战国初期。当时，中原地区的魏国最强，而东方的齐国最大。魏国要扩张自己的势力，便去侵略赵国，如果魏国吞并了赵国和韩国，就会给齐国造成很大的威胁，所以齐国要去救赵和救韩。

魏国围攻赵国都城邯郸，赵国请求齐国援助。齐威王命令田忌、孙膑率兵去救赵国。田忌主张直接出兵赵国，解救赵国的危机。孙膑分析了当时的战争形势，提出魏国的精锐部队都在赵国，内部一定空虚，建议引兵直趋魏国的都城大梁。在这种情势下，魏军不得不撤围邯郸回救本国。孙膑把齐军主力埋伏在魏军回师的必经之地桂陵，以逸待劳，等魏军到来，突然发起进攻，打败了魏军，解救了赵国。"围魏救赵"就是全面分析敌我双方的强弱利弊，正确运用"避实击虚"的战略战术，掌握战争的主动权，从而夺取了胜利，被历代兵家传为美谈。

毛泽东在读明代冯梦龙《智囊·兵胜部·制胜》中《孙膑》时作了批注，赞扬孙膑围魏救赵是"千古高手"。在《抗日游击战争的战略问题》一文中，毛泽东指出，在反围攻作战中运用"围魏救赵"有两种方法：一种办法是我主力在内线，运用次要兵力到外线，破坏敌人交通，攻击其来援之敌；另一种办法是，敌在根据地内久围我不去，我则可用主力攻击敌所从来之所，吸引久踞不去之敌打我主力，在运动中将其消灭，这就是反"围剿"作战中所应用的作战方法。

1929年1月4日，在江西宁冈县柏露村召开了一个会议，毛泽东作为井冈山上唯一的中共中央委员，在传达中共"六大"文件之后，会议的紧急议题，便是如何对付3万敌军正在收紧的包围圈。在这生死存亡的关头，毛泽东又一次出人意料地建议：留一部分守山，另一部分出击。出击可以把包围井冈山的敌人吸引过去。此计名唤"围魏救赵"。接着毛泽东便给与会同志讲述了齐围魏救赵的故事。这说明，毛泽东对于"围魏救赵"故事是何等的熟悉，对这一战法是何等的重视。

# 韩信破赵之战

【战例】

汉高帝三年（前204年），奉命开辟北方战场的韩信，与张耳一起，率军数万，准备出井陉口，攻打赵国。赵王歇、成安君陈余得知汉军要来进攻，就在井陉口集结号称20万大军准备迎战。广武君李左车对成安君陈余说："听说汉将韩信渡过了黄河，俘虏了魏王豹，活捉代国将军夏说，这是不久以前在阏与战斗时的事。现在又有张耳辅佐他，打算消灭赵国，这是乘胜远征，锐不可当。我听说千里运送军粮，士兵就会饿得面黄肌瘦；靠就地砍柴做饭，士兵经常不能吃饱。今井陉口的道路狭窄，战车不能并行，骑兵不能成列，行军数百里，一定有粮草跟在队伍的后面。请你允许我带三万精兵，从小路截击其运输车辆；你利用深沟高垒，坚守不出。汉军前进无作战机会，后退又无路，我带领部队从后面袭击，使汉军困在荒野，什么也得不到。不出十天，韩信、张耳的头可以放在你的眼前。希望你重视我的建议，不然就会被他们二人俘虏。"陈余是个儒生，常说"仁义之师不用诈谋奇计"，他说："我见兵法上说，'有十倍于敌的兵力就可包围它，有一倍于敌人的兵力就可以一战。'现在韩信号称数万人，其实不过几千人。他从千里之远来攻打我们，已经很疲惫了。面对这样的敌人避而不击，以后若有强大的敌人，怎么对付呢！其他诸侯会说我胆小，以后就会轻易来攻打我们。"陈余没有采纳广武君李左车的建议。

韩信派人探知陈余没有采纳李左车的建议，非常高兴，便立即挥师东进，进至距井陉口30里的地方安营扎寨。韩信挑选了精锐骑兵两千，半夜时分命他们每人拿一面红旗，从小道前进，埋伏在赵军营寨侧后。对他们说："赵军看见我军退走，一定会倾巢出动来追，你们就迅速占领赵军阵地，拔掉赵军旗帜，竖起我们汉军的红旗。"

在送走这支精骑后，韩信命令副将开饭，并说："今天消灭赵军后会餐。"将领们都不敢相信，只好假意应承。韩信对将士们说："赵军已抢占有利地形并构筑了阵地，当他们没有看见我军的主将大旗时，决不肯出击，恐怕我军到了险要地方而撤退。"于是，韩信背水列阵，并亲率1万人作前锋，准备进攻赵军的营垒。赵军望见汉军背水列阵的情况，竟大笑起来。

拂晓，韩信竖起大将的旗帜，击鼓向井陉口的赵军营寨发起进攻。汉军前锋逼来，赵军便出营应战，双方经过一番激战，韩信、张耳挥军佯装败退，向后撤退进背水阵。陈余等见此情景，便命赵军倾巢出动，追击汉军。韩信、张耳率前锋退入背水阵后，全军都拼死与赵军搏斗，打得难解难分。这时，韩信派出的两千骑兵，利用赵军主力追赶韩信的机会，迅速占领了赵军营地，拔掉赵军的所有旗帜，竖起了两千面汉军的红旗。赵军与汉军一阵厮杀后，见一时难以取胜，想退回营寨再作计议，但看见营寨里全是汉军旗帜，十分震惊，以为汉军已活捉了赵王歇及其将领，部队随之混乱起来，纷纷夺路而逃。赵军将领怎么也控制不住队伍，汉军又从前后杀来，赵军大败，成安君陈余被杀，赵王歇做了俘虏。

## 【毛泽东评说】

主观指导的正确与否，影响到优势劣势和主动被动的变化，观于强大之军打败仗、弱小之军打胜仗的历史事实而益信。中外历史上这类事情是多得很的。中国如晋楚城濮之战，楚汉成皋之战，韩信破赵之战，新汉昆阳之战，袁曹官渡之战，吴魏赤壁之战，吴蜀彝陵之战，秦晋淝水之战等等，外国如拿破仑的多数战役，十月革命后的苏联内战，都是以少击众，以劣势对优势而获胜。都是先以自己的局部优势和主动，向着敌人局部的劣势和被动，一战而胜，再及其余，各个击破，全局因而转成了优势，转成了主动。在原占优势和主动之敌则反是；由于其主观错误和内部矛盾，可以将其很好的或较好的优势和主动地位，完全丧失，化为败军之将，亡国之君。由此可知，战争力量的优劣本身，固然是决定主动或被动的客观基础，但还不是主动或被动的现实事物，必待经过斗争，经过主观能力的竞赛，方才出现事实上的主动或被动。在斗争中，由于主观指导的正确或错误，可以化劣势为优势，化被动为主动；也可以化优势为劣势，化主动为被动。一切统治王朝打不赢革命军，可见单是某种优势还没有确定主动地位，更没有确定最后胜利。主动和胜利，是可以根据真实的情况，经过主观能力的活跃，取得一定的条件，而由劣势和被动者从优势和主动者手里夺取过来的。

——《论持久战》，《毛泽东选集》第二卷，第 491 页。

【评析】

《韩信破赵之战》的故事，最早见于《史记·淮阴侯列传》。

韩信是刘邦手下的大将，替刘邦打天下，可以说是西汉王朝的一位开国元勋，是我国历史上的一位杰出的军事家。秦灭后，刘邦与项羽争夺对中国的统治权，进行了长期的战争。刘邦挥师出汉中、平定三秦之后，与项羽在成皋一带形成对峙，韩信率军渡河，去开辟北方战场。韩信率军渡河后，击魏灭代，一路凯歌。汉高祖三年（前 204 年）十月，他又和张耳统率 3 万大军，下太行，出井陉，去攻打赵国，于是就发生了这次"破赵之战"。

韩信攻代时，向刘邦请兵 3 万，灭代后，刘邦把他的精兵调回去抗击项羽。韩信此时的兵力，实际上不足 3 万，而赵王歇、陈余统率的赵军却号称 20 万。在军队的数量上，韩信明显处于劣势。不仅如此，韩信的军队也没有经过严格的训练，所谓"驱市人而战之"。因此，韩信要以少胜多，以劣势打败优势，只能依靠出奇制胜。当他了解到赵军统帅陈余轻敌求胜的情况后，命令汉军迅速前进，以两千骑兵埋伏在赵国军营侧后。韩信首先是"背水列阵"，以迷惑赵军，增长其轻敌情绪。然后汉军前锋诈败，引赵军倾营出击，伏兵便顺势进占赵军大营，竖起了汉军的红旗。同时，汉军背水列阵，前是敌军，后无退路，迫部下死战，所谓置之死地而后生，这对于鼓舞汉军士气起了很大作用。这样，使赵军向前不能取胜，向后退，看见大营里插上了汉军旗帜，就以为主将被俘，顿时大乱，全线崩溃。赵王歇被俘，陈余被杀。这场战争，就成了出奇制胜、以少胜多、变劣势为优势的著名战例。

　　毛泽东在《论持久战》中讲到"主动性"时，举了这个著名的战例，旨在说明指挥员的主观指导的正确与否，影响到优势劣势和主动被动的变化。但这种变化，须"经过主观能力的竞赛"，经过主观努力的活跃，取得一定的条件，劣势和被动者就可以从优势和主动者手里夺得主动和胜利。

# 楚汉彭城之战

## 【战例】

汉高祖二年（前205年），项羽率军攻齐。当时，齐王田荣的弟弟田横在城阳（今山东鄄城）起事，得到好几万人的响应。四月，田横立田荣的儿子田广为齐王，来对抗楚霸王项羽。项羽因此在山东一带稽留下来，一连打了好几仗，未能攻灭田广。汉王刘邦乘机率领诸侯联军共56万人，东进攻楚。联军到达外黄（今河南民权西北），彭越率领其部下3万余人来投，声势益加浩大。汉王刘邦遂挥军大进，进驻彭城（今江苏徐州），收得了城中大量财宝、美人，整日饮宴享乐起来。

项羽得知这个消息，命令部将领兵继续攻打齐国，自己率领精锐3万向南进发，经过胡陵（今山东鱼台东南）到达萧县（今安徽萧县西北）。项羽率军进攻彭城，大败汉军。汉军死伤10余万，溃败汉军向南夺路而逃，楚军追击到灵璧（今安徽灵璧）东面的睢水上，把10余万汉军都驱赶到睢水之中，淹死的不计其数，河水一时都被堵塞了。楚军把汉王刘邦包围了三层。这时刮起了大风，树木折断，飞沙走石，墙倒屋塌，天地昏暗，楚军顿时大乱，汉王刘邦与数十个骑兵乘机逃脱。汉王路过沛县，去接妻儿老小，而楚霸王早已派人到沛县去拘捕刘邦的家人。他的家人都已逃走了。

汉王在路上遇见长子刘盈（惠帝）和长女鲁元公主，就让她们坐上车一块走。这时，楚霸王的骑兵又紧紧地追了上来，汉王急于逃命，就把他（她）们从车子上推了下去。滕公夏侯婴，当时是刘邦的驾车人，又把他们拉上车，这样反反复复共有三次。刘邦有几次还想把他们杀掉。在夏侯婴的保护下，惠帝和鲁元公主才免于被杀。

审食其跟随刘邦的父亲刘太公、妻子吕雉从小道去找汉王，没有遇着，反而碰到了楚军，结果被楚军俘获带回军营，项羽就把他们拘禁在军中作为人质。

当时，吕雉的哥哥周吕侯为汉王领兵驻扎在下邑（今安徽砀山县）。汉王从小道去找他会合，稍稍集合溃散的士兵。但是，各地诸侯纷纷背叛汉王，又归附楚霸王项羽，塞王欣、翟王翳都投降了楚霸王，形势一时变得对刘邦不利起来。

### 【毛泽东评说】

就是要诱敌深入。我最近研究历史，古今中外，凡是诱敌深入的，就把敌人歼灭了；凡是开始打了胜仗，兴高采烈，深入敌境，就打败仗。刘邦也是几次轻敌冒进，被打得大败，差一点被敌人捉住。……一次是深入彭城，被项羽一个反击，几十万人被歼，刘邦只乘了一辆车子和几十个人突围逃走，途中遇到自己的儿女，又因楚军追赶，几次把儿女推下车，夏侯婴几次把她们捡起来。不让敌人打些胜仗，尝到味道，它就不来了。这件事要经常研究才好。

——转引自王晗等《毛泽东评点〈二十四史〉精华解析》（下），
内蒙古人民出版社1998年版，第1483页，。

### 【评析】

在秦末农民大起义中，项羽和刘邦领导的义军是两支重要的力量。在灭亡秦帝国后，项羽自称西楚霸王，而封刘邦为汉王。从此，楚汉之间进行了多年的战争，其中的彭城之战，就是一次很重要的战争。这次战争，发生在汉高祖刘邦二年（前205年）。当时，项羽正在率军攻打齐国的田横，而未能平定。这时，汉王刘邦却率56万大军东进攻楚，进至外黄，又得彭越率3万人归降，遂挥师进入彭城。项羽听到这一消息，留下部将继续率兵攻打齐国，自己率精兵3万，到萧县一带去迎击刘邦率领的联军。这从兵法上讲，项羽犯了两个拳头打人的错误。但项羽是久经战阵的名将，他率领的军队虽然只有3万多人，却能以少胜多，出奇制胜。

从刘邦这方面来说，他率军东下，所向披靡，降者甚众；他又是击项羽于二分兵力之际，而且是以占绝对优势的兵力对项羽作战，打胜是完全可能的。但是，他却打了个大败仗，究其原因，正如像毛泽东主席所指出的："凡是开始打了胜仗，兴高采烈，深入敌境，就打败仗。……刘邦也是几次轻敌冒进，被打得大败，差一点被敌人捉住。"他在这里所讲的楚汉彭城之战就是一个很典型的战例。毛泽东的分析是十分精辟的，证明了诱敌深入战略战术的重要性和正确性，能给人以有益的启迪。

# 楚汉成皋之战

## 【战例】

汉高祖三年（前204年）四月，楚军在荥阳包围了汉王刘邦，形势十分危急。刘邦请求与项羽讲和，以荥阳为界，东归楚，西归汉。亚父范增劝楚王项羽赶快攻打荥阳，刘邦对此颇为担心。项羽派使者到汉地，陈平特地为使者备办了丰盛的筵席，但看见楚王的使者，随即假装惊慌地说："我以为是亚父的使者，原来是项王的使者。"说完便将原来的筵席撤去，换成粗劣的饭菜给楚王的使者吃。使者回去后，把这一情况报告给项王，项羽就对亚父范增起了疑心。范增想尽快攻下荥阳城，项羽不相信也不肯听，范增听说项羽怀疑他，于是愤怒地说："天下大事已经定了，您好自为之！请允许我留着几根老骨头回家吧。"范增还没有回到彭城，途中因为背上生了毒疮而死去了。

五月，汉将纪信对刘邦说："事情危急了，请让我冒充您去欺骗项羽，假装向他投降，您可以从小路逃出去。"于是陈平夜晚派出妇女和士兵两千多人冲出东门，楚兵便四面去围攻他们。纪信坐着汉王的车子，摆着汉王的全副仪仗，说："粮食吃完了，我来投降。"楚军信以为真，都山呼万岁，全都到城东观看。而刘邦命令韩王信与御史大夫周苛、魏豹、枞公守荥阳，自己却同几十人骑兵从西门逃走了。项羽见了纪信，问道："刘邦在哪里？"纪信回答说："已经出城了。"于是项羽将纪信活活烧死了。

刘邦从荥阳逃至成皋，进入函谷关，召集部队想再次东出与项羽争夺荥阳，袁生建议刘邦，深沟高垒不与楚战，使荥阳、成皋之间的汉军得以休整；令韩信等出兵黄河以北，招降赵国，联合燕国和齐国。刘邦采纳了袁生的建议，率军进至南阳、叶县，并与英布到各地收集兵员，扩充力量。项羽听说刘邦在南阳一带活动，果然带兵南下。刘邦则坚守营垒，不与他交战。

刘邦在彭城兵败之后，撤军西走，大将彭越所攻占下的城池也全部丧失。韩信率部在黄河北岸，常常带兵出其不意攻打楚军，断绝楚军的粮草。彭越渡过睢水，与项声、薛公在下邳交战，阵斩薛公，大败楚军。项羽派终公坚守成皋，亲自率军东击彭越。刘邦乘机带兵北上，打败终公，收复了成皋。

六月，项羽已经打败彭越，听说刘邦又屯军成皋，于是带军西进，攻占荥阳，包围了成皋。刘邦与滕公从成皋的北门逃出，北渡黄河，住在小修武的驿站内。第二天一早，刘邦自称是汉王的使者，闯进了韩信的营帐，夺取他的印信，并把将领们召集起来，将他们的职位进行调整。刘邦夺了韩信和张耳的兵权，命令张耳到各地巡视，以韩信为相国，让他收集赵国的散兵去攻打齐国。

秋季七月间，刘邦得到韩信的军队后，军力复振。八月，刘邦带兵来到黄河岸边，犒劳小修武以南的军队，准备再与楚军决战。郎中郑忠劝止了刘邦，要他深沟高垒，坚守以待战机，不要急忙与楚军交战。刘邦接受了他的建议，便派将军刘贾、卢绾率步兵二万、骑兵数百，渡过白马津，深入楚国腹地，辅佐彭越烧掉了楚军积存的粮草，攻破项羽的基地，使其无法供给前方楚军粮草。楚兵攻打刘贾，刘贾就坚守营垒不与之交战，与彭越联手才与之作战。

彭越攻占了梁地的睢阳、外黄等十七座城池。九月，项羽对大司马曹咎说："你要谨慎坚守成皋！假如刘邦来挑战，千万不要应战，只要不让汉军东进就行了。我十五天内一定平定梁地，那时再来与你会师。"项羽于是引兵东进，攻占了陈留、外黄、睢阳等地。

刘邦想放弃成皋以东的地方，驻扎在巩、洛一带来抵挡楚军。其谋士郦食其说："我听说知道民以食为天的人，可以做王。君王以百姓作为生存条件，而百姓以食物作为生活资料。敖仓是个大粮库。我听说那里藏有很多粮食。楚军攻占荥阳而不坚守敖仓，项羽带兵东进而让有罪充军的士兵守护成皋，这是上天将敖仓的粮食送给我们。现在楚军容易夺取而汉军反而退却，自己失掉利益，我认为是错误的。况且两雄不能同时存在，楚汉长久相持不下，天下动摇不安，农夫放下了农具，织女下了织机，天下人的心都没有安定下来。希望您赶快带兵攻取荥阳，占有敖仓的粮食，守住成皋险地，截断太行山的道路，把守住飞狐关，守住白马津，向诸侯展示在地理上所取得的优势，那么天下人知道了都会归顺。"刘邦采纳了他的建议，于是计划夺取敖仓。

汉高祖四年（前 203 年）十月，楚国大司马曹咎把守成皋，汉军多次挑战，楚军都不应战。刘邦派兵前往阵前辱骂几天，终于把曹咎激怒了，他带兵横渡汜水。楚军渡过一半时，汉军突然进攻楚军，一举打败了楚军，夺得楚国的金玉器和物资钱财，大司马曹咎及塞王司马欣在汜水自杀身亡。刘邦于是带兵渡过黄河，又一次攻占了成皋，驻扎在广武山。

项羽攻下了梁地的十余座城池，听说成皋被汉军攻陷，就率军回救成皋。这时，汉军正在荥阳东面围攻楚将钟离昧，听说项羽大军来到，便凭借险要之地进行防守。项羽也率军在广武山与汉军相持。过了几个月，楚军粮草少了，项羽害怕起来。于是将刘邦的父亲太公放在砧板上，告诉刘邦说："如果你现在不赶快投降，我就要烹死你的父亲。"刘邦说："我与你项羽都是楚怀王的臣子，一同接受怀王攻秦的命令，约定为兄弟，既然如此，我的父亲就是你的父亲，你一定要烹杀我的父亲，那就希望分一杯肉羹给我。"项羽非常愤怒，想杀掉刘邦的父亲。项伯说："天下的事还不知道，如果为了得天下而不顾家人，虽然杀了他也无好处，只能坏事！"项羽听从了项伯的话。

项羽对刘邦说："天下相争已数年了，只是因为我们两个人的缘故。我愿与你一决胜负，不要再使天下百姓受苦了。"刘邦讽刺地笑着谢绝说："我宁肯与你斗智，不与你斗力。"项羽令军士挑战，汉军中善于骑射的士兵每次都射杀了他们。项羽非常愤怒，于是亲自披甲上阵挑战。汉军中善于骑射的士兵想要射杀项羽，项羽瞪大眼睛斥责他们，把汉军士兵吓得退回阵中，都不敢再出来。刘邦派人打听到是项羽，非常震惊。

项羽向刘邦这边走来，在广武山中隔着深涧进行对话。项羽打算与刘邦单独进行决战。刘邦在列举了项羽的十大罪状后，项羽非常愤怒，就用暗箭射中了刘邦。刘邦胸部受伤，却故意摸着脚说道："这恶奴伤了我的脚趾。"刘邦被射伤后卧床不起，谋士张良劝他勉强起来巡视慰劳部队，以安定军心，鼓舞士气，不致使楚军乘机进攻。刘邦因此出来巡视军队，但因伤势加重，驱车进入成皋养病。

刘邦伤愈后又回到军队，屯军广武，待机出击。汉高祖五年（前202年）八月，楚军的粮食快吃完了，韩信又派兵攻击楚军，项羽自知形势对己不利，此时刘邦又派辩士侯公来劝说项羽，送还刘邦的父亲；项羽于是便顺水推舟地与刘邦约定，平分天下，楚国愿割鸿沟以西地区为汉，以东为楚。九月，项羽送还了刘邦的父母、妻子，自己回师东撤。刘邦也打算西回关中。张良、陈平劝刘邦说："现在汉已有天下大半，诸侯也都归附我们；楚兵疲惫而又粮绝，这正是灭楚的好机会。如果错过今天这个机会，就是所谓的'养虎自留祸患了'。"刘邦采纳了他们的建议，挥师东进，与项羽进行战略决战。

**【毛泽东评说】**

主观指导的正确与否，影响到优势劣势和主动被动的变化，观于强大之军打败仗，弱小之军打胜仗的历史事实而益信。中外历史上这类事情是多得很的。中国如晋楚城濮之战，楚汉成皋之战，韩信破赵之战，新汉昆阳之战，袁曹官渡之战，吴魏赤壁之战，吴蜀彝陵之战，秦晋淝水之战等等，外国如拿破仑的多数战役，十月革命后的苏联内战，都是以少击众，以劣势对优势而获胜。都有先以自己局部的优势和主动，向着敌人局部的劣势和被动，一战而胜，再及其余，各个击破，全局因而转成了优势，转成了主动。在原占优势和主动之敌则反是；由于其主观错误和内部矛盾，可以将其很好的或较好的优势和主动地位完全丧失，化为败军之将，亡国之君。

——《论持久战》，《毛泽东选集》第二卷，第491页。

**【评析】**

《楚汉成皋之战》是根据《史记·项羽本纪》和《资治通鉴·汉纪》中的有关记载编写的。公元前205年至前203年，项羽和刘邦在成皋地区进行的这场战争，使楚强汉弱的形势发生了根本变化，为后来汉军在垓下决战，一举灭楚创造了条件。

汉高祖元年（前206年），秦王朝被农民起义军推翻。当时，项羽兵力最强，他便号令天下，分封诸侯。以今四川和陕西一部分封刘邦为汉王，以今河南、安徽、江苏以及山东的一部分等地归己，并自立为西楚霸王。接着田荣在山东反楚，项羽率军讨伐田荣，刘邦就乘机挥师"暗渡陈仓"，占领三秦的土地，再向东进兵，一直打到项羽的都城彭城（今江苏徐州市）。项羽从齐国赶回来，大破刘邦。刘邦便退到成皋一带，和项羽进行了长期的战争。

当时，项羽百战百胜，在军事上占着优势和主动地位，诸侯慑服。刘邦为了保存和积蓄力量，待机破敌，采取了正确的战略防御方针，选择接近关中根据地的成皋一带，作为退却终点，来安定他的后方，取得粮食供应，兵员补充。他从正面吸引住楚军主力，派兵联合彭越，袭击楚军后方，使项羽的补给发生困难，从而削弱了项羽的实力。刘邦又派大将韩信向北击破赵国，降服燕国，打败齐国，使项羽越来越孤立，陷入了汉军的包围之中。当楚军兵疲粮少的弱点暴露出来，顾此失彼，刘邦就立即转入了反攻。这样，项羽就由优势转为劣势，由主动转为被动了。这次战役的胜利，归功于刘邦在战略上的正确指挥。

毛泽东曾两次在自己的军事理论著作中援引这个战例，阐明军事理论问题。他在《中国革命战争的战略问题》中，用来说明作战双方强弱不同，弱者先让一步，后发制人，因而取胜的道理，阐明了战略防御原则的重要性。毛泽东在《论持久战》中，则用来说明指挥员主观指导的正确与否，影响到优势劣势和主动被动的变化，从而导致战争的不同结局。这对于我们把握和提高军事指挥艺术，具有积极的启迪作用。

# 西汉匈奴平城之战

## 【战例】

汉高祖七年（前200年）秋天，匈奴在马邑（今山西朔县）围困了韩王信。韩王信数次派遣使者出使匈奴，谋求和解。汉朝怀疑韩王信连续几次派遣使者，对汉朝有二心，派使者谴责韩王信。韩王信害怕了，于是年九月，把马邑城献给匈奴，并率部投降。匈奴冒顿单于率兵南进，攻打太原（今山西太原），到达晋阳（今山西太原西南）。汉高祖刘邦获悉后，亲自率领大军征讨韩王信，在铜鞮（今山西沁县南）一战，斩其将王喜，大败韩王信的军队，韩王信逃到了匈奴。白土人曼丘臣、王黄等立赵王的后代赵利为国王，又收集韩王信溃败的散兵，与韩王信及匈奴合谋攻打汉朝。匈奴派左贤王、右贤王率领一万多骑兵，与王黄的部队驻扎在广武（今代县西南）以南至晋阳一带。"汉兵击之，匈奴辄败走，已复屯聚，汉兵乘胜追之"。正遇上天气十分寒冷，下着大雪，士兵冻掉手指的有十分之二三。

汉高祖刘邦住在晋阳，听说冒顿单于在代谷（今山西代山西北），想去攻打。他派人去侦察匈奴的虚实，冒顿把身强力壮的士兵、肥壮的牛马都隐藏起来。汉使只看到那些老弱残兵和瘦弱的牛马。他先后派出的十批使者，回来都报告说匈奴人可以攻击。汉高祖刘邦为了准确起见，又派刘敬到匈奴那里去探听，刘敬还没回来，汉朝的32万大军就开始行动，并翻越了句注山。刘敬回来报告说："两国开战，匈奴应该炫耀武力，以显示它的长处；现在下臣到匈奴，只见些饥牛瘦马和老弱残兵，这肯定是匈奴故意暴露它的短处，埋伏奇兵来争取胜利。我以为匈奴是不可以攻打的。"这时，汉朝的军队已准备好而没有出击，汉高祖刘邦发怒了，骂刘敬说："你这个齐国的俘虏，因为口齿伶俐而得到了官职，现在你竟胡说八道，阻止我军!"便下令把刘敬拘禁在广武。

汉高祖刘邦先到平城(今山西大同东北),军队还没有全部开到。冒顿单于率领精锐骑兵40万人,在白登(今山西大同东北)把汉高祖刘邦包围起来,整整7天,汉朝军队里外不能相救,也不能接济给养,形势十分危急。后来,汉高祖采用谋臣陈平的计策(使画工画了幅美女图,说要将这样的美女献给单于),派使者去行反间计,用大批财宝贿赂匈奴阏氏(王后之意)。阏氏对冒顿说:"两国君主不互相围困。现在得到的汉朝土地,而单于归根到底是不能长期占有的。而且汉朝皇帝也有神灵保佑,单于仔细考虑一下!"冒顿与王黄、赵利约定的时间,而王黄、赵利的军队又没有来,冒顿怀疑他们与汉朝有密谋,就解除围困的一个角落。正巧碰上大雾,汉朝派人往来,匈奴没有发觉。陈平请高祖命令将士每一弩加两支箭,外向御敌,从解除围困的一角逃了出来。汉高祖冲出了包围圈,要车子快奔。到了平城,汉朝的大部队也已赶到,匈奴的骑兵解围北走,汉也撤军南归,命令樊哙留下来平定代地(今河北蔚县)。

汉高祖刘邦回到广武,赦免刘敬,说:"我不相信你的报告,以至于被围困在平城,我已经杀掉原来派出的那十批使者了!"于是封刘敬食邑二千户,为关内侯,号曰建信侯。汉高祖南行路曲逆(今河北完县东南),说:"好雄伟的一个县!我走遍全国,只见到洛阳与这个县一样的雄伟。"于是,又封陈平为曲逆侯,食邑全县。陈平跟随汉高祖打天下,共六次出奇计妙策,刘邦总是给他增加封地。

## 【毛泽东评说】

就是要诱敌深入。我最近研究历史,古今中外,凡是诱敌深入的,就把敌人歼灭了;凡是开始打了胜仗,兴高采烈,深入敌境,就打败仗。……刘邦也是几次轻敌冒进,被打得大败,差一点被敌人捉住。一次是孤军深入平城(大同),被匈奴单于包围了七天,弹尽粮绝,后来用陈平之计,才冲出来。……不让敌人打些胜仗,尝到味道,它就不来了。这件事要经常研究才好。

——转引自王晸等《毛泽东评点二十四史精华解析》(下),第1483页,内蒙古人民出版社1998年版。

**【评析】**

汉匈平城之战，发生在汉高祖七年（前200年）。关于这次战争，《史记》《汉书》高祖本纪都有简略记载，《资治通鉴》卷十一《汉纪三》记载较详。

平城之战，或称白登之围，是中国历史上一次著名的战役。西汉初年，北方的游牧民族匈奴强盛起来，冒顿单于不断攻扰汉朝北部边境，并迫使占据山西北部一带的韩王信投降，进而深入内地围攻晋阳（今山西太原西南）。汉高祖怀疑韩王信与匈奴合谋。七年（前200年）刘邦亲率大军30余万北讨韩王信。对于这次大规模的军事行动，刘邦是非常谨慎的，他先后派遣十批使者到匈奴侦察。这些使者只看到匈奴尽是老弱残兵和饥牛瘦马，认为匈奴可击，只有使者刘敬识破了匈奴诡计，认为那只是表面现象，匈奴埋伏有奇兵不可攻打。但汉高祖没有采纳刘敬的正确意见，却相信十批使者的虚假情报，中了匈奴诱敌深入之计，率先头部队冒进至平城（今山西大同），结果被冒顿单于率领的精锐骑兵40余万包围在白登山，苦战了七天七夜而不能突围。后来，他采用谋士陈平的秘计，贿赂匈奴冒顿单于的阏氏（王后），并画了一幅美人图，说要把这样一个美人献给冒顿单于，阏氏怕夺己宠，劝说冒顿单于解除包围的一角，刘邦乘大雾天气，才得以突围，与后续主力部队会合，匈奴也撤军而去。

在这次平城之战中，刘邦为什么失败呢？主要是中了匈奴冒顿单于诱敌深入之计。"汉兵击之，匈奴辄败走，已复屯聚，汉兵乘胜追之"。很显然，匈奴败走并不是被歼灭，不久又屯聚在一起，一步一步地把汉兵引入匈奴境内的有利地势，包围在白登山长达七天，刘邦本人险些被捉。正如毛泽东所说："凡是开始打了胜仗，兴高采烈，深入敌境，就打败仗"。这是古今中外的战争发展史证明了的真理。刘邦是高明的政治家、军事家，也不能超越这个规律，他的"几次轻敌冒进，就打得大败，差一点被敌人捉住"。平城之战就是一个明显的例子。其中的历史经验，值得后人记取。

# 新汉昆阳之战

　　汉更始皇帝（淮阳王）刘玄元年（23年）二月，新朝皇帝王莽大赦天下，颁布诏书，要"王匡、哀章等讨伐青州、徐州的盗贼，严尤、陈茂等讨伐南阳刘秀的汉军，明确地告诉他们归降者可免去死罪，如果还在犹豫不决，将派遣大司空隆新公王邑率领百万大军杀绝他们"。

　　三月，汉将王凤与太常偏将军刘秀等攻下了昆阳、定陵、郾城。王莽听说严尤、陈茂兵败，遂命司空王邑与司徒王寻率领从各地挑选的精兵43万，号称百万，五月从颍川南下，与严尤、陈茂的军队会合，企图与汉军决战。

　　汉军的一些将领见王寻、王邑军势很大，都惊慌失措地退入昆阳，又担心妻子儿女，想回去各保自己的城池。刘秀说："目前我军兵力粮食都少，外面又有强大的敌人，如果集中兵力抗敌，还可能取得胜利；如果分散行动，势必都不能保全。况且刘縯还没有攻下宛城，也无法援救我们。昆阳一旦失守，一天之内诸部亦灭。今天我们不同心协力，共举功名，反而贪生怕死，守护自己的妻子财物！"诸将皆怒说："刘将军怎敢如此教训我们！"刘秀听了笑着站起来，恰好出城侦察的骑兵回来，报告说："王寻的军队即将到达城北，军队绵延数百里，还不见后卫。"王凤等将领向来轻视刘秀，见情况紧急，才互相商量说："刘将军计划破敌吧！"于是，刘秀再次为大家筹划作战方案，王凤等听了后说："行。"当时城中只有汉军八九千人，刘秀让王凤与廷尉大将军王常守昆阳，自己夜里与五威将军李轶等13骑从城南门冲出，到外面去收集兵力。

　　当时，王莽军到达城下者将近10万，刘秀等人几乎冲不出来。王寻、王邑指挥大军围困昆阳，严尤劝王邑说："昆阳城小而坚固。现在伪皇帝刘玄在宛城，如果赶快向宛城进军，他们一定会逃跑；宛城兵败，昆阳自然也就屈服了。"王邑说："我以前围攻翟义时，因为没有生擒他而受到指责。现在率领百万大军，遇到城池不能攻下，怎能显示我的威风。应当先杀尽城中军民，踏着鲜血歌舞前进，岂不是很痛快吗！"于是派兵将昆阳城包围了几十层，设下了一百多座军营，钲鼓之声传到几十里外。他们挖地道，使用冲车和楼车来攻城。王凤等要求投降，王寻、王邑自以为昆阳城指日可下，大功垂成，既不答应王凤的投降要求，也不再把攻城的事放在心上。严尤说："兵法上讲：'围城必阙'，我们最好让昆阳守军逃出一部分去传播消息，以震慑攻打宛城的汉军，使其军心动摇。"王邑仍然不听。

刘秀到了郾城、定陵，集中了诸营的兵力援救昆阳，但各营将领贪惜自己的财物，打算分兵留守。刘秀说："今天如果能破敌，珍宝要比现在多万倍，大功也可告成；如果失败了，脑袋都保不住，还讲什么财物！"于是命令各部全部出发。六月初一，刘秀与各营士兵一起向昆阳前进，并亲自率领一千多步、骑兵作为前锋，在离王莽大军四五里的地方摆开了阵势。王寻、王邑也派几千人马前来迎战。刘秀率军冲杀过去，斩首数十级，诸将都高兴地说："刘将军平时见了小股敌人就害怕，今天见了大敌却很勇敢，真是奇怪。还是请你在前面冲杀，我们协助你破敌！"刘秀军等又发起进攻，王寻、王邑的兵向后败退，诸将挥师乘胜大进，又斩首数百千级。一连打了几次胜仗，将士们胆量更壮了，无不以一当百。刘秀于是和三千敢死队从城西水道冲击王莽军的指挥部。

王寻、王邑非常轻视刘秀，亲自率领万余人巡视阵地，命令各营没有命令不得擅自出动。二人单独率军去迎战汉兵。王寻等出战不利，大军也不敢擅自救援。王寻、王邑的战阵被冲破后，汉军乘胜追击，阵斩王寻。城中的汉军也大喊着出城助战，内外夹攻王莽军，喊杀之声震天动地。王莽的军队全部溃败，逃跑的士兵相互拥挤践踏，一百多里的战线上，尸横遍野。恰巧又遇大雷、大风，房瓦皆飞，大雨倾盆而下，滍川的水猛涨，随队的虎豹吓得四肢发抖，士兵掉在水中淹死的有1万多人，河水也被尸体堵住了。王邑、严尤、陈茂等单人匹马踏着死尸渡水才得以逃脱。缴获的军用物资，多得不可胜数，搬了一个多月还未搬完，最后把剩下搬不走的全都烧掉了。王莽军残兵逃回各自的家乡，王邑仅带了从长安一起来的勇士数千人回到洛阳。王莽朝野闻之大惊，于是各地的官僚豪绅纷纷响应，杀掉本州郡的牧守，自称将军，改用汉的年号，等待更始皇帝刘玄的分封。这种形势在一个月之内就扩展到了全国。

## 【毛泽东评说】

当时的情况是弱国抵抗强国。……虽然是一个不大的战役[(1)]，却同时是说的战略防御的原则。中国战史中合此原则而取胜的实例是非常之多的。楚汉成皋之战、新汉昆阳之战、袁曹官渡之战、吴魏赤壁之战、吴蜀彝陵之战、秦晋淝水之战等等有名的大战，都是双方强弱不同，弱者先让一步，后发制人，因而战胜的。

> ——《中国革命战争的战略问题》，《毛泽东选集》第一卷，
> 第 204 页。

## 【评析】

这篇战纪是根据《资治通鉴·汉纪》淮阳王更始元年（23 年）的有关记载编写的。淮阳王刘玄本称更始将军，王莽篡汉后，当时起义部队拥立汉朝的后代刘玄做皇帝，仍用汉为国号。刘玄失败后，东汉光武帝刘秀封他为淮阳王。

王莽末年，各地人民纷纷起义。当时的起义军主要有两支：一、王莽天凤五年（18 年），樊崇在山东莒县起义，部队都把眉毛涂成红色，称为赤眉。二、王莽地皇二年（21 年），王匡、王凤等在湖北起义，以湖北当阳县绿林山为根据地，称为绿林。绿林军后来分为两支：王常、成丹西入南郡（今湖北东部、南部），称为下江兵；王匡、王凤北入南阳（在今湖北北部及河南西南部），称新市兵。地皇三年（22 年）汉朝的宗室刘縯、刘秀兄弟在南阳起兵，他们把新市兵、下江兵联合起来，打败了王莽大军。

---

（1）指齐鲁长勺之战。

新汉昆阳之战

*37*

更始元年，拥立刘玄做皇帝。这使王莽大为震动，征发40万大军向他们进攻。这时，这支起义部队一部在刘𬘘的统率下正围攻宛县（今河南南阳县），另一部在王凤、刘秀统率下已攻占了昆阳。王莽大军向昆阳进攻，就发生了昆阳之战。这一次战役，汉军击溃了王莽大军，决定了王莽政权覆灭的命运。

昆阳之战，汉军以少击众，以劣势对优势而获胜。王莽大军由于指挥上的错误，丧失了优势和主动地位，遭到失败。王莽等指挥上的错误主要有两点：一是当时汉军正在围攻宛县，如果向宛县进军，会使汉军处于前后夹攻的被动地位；二是围攻昆阳时，城中汉军主将王凤乞降，却遭拒绝，错过了瓦解汉军的大好时机。新莽的指挥官王邑在这两个方面犯了错误，丧失了优势和主动。相反，汉军本来处于劣势，可是刘秀能鼓励士气，出城收兵，增加汉军力量；又能组成敢死队去冲击王莽大军的统帅部，这就发挥了汉军的长处，避免了汉军的短处，因而取得了胜利。汉军的新市兵、下江兵都是百战劲旅，利在速战速决，这是汉军的长处；人数和装备都不如王莽大军，这是汉军的短处。刘秀避免持久战，不与王莽大军作战而只冲击其统帅部，扬长避短，把劣势转化为优势，最终夺得了战争的胜利。

毛泽东曾两次在自己的军事理论著作中引用这个战例。在《中国革命战争的战略问题》中，用来说明作战双方强弱不同，弱者先让一步，后发制人，因而获胜的道理，阐明了战略防御原则的重要意义。在《论持久战》中，则用来说明指挥员主观指导的正确与否，影响优势劣势和主动被动的变化，从而导致战争不同的结局。这些都给我们以有益的启迪。

# 班超出使西域之战

　　东汉永平十六年（73年），汉光武帝刘秀的女婿窦固派遣官居假司马的班超和幕僚郭恂等出使西域。班超来到鄯善国（今新疆维吾尔自治区东部），鄯善国王广尊奉班超礼数很周到，后来忽然变得不如从前礼貌。班超对他的下属官员说："难道你们没有感觉到鄯善王广的礼仪薄了些吗？"从官说："胡人不能长久，没有别的原因。"班超说："这里一定来了匈奴的使者，国王广狐疑不决不知道应该依附谁，明眼人能看到未萌发的事物，况且现在事情已经很明显了。"于是，班超召集接待汉使的胡人，诈骗他们说："匈奴使者来了好几天，现在在什么地方？"接待汉使的胡人惊恐地说："已经到达三天了，在离这里三十里的地方。"班超把负责接待他们的胡人软禁起来，把自己手下的军官和士兵全都召来，与他们一起饮酒。正在畅饮，班超故意激大家发怒说："你们和我都在极远的地方，匈奴使者才到几天，而国王广对我们的礼仪就废止了。如果匈奴使者命令鄯善捕捉我们送交匈奴，我们的骨肉就永远让豺狼吃了，怎么办呢？"部属都说："现在非常危险，生死存亡都听从司马您的！"班超说："不入虎穴，焉得虎子。如今的办法只有趁着黑夜用火攻击匈奴使者，他们不知道我们有多少人，一定会大为震恐，可以消灭他们。消灭了匈奴使者，则鄯善害怕，我们的事业就成功了。"众人都说："应当与从事商议一下。"班超发怒地说："成败取决于今天。从事是个庸俗的文官，必然把这个计谋泄露出去，死了还不知道为什么死的，不是真正的壮士。"大家于是同意了班超的意见。

　　入夜，班超率领手下的军官和士兵直奔匈奴使者营地。路上，刮起了大风，班超命令十人带着鼓藏到匈奴人驻地的后面，相约说："见火烧起来，都击鼓大喊。其他的人都拿着兵器和弓箭，埋伏在驻地的大门两边。"

班超于是顺风纵火，营地前后鼓鸣人噪，匈奴人乱作一团。班超亲自击杀3人，其手下的军官和士兵杀死匈奴使者及其从属人员30多人，剩下的100多人都被烧死。第二天回来，告诉从事郭恂，郭恂大惊，连脸色也变了。班超知道他的想法，拉住他的手说："您虽然没有同去，我难道能独占这个功劳吗？"郭恂听后才高兴了。

班超于是召见鄯善王广，拿匈奴使者的人头让他看，并宣告汉朝的威力和德行，对鄯善王广说："从今以后，不要再与匈奴相勾结。"广叩头谢恩，表示愿意归附汉朝，再无二心，还把他的儿子送到汉朝作人质。班超回到汉朝报告窦固，窦固大喜，上表奏明班超的功劳，并请求另选派使者，出使西域。汉明帝说："像班超这样的官吏不让他去，为什么要改派他人呢？现在以班超为军司马，让他继续建立功业。"这样，窦固就又派班超出使于阗，并想增派兵力。班超原打算只率领原来跟随他的那36人，说："于阗国大，离朝廷又远，带领好几百人，也说不上强大。如有不测，更增加了负担。"这时于阗国王广德雄心勃勃，企图霸占丝绸之路的南线通道，而匈奴派遣使者保护于阗。

明帝永平十六年（73年），班超第二次出使西域到达于阗，国王广德一开始对汉使的礼仪就很差。于阗有信巫的风俗，巫说："神发怒，为什么要与汉朝修好？汉朝使者有好马，快点取来祭祀我。"广德就派其丞相私来比向班超求好马，班超已暗中知道了情况，就允许了他，而让巫亲自来取马。不大会儿，巫来到了，班超立即砍掉巫的头，又抓住私来比，抽打几百鞭子，然后把巫的头送给广德，还就这件事谴责了广德。广德听说过班超来鄯善诛杀过匈奴使者，因此十分害怕班超，马上杀了匈奴使者，投降汉朝。班超重赏国王以下官员，并镇抚于阗。于是，西域各国都派遣王子到汉朝作人质。西域与汉朝断绝交往65年，至此时又通好了。

汉建初五年（80年），班超上书想经营西域。他说："臣下自以为先代皇帝想开通西域，所以北击匈奴，出使西域，鄯善、于阗归附汉朝。现在拘弥（今和阗附近）、莎车（今新疆维吾尔自治区叶尔羌）、疏勒（在今新疆维吾尔自治区）、月氏（今甘肃敦煌与青海祁连一带）、乌孙、康居等国也愿意归附，想和汉朝合力攻灭龟兹（今新疆库车一带），打通通往汉朝的道路。如果征服龟兹，那么西域各国不臣服的就只剩下百分之一了。前代评论家都说：取西域三十六国叫作断匈奴右臂。现在西域各国，没有不崇尚汉化的，大小国家都很高兴，奉献贡品络绎不绝。现在只有延耆、龟兹没有臣服，臣下从前与部下 36 人奉命出使极远之地，备遭艰难困险。自独守疏勒，已经 5 年，西域各少数民族的情况，臣未尝了解，问他们的都城的大小，都说依照汉朝皇帝规定的规格。以这件事来检验，那么葱岭（今帕米尔高原和喀喇昆仑山脉）可以打通，龟兹可以讨伐。现在应当封龟兹侍子白霸为国王，以步兵和骑兵数百人送他回国，再和其他各国联兵，数月，至多一年，龟兹就可以征服。用少数民族攻击少数民族，是计谋中的好计谋。臣看见莎车、疏勒，田地肥沃宽广，草木茂盛，畜牧繁殖，不像敦煌、鄯善一带，军队的粮食自给，不需要耗费汉朝物资。况且姑墨（今新疆维吾尔族自治区拜城附近）、温宿（今在新疆维吾尔自治区内）二国国王是龟兹扶置的，既不是他们本国本民族的人，更加互相讨厌猜忌，其形势必然有愿投降汉朝的。如果两国降汉，那么龟兹就会不攻自破……"

班超的上书，得到了汉章帝的认可。平陵徐干上疏，愿意去辅佐班超。汉章帝遂以徐干为假司马，带着充军的罪犯及志愿兵共 1000 人到班超那里去。原先是莎车认为汉兵不出，于是投降了龟兹，而疏勒都尉番辰也叛变了。正好碰上徐干率军赶到，班超与徐干率众击番辰，大败他们，斩首千余。班超要进攻龟兹，因为乌孙兵强，应当利用乌孙的力量，于是上书说："乌孙是大国，有十万大军，所以汉武帝送公主做其妻子，到了孝宣帝终受到好处，现在可派遣使者招抚安慰，与之合力攻龟兹。"章帝采纳了这个建议。

汉章帝建初八年（83 年），汉章帝封班超为将兵长史，以徐干为军司马，另派卫侯李邑护送乌孙使者。李邑到达于阗正碰上龟兹攻打疏勒，害怕不敢前进，因而上书皇帝，陈述征服西域的功业难成，又对班超大加毁谤。班超听说后，叹道："曾参是个大孝子，尚且有谣言说他杀人，惊动了曾母。我恐怕也要被怀疑了。"于是，班超送其妻子回国。章帝知道班超忠诚，就对李邑深加责备，并令李邑到班超那里接受指挥，诏书说："如果李邑在外胜任，就留住他办事，不然就调开他。"班超派李邑带领乌孙侍子回京都。徐干对班超说："李邑从前诽谤您，要败坏西域的事业，现在为什么不借皇帝诏书留住他，另派别的官员送乌孙侍子？"班超说："这是多么粗浅的话！因为李邑诽谤我，所以现在派遣他。自问没做亏心的事，何必怕人说闲话！为了自己而留住李邑，那可不是忠臣。"

这一年，班超调集于阗等国军队 25000 人，进攻莎车。龟兹王调集温宿、姑墨、尉头（今新疆维吾尔自治区乌什县）等部队共 50000 人前往救援。班超召集部将及于阗王商议说："现在我们的力量薄弱，难以战胜敌人，要制胜不如暂时各自撤退。于阗的部队从这里向东去，我带领部队向西去，可等到夜间以鼓声为号再突然出击。"他故意把所捕获的俘虏放走。龟兹王得到这个消息，十分高兴，亲自率 1 万骑兵赴西路阻击班超的部队，温宿王率八千骑兵于东路截击于阗的军队。班超得知以上两支军队都已出动，就秘密命令各部队排好阵势，奔袭莎车兵营。敌为之大惊，混乱不堪而奔溃，被追杀了 5000 余人。莎车于是投降了汉朝，龟兹等国的军队也因此溃散。自此班超的声名威震西域。

## 【毛泽东评说】

你[1]的研究民族史的三个态度，我以为是对的，尤其第二个态度。如能在你的书中证明民族抵抗与民族投降两条路线的谁对谁错，而把南北朝、南宋、明末、清末一班民族投降主义者痛斥一番，把那些民族抵抗主义者赞扬一番，对于当前抗日战争是有帮助的。只有一点，对于那些"兼弱攻昧""好大喜功"的侵略政策（这在中国历史上是有过的）应采取不赞同态度，不使和积极抵抗政策混同起来。为抵抗而进攻，不在侵略范围之内，如东汉班超的事业等。

　　——《关于研究民族史问题给何干之的信》，《毛泽东文集》第二卷，第 143 页。

---

（1）指何干之。

## 【评析】

　　《班超出使西域之战》是根据宋司马光《资治通鉴》的有关记载编写的。司马光的材料则取自《后汉书·班超传》，但删减得更为简要而明净。东汉初年，由于国力逐渐强大，为解决北方的边患，从明帝永平十六年（73年）开始，东汉王朝对时常侵扰边境的北匈奴展开了积极攻势，并且继承西汉武帝时代的政策，再度企图截断匈奴与西域各国的关系，恢复汉朝与西域各国的交通。杰出的军事家、外交家班超就担负了这项重大的历史使命。班超（32—102年），字仲升，扶风安陵（今陕西咸阳东北）人，著名史学家班彪子，班固弟，班昭兄。永平十六年，从窦固击北匈奴，旋即受窦固命令，率36人赴西域。他先到鄯善国，鄯善的态度先恭后卑，班超敏锐地感到可能有匈奴使节到来，于是冒险奔袭匈奴使者及随从人员，斩杀30余人，其余数百人皆被烧死，迫使鄯善归汉，进一步向于阗树立威信，因而西域诸国望风归附，西域复通。章帝初年，北匈奴在西域实施反扑，班超在疏勒等地坚守。后得到东汉朝廷派徐干率领的援军，联合当地力量，开始反击。其关键一仗，是对莎车之战。当时班超召集了于阗诸国兵力共2.5万人，而莎车、龟兹等国兵力合起来有5万多人，众寡悬殊，处于劣势。班固采取兵少不敌、分散各去之法，诱使莎车等分兵追赶，分散了敌人力量。然后密令各部，奔袭莎车军队，斩首五千多人，莎车遂降，龟兹等各自退散。自此班超威震西域。班超在西域征战30年，逼迫匈奴西迁，解除了匈奴对汉朝的威胁，保护了西域各民族的安全以及"丝绸之路"的畅通。正如毛泽东所说，班超的西域之战，虽然都是进攻战，但"为抵抗而进攻，不在侵略范围之内"，就是说，班超的事业是完全正义的。

# 袁曹官渡之战

【战例】

汉献帝建安四年（199年）春，袁绍不听沮授、崔琰等人的劝阻，在郭图、审配等人的鼓动下，挑选精兵10万，战马万匹，准备攻打许都。

曹操在许昌的部将听说袁绍要来攻打都十分恐惧，曹操却胸有成竹地说："我了解袁绍的为人，志气很大而才智短浅，神色严厉而胆识浅薄，嫉妒刻薄而缺少威信，兵虽多而指挥不明确，将领骄傲而政令不一，土地广阔而粮食又很丰富，这恰好对我有用。"八月，曹操进军黎阳，并命令臧霸等精锐部队进入青州以保卫东方，让于禁的军队驻扎在黄河边上。九月，曹操回到许昌，分出一部分兵力去守卫官渡。

当初，曹操派刘备与朱灵拦击袁术。程昱、郭嘉、董昭等人都劝谏说："不可派刘备前去。"曹操醒悟后，派人去追没有追上。袁术已经南下逃走，朱灵等又回军，而刘备却借故杀死徐州刺史车胄，留关羽防守下邳行太守之职，自己回到了沛县。东海郡的起义军首领昌豨以及郡县大多背叛曹操归附刘备。这时的刘备，已经拥有了几万兵马。

建安五年（200年）正月，曹操要率军去攻打刘备。其部将都说："与您争夺天下的是袁绍。如今袁绍正打算攻打我们，我们反而丢开他，去东攻刘备，假如袁绍乘机从背后攻击我们怎么办？"曹操说："刘备才智过人，今天不攻打，将来一定会成为大患。"郭嘉也说："袁绍天资迟钝而多疑，就是来攻也不会很快。刘备新近起兵，还没有取得民心，乘机急袭，一定会打败他。"于是曹操出兵东攻刘备。冀州别驾田丰对袁绍说："现在曹操正在和刘备作战，一时不能结束。您率军乘机攻打曹操的后路，一定会获得全胜。"袁绍推说儿子有病，没有听从他的建议。田丰用手杖击地叹息说："唉呀！碰上这样一个难得的机会，却因小孩子生病而坐失良机，多可惜啊！灭曹大事完了。"

曹操东攻刘备，并大败其军，还俘虏了刘备的两个妻子。接着，又攻取下邳，活捉关羽，打败了昌豨的军队。刘备在徐州兵败之后逃往青州，通过袁谭的引荐投靠了袁绍。袁绍听说刘备来投，亲自到离邺城200里的地方去迎接。刘备在邺城驻了一个多月，他的部下才都慢慢地找回来了。

曹操回师官渡后，袁绍要兴师攻打许昌。田丰说："曹操已经打败了刘备，那么许昌也就不再空虚了。况且曹操用兵变化莫测，他的军队虽少但不可轻视。目前不如作长久的打算。您可以依靠太行山与黄河的险要坚固，以青、幽、并、冀四州的兵力、物力，外联各路英雄以牵制曹操，对内发展农业，做好战争准备，然后挑选精兵分为几路，乘曹操空虚，经常骚扰曹操黄河以南地区。他去救其右，我们就攻其左，他去救左，就攻其右，使他来回奔跑不得休息，百姓也不能安心生产。我们不用费多大力气而曹操就已兵困马乏，不需三年时间，就能打败他。假若今天我们丢掉这一取胜的机会，而决定发动一次战争，如果不能如愿，后悔也就来不及了。"袁绍不听。田丰强要袁绍采纳他的建议，激怒了袁绍，袁绍认为田丰挫伤了众人的锐气，就将他囚禁起来。接着，袁绍调兵遣将，向各州郡发布讨伐曹操的文告，历数曹操的罪恶。二月，袁军进至黎阳。

袁绍首先派大将颜良去攻打驻守在白马的曹操东郡太守刘延。沮授说："颜良性情刻薄，虽然勇敢，但不可独当一面。"袁绍不听。四月，曹操率军北上救援刘延。军师荀攸说："现在我军兵少，敌不过袁绍，一定不要分散他的兵力才行。您到延津后，要佯装渡黄河西进，袁绍肯定会分兵向西应战。然后我们用轻装部队袭击白马袁军，攻其不备，就可以活捉颜良了。"曹操接受了荀攸的建议。

袁绍听说曹军渡河的消息，就立即分兵向西截击，曹操就率军迅速赶回白马。曹军到了离白马十余里时，颜良大吃一惊，仓促迎战。曹操派张辽、关羽前去挑战。关羽望见颜良的旗伞，策马上前，于万军之中出其不意地将他斩杀，袁军因此不敢再战，曹军顺利地解除了白马之围，撤出白马百姓，沿着黄河向西撤退。

曹军西撤后，袁绍不听沮授的劝阻要渡河追击。沮授因此借口有病，要求辞职回乡。袁绍不许，又从内心里恨他，就裁减沮授所带领的军队归郭图指挥。袁绍的军队到了延津的南面，曹操命令部队驻扎在白马山南坡下，派人登上营垒去瞭望袁军动静。回报说："大约有五六百骑兵。"过了一会又说："骑兵逐渐多了，步兵数不清。"曹操说："不要再报告了。"于是，他命令骑兵解下马鞍，放开马匹，把军用物资堆放到袁军的来路上。曹操的部将认为敌人很多，不如回保营垒。荀攸说："这些军用物资是引敌人上钩的，怎么能搬走呢！"曹操被猜中了心思，看看荀攸笑了。不久，袁绍的骑兵大将文丑与刘备，带了五六千骑兵先后赶到。诸将说："可以上马了。"曹操说："不到时候。"又等了一会，袁绍的骑兵来得更多了，有的分头去抢路上的物资。曹操说："可以出击了。"于是，曹军都飞身上马，突然发起攻击。当时曹军骑兵不满六百，但由于勇猛冲杀，阵斩袁绍大将文丑，大败袁军。文丑和颜良都是袁绍的名将，他们的被杀，极大地打击了袁军的士气。

七月，汝南郡的起义军刘辟等背叛曹操，归附袁绍，袁绍派刘备带兵去帮助刘辟，其郡县大多响应。刘备在汝水、颍水之间扩展土地，对此曹操非常不安，遂派将军曹仁率领骑兵去攻击刘备，打败刘备，收复了汝南叛乱的郡县。

袁军进至阳武，沮授又建议袁绍以持久作战拖垮曹军。袁绍还是不听。

八月，袁军又向前推进，依沙丘驻扎，东西两营相距数十里。曹操也分别列营与袁军对峙。

九月，曹操挥师同袁军打了一仗后，就听从荀攸的建议，退回营垒坚守，与袁军相持起来。曹操看见运送粮草的士兵，就安慰他们说："十五天后就可以打败袁绍了，那时就不再辛苦你们了。"袁绍军队有几千辆粮车到了官渡。荀攸对曹操说："袁绍的运粮车很快就要到了，押运的将领韩猛勇敢而轻敌，我们可以去打败他。"曹操说："谁可以前去？"荀攸说："徐晃将军可以。"于是，曹操派偏将军徐晃与史涣共同带兵拦击韩猛，打败了韩猛，烧毁了军用物资。

十月，袁绍又派车运送粮食，派大将淳于琼等带领1万多士兵护送，将粮食屯放在袁绍大营北40里。沮授劝袁绍说："可派蒋奇另外带一支军队驻扎在淳于琼军的外侧，以避免曹军抄袭粮屯。"袁绍不听。许攸也说："曹操兵少而以全部兵力抵挡我军，留守许昌的兵力必然空虚。如果另派一支精锐部队连夜偷袭，一定能攻下许昌。攻下许昌，就可以用天子的名义来讨伐曹操，曹操一定会成为我们的俘虏。如果曹军没有溃败，也可使之首尾不能相顾，疲于奔命，打败曹军也是肯定的。"袁绍不听，说："我要先打败曹操。"恰巧这时许攸家里有人犯了法，审配将其家人全部押了起来，许攸大怒，就投奔了曹操。

曹操听说许攸来投降，高兴得光着脚跑出来迎接，拍手笑着说："您这么远跑来，我的大事就可成功了。"许攸坐下后就问曹操："袁绍兵力强盛，你怎样对付他？还有多少存粮？"曹操说："还可以支持一年。"许攸说："没有这样多吧。您再说说看。"曹操又说："可以支持半年。"许攸说："您不是想打败袁绍吗？为什么不讲实话。"曹操说："刚才是开开玩笑罢了，其实粮食只能支持一个月，怎么办呢？"许攸建议，派出一支轻装部队，出其不意地奔袭乌巢，烧掉袁绍的积储军粮。许攸说，这样不出三天，袁军会不战自溃了。曹操大喜，于是留曹洪、荀攸守卫官渡大营，自己带领五千步骑，冒充袁军，每人抱一束柴草，夜里偷偷从小路去袭击袁绍的乌巢粮仓。曹军到了乌巢，围住粮仓放起大火，袁军惊乱不定。到了天亮，淳于琼等看见曹操兵少，就出营攻击曹军。曹操挥军大战，淳于琼兵败后退保军营等待援军。

袁绍听说曹操袭击了淳于琼，只派少数部队去救援，而以主要兵力去攻曹军大营，因为曹洪等将领的坚决抵抗而没有得手。

袁绍的救兵到乌巢，曹操左右有人向他说："敌人援军快到了，请分兵抵抗吧！"曹操大怒，说："等敌人到了背后，再报告。"曹军士兵都拼命战斗，于是大败淳于琼军，杀了淳于琼等人，烧掉了全部屯粮。于是袁军惊慌不安，大败而归。袁绍与其子袁谭仅带了800骑兵渡河逃走。曹操没有追上袁绍，全部缴获了袁军的辎重、图书和珍宝。其余的袁军都投降了。

袁绍官渡兵败后，沮授没有跟随袁绍渡河逃走，被曹军活捉。他大声喊道："我不愿投降，才被你们捉住。"曹操与他有老交情，出来对他说："我们所在地区不同，于是见不了面，不想今天我们又见面了。"沮授说："袁绍计划失败，自己逃跑了。我知道兵力已尽，只好被擒了。"曹操说："袁绍没有本领，不用你的计策，如今乘他惊慌未定，正好与你一同打败他。"沮授说："要是你把我杀了，我的家属可以保全，否则就要被袁绍杀害。"曹操叹息说："我如果早得到你，天下就没有什么可担忧的事！"于是赦免了沮授而以礼厚待。沮授不久寻找机会回归袁绍，结果被曹操灭掉了。

## 【毛泽东评说】

主观指导的正确与否，影响到优势劣势和主动被动的变化，观于强大之军打败仗、弱小之军打胜仗的历史事实而益信。中外历史上这类事情是多得很的。中国如晋楚城濮之战，楚汉成皋之战，韩信破赵之战，新汉昆阳之战，袁曹官渡之战，吴魏赤壁之战，吴蜀彝陵之战，秦晋淝水之战等等，外国如拿破仑的多数战役，十月革命后的苏联内战，都是以少击众，以劣势对优势而获胜。都是先以自己局部的优势和主动，向着敌人局部的劣势和被动，一战而胜，再及其余，各个击破，全局因而转成了优势，转成了主动。在原占优势和主动之敌则反是；由于其主观错误和内部矛盾，可以将其很好的或较好的优势和主动地位，完全丧失，化为败军之将，亡国之君。

——《论持久战》，《毛泽东选集》第二卷，第 491 页。

## 【评析】

《袁曹官渡之战》这篇战例，是根据《资治通鉴·汉纪》建安四年到五年（199—200 年）的记载编写的。官渡，在今河南中牟县东北，是黄河的一个重要渡口。

东汉末年黄巾大起义，汉王朝的统治大大削弱了，从而出现了军阀混战的局面。袁绍和曹操，是当时最大的两个军阀。袁绍占据河北及山东东北部一带，曹操则占据河南及山东西部地区。曹操"挟天子以令诸侯"，拥汉献帝迁都许昌（今河南许昌西南）。到了建安四年（199 年），袁绍打败了冀州的公孙瓒，曹操消灭了占据徐州的吕布，于是两大军阀便在官渡展开了主力决战。在这次战役中，袁绍一方面向河南进军，另一方面利用刘备扰乱曹操的后方,分散曹操的兵力。曹操打败刘备,安定后方,然后固守官渡,利用袁军轻敌无备,实行轻兵偷袭,烧了袁军的粮食辎重,使袁绍大军得不到粮食接济,因而失败。

这次战役,袁绍本占优势:一是袁绍兵多,有十万之众,曹操兵少,只有两万人;二是袁绍军粮充足,曹操粮少;三是袁绍后方巩固,曹操的后方屡受刘备侵扰。但袁绍优柔寡断,贻误了战机,没有在曹操进攻刘备时攻击,又没有利用兵多粮足的优势,采取坚守阵地保卫粮站的措施,却一味主张主力决战,分兵轻进,造成两次挫折。最后由优势变成了劣势,终于溃败。相反,曹操善于抓住时机,安定后方,坚持防御方针,拖住袁军达数月之久,扭转了敌强我弱的形势,创造了进入反攻的有利条件。最后,一面守阵地,一面出奇制胜,偷袭乌巢,利用部队英勇善战的长处,与袁军展开决战,取得胜利。在这次战役中,袁绍骄傲轻敌,刚愎自用,不接受部下的正确意见,曹操善于听取部下意见,知人善任,这也是曹操打败袁绍的原因之一。

毛泽东在自己的军事著作中曾经两次运用这个战例,阐明重要军事理论问题。他在《中国革命战争中的战略问题》中,用来说明作战双方强弱不同,弱者先让一步,后发制人,因而获胜的道理,阐明了战略防御原则的重要意义。

他在《论持久战》中,用来说明指挥员的主观指导正确与否,影响到优势劣势和主动被动的变化,从而导致战争的不同结局。

# 吴魏赤壁之战

**【战例】**

汉献帝建安十三年（208年），鲁肃听到刘表的死讯，就向孙权建议说，荆州与我们是近邻，那里地势险要、土地肥沃、百姓富有，如果占有了这个地方，这是创建帝王大业的资本。如今刘表刚死，他的两个儿子又不和睦，军队中的将领各有打算。刘备精明强干，与曹操有宿怨，刘表却嫉妒他的才能没有敢重用。如果刘备与刘表同心协力，我们就同他们结成同盟；如果他们互不合作，我们就另想法去夺取荆州，以成就大业。他"毛遂自荐"到荆州去活动，联络刘表部众共抗曹操。

鲁肃到了夏口，曹操已开始向荆州进军，他便日夜兼程地前往荆州。但是，鲁肃赶到南郡，刘表之次子刘琮已降曹，刘备正率部向南撤退，在当阳长坂坡与其相遇。鲁肃先向刘备转达了孙权联合拒曹的意思。鲁肃建议刘备派一可靠的人去与东吴结好，以便共同完成抗曹大业。刘备采纳了鲁肃的建议，率部屯驻于鄂州的樊口。

此时，曹操已攻占江陵，并准备顺江东下，形势十分危急。在这种情况下，刘备便派诸葛亮与鲁肃一起去见孙权，经过一番紧张的活动，与东吴建立了共同抗曹的联盟。在鄱阳训练水军的周瑜被孙权召回后，与老将程普一起，被孙权任命为正、副都督，领兵和刘备共抗曹军。孙权还任命鲁肃为赞军校尉，帮助制定作战方案。

刘备驻军樊口，每天派巡逻的官兵在江边等候孙权的部队。士兵看见周瑜的船只后，就飞跑着去报告刘备，刘备派人来慰劳周瑜的军队。周瑜说："军务在身，不能随便委托给别人。假如刘豫州能降低身份前来，那真是我的期望。"于是刘备乘着小船前去会见周瑜，说："如今联合抗拒曹操，正是好计策。你带来了多少人马？"周瑜说："3万。"刘备说："恐怕兵少了些。"周瑜说："这就足够用了，您只管看我怎么打败曹军吧。"刘备想叫鲁肃等人来共商讨作战计划，周瑜说："鲁肃因为有公务在身，不能前来见你；你如果想见鲁肃，不妨等有机会时再去看他吧。"刘备感到很惭愧，但见周瑜治军严整又很高兴。

吴军进军后与曹操在赤壁相遇。这时，曹军中已经发生了瘟疫。第一次交战，曹军就很不利，于是退驻长江北岸，周瑜等驻扎在长江南岸。周瑜的部将黄盖献计说："现在敌多我少，很难与它长久相持。曹军刚好把船只连接起来，首尾相接排在一起，如用火烧就可大破曹军。"于是，黄盖派十艘蒙冲斗舰，装了干燥的芦苇、柴草，在中间浇上油，外面用帐幕围起来插上大旗，再准备逃走用的小船拴在大船的后面。先派人送信给曹操，假意说要投降曹操。当时东南风刮得正急，黄盖的十艘斗舰走在最前面，到了江心扯起船帆，其余的船只按照次序一起跟进。曹军官兵都出营来观看，用手指着说，这是黄盖投降来了。黄盖等到船只驶到离曹军只有2里远的时候，命令各船同时点火，火借风势，船像箭一样驶向北岸的曹营，很快就烧毁了曹军的全部船只，又烧到岸上曹军的营房。一会儿就烟云满天，曹军人马被烧死和淹死的无法计算。周瑜率领轻装精锐部队随后擂鼓进军，曹军大败。曹操带领少数军队从华容道步行逃跑，碰上道路泥泞无法行走，天又刮着大风，靠老弱残兵背草填路，人马才得以通过。刘备与周瑜水陆并进，一直把曹军追击到南郡。此时，曹军除了战场上的伤亡，还有饥饿和瘟疫，减员很大。曹操留征南将军曹仁、横野将军徐晃守江陵，折冲将军乐进守襄阳，自己带兵回北方去了。

## 【毛泽东评说】

当时的情况是弱国抵抗强国。……虽然是一个不大的战役[1]，却同时是说的战略防御的原则。中国战史中合此原则而取胜的实例是非常之多的。楚汉成皋之战、新汉昆阳之战、袁曹官渡之战、吴魏赤壁之战、吴蜀

---

（1）指春秋时期的齐鲁长勺之战。

吴魏赤壁之战

*51*

彝陵之战、秦晋淝水之战等等有名的大战，都是双方强弱不同，弱者先让一步，后发制人，因而战胜的。

> ——《中国革命战争的战略问题》，《毛泽东选集》第一卷，第 204 页。

赤壁之战，将抵何人之罪？

> ——《读卢弼〈三国志集解·武帝纪〉批语》，《毛泽东文史古籍批语集》，第 138 页，中央文献出版社 1993 年版。

孙刘联合，一把火烧了曹操，烧出一个三国鼎立。

> ——转引自权延赤《真实毛泽东》第 70 页，内蒙古人民出版社 1999 年版。

## 【评析】

赤壁之战是根据《资治通鉴》卷六十五的记载编写的。这场战争发生在汉献帝建安十三年（208 年），战场在赤壁（今湖北嘉鱼县东北长江南岸），故又叫赤壁之战。

赤壁之战是曹操为一方与孙权、刘备为一方的战争。他们都想由自己统一中国。在赤壁之战前，曹操先后镇压了青州、豫州的黄巾军，迎汉献帝迁居许都，"挟天子以令诸侯"，破袁术，杀吕布，灭袁绍，基本上统一了北方。而孙权只据有江东六郡，刘备寄居荆州，只有精兵万余人，所以，只有孙、刘两家联合，才能抗拒曹操，这就形成了孙、刘联合共抗曹操的政治局面。

这次战役，在史籍中着重写了孙、刘方面一些重要人物的活动，表明孙、刘这一边得天时、地利、人和，对于交战的经过却写得很少，如战前鲁肃看到荆州的重要性，向孙权进言，"若据而有之，此帝王之资也"。当孙权收到曹操的恫吓信，张昭等人都极力主降时，鲁肃没有当面驳斥，而是趁孙权起身更衣时，赶上前去极言其不可。这符合鲁肃的谋士身份。诸葛亮出使东吴，见孙权于柴桑，便对他说："海内大乱，将军起兵于江东，刘豫州收众于汉南，与曹操共争天下。"他劝孙权作出抗曹决策时，便说或者是"早与之绝"，或者是"北面而事之"，来看孙权的反应。等孙权表明自己的态度后，他才对孙权陈述曹操的弱点。当孙权说到"刘豫州新败之后，安能抗此难"时，诸葛亮以刘备还掌握了一定军事实力相对答。这些都表现了诸葛亮非凡的谋略和不卑不亢的态度。至于东吴统帅周瑜，两次为孙权分析敌我双方的情况，对曹军了如指掌，并斩钉截铁地说："操自送死"，"保为将军破之。"这是一个对战争稳操胜券的三军统帅的口吻。所以，在孙、刘一方，如鲁肃、周瑜、诸葛亮等人，都能知己知彼，成竹在胸，且又上下齐心，将士用命，这些都是战争胜利的有利条件。至于曹操挥师南下，不战而取荆州，新败刘备，气焰正盛，在给孙权的信中说什么"近者奉辞伐罪，旌麾南指，刘琮束手。今治水军八十余万，方与将军会猎于吴"，何其趾高气扬。但他的弱点是远来疲惫，荆州军新降，军心不稳，再加上北方军士不习水战，不服水土，后方还有马超、韩遂相威胁。因此战争的结果必然是孙、刘获胜，曹操大败，从而奠定了魏、蜀、吴三足鼎立的局面。至于作战的过程，则处于次要地位，所以叙述得特别简短。这样就可以使读者了解孙、刘所以能以少胜多、以弱胜强的缘故。

毛泽东曾两次在自己的军事理论著作中援引这个战例。他在《中国革命战争中的战略问题》中，用来说明作战双方强弱不同，弱者先让一步，后发制人，因而制胜的道理，阐明了战略防御原则的重要意义。在《论持久战》中，则用来说明指挥员的主观指导的正确与否，影响到优势劣势和主动被动的变化，从而导致战争的不同结局。

毛泽东在读《三国志集解·武帝纪》的批语中，对曹操在赤壁之战中应负的责任提出疑问，对他缺乏自我批评的行为表示不满。这对于我们来说，是有一定教益的。

# 吴蜀夷陵之战

## 【战例】

三国时期魏文帝黄初二年（221年）六月，蜀汉先主刘备为报东吴袭杀关羽之仇，要带兵攻打东吴孙权。翊军将军赵云劝阻说："篡夺国家的是曹操，而不是孙权。若先出兵灭掉魏国，那么孙权自会降服。现在曹操虽然死了，但其子曹丕却夺取了汉朝的天下。应当乘此机会，早日谋取关中地区，占据黄河、渭水上游来讨伐曹丕，关东的豪杰义士一定会带着兵马粮草前来迎接您的军队。不应当放下曹魏，先去与东吴作战。战争一旦打起来，是不能很快就结束的，这不是一个上策。"向刘备劝谏的大臣很多，但刘备一概不听。广汉郡处士秦宓向刘备叙说此时作战一定不利，竟因此被囚禁了起来。

七月，刘备亲率大军去攻打孙权，孙权派人向刘备请求议和。吴南郡太守诸葛瑾给刘备写信说："您与关羽的关系和汉献帝比起来哪个亲呢？荆州的大小与中国比起来哪个大呢？您认为吴、魏都应讨伐，也得分个先后？如果您明白了这个道理，那就很容易明白先攻哪个了。"刘备不听。刘备派将军吴班、冯习带兵在巫山打败了孙权的将领李异、刘阿等人，向秭归进军。武陵地方的少数民族那里，刘备也派使者请求他们出兵相助。孙权派镇西将军陆逊为大都督，假以符节，可全权处理问题，率领将军朱然、潘璋、宋谦、韩当、徐盛、鲜于丹、孙桓等6万人去抵抗刘备。

当初，魏文帝下诏书给群臣，叫他们预测刘备是否为关羽而出兵报复孙权。大家商量后都说："蜀是个小国，名将只有关羽。关羽死了，军队败了，国内惊慌害怕，不可能再出兵。"唯有侍中刘晔说："蜀国地方虽然狭小，刘备打算用武力振奋自强，一定要用兵来表示蜀是强大的。况且关羽与刘备，名义上是君臣，实际像父子一样。关羽被杀，不带兵为他报仇，从他们的一贯情谊上是讲不过去的。"

八月，孙权派使者向魏国称臣，在给魏文帝的奏章中，孙权极力恭维魏文帝，并将被俘的将军于禁送回魏国。魏国的大臣们都向文帝祝贺，只有刘晔说："孙权偷袭荆州，杀了关羽，刘备一定举兵讨伐他。外有强大的敌人进攻，国内人心惶惶，我们魏国乘机去攻打，因此割地投降，一来可防止魏国出兵，二来可借魏国支援的名义来壮大声势，迷惑敌人。三分天下，魏国十成中已占了八成。吴、蜀都各占有一成。隔山靠水，事情紧急了才来求援，这是小国的表现。如今自相残杀，这是上天要灭亡他。我们应乘机大举出兵，直接渡过江去袭击东吴。刘备从外面攻打，我们从里面打，不要几天吴国就灭亡了。吴国灭亡了，蜀国就孤立了。即使将吴国的一半土地割给蜀国，蜀国也不能存在多长时间；何况蜀国得到了吴国的外围地区，我们得到了吴的腹地。"文帝说："别人称臣投降而去攻打他，使其他想来归顺的人生疑，不如暂且接受东吴的降服而去袭击蜀国的后方。"刘晔说："蜀离我们远而吴离我们近，蜀听说我们要去攻打它，就会回军抵抗，不能阻止。如今刘备怒而出兵攻打吴国，如果听到我们攻打东吴，知道吴国一定灭亡，就会高兴进军同我们争着分割东吴的土地，一定不会改变计划去救援东吴。"文帝不听，于是接受了东吴的投降。

魏黄初三年（222年）二月，刘备从秭归进攻东吴。治中从事黄权劝谏说："吴国人英勇善战，而我们水军顺流而下，进易退难。我请求您让我做先锋抵挡敌人，而您应当作为后队。"刘备不听，任命黄权为镇北将军统领江北军队，自己率领所有将领从长江南岸沿山顺流而下，驻扎在夷道的猇亭。吴国的将领都主张前往迎战。主帅陆逊说："刘备全军东下，锐气正盛，并且居高临下扼守险要，难以抗拒，更难获全胜；万一失利，就要影响大局，那可非同小可。如今暂且奖励将士，准备各种应战方案，观察敌情变化。现在刘备是沿山进军，兵力展不开，应当使蜀军在山林木石中搞得筋疲力尽，我们才可以慢慢抓住其弱点而取胜。"诸将领都不理解陆逊的意图，以为陆逊惧怕刘备，因此都心怀不满和愤恨。

五月，刘备命令军队从巫峡建平到夷陵之间建造了几十座大营，并命冯习为大都督，张南为前部都督，自正月至六月与东吴相持不下。刘备派吴班率领几千人马在平地立营，引诱吴军出战。吴军将领都想出战，陆逊制止说："这里面必定有诈，暂且观望一下。"刘备知道其诱敌之计没有成功，只好将八千伏兵从山谷中撤出来。陆逊说："我所以不让诸位出击吴班，就猜想到其中必定有诈。"陆逊上书给孙权说："夷陵这个地方是我国的重要关口，虽容易攻取，但也很容易失守，一旦失去，就不仅是损失一个郡的问题，荆州也难以保住。今天我们一定要夺得这个地方。刘备违背常规，不守住老巢前来送死。我虽无大的本事，凭着您的威望，最近就可打败他，没有什么可担心的。开始我顾忌刘备水陆大军并进，我们必须分兵抵抗。而现在刘备反而不要水军单用步兵，又处处结营，兵力分散，看来他的兵力部署不会再有什么变化了。希望您放心好了，不要再为此事挂心了。"

闰五月，陆逊要率军攻打汉军，将领们都说："攻打刘备就在他们刚来时，现在他已深入我国国境五六百里，相持了七八个月，所有险要地方都有重兵把守，攻打一定没有什么好处。"陆逊说："刘备是个狡猾的敌人，加上经历的事很多，经验丰富。其大军刚来时，考虑问题必然细心，是不能轻易进攻他的。如今时间长了，又占不到我们的便宜，士兵疲惫，士气低落，再也想不出打败我们的计策了。战胜刘备就在今天了。"于是，陆逊先派兵攻击刘备的一个营垒，没有成功，将领们都埋怨道："平白地牺牲士卒罢了。"陆逊说："我已知道打败刘备的办法了。"他命令每个士兵都各持一把茅草，用火攻的方法攻破了刘备；火攻一成功，击败刘备的形势就已形成，陆逊率领全部军队同时发起攻击，阵斩张南、冯习以及少数民数首领沙摩柯等蜀军将领，攻破刘备40多座大营。刘备的部下杜路、刘宁等被迫投降了。

刘备率军逃上马鞍山，命令沿山防守。陆逊督促吴军四面猛攻，刘备的军队大败，死了几万人马。刘备西逃，依靠沿途驿站中的人焚烧盔甲堵塞要道，才得以逃进白帝城。其他船、器械、水步军的军用物资，全部被吴军缴获，蜀军尸体塞满了整个江面。刘备失败后恼怒地说："让我遭受被陆逊打败的耻辱，难道这是天意吗？"

当初，吴国安东中郎将孙桓另率一支部队在夷道攻打汉军前锋部队，被汉军包围，向陆逊请求支援。陆逊说："不去救援。"将领们说："孙将军是吴王的亲属，现在被包围很危险，为什么不去救援？"陆逊说："孙桓很得士兵拥护，城固粮足，没有什么可担忧的。等我的计划得以实现，孙将军之围即可自解。"陆逊的战斗方案实施后，蜀军果然大败而逃。孙桓后来见到陆逊说："原先还埋怨您见死不救，及至今日，才知道将军调度有方啊！"陆逊初为大都督时，其部将有的是开国元勋，有的是王公贵族，他们都摆出一副老资格的架势，不听从陆逊指挥。陆逊按着吴王所赐的剑说："刘备闻名天下，连曹操都畏惧他，如今两国在边境上互相对峙，各位将军身受国恩，应当共同打败刘备这个敌人，以报答吴王的恩德。如今不听调遣，这是什么道理？我虽是一个书生，但被吴王委以重任，吴王委屈各位听我指挥，是认为我能忍辱负重。各位各有职责，怎么能推辞呢？军令不能改变。"等到打败了刘备，作战方案多出于陆逊之手，将领们才为之折服。吴王听说这件事后，说："你当初为什么不把各位将领不服从调遣的事报告给我呢？"陆逊回答说："身受重任，这些将领有的可担任重要职务，有的是得力干将，有的是功臣，都是我国可以完成大业的人，我认为蔺相如、寇恂向同僚谦让的风格可以成就国家大事。"吴王笑着称道，于是加封陆逊为辅国将军，担任荆州长官，改封为江陵侯。

诸葛亮开始与尚书令法正政见不同，两人都以公事为重，诸葛亮非常佩服法正的计谋。到刘备出兵东吴前，法正已去世了。诸葛亮曾叹息道："假若法正还在，一定能劝阻陛下出兵伐吴。即使向东出兵，也不一定有这样的危险。"

刘备驻扎在白帝城，徐盛、潘璋、宋谦等将领争相向吴王递上奏章，说："刘备可以活捉，请让我们再去攻打。"吴王又问陆逊，陆逊与朱然、骆统上书说："曹丕带领大军，对外宣称是帮助吴国攻打刘备，其实他内心另有诡计。我们要慎重地制订新的作战计划。"

魏文帝听说刘备连营700多里被破，就对大臣们说："刘备不懂兵法，哪有连营七百多里可以抵挡敌人的？分散兵力，处处为营的一定要打败仗，这是兵家所忌讳的。孙权的报告很快就要到了。"七天后，吴国打败蜀军的战报到了魏国。

**【毛泽东评说】**

……刘备犯了错误，被火烧连营死在白帝城。诸葛亮临危不惧，安居平五路，稳定了蜀国形势。

——转引自权延赤《真实毛泽东》，第70页，内蒙古人民出版社1999年版。

土石为之，亦不能久，粮不足也。宜出澧水流域，直出湘水以西，因粮于敌，打运动战，使敌分散，应接不暇，可以各个击破。

——《读〈三国志集解·陆逊传〉批语》，《毛泽东读文史古籍批语集》，第161页，中央文献出版社1993年版。

**【评析】**

这篇《吴蜀夷陵之战》，是根据《资治通鉴·汉纪》黄初二年到三年（221—222年）的有关记载编写的。夷陵，故地在今湖北宜昌市东。汉献帝建安二十四年（219年）十月，孙权袭取荆州，十二月擒杀蜀大将关羽。第二年正月，曹操病死，曹丕篡汉自立，建立魏国，年号黄初。黄初二年（221年）四月，刘备在成都即皇帝位。六月，刘备发大军攻吴，替关羽报仇，于是爆发了这场吴蜀夷陵之战。

刘备发动伐吴之战，只是为了替关羽报仇，未免意气用事。在作战指挥上，刘备没有趁着锐气占领夷陵，而是进入平地，被东吴陆逊抢占了险要地方，求退不能，求进不得，贻误了军机，陷于被动挨打的困境，使战争初期的优势转化为劣势。刘备把大军驻扎在纵深数百里长的长江沿岸，那里山高林密，不易集中兵力攻击敌人，却授敌以可乘之机，一遇火攻便全线崩溃。毛泽东读《吴书·陆逊传》在此处批注道："土石为之，亦不能久，粮不足也。宜出澧水流域，直出湘水以西，因粮于敌，打运动战，使敌分散，应接不暇，可以各个击破。"《毛泽东读文史古籍批语集》第161页）毛泽东认为土石垒营，虽不怕火攻，但由于粮草供应不便，也不可能保障刘备的持久进攻。对于刘备来说，此时欲胜吴军的最好办法是打"运动战"，跳出"坚守的阵地"，从吴军防守最薄弱的夷陵南边澧水流域进攻，迫使吴军分兵，然后各个击破。而东吴主帅陆逊正确地掌握了战略防御原则：避开蜀军锐气，全力固守。蜀军东下时，吴将领都主张迎击，他不准；吴将又主张分兵救援被围的孙桓，他不听；刘备出兵诱敌，他还是不肯出击。陆逊正确地选择了利于攻守的阵地夷陵，指出夷陵是吴国的重要关口，守住了它就可以保障荆州，使敌人不能前进，只能困守在各个山地上，容易被各个击破。他选择了转入反攻的有利时机，即在相持了七八个月之后，蜀兵身疲意沮，无计可施的时候，才用计破敌。在由防御转入进攻前，他又努力做好团结将领的工作。因此，陆逊能够击败倾国而来的蜀汉大军，夺取了战争的胜利。

　　毛泽东在他的军事理论著作《中国革命战争的战略问题》和《论持久战》中，曾两次引用了这个战例，还给警卫战士讲夷陵之战的故事。毛泽东运用这个战例，深刻地阐明了战略防御原则和指挥员的主观指导的正确与否，对于战争结局的重要意义。仔细体会，能从中获得一些有益的启迪。

# 诸葛亮七擒孟获

【战例】

三国蜀汉建兴三年（225年），诸葛亮在南中（今四川省大渡河以南和云南、贵州二省），战无不胜，攻无不克。诸葛亮听说孟获是少数民族和汉人共同拥护的首领，准备活捉他。诸葛亮捉到孟获后，让他观看军队部署，问他："这个军队怎么样？"孟获回答说："以前不知道你们的虚实，所以战败了。现在承蒙您让我观看了军队的战略部署，如果只是这样，就很容易战胜了！"诸葛亮笑着放他回去再来交战。诸葛亮前后共放回孟获七次，又生擒他七次。诸葛亮还要放他回去，孟获却不走了，说："您具有上天的威灵啊！我们不再反抗了。"蜀国的军队就进到滇池（在今云南省晋宁县宁镇东），平定了南中，孟获所属官吏都全部任用。有人进行劝阻，诸葛亮说："如果留下外地人，就需要留下部队，留下部队就没有粮食吃，这是第一件难办的事；加上少数民族刚被打败，父亲、兄弟被打死，留下外地人而不留下部队，必定有祸患，这是第二件难办的事；又因官吏有多次叛变的罪过，感情上裂痕太大，如果留下外地人，终久会离心离德，这是第三件难办的事。现在我想，不留部队，也不运粮食，而把基本的法度制订出来，少数民族和汉人能大致和睦相处，所以才这样做的啊！"

【毛泽东评说】

诸葛亮就是七擒七纵，我们共产党为什么不可以百擒百纵呢？……

——转引自殷理由《毛泽东交往百人丛书·军事人物篇·天宝》，第30页，山西人民出版社1993年版。

人家诸葛亮擒孟获，就敢七擒七纵，我们擒了个程莲珍，为什么就不敢来个八擒八纵？连两擒两纵也不行？总之，不能一擒就杀。

——转引自赵志超《毛泽东和他的父老乡亲》，第439页，湖南文艺出版社，1992年版。

## 【评析】

《诸葛亮七擒孟获》是根据晋陈寿著《三国志·蜀书·诸葛亮传》注引《汉晋春秋》的有关记载编写的。

"七擒孟获"，写三国时蜀汉丞相诸葛亮率领大军平定南中，七次生擒又七次放掉占据南中地区的少数民族首领孟获的故事。所谓南中，是益州十二郡中的益州（今云南晋宁县东）、永昌（今云南保山）、牂牁（今贵州黄平）、越嶲（今四川西昌）四郡的总称，是少数民族居住集中的地区，少数民族与汉人杂居共处，蜀汉政权在这个地区的统治比较薄弱。

蜀汉昭烈帝刘备章武三年（223年），南中地区的汉族豪族地主雍闿，勾结少数民族首领孟获（云南曲靖人，彝族首领），乘吴蜀夷陵之败和刘备病死的机会，举兵反蜀，这使蜀汉后方陷于分裂，蜀汉政权遇到严重威胁。如果不及时平定反蜀势力，巩固南中，北伐中原，就是一句空话。蜀后主刘禅建兴三年（225年），诸葛亮在作了充分准备之后，亲自率领大军南征。在南征中，诸葛亮始终坚持他在《隆中对》中制定的"西和诸戎，南抚夷越"的方针，采纳马谡提出的"攻心为上，攻城为下，心战为上，兵战为下"（见《三国志·蜀志·马谡传》注引《襄阳记》）的策略，以古代罕见的政治与军事巧妙结合的斗争艺术，对彝族首领孟获七次生擒又七次释放，让他心悦诚服，归属蜀汉。孟获后来在蜀汉做官，官至御史中丞，终生不再叛乱。所以，这次战役安定了蜀汉西南后方，达到了预期目的。

诸葛亮在七擒孟获之后，在南中地区不留驻军队，不委任汉族官员，任用少数民族官员，注意改善少数民族与汉族的关系，重视发展农业生产，实现了政治稳定，促进了经济发展和文化交流。这些政策对稳定蜀汉后方，加强各民族之间的联系，起了积极的作用。

毛泽东认为诸葛亮在处理民族关系上比较高明，对他"七擒七纵"孟获的做法十分赞赏，在自己的许多谈话中，都引用过这个故事来说明我党的有关政策问题。1935年5月，红军长征通过彝族区见到刘伯承，对他和彝族首领小叶丹结盟使红军得以顺利通过十分赞赏。1953年，贵州捉到了最后一个布依族女匪首程莲珍，毛泽东认为"不能一擒就杀"。1950年西藏康区叛变后，毛泽东接见西藏负责干部天宝时，提出："为什么共产党对叛变分子不能百擒百纵呢？"在上述三次谈话中，毛泽东都援引诸葛亮"七擒七纵"孟获的事例作为佐证。

# 蜀魏街亭之战

【战例】

魏明帝曹睿太和二年（228年），诸葛亮准备北伐。

当时，魏军镇守长安的是安西将军、关中都督夏侯楙（máo）。此人是魏征西将军夏侯渊的儿子，娶太祖曹操的女儿清河公主，文帝年少时与他友好，到文帝登皇帝位，封夏侯楙为安西将军、关中都督，诏其继续镇守其父夏侯渊镇守的地方。

诸葛亮在与群臣商议北伐问题时，丞相司马魏延说："听说夏侯楙是曹丕的女婿，怯懦而没有谋略。现在给我精兵五千，运粮兵五千，直接从褒中（今陕西汉中县西北）出发，沿着秦岭山脉向东，到了子午道（在今陕西长安县子午镇穿秦岭）折向北，用不了十天，可以到达长安（今陕西西安）。夏侯楙听到我魏延率军而至，一定会弃城而逃。长安城只有督军御史和京兆太守共同守卫。魏在横门仓储存的粮食，老百姓逃走之后，足够我军食用。等到与东路军会合，还需要二十多天。而丞相你率军从斜谷出发，也完全可以到达。这样，咸阳以西地区就可以平定了。"诸葛亮认为这是一步险棋，不如进军陇右（今甘肃东部）一带，有十分把握，又没有什么危险，所以没有采纳魏延的计策。

诸葛亮扬言从斜谷出兵攻取郿县（今陕西眉县东渭河北岸），派镇东将军赵云、扬武将军邓芝作为疑兵，据守箕谷（在今陕西汉中县褒城镇西北）。魏明帝派曹真率领关右的军队屯驻郿县。诸葛亮亲率大军攻打祁山（今甘肃西和县东北），兵阵整齐，号令严明。开始，魏国认为蜀汉昭烈帝刘备已经死了，好几年没有动静，所以没有什么防备。突然听说诸葛亮率军攻魏，朝廷内外十分震惊，于是魏国的天水、南安、安定守将都背叛魏国，响应诸葛亮的北伐，关中一带为之震动，朝中大臣都拿不出什么计策。明帝说："诸葛亮率军越过险隘的山岭，前来攻打魏地，正合了兵书上所说善战者致人的战术，打败诸葛亮是肯定的了。"于是率领骑兵和步兵共5万，遣右将军张郃率领，西拒诸葛亮。丁未日，明帝亲率军队到达长安。

蜀汉越嶲太守马谡，才能和器识过人，喜好读论兵法，诸葛亮特别器重。汉昭烈帝刘备临死前，告诉诸葛亮说："马谡言语浮夸，超过他的实际能力，不能重用，您要仔细考察他！"诸葛亮不以为然，以马谡作为参军，与之谈论用兵打仗的计策，常常是从白天谈到夜晚。到了蜀兵攻打祁山，诸葛亮不用老将魏延、吴懿等为先锋，而以马谡率领各路人马充当先锋，与魏将张郃在街亭（今甘肃天水市东南街子镇）交战。

马谡违背诸葛亮的指挥约束，举措失当，舍弃河水而上山屯扎，而不在山下据守。张郃切断蜀军汲水的道路，发起攻击，大败蜀军。诸葛亮前进没有可据守的地方，于是迁西县一千多家百姓回到汉中，将马谡下狱处死。诸葛亮亲临法场祭祀，为马谡流下了眼泪，抚育马谡遗留下来的孩子，恩情如同马谡生前一样。蒋琬对诸葛亮说："过去楚成王杀死成得臣，晋文公喜形于色。现在天下没有平定而杀戮智谋之士，难道不为之可惜？"诸葛亮流着眼泪说："军事家孙武之所以天下无敌，在于执法严明；晋悼公的弟弟杨干扰乱军纪，大将魏绛杀死他的仆人。天下分裂，战争刚刚开始，如果废弃法令，靠什么来战胜敌人呢？"

马谡没有失败的时候，副将王平连连劝谏马谡，马谡听不进去。到了马谡兵败，士兵逃散，只有王平率领一千多人击鼓守卫，张郃怀疑蜀军有伏兵，不敢逼近王平，于是王平从容地收集各营溃散的兵士，率部全军退回。诸葛亮斩了马谡和将军李盛，剥夺将军黄袭等人的兵权，王平特别显得突出，加封参军，总统五部兵马，兼当营屯之事，进位讨寇将军，封为亭侯。诸葛亮上奏请求自贬三等，蜀后主任命诸葛亮为右将相，行使丞相的职权。

当时赵云、邓芝率领的军队也在箕谷吃了败仗，赵云聚集兵力坚守，所以才没有大的伤亡，赵云也因此被贬为镇军将军。诸葛亮问邓芝："街亭军败，兵将不可收拾，箕谷退军，兵将一点也不失散，为什么呢？"邓芝回答："赵云亲自在后面阻击，兵器粮草没有丢掉，兵将没有理由失散。"诸葛亮以金、帛赠赏赵云及其部卒。赵云说："打仗不利，为什么要给赏赐？这些东西请存入军库，待到冬季赏赐。"诸葛亮对赵云大加赞扬。

有人劝诸葛亮再次发兵伐魏，诸葛亮说："蜀汉大军在祁山、箕谷，都多于敌兵，而不能打败敌人，却被敌人打败了，此次失败不在兵的多少而在主将一个人身上。现在要减少兵将的数量，明示刑罚，思考过错，找出将来灵活运用，不拘常规的办法，如果不这样，兵再多又有什么用处！从今以后，所有忠于国家的人，只要经常批评我的缺点，那么，北伐的事就可以成功，敌人可以杀死，功劳可以抬起脚来等待了。"于是诸葛亮查核小的功劳，审查区分伤亡，加罪在自己身上，在国内传布自己的过失，把兵器准备好，讲究用兵打仗之事，作为以后的打算，选择训练士兵，蜀国老百姓都忘记他打了败仗了。

诸葛亮出兵攻祁山，天水参军姜维向他投降。诸葛亮非常欣赏姜维的胆略和计谋，任命他为曹掾（主管军粮之事），让他掌管军事。

曹真讨伐蜀国的安平等三郡，都攻下了。曹真认为，诸葛亮以祁山之败的教训，以后必定从陈仓（今陕西宝鸡市东北渭河北岸）进兵，于是派将军郝昭等守卫陈仓，修理城池，准备迎击蜀军的进犯。

## 【毛泽东评说】

初战亮宜自临阵。

——《读〈资治通鉴〉批语》，《毛泽东读文史古籍批语集》，第 292 页，中央文献出版社 1993 年版。

## 【评析】

《汉魏街亭之战》是根据宋代著名史学家司马光撰《资治通鉴》卷七十一《魏纪三·明帝太和二年》（228 年）的有关记载编写的。

赤壁之战以后，魏蜀吴三国鼎立的局面基本确立，但到孙权夺回荆州，吴、蜀（汉）两国成立，开始了三国分立时期。三国之中，魏国是大国，最强；蜀是小国，最弱。汉魏战争是统治阶级内部两个集团争夺统治权的战争。曹操集团和刘备集团有同等的权力来争夺这个统治权，但当时双方都没有统一全国的力量。

蜀汉集团在刘备死了之后，后主刘禅是个昏庸的国君，治国的主要首领是政治家、军事家诸葛亮。诸葛亮在《隆中对》中与刘备纵论天下大势时，便制定了占领荆、益二州，安抚南部夷越诸戎，整顿内政，外结孙权，待机伐魏的治国方略。为实现统一全国的政治目标，诸葛亮"七擒孟获"，先安定了后方，接着便"六出祁山"，讨伐魏国。诸葛亮攻魏计划是先取魏统治力量较弱的凉州，即祁山地区。公元 227 年诸葛亮率大军屯沔阳，作攻魏的准备。公元 228 年春天，诸葛亮命令赵云、邓芝率偏师据箕谷（今陕西褒城县境），扬言要攻取郿（今陕西眉县），自己率主力攻打祁山（今甘肃西和县西北）。汉军阵容整齐，号令严明，关中震动，南安、天水、安定三郡叛魏附汉。魏国朝野十分恐慌，魏明帝亲到长安督守，派遣大将曹真率领大军团守卫郿县，派遣名将张郃率领步兵和骑兵共五万人，抗拒汉军的主力。诸葛亮的军事计划并不错，战胜的可能是有的，但是却战败了，主要在于用错了人。马谡善于谈论兵法，诸葛亮极其器重他，每次引见，总是从白天谈论到深夜。所以诸葛亮让马谡参赞军事。在"七擒孟获"的战争中，他提出"攻心为上，攻城为下，心战为上，兵战为下"的好建议，被诸葛亮采纳，起到了很好的作用。应该说，马谡对兵法还是有一定研究的，因此受到了诸葛亮的信任。其实刘备颇有知人之明，他曾告诉诸葛亮说"马谡言过其实，不可大用"，诸葛亮不以为然。这次用兵，便委以重任，用马谡做先锋。但马谡的致命弱点是没有实战经验，这个弱点一碰到战争实际便完全暴露出来了。他违反诸葛亮的调度，指挥错乱，进军街亭（今甘肃秦安县境），本应该依山傍水安营下寨，他却不听副将王平劝告，舍水上山屯扎，违背了起码的军事常识。汲水道路被魏军切断，蜀军不攻自乱，魏军猛攻，蜀军大败。为了严明法纪，诸葛亮在回军汉中后，不得不"挥泪斩马谡"。这是一般史学家对街亭之战的评价，应该说是比较客观、公正的。

但是毛泽东对街亭之战却有自己的看法："初战亮宜自临阵。"从另一角度提示了街亭之战失败的原因。这就是说在街亭之战中，诸葛亮的错误不仅是错用了马谡做先锋，还在于初战没有亲自临阵。这是更深入一层的看法。"诸葛一生惟谨慎"，这次却出现了疏忽，事必躬亲的诸葛亮，这次却没有亲自临阵。作为蜀军统帅的诸葛亮，街亭之战如能亲自临阵，发现马谡的指挥失当，及时纠正，将有可能避免失败，这是就事论事的办法。如果从战争规律来看，慎重初战，即打好第一仗，乃是克敌制胜的重要环节。在初次与强大的魏军接战时，诸葛亮却把指挥权完全交给了一个缺乏实践经验的马谡，而自己不亲临前线，实在是一个严重的失误。因为战场情况瞬息万变，只有亲临前线，才能因地制宜，因时制宜，掌握战争的主动权，驾驭整个战局的发展，把战争引向胜利的坦途。如果不亲自临阵，或因报告误了时间，贻误战机，或因情况不明，而作出错误的处置，以致使战争归于失败，这种例子，不胜枚举。所以，毛泽东在探求蜀汉街亭之战失败的原因时，主要指出"初战亮宜自临阵"。这是深谙战争规律的评价，是杰出军事家的高见。

# 蜀魏祁山之战

魏明帝太和五年（231年）二月，汉丞相诸葛亮率军攻魏，围困祁山，用木牛来运粮。当时，魏国大司马曹真有病，明帝命令司马懿驻节长安，督率将军张郃、费曜、戴陵、郭淮等共御蜀军。三月，司马懿派费曜、戴陵留下精兵四千守卫上邽（今甘肃天水市），其余部队全部出动，向西救援祁山。张郃想分一部分军队驻扎在雍（今陕西凤翔县）、郿（今陕西眉县），司马懿说："预测先头部队能单独抵挡蜀军，将军你的看法是对的。如果先头部队不能单独抵抗蜀军，被迫分为前军和后军，这正是项羽的三军被黥布击败的原因。"于是，魏军西进。诸葛亮分一部分兵力留下来继续攻打祁山，自己亲率大军在上邽迎击司马懿。郭淮、费曜率军拦击诸葛亮率的蜀军，诸葛亮打败了他们，并且大量抢收成熟的麦子，与司马懿率领的魏军主力部队在上邽东面遭遇。司马懿约束军队据险凭守，两国军队不能交战，诸葛亮只好率领军队撤回。

司马懿等人率军跟踪诸葛亮所率蜀军到了卤城（今甘肃天水县与伏完县之间）。张郃说："诸葛亮远来，想与我军交战而找不到机会，所以说对我们有利的不是速战，而是要用拖延时间的办法来对付他。而且我祁山守军得知我大军已经到了附近，军心自然稳固，我们可以停下驻扎在这里，分开作为奇兵，表示要袭蜀军的后路，不应当前进而又不敢逼近，白白地失掉官兵和老百姓的盼望。现在诸葛亮孤军深入，军粮不多，也快要退军了。"司马懿不听，就是不肯与蜀军交战。贾诩、魏平好几次请求与蜀军交战，也不允许，他们说："公（司马懿）害怕蜀军如同畏惧老虎，天下的人嘲笑你怎么办呢！"五月的一天，司马懿命令张郃率军攻击蜀将何平率领的围攻祁山南城的精锐部队，自己率领主力军在中路迎击诸葛亮。诸葛亮派魏延、高翔、吴班率部迎战，魏军大败，司马懿退回军营据守。

六月间，因为军粮快吃完了，诸葛亮命令蜀军撤退，司马懿派遣张郃率部追击。张郃追到木门（在今甘肃天水县境），与诸葛亮指挥的蜀军发生战斗，蜀军占据高处有利地势，布下埋伏，弓箭齐发，飞来的箭射中了张郃的右膝。不久，张郃就死了。

## 【毛泽东评说】

自街亭败后，每出，亮必在军。

——《读〈资治通鉴〉批语》，《毛泽东读文史古籍批语集》，第 292 页，中央文献出版社 1993 年版。

## 【评析】

《汉魏祁山之战》，是根据宋代史学家司马光所著的《资治通鉴》卷七十一《魏纪四·太和五年》的有关记载编写的。

相传三国蜀汉丞相诸葛亮曾经"六出祁山"。诸葛亮攻魏共六次：一、后主（刘禅）建兴六年（228 年），诸葛亮首次兵出祁山，战于街亭，失败而还。二、同年冬天，诸葛亮率军出散关，围陈仓，粮尽而还。三、建兴七年（229 年）诸葛亮率军出建威，攻克武都、阴平二郡。四、建兴八年（230 年）秋天，魏国来攻，诸葛亮率军在城固、赤坂据守。五、建兴九年（231 年）春，诸葛亮兵围祁山，开始用木牛运输军粮。六、建兴十二年（234 年），诸葛亮率军由斜谷出击，攻占武功、五丈原，开始用流马运送军粮。《三国志·蜀志·诸葛亮传》记载，六次伐魏战役中，出祁山实际上只有两次（即街亭之战、祁山之战），其余行军皆在汉中一带，与祁山无关。

公元 231 年，诸葛亮命李岩留守汉中，自己率领大军攻祁山，采用先进的木牛运送军粮。当时镇守长安的魏国大司马曹真有病，司马懿接替他率军与诸葛亮对阵。司马懿也是一个广有谋略的军事家，他首次与诸葛亮交手，显得很谨慎。他派费曜、戴陵留四千精兵守上邽，自己率领其余部队西救祁山。名将张郃建议分兵驻守雍、郿二县，他也不采纳。他还派郭淮、费曜等率兵拦击诸葛亮，被蜀军打败，蜀军又抢收大批麦子补充军粮。诸葛亮率领的蜀军与司马懿率领的魏军在上邽东面遭遇了。司马懿命令军队据险固守，诸葛亮找不到交战的机会，只得退军。司马懿率军追到卤城。张郃又分析说："蜀军从远处来迎击我军，要和我军交战而不可得，不战对我军比较有利，我们应该想一个拖延时间的办法来战胜他。而且祁山我军知道大批援军已经临近，军心稳定，我军可驻扎在这里，另外分一部分部队，从后面袭击蜀军，不应当追击而又不敢逼近，徒使军心涣散。诸葛亮孤军深入，军粮又少，也快要撤退了。"司马懿不听张郃的话，依然追击诸葛亮。追上后又是登山修筑工事，不交战，以至于贾栩、魏平数次请战而不许，讥笑他畏蜀军"如虎"。对此，司马懿十分苦恼。后来，将领们都来请战。不得已，这年五月，司马懿才下令张郃率军攻打驻在祁山的蜀军精锐，自己率主力军与诸葛亮交战。诸葛亮命令魏延、高翔、吴班迎战，魏兵大败，被蜀军歼灭三千，司马懿退兵自守。

六月，诸葛亮因为军粮吃光了而被迫撤兵，司马懿又命令张郃追击。张郃追到木门，中了诸葛亮的埋伏，结果被流矢射中右膝而死，魏军损失了一员大将。毛泽东读到这一段叙述时，批注道："自街亭败后，每出，亮必在军。"这次祁山之战，诸葛亮与司马懿初次交手，打败司马懿并射杀魏国一员大将，应该说是个不小的胜利。而这个胜利是在诸葛亮的直接指挥下取得的。毛泽东对此似乎十分欣赏，赞扬诸葛亮从街亭失败中吸取了教训，以后用兵打仗，都亲临前线指挥，不仅是一个善于补过，而且在以后的征战中，始终身体力行，更是难能可贵的。这次围攻祁山获胜便是一个明证，而且坚持终生。公元234年，诸葛亮率大军驻五丈原（今陕西郿山西），分兵屯田，准备久居。司马懿固守不战，相持百余日，诸葛亮病死军中，蜀军退走。蜀汉弱小，能对魏国采取攻势，是诸葛亮主观努力的结果，但所得不过二郡，这说明客观方面不存在可胜的条件，单凭主观努力是不能取得胜利的。"出师未捷身先死，长使英雄泪满襟"（杜甫：《蜀相》），诸葛亮攻魏虽然没有能够完成统一全国的大业，但他那"鞠躬尽瘁，死而后已"（《后出师表》）的精神却为人们所称道，并成为一种崇高的风范。

# 石勒寇河朔

**【战例】**

晋建兴二年（314年）二月，石勒的军队严阵待命，准备进攻幽州，袭击晋大司马都督幽冀的王浚，但还犹豫不决，军队没有出动。谋士张宾说："袭击别人应当出乎他的意料之外，现在军队戒严几天而不出发，难道是害怕刘琨和鲜卑、乌桓成为自己的后患吗？"石勒回答说："是的，有什么办法吗？"张宾说："他们三方的智慧和勇敢，没有谁能赶上将军你的。将军你虽然出兵到远方，他们肯定不敢出动。而且他们不会料到将军你能挥师千里，去攻取幽州。军队轻装往返，不要二十天。即使他们都存有戒心，等到他们商议出兵，我们的军队早已经回来了。刘琨、王浚虽然都是东晋的臣子，实际是仇人。如果写信给刘琨，送人质给他并请求和好，刘琨必然欢喜，就不会救援王浚而袭击我们，这只会加快王浚的灭亡。用兵贵在神速，千万不要错过时机。"石勒说："我没有弄清楚的问题，你给我解决了，我还迟疑什么。"于是下令军队举着火把，连夜出发，到了拍人（今河北唐山），首先杀掉主簿游纶，因为游纶的兄弟游统在范阳（今河北涿县），唯恐他把军事机密泄露出去。

**【毛泽东评说】**

分析方法是极重要的。

——《读〈通鉴纪事本末〉批语》，《毛泽东读文史古籍批语集》，第297页，中共文献出版社1993年版。

**【评析】**

《石勒寇河朔》这个战例，是根据南宋史学家袁枢所撰《通鉴纪事本末》卷七十的有关记载编写的。毛泽东读的《通鉴纪事本末》，是清代光绪戊戌年（1898 年）由湖南思贤书局校刊的版本。毛泽东作了不少圈画和批注。

《石勒寇河朔》记载了西晋时期，北朝十六国的后赵石勒攻杀西晋幽州守将王浚的事件。石勒（274—333），字世龙，上党武乡（今山西榆社北）人。羯族。后赵的建立者，319—333 年在位。幼年随邑人行贩洛阳，又曾为人力耕。二十多岁时被晋朝官吏掠卖到山东茌平地主师懽家为奴。永兴元年（304 年），与汲桑聚众起义，攻破邺城，杀西晋守将司马腾。汲桑战死后，石勒投靠后汉的刘渊，为其手下大将。后又以汉族失意士人张宾为谋士，并联合汉族统治阶级，先后消灭了王弥、王浚和刘琨等割据集团，发展成为一支割据势力。319 年建立政权，自称大赵天王，史称后赵。329 年底，俘刘曜，灭前赵，建都襄国（今河北邢台西北），331 年称帝，年号建平，成为当时与东晋抗衡的北方大国。

石勒凶悍机智，英勇善战，具有非凡的军事才能和政治才能。石勒自己说，他要是遇到汉高祖，该做他的臣属；要是遇上汉光武，就和他并驰中原，不知谁胜谁败。说他是在二刘之间的人物。石勒的卓越才能，再加上张宾一流的智谋，在当时便成为一种无敌的力量。《石勒寇河朔》所写的石勒攻杀王浚的事件便充分地说明了这一点。

这次战争，发生在公元 314 年。当时的形势是，西晋在黄河以北留下的只有幽州和并州两个重镇，分别由王浚和刘琨镇守，王浚和刘琨虽然名义上都是西晋大臣，而实际上矛盾很深，这就授石勒以可乘之机。石勒攻击的对象首先选中较弱的王浚。王浚，字彭祖，晋惠帝时任安北将军，后任幽州都督。他生活奢侈，不理政事，任用小人，滥杀无辜，再加上连年蝗旱灾害，民不聊生，处境不稳。应该说石勒把王浚作为首选的攻击目标是对的。但石勒还非常谨慎。他首先派人假装投降，给王浚送去许多礼物，借以探听虚实。谋士张宾问他："你下不了出兵的决心，是不是害怕刘琨和鲜卑、乌桓在后面袭击呢？"石勒回答说："是啊，我该怎么办呢？"张宾便出谋划策，对当时敌我双方的态度进行了分析，提出了解决办法。所谓分析，就是分析事物的矛盾。张宾的分析比较高明：首先，他将石勒与刘琨、鲜卑、乌桓三方敌我情况进行对比，指出石勒的机智远远超过三方，树立了必胜的信心；其次，他分析了敌方主要是西晋两个守将王浚和刘琨"虽同为晋臣，实为仇敌"，这就说明可以利用敌人之间的矛盾而达到自己的目的。石勒接受张宾的意见，遣使奉笺，送质于刘琨，自陈罪恶，请讨王浚以自效。刘琨闻之大喜，信以为真，还为石勒的行动提供了支持与方便。毛泽东在读到这一段文字时，逐字加了旁圈，还在天头上画了三个大圈。说明毛泽东对于这个问题，是用了些心思的。最后，他指出对王浚必须采取迅速奔袭之法。"夫袭人者，当出其不意"。张宾认为攻打王浚必须轻军奇袭，打完就回来，那时候刘琨想攻我们也来不及了。毛泽东对张宾的这段分析，逐字加了旁圈，天头上画了三个大圈，批注道："分析的方法是极重要的。"

后来，石勒攻打王浚，王浚不听部将抗击石勒的劝告，还认为石勒是来投降的，直到被石勒捉住才恍然大悟，终被石勒杀死。四年之后，石勒攻打刘琨，西晋王朝在北方的残余势力全部被消灭。事态的发展，和张宾的分析完全一致，证明了"分析的方法"，确实是极其重要的。

# 秦晋淝水之战

**【战例】**

晋太元七年（382 年）十月，前秦王苻坚准备亲自率大军南进攻灭东晋，他为此召集大臣们，商讨这一问题。秘书监朱彤支持他亲自率军去攻打东晋，且认为一定会马到成功。尚书左仆射权翼则不同意对东晋进行攻击，认为灭亡东晋的时机还不成熟。太子左卫率石越也不同意苻坚率军南进，他从迷信的角度，说太岁星、木星正运行到南方，对吴越有利；吴越还占有地利，据有长江天险，百姓也都愿意效力，似乎不可以去攻打。

苻坚不同意权翼的说法。他说："过去周武王攻打商纣王，就违背了天意。天象渺茫，胜负不可预料。春秋时吴王夫差，三国时吴主孙皓都依据长江天险，但都免不了国破家亡的命运。如今我军每个士兵将马鞭投到江中，就足可使江水断流，晋又有什么天险可依靠呢？"石越回答说："商纣王、夫差、孙皓都是荒淫无道之君，因此敌人征伐他就像在地上捡东西那样容易。如今晋虽无政绩，但也无大错，希望大王暂且按兵不动，积蓄粮草，等待可乘之机。"大臣各言利弊，很长时间也无结果。

大臣商议结束后，苻坚单留下阳平公苻融，对他说："自古以来决定大事的不过一二个大臣罢了。如今大臣们议论纷纷，只会扰乱别人的心思，我与你决定这件事吧。"苻融回答说："现在攻打晋有三个难题：一是天道不顺，二是无可乘之机，三是我军连年作战，士兵已很疲乏，百姓也有害怕战争的心理。说晋不能讨伐的都是忠臣，希望您能听从他们的建议。"苻坚脸色一变说："连你也这样认为，还指望谁支持我的主张呢！我有百万大军，物资和武器堆积如山；我虽不是能干大事的有作为的君主，但也不是昏庸无能。乘胜去攻打将要灭亡的国家，哪里还怕打不胜。怎么可以让残敌继续生存下去，让它成为国家的长期忧患？"苻融哭着说："晋不可攻打，事情很明显。如今兴兵大举南进，恐怕很难获胜。况且我担心的不仅仅是这些。大王扶植鲜卑、羌、羯等族，让他们驻在附近，他们都希望战败。太子与几万老弱残兵留守京都，担心会发生意外事变，那样就无法挽回了。我的顽固愚昧您可能不理解，丞相王猛是出众的人才，大王也常将他比作诸葛亮，难道忘了他临死前所说的话吗？"苻坚还是不听。于是有很多大臣前来劝谏，苻坚说："我们攻打晋，拿兵力作比较就像秋风扫落叶一样容易，然而朝中内外却都说不可攻打，这可真让我不能理解啊！"

太子苻宏说："今年木星在吴地，而晋国君又没有过错，如今大举兴兵攻打而没有战胜，恐怕有损您的威望，财力兵力也会用完。这就是大臣们所担心的。"苻坚说："过去我消灭燕国，也是违天象而取得胜利，天象本来就是难以预料的。秦国消灭六国，六国的国王难道都是暴君吗？"而冠军将军、京兆尹慕容垂却认为"弱并于强，小并于大，这是理所当然的，也并不难懂"，极力主张苻坚率军南征，并说"不能给子孙后代留下祸根"，要苻坚自己拿定主意，不必征询大臣们的意见，苻坚听了非常高兴。

苻坚决心夺取江东，睡不到天亮就醒了。阳平公苻融劝谏说："'知道满足就不会遭受侮辱，知道适可而止就不会有危险。'自古以来随意发动战争，没有不失败的。况且我国本来就是外族人，改朝换代的权利也不会转移到外族人手中。江东虽然弱小而存在，然而是中华正统，上天一定不会让它灭亡。"苻坚说："帝王相承的天数，难道是一定的吗？有仁德的人才可做帝主。刘禅难道不是汉的后代？却被曹魏灭亡。你之所以不如我，正是因为拘泥不化罢了。"

苻坚平时非常宠信沙门道安，大臣们让道安找机会向苻坚进言。道安很认真地对苻坚作了劝谏，没起作用；苻坚所宠爱的张夫人也作了劝谏，他最宠爱的小儿子、中山公苻诜，也劝他不要举兵伐晋，这些苻坚都没听进去。

太元八年（383 年）七月，秦王苻坚下令发兵攻晋，老百姓每十人出一兵；世家子弟二十岁以下强健勇敢的，都任命为羽林军的军官。此时，朝中多数大臣都不同意苻坚举兵伐晋，唯独慕容垂、姚苌及世家子弟劝他举兵。阳平公苻融劝苻坚说："鲜卑、羌族是我们的仇敌，他们的国家被我们所灭，常常想借突然发生的变乱来实现复国的愿望，您的计划，他们怎么能听从呢？世家子弟都是些富贵人家的子弟，不熟悉军事，只会随便说些奉承的话，来迎合您的心思。您听信、任用他们，轻易举兵伐晋，我担心打不败晋仍留有后患，再后悔也就来不及了。"苻坚还是不听。

八月初二，苻坚派阳平公苻融率领张蚝、慕容垂等骑兵 25 万作为前锋，任命兖州刺史姚苌为龙骧将军，率领益州、梁州的军队。苻坚对姚苌说："过去我就是做龙骧将军时取得王位的，这个职位不曾轻易给过别人，希望你努力啊！"左将军窦冲说："君王无戏言，这可是个不好的预兆。"苻坚默不作声。

慕容楷、慕容绍对慕容垂说，"苻坚已经很骄傲自大了，您恢复燕国，就在这一回了。"慕容垂说："是的，除了你们，还有什么人能与我共创复兴燕国的大业！"

八月初八，苻坚带领 60 多万步兵、27 万骑兵从长安出发，攻打东晋，战线前后长达一千里。九月，苻坚到了项城（今属河南），凉州的兵马才到咸阳，蜀、汉的部队正沿着长江东下，幽州、冀州的部队到了彭城（今江苏徐州），战线东西长达万里，水陆军同时进发，有 1 万艘运粮船跟进。阳平公苻融等率领 30 万兵马，先期到达了颍口。

晋孝武帝司马曜闻讯，诏命尚书仆射谢石为征虏将军、征讨大都督，徐州、兖州刺史谢玄为先锋指挥官，与辅国将军谢琰、西中郎将桓伊等率领 8 万士兵抵抗前秦；派龙骧将军胡彬带领五千水军支援寿阳。谢琰是宰相谢安的儿子。

此时前秦兵力很强大，东晋京城中人心惶惶。谢玄向谢安询问抗敌计策，谢安若无其事的样子，回答说："已另外有命令。"后来就一声不响了。谢玄不敢再问。谢安于是命令准备车子到城外的别墅去游玩，亲戚朋友都到齐了，和谢玄拿别墅作为赛棋的赌注。谢安的棋艺平时不及谢玄，这一天谢玄很紧张，就是不让棋子也没有下赢谢安。谢安于是登山游玩，到了晚上才回来。桓冲很担心京城建康的安危，就派三千精锐来保卫京城；谢安坚决不要，说："朝廷已经安排好了，没有什么可担心的，你应留下来加强西方的防线。"桓冲对其部下官员说："谢安虽有宰相的气度，但不熟习战阵。大敌当前，他却忙着游山玩水，谈天说地，让谢琰、谢玄这些没有经验的年轻人去抵御苻坚，而军队又少，天下大事实难预料了，我们恐怕真的要当亡国奴了。"

晋太元八年（383 年）冬十月十八日，前秦阳平公苻融率军攻下了东晋的寿阳，活捉了平虏将军徐元喜等人。苻融让其参军郭褒为淮南太守。前秦慕容垂的部队攻占了郧城。东晋将领胡彬得知寿阳失守，退守硖石，苻融率军攻打，前秦卫将军梁成等率 5 万士兵驻扎在洛涧，听说晋军西进，就在洛口沿淮河设置栅栏以阻止东晋的军队西进。东晋谢石、谢玄等率军在离洛涧 25 里的地方与前秦军相持，因惧怕秦军而不敢再向前进。胡彬军粮已尽，偷偷派人送信给谢石说："如今敌人势力强大，我军粮草已尽，恐怕不能与你们会合了。"有秦军截获了胡彬的信，派人送给阳平公苻融。苻融向苻坚建议说："敌军兵少容易打败他们，害怕他们逃走，应赶快进攻。"苻坚遂将大军留在项城，亲率八千骑兵日夜兼程，到寿阳与苻融会合。他派尚书朱序去劝说谢石等人："双方强弱悬殊，不如赶快投降。"朱序原是东晋将领，到晋军后反而向谢石透露了秦军情况，并建议说："如果等秦百万大军全部到达，晋军就难以抵抗了。现在乘秦各路兵马还没有集中的时机，应赶快出击；只要打败它的先头部队，挫其锐气，就可以击败秦军了。"

谢石听说苻坚在寿阳非常害怕，打算用坚守的办法拖垮前秦军。谢琰劝谢石听从朱序的建议，迅速出击，以挫其锐。十一月，谢玄派广陵相刘牢之率领五千精兵赶赴洛涧，在离洛涧十里的地方，前秦军梁成部已沿涧严阵以待。刘牢之率军强渡洛涧，猛攻梁成军，大败其军，并阵斩梁成和弋阳太守王咏；刘牢之分兵挡住秦军退路，秦军步骑兵都崩溃了，抢着渡过淮水，死 15000 人，活捉了前秦扬州刺史王显等人，缴获了大量武器和军用物资。于是，谢石指挥部队水陆并进，向秦军发起进攻。秦王苻坚与阳平公苻融在寿阳城上观战，看到晋军阵容严整，望见八公山上的草木以为也是晋军，回头对苻融说："这明摆着是强敌，怎能说他们是弱敌呢？"于是开始害怕了。

前秦军失利后，沿淝水布阵防守。晋军不能渡河，谢玄就派人去对阳平公苻融说："将军率军深入晋地，却沿淝水布阵，这是持久作战的办法，不是速战速决的打算。如果你把秦军稍向后撤，让晋军渡过淝水，以决胜负，不是很好吗？"秦军将领都说："我们人多，他们人少，不如阻止他们渡河，不让他们上岸，可以万无一失。"苻坚说："可稍退一步，让晋军半数渡过淝水，我再用精锐骑兵实施夹击，没有不胜的。"苻融也认为说得有理，就下令秦军稍向后撤。前秦军一后撤，便制止不住了。东晋谢玄、谢琰、桓伊等挥军乘势渡过淝水，展开猛攻。苻融骑着马在阵地上飞跑巡视，打算阻止后退，结果马倒人落，被东晋兵杀死，秦军于是全面崩溃。谢玄等挥军乘胜追击到青冈，前秦军自相践踏，死伤惨重，尸体布满了田野，河水也堵塞不流。那些逃跑的秦兵听到风声和鹤鸣，也以为是东晋的追兵来了，就夺路而逃，风餐露宿，加上饥冻，死了十之七八。

当初，为让晋军渡河，前秦军后撤时，朱序在秦军阵后大声喊道："秦兵败了。"前秦兵听了就开始逃跑。朱序和张天锡、徐元喜等乘机跑回东晋。晋军缴获了秦王苻坚乘坐的战车，又攻取了寿阳，俘虏了秦淮南太守郭褒。

谢安接到驿站送来的战报，知道秦军已败，当时正和客人下着围棋，就把战报放在胡床上（一种坐具）面无喜色照旧下棋。客人问他战报上讲了些什么，他慢吞吞地回答说："孩子们已打败了敌军。"下完棋回到内室，谢安在过门槛时，高兴得连木屐底上的齿子碰断了也没发觉。

### 【毛泽东评说】

当时的情况是弱国抵抗强国。……虽然是一个不大的战役，却同时是说的战略防御的原则。中国战史中合此原则而取胜的实例是非常之多的。楚汉成皋之战、新汉昆阳之战、袁曹官渡之战、吴魏赤壁之战、吴蜀彝陵之战、秦晋淝水之战等等有名的大战，都是双方强弱不同，弱者先让一步，后发制人，因而战胜的。

——《中国革命战争的战略问题》，《毛泽东选集》第一卷，第 204 页。

错觉和不意，可以丧失优势和主动。因而有计划地造成敌人的错觉，给以不意的攻击，是造成优势和守取主动的方法，而且是重要的方法。错觉是什么呢？"八公山上，草木皆兵"，是错觉之一例。"声东击西"，是造成敌人错觉之一法。在优越的民众条件具备，足以封锁消息时，采用各种欺骗敌人的方法，常能有效地陷敌于判断错误和行动错误的苦境，因而丧失其优势和主动。

　　——《论持久战》，《毛泽东选集》第二卷，第 491—492 页。

错在倾巢而出。若一二十万人更番迭试，胜则进，败则止，未必不可为。

　　——《读〈古文辞类纂·欧阳修为君难论上〉批语》，《毛泽东读文史古籍批语集》，第 94 页，中央文献出版社 1993 年版。


## 【评析】

　　《秦晋淝水之战》是根据《资治通鉴》卷一〇四、一〇五的有关记载编写的。淝水，一作"肥水"，源出安徽合肥附近的柴蓬山，西北流经寿县入淮河。淝水之战就发生在寿县的淝水之上。

　　公元 370 年至 383 年，是苻坚建立的前秦王朝的鼎盛时期，据有现在河北、山西、山东、陕西、河南、四川、贵州和辽宁、江苏、安徽、湖北的一部分。苻坚在 370 年灭前燕，376 年灭前凉、灭代，统一了我国北方的广大地区。前秦政权是当时"五胡"中的氐族建立的。氐族贵族当时统治着北方其他几个少数民族，内部很不巩固，其中鲜卑和羌族的首领尤其不甘屈服，时时伺机而动。在这种情况下，苻坚是没有条件吞灭东晋的，所以他部下的苻融、太子宏、少子说，以及他平生所信重的沙门道安，纷纷劝谏，只有投降的鲜卑族前燕王子慕容垂等居心叵测，极力怂恿。但苻坚被胜利冲昏了头脑，刚愎自用，一意孤行，自恃其"强兵百万，资仗如山"，自认为是"以吾击晋，犹如疾风之扫秋叶"。

　　在东晋方面，情况正好相反。谢玄、桓冲等人都是小心翼翼，临渊履冰。至于处于统帅地位的谢安，在敌强我弱、兵力悬殊的情况下，却胸有成竹，神态自若。交战的结果，是苻坚大败，前秦政权随之土崩瓦解，东晋偏安一隅，形成了南北对峙的局面。

　　毛泽东曾两次在自己的军事著作中引用这个战例。他在《中国革命战争的战略问题》中，用以说明交战双方强弱不同，弱者先让一步，后发制人，因而制胜的道理，阐明了战略防御原则的重要意义。在《论持久战》中，则用来说指挥员的主观指导的正确与否，影响到优势劣势和主动被动的变化，由此导致战争胜负的结局。还说"八公山上，草木皆兵"，是一种错觉，而有计划造成敌人的"错觉"，给敌以出其不意的打击，是造成优势和夺取主动的重要方法。

毛泽东还在读欧阳修《为君难论上》上的批语中，指出苻坚"错在倾巢而出，若一二十万人更番迭试，胜则进，败则止，未必不可为"，指出了苻坚战术运用的错误。这是从另一个角度来评价这场战争了。

# 南朝宋明帝废帝内战

## 【战例】

南朝宋前废帝刘子业景和元年（465年）十一月，湘东王刘彧等杀宋前废帝，十二月，拥刘彧即帝位，改元泰始，是为太宗明帝。年少的晋安王刘子勋在谋主、镇军长史邓琬的左右下，在寻阳（今江西九江西南）拒受新命，刘彧与刘子勋为争夺皇位的战争一触即发。

泰始二年（466年）正月初六，刘彧诏命内外戒严，以司徒、建安王刘休仁总管征讨诸军事，车骑将军、江州刺史王玄谟作他的副手。刘休仁率军驻南州（今安徽当涂）；以沈攸之为寻阳（今江西九江西南）太守，率军屯虎槛。前锋各军共十路兵马络绎而至，准备进攻刘子勋。正月初七，邓琬在寻阳率领将军们给刘子勋上皇帝称号，并改年号为义嘉。刘子勋称帝后，以安陆王刘子绥为司徒、扬州刺史，邓琬为尚书右仆射，张悦为礼部尚书，袁顗为尚书左仆射。徐州刺史薛安都、冀州刺史崔道固、青州刺史沈文秀等均起兵响应刘子勋。湘、广、梁等州郡也归附寻阳。刘彧仅有丹阳、淮南数郡之地。刘彧召集诸臣商量对策，蔡兴宗提出要"镇之以静，至信待人"。刘彧同意了这一策略。正月二十三日，刘彧发兵讨刘子勋，以山阳王刘休祐为豫州刺史，督宁朔将军吕安国等西攻拥戴刘子勋的豫州刺史殷琰；令巴陵王刘休若督建威将军沈怀明、尚书张永、辅国将军萧道成等诸军，东讨孔觊。继又派殿中御史吴喜为建武将军，率军东向，所向皆捷。二月，吴喜克义兴（今江苏宜兴）、吴兴（今浙江吴兴南）。宋御史王道隆等克晋陵（今江苏常州），强弩将军任农夫克吴郡（今江苏苏州）。刘彧又命沈怀明等东击会稽，张永等北击彭城（今江苏徐州），江方兴等南攻寻阳。不久，上虞县令王晏斩孔觊。邓琬掌握军政实权后，父子卖官，酣歌博弈，日夜不息，部属作威作福，横行霸道，导致士民怨愤，内外离心，斗志大损，面对刘彧朝廷军队的攻势，邓琬遣拥戴刘子勋的孙冲之率军1万为前锋，据赭圻（今安徽繁昌西北长江南岸）。刘子勋加孙冲之为左卫将军，以陶亮为右卫将军，统郢、荆、湘、梁、雍五州兵2万，一时俱下。陶亮本无才干权谋，又闻宋明帝刘彧大军将至，不敢进军，屯于鹊尾（今安徽繁昌、铜陵之间的长江之中）。

三月，刘彧的军队水陆并进，逼近赭圻。这时，建安王刘休仁遣宁朔将军江方兴、龙骧将军刘灵遗各领兵3000开赴赭圻。江方兴挥军大进，刘休仁又遣军主郭季之、步兵校尉杜幼文等部3万前去参加会战，大破刘子勋军，追击至姥山（今安徽繁昌东北）而还。孙冲之在巢湖口、白水口筑二城，均被攻破，陶亮闻讯大惧，急召孙冲之还军鹊尾（今安徽庐江县境内），留薛常宝等守赭圻；先期于姥山及诸冈立营寨的部众，此时也令其撤回，以共保浓湖（今安徽繁昌西）。邓琬遣豫州刺史刘胡率步卒3万，骑兵2000，合并各部共10万之众。时宋廷军资不足，军中少食，刘休仁抚慰将士，均等丰俭，关心伤病，故10万之众未有离心。刘彧又遣宁朔将军刘怀珍率龙骧将军王敬则等步骑5000，助刘勔攻寿阳，斩庐江太守刘道蔚。沈攸之率诸军围攻赭圻，薛常宝等粮尽，向刘胡求救。刘胡以船藏米顺风流下，接济赭圻，但被沈攸之截获。刘胡又率步骑1万，于夜间斫山开道，以布囊运米于赭圻城下，但为堑壕所隔，未能进入。沈攸之率诸军截击，殊死血战。刘胡军大败，舍粮弃甲，沿山而逃。薛常宝见求救无望，惶恐不可终日，于四月开城突围。沈攸之攻拔赭圻城，斩杀宁朔将军沈怀宝等，纳降数千人。宁朔将军吕安国得知刘子勋部将杜叔宝发车1500乘送粮饷救援殷琰部将刘顺，即与刘勔计议，袭其粮车，断其粮饷，以改变双方的强弱态势。刘勔同意后，遂以疲弱之兵守营，遣精兵千人配合吕安国及龙骧将军黄回，从小路出刘顺军后。吕安国立即出击，在横塘（今安徽寿县东）夜袭杜叔宝，将其击溃，烧其粮车，驱牛2000余头而回。五月，刘顺败走淮水以西，刘勔乘胜进围寿阳，杜叔宝收其流散和居民，闭城固守，刘勔与诸军立营于城外，殷琰、杜叔宝因被困皆有降意，但众心不一，复据城固守。六月，袁顗以督征讨诸军事，率楼船千艘，兵士2万，进入鹊尾，拥众以待。田义之率众万人围义阳，邓琬命司州刺史庞孟虬领精兵 5000 往救，田益之不战而溃。

拥戴宋明帝之诸将与袁𫖮对峙于浓湖，久而未决。七月十六日宋明帝命沈攸之、吴喜等以皮舰进攻浓湖，阵斩数千人。袁𫖮惊惧，弃浓湖而逃，途中被杀。庞孟虬进至弋阳（今江西弋阳），被吕安国等截击于寥潭，大败，再奔义阳。时王玄谟之子王昙善已起兵响应建康，庞孟虬走投无路，后亡命蛮中。刘子勋部将崔道固为当地土人所攻，闭门自守。宋明帝遣使宣慰，崔道固请降。八月，建安王刘休仁率军攻入袁𫖮营，纳其降卒 10 万。寻阳城中，邓琬惶恐无计，在内乱中被杀。沈攸之诸军攻入寻阳，擒斩年仅 11 岁的刘子勋。九月，宋司徒刘休仁至寻阳，即分遣诸将进击荆、郢、雍、湘等州，平定刘子勋余党。至此，二刘之争王位的战争宣告结束。

这场以明帝刘彧为首的文帝系诸王和以晋安王刘子勋为首的孝武帝系诸王所进行的决战，规模宏大，战线漫长，双方投入的兵力众多，历时 8 个多月。刘子勋初在寻阳起兵，形势对其有利，然而由于谋主邓琬大权在握，卖官鬻爵，酣歌博弈，以致士民怨愤，上下离心；而部将袁𫖮等人无勇无智，后又拥兵自大，坐失战机，终至惨败。宋明帝刘彧一方，部将熟悉战阵，能攻善守，且屡出奇计，或截击，或偷袭，或抄后路，或断粮道，多获成功。但这场宋王朝骨肉相残的战争，导致许多镇将投降了北魏，失去大片土地，南朝百姓频遭战祸，继而诸州日趋分化，内乱迭起，加速了南朝宋王朝的灭亡。

## 【毛泽东评说】

刘彧据建康，四方皆反。内线作战，以寡对众，以弱敌强。以蔡兴宗为谋主，以刘休若、刘休祐、刘休仁、吴喜、任农夫、张永、萧道成、王道隆、刘勔、沈攸之、黄回、吕安国、张兴世、刘嗣祖诸人为将帅，终于全胜，可谓奇矣。

——《读〈通鉴纪事本末〉批语》，《毛泽东读文史古籍批语集》，
第 299 页，中央文献出版社 1993 年版。

**【评析】**

《南朝宋明帝废帝内乱》是根据南宋史学家袁枢所撰《通鉴纪事本末》卷一百八十的有关资料编写的。毛泽东所批注的《通鉴纪事本末》，是清光绪戊戌年湖南思贤书局出的校刊本。

废帝，是指南北朝时南朝宋前废帝刘子业。这篇战例，是指发生在前废帝刘子业景和元年（465年）至宋明帝刘彧泰始二年（466年）间的一场争夺王位的内战。文帝死，由其第三子刘骏（字休龙）即位；孝武帝刘骏死，由其长子刘子业继位。文帝十一子刘彧（字休景）起而争夺皇位，废除刘子业皇帝位，自立称帝。而孝武帝第三子刘子勋，也称帝自立于寻阳。这场叔侄争夺王位的斗争，都得到了一部分皇族和大臣的拥护。但就整体来看，拥护刘子勋的人多势众，而拥护刘彧的人少势孤，力量的对比对刘彧是很不利的。刘彧占据都城建康，处于包围之中；而刘子勋占据寻阳，处于包围建康的有利形势。这正像毛泽东在批注中指出的那样："刘彧据建康，四方皆反，内线作战，以寡对众，以弱敌强。"形势对刘彧是很不利的，但最终刘彧却打赢了这场战争，这是为什么呢？

首先，两个争夺帝位的主角刘彧与刘子勋相比。刘彧，是文帝十一子，封湘东王，弑废帝刘子业即皇帝位，说明他羽翼已丰，握有实权，经历丰富，文韬武略，宽仁待物，众为之用；而刘子勋，字孝德，是文帝第三子孝武帝刘骏（休龙）的第三子，封晋安王，都督江州诸军事。孝武帝死，前废帝刘子业赐子勋死，长史邓琬等因拥护子勋起兵。明帝刘彧平定叛乱，进子勋为车骑将军，邓琬等拒不受命，拥戴子勋称帝，与刘彧争夺帝位。当时，刘子勋才十一岁，还是个孩子，可以说完全是个傀儡。相比之下，子勋当然不是刘彧的对手。

其次，刘彧有一位有经验的谋主——蔡兴宗。蔡兴宗，考城（今河南兰考）人，是个经验丰富的三朝元老。孝武帝时为吏部尚书。前废帝立，兴宗箴规得失，博论朝政，明帝刘彧登皇位，封尚书右仆射。当刘彧弑废帝自立时，普天同叛，人有异志，"湘州行事何慧文、广州刺史袁昙远、梁州刺史柳元怙、山阳太守程天祚，皆附于子勋"。"是岁，四方贡计，皆归寻阳。""朝廷（按：刘彧）唯丹阳、淮南等数郡，其间诸县，或应子勋"。形势确实是很严峻的。在"宫省危惧"的情况下，蔡兴宗提出安定人心的办法："宜镇之以静，至信待人。"就是首先要扭转慌乱的局面，稳住大局。其次，要以"至信待人"，取得人们的信任，得到人们的拥护，巩固自己的政治基础。最后，对于背叛者，不搞株连。区别叛乱的人及其亲属，罪应由背叛的人自负，而其亲属不负责任，不应加罪。这对于瓦解敌军，稳定局面起到了很好的作用。蔡兴宗不愧为谋主，他提出的这几条建议都是有见地的，对于局势的稳定起了很好的作用。这样通情达理，人有战心，兵卒虽少，但兵器锐利，这样的军队同刘子勋方面没有经过训练的士兵对阵，是能以弱当强，以寡敌众，占有明显优势的，这就大大坚定了刘彧等人夺取胜利的信心，鼓舞了广大军民的斗志。相比之下，刘子勋就缺少蔡兴宗这样高明的谋士。

再次，指挥得当。刘彧本来是处于被包围之中，是内线作战，军队又少，处于劣势，只有打破包围，变为外线作战，才能掌握战争的主动权。为此，他两路出击，由山阳王刘休祐率领刘勔、吕安回等西抗殷琰，由巴陵王刘休若率沈怀明、张永、萧道成、吴喜、任农夫等东讨孔觊。先打东线，以勇将吴喜、任农夫为先锋，先击破东军，攻克义兴。这时刘彧又派江方兴、王道隆到晋陵，观察东军形势。弄清了孔觊部将孙昙瓘等五城互连的阵势，王道隆率兵破之，张永败孙昙瓘克吴兴。吴喜入吴兴，任农夫进吴郡，四郡皆平，战争取得阶段性的重大胜利。在此形势下，刘彧又分兵进击，以沈怀明东击会稽，江永北击彭城，江方兴南击寻阳，任农夫克钱唐，上虞令王晏斩孔觊来降，东线遂平。之后，刘彧便转兵西线，刘子勋派孙冲之、陶亮率五州兵马共2万，沿江东下。刘彧以江方兴、刘休仁率军3万迎战，大败之。这时，邓琬派刘胡率3万兵马，骑兵两千人，车屯鹊尾。薛索儿率马步军万余渡淮攻打张永。刘彧命刘休范指挥北讨军事，派萧道成救援张永。沈攸之率兵打败刘胡凿山开路的万余人。张永、萧道成大败薛索儿。这时，刘子勋的主力只剩袁顗率领的楼船千艘，战士2万，占据鹊尾，两军相持不下。张兴世欲出绕敌后，前后夹击的办法，先在钱溪击败刘胡，袁顗也逃到鹊头，被守将薛伯珍斩首。邓琬也被张悦斩首来献。于是，沈攸之军到寻阳，杀晋安王子勋，传首建康，废帝后这场夺皇位的内战遂告结束。

最后，刘彧善于用人。由于刘彧宽厚待人，善于用人，依靠同宗几位兄弟刘休若、刘休仁等，分督乐于为其效命的吴喜、任农夫、张永、萧道成、王道隆、刘勔、沈攸之、黄回、吕安国、张兴世、刘嗣祖诸将，在战争中，互相支援，同心协力，终于打胜了这场战争。

由于上述的原因，刘彧在被动的情况下，变内线作战为外线作战，变被动为主动，以寡对众，以弱敌强，终获全胜，可谓奇矣，这的确是战争史上的奇观，是一个不可多得的战争奇迹。

# 后晋后梁胡柳陂之战

## 【战例】

梁贞明四年（918年）十二月，后梁将领贺瑰探知晋王李存勖已率领部队西进大梁，就率部离开营地尾随追赶。李存勖从魏博（今河北大名东）征集了3万壮丁随军充当差役，用来修建工事，军队所到之处，营房、工事很快就修好了。919年1月28日，晋王的部队到达胡柳陂（今山东鄄城西南）。29日晨，侦察人员报告说，后梁的军队追上来了。后晋将领周德威说："敌人昼夜兼程，没有宿营休息，我军营房、工事构筑坚固，防守很有把握，既然我们深入到敌人占领区内，一切行动必须稳妥可靠，不可轻举妄动。从这里到后梁都城大梁很近，后梁的士兵很惦记自己的家乡，士气高昂，如果不采用正确的方针和策略制服他们，恐怕很难达到目的。君王您最好按兵不动。我率领骑兵去骚扰敌人，使敌军得不到休息，到夜晚敌人营房、工事没有修筑好，烧柴和锅灶也没有准备好，趁着敌军疲乏，就可一仗把他们消灭了。"晋王说："以前在漳河上后悔没有遇上敌人，现在敌人来了再不去攻打，还等到什么时候，你有什么害怕的呢？"又看着另一位将领李存审说："命令运输兵器、粮草的车辆首先出发，我率军跟在你后面，去消灭敌人吧！"说罢，晋王就率领卫队首先出发。周德威没有办法，也领着幽州的部队跟着前进，告诉他的儿子说："我们死无葬身之地了。"

贺瑰摆好阵势，来到战场。战场从东到西连绵数十里。晋王领着卫队冲入敌阵，左右冲杀，往返十几里。后梁行营左厢马军都指挥使、郑州防御使王彦章先被打败，向西逃入濮阳（今河南濮阳）。晋军的运输车辆集结在战场西面，看见梁军的旗帜，惊慌溃散，跑到幽州部队的阵地中，幽州部队也被扰乱，自相践踏。周德威控制不住部队，父子二人都战死了。

魏博节度副使与运输车辆一起行动，也战死了。

晋王溃散的部队还没有集结起来，后梁的军队就从四面八方把它包围了。晋王占领一个土丘收集散兵，到了中午，部队的士气又振作起来。陂中有座土山，贺瑰领兵占据了。晋王对将士们说："今天谁能占领这座土山，就能取得胜利，我与你们一起去夺取它。"于是，他率领骑兵首先冲去，部将李从珂和银都大将王建及率领步兵也跟着登山，后梁军队纷纷败下山去，晋军夺取了这座山。

天快黄昏时，贺瑰在小山西面布列阵势，晋王的士兵看见害怕得脸色都变了。各位将军认为各支部队没有集结，不如收兵回营，明晨再战。天平节度使、东南面招讨使阎宝说："后梁王彦章的骑兵已经进入濮阳，山下只有步兵，傍晚都有回归的想法。我军居高临下去攻打他们，打败他们是肯定的。现在君王您深入敌占区内，部分军队已受到损失，如果又引兵退回，必让敌人有机可乘。各支部队没有集中的，听到后梁的军队又打了胜仗，我军必然不战自溃。凡是与敌人决战并战胜敌人，就要审时度势，形势有利了，应该当机应断，不能迟疑。君王的成功和失败，就在这一仗了。如果不竭尽全力夺取胜利，即使收集余下的部队往北撤退，黄河以北的地区也不属于君王所有了。"王建及穿着铠甲横拿着槊进来说："敌军大将已经逃跑，君王的骑兵一个也没有损失，现在打这些疲乏的敌人，就像摧枯拉朽一样。君王请上到山顶，观看我们去战胜梁军。"晋王陡然一惊说："不是各位所说，我几乎误了大计。"李嗣昭、王建及率领骑兵大呼着冲入敌阵，各部队紧紧跟上，后梁的军队大败。元城县官吴琼、贵乡县官胡装各率民夫万人，在山下用车拖着树枝扬起尘土，大声击鼓以壮声威。后梁军队自相践踏，十分狼狈，丢弃的兵器堆积如山，死亡者几近 3 万人。

## 【毛泽东评说】

此战必不可少。

——《读〈通鉴纪事本末〉批语》，《毛泽东读文史古籍批语集》，第 307 页，中央文献出版社 1993 年版。

## 【评析】

《后晋后梁胡柳陂之战》是根据南宋袁枢所撰《通鉴纪事本末》卷二百二十七《后唐灭梁》的有关记载编写的。这场战争发生在918—919年之交，战争的双方指挥者分别是后梁的大将贺瑰、王彦章与晋王李存勖。李存勖（885—926），沙陀族人，李克用之子。五代时后唐王朝的建立者，即后唐庄宗，923—926年在位。初继位为晋王，据有太原，与后梁连年混战，争夺黄河流域的统治权。胡柳陵之战就是这些战争中的一次。

当时，晋王李存勖已取得了河北的广大地区，声威为之大振。他以魏州为据点，统兵进攻河南。后梁在梁、晋交兵的交点——黄河重要渡口杨柳城（今山东东阿县北）惨败后，两军主力对峙于濮州（今山东鄄城）以北。这次战役双方共打了两仗。第一仗是李存勖率10万大军，自麻家渡西行到胡柳陂（今山东鄄城西）。后梁将领贺瑰拔营追击而来。两军大战，梁骑兵大将王彦章战败，率残部逃往濮阳（今河南濮阳）；晋军被扰乱溃不成军，自相践踏，死伤惨重，大将周德威父子和王缄战死，大将李嗣源逃往河北。第二仗是两军争夺一座土山，即争夺战争的制高点，占据有利地形。胡柳陂中有座土山。李存勖认为这座土山是决定胜负的关键，下决心夺到自己手中。他率骑兵冲锋在前，王建及、李从珂带领步兵跟随在后，一举攻占了这座土山。前两仗虽然是一败一胜，双方打成平手，这是就数量而言，实际上李存勖的晋军损失要大，梁军损失较小。于是，便产生了第三仗还要不要打的问题。当时天色已晚，贺瑰在土山西面摆开阵势，晋军看了都很害怕，将领们也都以溃散的军队还没有全部集中起来，主张收兵回营，改日再战。大将阎宝分析说："我军占据土山，居高临下，占有地利。如果打，一定能打胜。如要撤退，反而不战自溃，给敌人以可乘之机。"又讲了决定战争胜负，要审时度势，当机立断的道理，反对北撤。李嗣昭、王建及又对阎宝的意见作了补充。晋王李存勖吃惊地说："非公等言，吾几误计。"当机立断，发起进攻，以骑兵冲锋在先，步兵继之，梁军大败，死伤约3万人。这次大战，不听周德威的计谋，轻率接战，导致失败，后在关键时刻，又听取阎宝等人的意见，决战决胜，夺得了战争的最后胜利，但也付出了惨重的代价，损失兵力三分之二，大大削弱了进攻的力量。毛泽东在读到要不要打第三仗，阎宝分析说："凡决胜料敌，惟观情势，情势已得，断在不疑。王之成败，在此一战"时，大笔一挥，批注道："此战必不可少。"这个批语不仅是凭借毛泽东多年战争经验作出的正确判断，也是对李存勖抓住战机、当机立断的赞扬。毛泽东主张遇事要多谋善断，反对多谋寡断。既能多谋，又能善断，才能不失时机地夺取胜利，这对于战争指导者尤为重要，对于其他事情，我们也应该如此看待。

# 后唐灭后梁之战

## 【战例】

后唐庄宗李存勖同光元年（923年）闰四月，后唐军在名将李嗣源的率领下袭破郓州后，后梁末帝撤换了梁军前线总指挥，任命王彦章为大将、段凝为监军，企图夺回郓州，扭转战局。唐、梁双方在郓州展开了一场激烈的争夺战。名将王彦章素疾佞臣赵俨、张汉伦等专权，赵、张则合力倾陷之。在与后唐军的相持中，梁末帝听信谗言，乃以段凝代王彦章，而命王彦章还大梁（今河南开封）。中书侍郎同平章事敬翔苦谏，梁主不听。

是年八月，唐主李存勖自杨刘还兴唐（即魏州，今河北大名）。段凝代王彦章后，即在滑州决开黄河大堤，以黄河水东注曹、濮及郓诸郡，以阻唐军。八月十七日，段凝以魏州（今河北大名）正面河水泛滥，唐军已无法逾越，乃将全军5万人营于王村，自高陵津（即卢津关）渡河，剽掠澶州各县至顿丘（今河南内黄东南）。梁末帝并命王彦章率骑士及他兵万人屯兖、郓之境，以谋取郓州（今山东东平）。十九日，李存勖率军屯朝城后城（今山东莘县西南朝城镇）。二十七日，右先锋指挥使康延孝率百多骑奔唐，庄宗大喜，解下自己穿的锦袍、玉带赏给他，并任命他为南面招讨都指挥使兼博州刺史。此时，王彦章引军渡汶水将攻郓州，李嗣源遣李从珂率骑兵迎战，败其前锋于递坊镇（今东平境），获将士300，斩首200级。王彦章退保中都（今山东汶上）。

庄宗向康延孝询问有关后梁的情况，康延孝详细地讲述了当时梁的一些内部情况，并建议唐庄宗李存勖由郓州直趋大梁。李存勖听了十分高兴。

九月，后唐庄宗李存勖驻军朝城。后梁大将段凝率军进到临河（今河北临泽县西）之南、澶州之西（今河南濮阳县西）、相州（今河南安阳）之南，几乎每天都要来侵扰。自德胜失利以来，后唐军损失粮草数百万。

租庸副使孔谦残酷搜刮民财，来供军用，老百姓大多流亡在外，赋税更少了，库存的粮食不够半年食用。泽州、潞州叛变，卢文进、王郁又勾结契丹军多次到瀛州、涿州以南掠夺，据说等到青草枯死、河水结冰的时候，他们还要到内地进行掠夺。又听说后梁要出动几路大军发起进攻。庄宗非常担忧，召集诸将领商议。宣徽使李绍宏等人认为："郓州城门以外，都是敌占区，孤立无援，很难保住，有这个地方还不如没有这个地方好，请拿它与梁国的卫州（今河南汲县）、黎阳（今河南浚县东）交换，与梁讲和，以黄河为界，借以休整军队，使老百姓也得到休息，等到财力稍微恢复之后，再考虑以后的行动。"庄宗很不高兴，说："这样，我死后就没有葬身的地方了。"于是，他单独召见郭崇韬，征询他的意见。郭崇韬回答说："陛下您不梳头，不洗澡，不脱铠甲，转战十五年多了，目的在于为国家报仇雪耻。现在已正式称帝，黄河以北的官员和老百姓天天都盼望天下太平，现在才仅仅得到郓州这么个小地方，不能守住反而丢掉它，怎么能够统一中原呢？我担心官兵离心离德，将来粮食吃光了，部队溃散了，即使划定以黄河为界，谁来为您守卫呢？我曾经详细地询问了康延孝关于黄河以南后梁境内的情况，对于敌我情况，日夜思考，感到成败的时机，决定在今年。梁国现在把所有精锐部队都交给段凝指挥，占据我们的南方边境，又扒开黄河引水加强防卫，以为我军不能突然渡过黄河去进攻，依仗有利地势不再加以防备。派大将王彦章侵逼郓州，其意图是指望我方有奸人发生动摇，内部发生叛变。段凝根本不是将才，不能随机应变决定策略，没有什么可怕。投降的人都说梁国都大梁没有多少军队防守，陛下如果留下部分兵力守卫魏州，保住杨刘，亲自率领精锐与郓州守军合兵一处，长驱直入，向大梁进攻，它城中空虚，必然听到风声自己就会崩溃。假若梁国皇帝被杀，那么他的将领们自然会投降了。不然，今年秋天收成不好，军粮快要吃完了，如果不靠您下定决心，宏大的事业怎么能成就呢！谚语说'当道筑室，三年不成'。帝王顺应时运，必然得到天助，请您不要犹豫了。"庄宗说："这正符合我的想法。大丈夫成功就当皇帝，失败了就做囚徒，我的决心下定了。"

后唐庄宗李存勖既决定袭梁，就于九月二十七日，命将士们都将其家属自朝城送回兴唐（魏州，今河北大名）。他在将皇后刘氏、皇子继发送回兴唐时对他们说："事之成败，在此一举，我如果不成功，就把我的家人聚于魏宫而焚之。"

十月初一日，后唐庄宗李存勖命宰相豆卢革、宣徽使李绍宏同守魏州，他亲自率军渡河袭梁。二日，自杨刘渡河；三日，至郓州，以李嗣源为先锋，中夜渡汶河。途中遇梁军王彦章部，一战败之，追至中都而围其城。城中无守备，梁军突围而出为唐军所破，王彦章率数十骑逃走，被后唐龙武大将军李绍奇俘获。唐主爱王彦章之才，劝其降服，不从，后杀于途中。

十月初五日，后唐庄宗李存勖从中都出发，初七日至曹州（今山东菏泽），梁守将迎降。唐军长驱至大梁，梁末帝惊恐万状，聚族痛哭。召群臣问计，群臣皆莫能对，议论纷纷，莫衷一是。

大梁城中，时尚有控鹤军数千，其首领欲率之出战，梁末帝不从，而命开封尹王瓒驱市人乘城为守。梁末帝又怀疑他的兄弟们将乘危谋乱，于是尽杀之，然后登楼面择亲信。此时，梁室官员大臣见大势已去，多怀异志，连内寝之传国玺也为左右窃去以迎唐军。梁末帝朱友贞见事已至此，乃于八日与其控鹤军指挥使皇甫麟自杀于建国楼。九日，李嗣源率唐军进入大梁，十二日，段凝率其部众5万至封丘，解甲请降，后梁遂亡。

## 【毛泽东评说】

康延孝之谋，李存勖之断，郭崇韬之助，此三人者，可谓识时务之俊杰。

——《读〈通鉴记事本末〉批语》，《毛泽东读文史古籍批语集》，第308页，中央文献出版社1993年版。

已成摧枯之势，犹献退兵之谋，世局往往有如此者。此时审机独断，往往成功。

——《读〈通鉴记事本末〉批语》，《毛泽东读文史古籍批语集》，第309页，中央文献出版社1993年版。

仍康延孝之意。

——《读〈通鉴记事本末〉批语》，《毛泽东读文史古籍批语集》，第309页，中央文献出版社1993年版。

生子当如李亚子。

——《读〈通鉴记事本末〉批语》,《毛泽东读文史古籍批语集》,第 310 页, 中央文献出版社 1993 年版。

## 【评析】

后唐与后梁为了争当时中国的统治权, 自公元 908 年后唐庄宗李存勖即晋王位时起, 先后进行了 17 年的战争。两军的郓州争夺战是一次大决战。当时的形势是, 923 年, 后唐庄宗李存勖派李嗣源袭破郓州(今山东东平), 后梁末帝大惊, 罢免戴思远, 任命王彦章为大将, 段凝为监军, 想夺回郓州。王彦章攻破德胜南城, 声势大振。李存勖放弃德胜北城, 自率大军坚守军事要塞杨刘城, 与后梁 10 万大军日夜苦战。王彦章退保杨村, 后唐军也回据德胜。这时, 梁国专权者赵俨、张汉伦等唯恐玉彦章得胜, 任命同党段凝为大将, 召回王彦章。段凝智勇俱无, 也无战功, 全凭贿赂权贵当上了大将军。段凝走马上任后, 就从滑州酸枣县(今河南延津)决开黄河大堤, 以淹曹、濮、郓等州, 妄图阻止东面唐军的活动, 自率大军抵御澶州唐军主力。梁末帝又派王彦章领 1 万人去攻郓州。在这种情势下, 后唐庄宗李存勖听取了降将康延孝的分析, 采纳郭崇韬的计谋, 留部分兵力坚守杨刘, 自率轻骑从郓州袭击大梁(今河南开封)。李存勖率精兵从郓州出发, 以李嗣源为先锋, 路上擒获王彦章; 经过曹州, 直趋兵力空虚的大梁。李嗣源、李存勖先后进入大梁城, 梁末帝自杀, 后梁群臣降唐, 段凝率全军投降, 后梁遂亡。这次决战前后只用 5 天时间, 李存勖大获全胜, 这也是中国战争史上一个极其成功的先例。

这次大决战, 李存勖为什么能夺得胜利呢? 毛泽东以为关键在于:"康延孝之谋, 李存勖之断, 郭崇韬之助。"这是毛泽东读到康延孝向李存勖分析后梁情况后写下的一段批语。康延孝何许人也? 康延孝原是后梁人, 梁末任右先锋指挥使。后见梁末帝任用群小, 知其必亡。于是率万余骑投降后唐, 向李存勖介绍了后梁的情况, 陈述灭梁之见。康延孝首先分析了后梁国内君臣、文武之间的矛盾。末帝暗弱, 不能主持朝政, 赵、张兄弟专权, 卖官鬻爵, 贿赂公行, 人心怀愤。文官掌权, 近臣任政,武将得不到信任、升迁，动辄受到牵制，削弱了后梁军队的战斗力，用智勇全无、根本不是将才的段凝位在大将王彦章、霍彦威之上就是明证。其次，分析了后梁虽然地盘大，军队数量也多，但其策略错误：分数路兵齐出围攻后唐，优势变成了劣势。最后，基于上面的分析，康延孝提出李存勖率精兵奇袭大梁、攻灭后梁的作战方针。这就是被毛泽东称誉的"康延孝之谋"。

郭崇韬又是一位什么样的人物呢？郭崇韬，字安时，五代时代州雁门（今山西代县）人。初隶李克修部，后属李存勖，任中门使。李存勖称帝，升枢密使，策划攻灭后梁之谋。郭崇韬至汴，权行中书事，兼镇冀州节度使。后随魏王灭唐后，多有功劳。可见他也是一位见多识广、富有韬略的谋略家。在后唐灭梁的策划当中，当李存勖听了康延孝的谋划，又去征求其他将领的意见时，听到的却是一片罢兵休战、易地讲和、以黄河为界的声音。李存勖很不高兴。于是，单独召见郭崇韬问计，这时郭崇韬的意见就举足轻重。如果郭崇韬是个庸碌之辈，附和将军们的退兵之谋，李存勖就会前功尽弃；而郭崇韬是位睿智之士，他从李存勖征战十五年的经历，讲到其统一中原的最终目的，接着又重申了康延孝的谋划，使李存勖感到亲切入耳，于是下定决心灭唐。所以，郭崇韬所说的虽然"仍康延孝之意"，而没有什么新意，其作用是不可低估的。所以毛泽东称之为"郭崇韬之助"。

在后唐群臣中，一方面是康延孝、郭崇韬积极谋划灭梁之策，另一方面是其他将领"献退兵之谋"，何去何从，就要看作为君王的李存勖的决断了。李存勖（885—926），小名亚子，即后唐庄宗。五代唐王朝的建立者。923—926年在位。沙陀族人，李克用之子。他文武双全，是个有杀伐决断的人物。初嗣位为晋王，据有太原，与后梁连年混战，互有胜负。在这次要不要与后梁进行决战的关键时刻，他摒弃了其他将军的退兵之谋，采纳了康延孝、郭崇韬提出的灭梁策略，当机独断，获得了成功。在读到其他将领向李存勖献退兵之策时，毛泽东批注道："已成摧枯之势，犹献退兵之策，世局往往有如此者。此时审机独断，往往成功。"这不仅是对李存勖的赞誉，也是对事物客观规律的概括，具有深远的教育意义。

总之，这次梁唐郓州决战，后唐之所以取胜，关键在于康延孝、郭崇韬、李存勖三个人，凭这三个人的聪明才智夺取了胜利，所以毛泽东热情赞扬："此三人者，皆识时务之俊杰。"换句话说，这三个人，都是认清形势，把握历史潮流，因势利导，夺取胜利的英雄人物。这是很高的评价。

当然，这三个人物中，关键的是李存勖。应该说，李存勖是其中的一位更为杰出的英雄人物。所以，在李存勖下定灭梁的决心，让官兵把家属送往后方（兴唐），同时也把自己的皇后刘氏及儿子廷发送回兴唐，在与他们分别时说："事之成败，在此一举。若其不济，当聚吾家于魏宫而焚之。"毛泽东读到这里，充满感情地批注道："生子当如李亚子。"李亚子，就是李存勖，亚子是他的小名。这句话是借用后梁的建立者朱温的，朱温是一个"处四战之地与曹操略同，而狡猾过之"（毛泽东读《旧五代史·梁书·太祖本纪》批语）的杰出军事家。朱温作为李存勖的对手，对李存勖的军事才能也颇为赞叹："生子当如李亚子，克用为不亡矣。至如吾儿，豚犬耳！"毛泽东的批语直接引用了朱温的话，而朱温的话当源于三国曹操的话。当时曹操与孙权对垒作战，见到吴军阵容整齐，孙权仪表堂堂，威风凛凛，不禁脱口说了句："生子当如孙仲谋（孙权字仲谋），刘景升之子若豚犬尔。"朱温与李存勖作战连吃败仗，自然想到了曹操当年说过的这句话，又想到自己几个不成器的儿子。所以，这是对李存勖的很高评价。

也有人认为，李存勖奇袭大梁，灭掉后梁，是一种孤注一掷的冒险行动，纯粹是一种侥幸。但是，作为一位最高军事统帅，他的难能可贵之处，就在于能在决定生死存亡的关键时刻，审时度势，当机立断，夺取最后的胜利。毛泽东一贯主张要多谋善断。据薄一波回忆，毛泽东在让大家读《郭嘉传》时说："多谋善断这句话，重在'谋'字上。要多谋，少谋是不行的。要与各方面去商量，反对少谋武断。商量又少，又武断，那事情就办不好。谋是基础，只有多谋，才能善断。谋的目的就是为了断。"他还说："要多谋善断，不要优柔寡断。应当根据形势的变化来改变计划。"当时，李存勖听取了降将康延孝的谋略，又与其他将领商议，又听取老将郭崇韬的意见，权衡利弊，当机立断，尽管当时战局十分严峻，泽、潞二州失守，老巢晋阳告急，他抓住后梁都城大梁城防空虚的弱点，毅然作出轻骑长途奔袭大梁的决策，夺得了最后胜利。如果没有卓越的军事才能和胆略，是不敢作出这样的决策的。这一战例，成为我国古代军事史上的宝贵财富，李存勖也因此被称为杰出的军事家。

# 孟知祥智胜董璋

五代时后唐长兴三年（932年）四月，东川节度使董璋会诸将策划袭击西川节度使孟知祥之成都（今四川成都）。大家都说一定会成功，唯有前任陵州刺史王晖说："剑南（今成都平原以北、以西和雅砻江以东地区）地区宽广万里，成都府是最大的地区，现在正是炎热的夏天，我们出兵又没有正当理由，肯定不会成功。"孟知祥得知董璋来攻的消息，派马军都指挥使潘仁嗣率兵3000人前往汉州（今四川广汉）侦察。

董璋率兵进入汉州境内，一举攻占了白杨林镇，俘虏了守将武弘礼，声势强大。孟知祥十分忧虑。他的副手赵季良却说："董璋这个人打仗很勇敢，但对部下没有恩德，士兵都和他不一条心，他据城坚守就难以攻克，在野外作战就成了俘虏。现在他既然不据守城池，对您就非常有利了。董璋作战是把精锐部队作为先锋，您应该用战斗力弱的部队去引诱他，用战斗力强的部队等待攻打他的时机，初战可能有小的挫败，最后必能取得大的胜利。董璋向来威名在外，现在他率领部队突然打过来，人人都感到危险和恐惧。您应当亲自率领部队抵抗他，稳定军心。"另一位部将赵廷隐认为赵季良的话很有道理，说："董璋轻躁而无谋略，带兵打仗必然失败，我们理当替您捉住他。"四月二十九日，孟知祥任命赵廷隐为行营马步军都部署，率军3万迎战董璋。

五月一日，董璋率军进入汉州境。是日晨，赵廷隐前来向孟知祥辞行，董璋的战书恰巧送来。另外还有董璋写给赵季良、赵廷隐和李肇的书信。信中宣称赵季良、赵廷隐与自己合谋，叫他来攻打西川。孟知祥把信交给赵廷隐，赵廷隐看都不看，扔到地上，说："不过用离间计而已，想让您杀掉赵季良和我罢了。"他拜了两拜就出发了。孟知祥说："事情一定成功。"李肇不识字，看了看地上的信，说："董璋想教唆我叛变您。"孟知祥虽然把董璋信使囚禁起来，但还是集结部队做保全自己的打算。

董璋的部队到了汉州，潘仁嗣率兵在赤水迎击，被打得大败，他自己也被董璋活捉，董璋于是攻占了汉州。

五月二日，孟知祥留下赵季良、高敬柔守卫成都，自率兵8000前往汉州，到达弥牟镇（在今四川新都县境），赵廷隐的部队已在镇北布阵。五月二日黎明，赵廷隐的部队移驻鸡踪桥，义胜定远都知兵马使张公锋率部在其后扎营。四日，董璋望见西川军众多，就率军撤退到武侯庙附近列阵。董璋帐下一些骁勇的士兵大声叫嚷说："现在烈日当空，让我们晒太阳干什么！"董璋于是上马出战。先头部队刚打响战斗，东川右厢马步都指挥使张守进就投降了孟知祥，并对孟知祥说："董璋的军队全都在这里，没有什么后续部队，应当赶快去攻击他。"孟知祥来到一个高坟上督战，左明义指挥使毛重威、左冲山指挥使李塘共同把守鸡踪桥，都被东川兵杀死。赵廷隐的部队发起三次冲锋，也都受阻。牙内都指挥副使侯弘实的部队也被击退，孟知祥就用马鞭指挥后面的预备部队迅速出击。张公锋率领部队大声呼喊着冲上前去，东川兵大败，被杀死的有好几千人，活捉了东川中都指挥使元瓌、牙内副指挥使董光演等80多人。董璋捶胸长叹道："我的卫队都完了，我还依靠什么呢？"于是在十几个骑兵的保护下夺路而逃，剩下的7000多人都投降了，西川兵也救出了潘仁嗣。孟知祥率领部队追击董璋，一直追到五侯津（在汉州西南），东川马步都指挥使元瑰也投降了。西川士兵攻入汉州府官署。没有找到董璋，士兵们只顾争抢军用物资，董璋乘机逃脱没有被捉。赵廷隐率领部队追击到赤北（在汉州东南），又收降东川士兵三千人。董璋逃回梓州。不久，东川兵杀死董璋，归降西川，孟知祥遂有两川之地。

**【毛泽东评说】**

有强大的战略预备队。

——《读〈通鉴纪事本末〉批语》，《毛泽东读文史古籍批语集》，第311页，中央文献出版社1993年版。

攻者败，守者胜，攻者愚，守者智。

——《读〈旧五代史·唐书·董璋传〉批语》，《毛泽东读文史古籍批语集》，第261页，中央文献出版社1993年版。

## 【评析】

《孟知祥智胜董璋》是根据袁枢撰《通鉴纪事本末》卷二百三十三《孟知祥据蜀》的记载编写的。毛泽东批注的本子，是清光绪戊戌年湖南思贤书局校刊本。

四川原是前蜀王建的地盘，公元925年，后唐庄宗李存勖率郭崇韬入川，攻灭王建的前蜀政权。郭崇韬被杀以后，后唐军退出了四川，交由两支地方势力分治，董璋任东川节度使，孟知祥任西川节度使，两人关系时好时坏。为了对抗中央政权，两人还结为儿女亲家，二人联手击退了石敬瑭率领的讨伐军。这时，孟知祥因为在洛阳的亲属未受杀害，主张与中央政府讲和，而董璋因为在洛阳的亲属被杀害，坚决不允，于是出兵攻打孟知祥。孟知祥虽处于守势，但采取了正确的战略和策略，最后夺得了胜利。董璋逃回后，被部下杀死，于是整个四川都落入孟知祥之手。他与中央政权讲和，被封为蜀王。孟知祥于后唐闵帝李从厚应顺元年（934年）称帝，国号蜀，史称后蜀。

在孟、董之间的这次战争中，孟知祥之所以能战胜董璋，主要有以下原因：

第一，知己知彼。孟知祥摸透了董璋的特点，做到心中有数。董璋率领部队气势汹汹攻入孟知祥辖境，孟知祥很是担忧。但他的副手赵季良对董璋却了如指掌，他对董璋的评价是："为人勇而无恩，士卒不附，城守则难克，野战则成擒矣。"这几句话不多，但却抓住了董璋的要害：一是勇而无谋，二是将士离心，三是善城守而不善野战。后来战事的发展完全证明了这个分析的正确。战斗刚打响，董璋的右厢骑兵步兵总指挥张守进便投降了孟知祥，并向孟报告了董璋没有预备队的情况。后来他的马步都指挥使元瑰也投降了。董璋败逃回家竟被其部下杀死。这些都说明了他对部下苛刻，士卒和他离心。所以，孟知祥听取了赵季良的介绍，应该说对董璋已经非常了解，对于如何制胜他做到心中有数。孙子说："知己知彼，百战不殆。"这是孟知祥取胜的原因之一。

第二，战略战术运用得当。孟知祥战略战术是建立在对董璋作战特点的分析上。赵季良向孟知祥分析说，董璋作战有两个特点：一是善城守而不善野战，二是用兵精锐皆在前锋。据此，赵季良提出，应该用老弱残兵引诱他，而用精锐部队待机反击。董璋离开粮据地攻击孟知祥，善守的优势已经化为乌有，不善野战的弱点充分暴露出来。在作战时，他的用兵特点也被对方摸透，孟知祥把赵廷隐的部队部署在鸡踪桥，而把张公锋率领的强大预备队部署在赵廷隐部队的后面。两军交战，董璋亲率精锐部队发起冲锋，果然势如破竹，守卫鸡踪桥两个西川将领被杀，赵廷隐的部队三战受挫，大营副指挥使侯弘实也被打退，甚至连孟知祥也害怕起来。这是孟知祥以弱对强的结果。接着，孟知祥马鞭一挥，张公锋率领的强大预备队冲了上去，东川兵大败，死亡数千人，主要将领元瑰、董光演等80多人被俘。董璋见大势已去，只带了十几名骑兵逃跑了。赵季良说："璋用兵，精锐皆在前锋，公宜以羸兵诱之，以劲兵待之，始虽小衄，后必大捷。"毛泽东在这几句话旁边批注道："有强大的战略预备队。"董璋的失败在于全部兵力一拥而上，根本没有后续部队；孟知祥的胜利在于他有强大的预备队。这次战争的胜负关键，就在于有没有强大的战略预备队上。有无强大的战略预备队，是军事家战略战术运用是否正确的重要一环，是夺取战争胜利的重要因素之一。

第三，正确处理攻与守的问题。毛泽东认为，在这次战斗中，董璋因愚蠢而失败，孟知祥则以多谋善断而取胜。就整个战斗来说，董璋是攻，但攻中有守；而孟知祥是守，守中有攻。攻、守双方原本并无愚、智可分，但在这场战争中，作为攻方的董璋却因自己的愚蠢而失败，而作为守方的孟知祥却因自己的智谋而取胜，所以，毛泽东读《旧五代史·董璋传》中对这次战斗的描写时又批道："攻者败，守者胜，攻者愚，守者智。"

总之，孟知祥战胜董璋不是偶然的，不是一种侥幸，而是多种因素促成的，是战争发展的必然结果，此中给后人留下了宝贵的经验教训。

# 北宋契丹之战

【战例】

宋太平兴国四年（979年）正月，宋太宗赵炅命宣徽南院使潘美为北路都招讨制置使，分别任命河阳节度使崔彦进、彰德节度使李汉琼、彰信节度使刘遇、桂州观察使曹翰为副将，四面进攻讨伐契丹。侍卫马军都虞侯米信、步军都虞侯田重进并为行营指挥使，率领他们管辖的部队随从征讨，西上阁门使郭守文、顺州团练使梁迥监护。后又命云州观察使郭进为太原石岭关都部署，以断燕蓟援军。宋太宗设宴于长春殿为潘美等将领送行，赐以裘衣、金带、鞍马。

三月十六日，郭进大破契丹于太原石岭关关南。

六月十三日，宋太宗自镇州（今河北正定）亲率大军征伐契丹。二十三日，宋太宗率大军进至幽州（今北京市西南）城南，暂住宝光寺。契丹的军队屯驻城北，太宗即以先至之军攻之，后军继至，遂大破契丹军，任命潘美为幽州知府，管理幽州府事务。契丹铁林厢主李札卢存率领部下投降。在与契丹军的作战中，宋太宗移驻城北，督促诸将向契丹军进攻。七月，契丹建雄节度使、顺州知州刘延素前来投降，继有蓟州知州刘守恩归降。后，太宗督促各路兵马与契丹军在高梁河大战，宋军溃败……

宋太平兴国五年（980年）三月，代州的官员报告说：宣徽南院使潘美在雁门关打败契丹的军队，杀死契丹驸马侍中萧咄李，俘虏契丹都指挥使李重海。

十一月，宋太宗亲自统率大军攻契丹。各路兵马与契丹军队在莫州（今河北任丘）大战，宋军溃败。

宋太宗雍熙三年（986年）正月，雄州知州贺令图等上奏，请讨伐契丹，收复燕蓟失地。诏命天平军节度使曹彬为幽州道行营前军马步水陆都部署，河阳三城节度使崔彦进作为他的副将；侍卫马军都指挥使、彰化军节度使米信为西北道都部署，沙州观察使杜彦圭作为他的副将，率领其所部从雄州出兵；侍卫步军都指挥使、靖难军节度使田重进为定州路都部署，从飞狐（今河北涞源县）出兵。二月，又以检校太师、忠武军节度使潘美为云、应、朔等州都部署，云州观察使杨业作为他的副将，从雁门出兵。三月，曹彬率军与契丹军在固安（今河北固安）交战，夺取了固安县城。田重进率兵在飞狐与契丹军交战，又打败契丹军。潘美从西陉关（今山西代县西北，即雁门关西口）出兵，与契丹军队遭遇，追赶到寰州（今山西朔县东北马邑），打败了他们，契丹寰州刺史赵彦辛举城投降。曹彬攻克涿州（今河北涿县），潘美率军围攻朔州，契丹节度副使赵希赞举城投降。田重进率军与契丹军在飞狐城北交战，俘虏契丹西南面招安使大鹏翼、康州刺史马頵、马军指挥使何万通。曹彬涿州城南打败契丹军队，杀契丹丞相贺斯。潘美的军队到达应州（今山西应县东），契丹节度副使艾正、观察判官宋雄举城投降。田重进攻打飞狐城，契丹守将吕行德、张继从、刘知进等率领全城投降，以飞狐县为飞狐军。田重进转兵攻灵丘（今山西灵丘），契丹守将穆超率众投降。

四月，潘美率军攻占云州（今山西大同）。田重进在飞狐城北与契丹军交战，打败了契丹的军队。曹彬、米信等率部在新城（今山西闻喜县东）东北与契丹交战，又取得了胜利。田重进在飞狐城北与契丹再次交战，也传捷音，挥军大进，兵逼蔚州（今河北蔚县）。

五月，曹彬率领的军队在岐沟关（今河北涿县西南）被契丹军打败，幽州知州刘保勋战死，撤退到易州（今北易县）屯驻。太宗命令曹彬、崔彦进、米信回京，田重进驻防定州（今河北定县），潘美回军代州（今山西代县），迁云、应、寰、朔州官吏和百姓内徙，恰逢契丹10万大军又攻陷寰州，杨业护送百姓与契丹大军遭遇，苦战力尽不幸被俘，保守气节不屈而死。

八月，太宗下令潘美降职为检校太保，封赠杨业为太尉、大同军节度使。

十二月，定州田重进率军进入契丹辖境，攻占岐沟关。契丹军也在君子馆打败刘廷让的军队，虏其先锋将贺令图，高阳关部署杨重见以身殉国。

## 【毛泽东评说】

此人不知兵，非契丹敌手。

尔后屡败，契丹均以诱敌深入、聚而歼之办法，宋人终不省。契丹善用诱敌深入战，让敌人多占地方，然后待机灭敌。

杨业战死。

雍熙三年败于契丹。

——《毛泽东读文史古籍批语集》，《读〈宋史·太宗本纪〉批语》，第278—280页，中央文献出版社1993年版。

## 【评析】

《北宋与契丹之战》是根据元脱脱等著《宋史·太祖本纪》第四、第五和《太宗末纪》第一、第二的有关记载编写的。

北宋契丹之战旷日持久，历宋太祖、太宗二朝。宋太祖赵匡胤陈桥兵变，黄袍加身，建立了北宋王朝，为了结束五代十国的分裂局面，赵匡胤制定了"先南后北"的统一战争方略。按照这个方略，宋太祖先后平荆湖，灭后蜀、南汉、南唐，迫使吴越入朝，统一了南方。接着又挥师北向，攻灭依附于契丹（辽）的北汉政权。

宋太宗赵炅，在北宋的皇帝中，也是一位比较有作为的皇帝。他继位后，把宋太祖统一中国的未竟事业继续进行下去。从此开始了长达25年的宋与契丹之战。其中有两次大战，北宋王朝都是在太宗御驾亲征情况下，长驱直入，先胜后败的。

第一次战争发生在太平兴国四年（979年）。宋太宗亲统大军讨伐契丹，战争的焦点是争夺幽燕十六州的控制权。后晋石敬瑭求援于契丹，自称儿皇帝，割让幽燕十六州。夺取幽燕十六州，是宋太祖、太宗的夙愿。在平灭北汉的战争中，契丹援救北汉的军队被宋军击败，使宋太宗感到从契丹手中夺取幽州的时机已经成熟。所以，太平兴国四年五月攻灭北汉政权后，宋太宗就决定从太原直接向幽州进军。

《宋史·太宗本纪》记载：六月宋太宗从太原率军出发，乘胜北伐契丹，宋兵到易州、涿州、蓟州等地，契丹的汉人守将开城投降，在围攻蓟州城的过程中，契丹的铁林厢主李札卢存率部投降，幽州神武厅直属的士兵和乡兵400余人也来归降，范阳民众还以牛酒犒师。但蓟州是契丹的南京（今北京西），又是军事重镇，契丹防守相当严密，宋太宗率兵围攻多日，不能攻下。将士久战疲惫，士气更加低落。这时，契丹大将耶律休哥引大军来援，与宋军大战于高梁河，宋军大败，太宗率兵南走，耶律休哥追到涿州，太宗乘驴车仓皇而逃。在"帝督诸军与契丹大战于高梁河，败绩。甲午，班师"这一段文字的天头上，毛泽东批道："此人不知兵，非契丹敌手。"又批道："尔后屡败，契丹均以诱敌深入、聚而歼之的办法，宋人终不省。"

宋兵从年初攻北汉，到五月平定北汉，战争已进行了好几个月，官兵已经疲惫不堪，亟待休整。官兵都不愿在战功未赏和没有得到休息的情况下再度出征，普遍存在一种厌战情绪。宋太宗只听取个别将领认为应乘灭北汉的破竹之势直攻幽州的意见，挥师北攻契丹。时值酷暑难耐的六月盛夏，太宗亲率疲惫之师，再与契丹养精蓄锐之师作战，此是宋太宗"不知兵"的表现之一。

宋军从新占领的原北汉太原地区直接进入契丹长期控制的幽燕地区，长驱直入，沿途几乎没有遭到契丹的什么抵抗，多有招降。宋太宗几乎没有费什么气力就于六月二十三日凌晨率军直至幽州城南。契丹是军事强国，幽州是它的南京，又是战略要地，契丹理应确保而且有实力能够守卫，这是明眼人一看便知的。这种反常现象，只有一种解释，就是契丹在使用"诱敌深入"之计，而宋太宗却不谙此道，犯了孤军深入的错误，此其"不知兵"的表现之二。

从六月二十五日起，宋太宗亲自督率宋兵猛攻幽州，连攻11天也未能攻陷。这就把宋大军牢牢吸引在幽州的周围，不仅为契丹援军的到来争取了时间，而且援军一到便造成了对宋军内外夹击的态势。而宋太宗却不懂围城必须打援，对契丹援军的到来没有准备，所以，七月初六日，契丹大将耶律休哥率领的援军抵达幽州，同宋军在城西的高粱河展开大战，宋军惨败。此其"不知兵"的表现之三。

总之，以一支疲惫之师孤军深入作战，劳师坚城之下，又不懂围城打援的道理，以致陷于腹背受敌的包围之中，导致大败。这是宋太宗不了解敌情，指挥失当，误中契丹诱敌深入之计的必然结果。所以，毛泽东说宋太宗"不知兵，非契丹敌手"。

从契丹方面来讲，之所以能够取胜，主要是因为"诱敌深入，聚而歼之"的战略战术运用得当。

此后，宋军又与契丹多次大战，均无功而返，惨遭败绩。例如太平兴国五年（980年）十一月，宋太宗再次亲征，讨伐契丹，也是在关南、大名连连取胜，而在莫州大战却遭惨败。其原因，正如毛泽东在批语中所说："尔后屡败，契丹均以诱敌深入、聚而歼之的办法，宋人终不省。"

北宋王朝的当权者，主要是宋太宗在第一次兵败之后，没弄明白他们败在何处，因而未能认真吸取失败的教训。所以，便导致了第二次战争的惨败。

这次战争发生在太平兴国七年（982年）。当时，辽景宗病死，十二岁的幼子立为皇帝，权力落在其母萧太后及宠臣韩德让手中。宋朝一位边将向朝廷报告了辽国政局变化的情况。宋太宗觉得这是攻取幽州的难得时机，就决定再次进兵幽州地区。

雍熙三年（986年）正月，宋太宗以曹彬、田重进、潘美为三个方面军的主帅，兵分三路进攻契丹。曹彬、米信等人率领的东路军，号称十万，是本次作战的主力，从雄州出发，主攻幽州。田重进率军由定州向飞狐关（今河北涞源北）挺进。潘美、杨业西出雁门关。宋太宗的如意算盘是：曹彬率领的东路军先虚张声势，缓慢向幽州进发，吸引契丹军的注意力；潘美和杨业趁契丹把注意力集中到幽州而无暇西顾之机，攻取云（今山西大同）、朔（今山西朔县）、应（今山西应县）等州。然后，同田重进合兵东下，与曹彬所率部队对幽州展开钳形攻势，以攻取幽州。

战争从三月开始，三路宋军齐向契丹进击。曹彬率领的东路军，先攻取固安、新城二县，接着又攻陷涿州，并在新城东北再败契丹军。田重进率领的中路军，先后在飞狐关南北两败契丹军，占领了飞狐和蔚州。潘美、杨业率领的西路军也攻克了云州。形势看来似乎对宋军有利，但实际上潜伏着危机，原因是宋军孤军深入，粮草不继。曹彬率领的主力军攻打幽州，遇到顽强抵抗，迫使曹彬退师雄州，以补充给养。宋太宗却严令曹彬进军，曹彬只得携带粮草向涿州进发，沿途遭到契丹伏兵和轻骑兵的袭击，边战边走。这时，契丹主与萧太后率领的大量援军已逼近涿州。曹彬又引军撤退，在涿州南的岐沟关被契丹耶律休哥所率军队大败。宋军溃败南逃，在渡拒马河时淹死很多。曹彬一直退到易州（今河北易县），正在沙河边准备埋锅造饭，听说契丹追兵又到，便立即溃逃，互相践踏，死者甚众，尸体使沙河为之断流。

因为曹彬所率的宋军主力部队遭到惨败，其他两路宋军也被迫后撤，宋太宗这次讨伐契丹之战，又以宋军的惨败而告终。

毛泽东在这段记载的天头上批注道："契丹善用诱敌深入战，让敌人多占地方，然后待机灭敌。"并批注说第二次是"雍熙三年败于契丹"。

毛泽东在批注中，两次称赞契丹善于用"诱敌深入，聚而歼之"的战术，批评宋太宗"不知兵""终不省"，不是契丹的敌手。在《本纪》末脱脱对宋太宗的评语中，毛泽东批道："但无能。"再次指出宋太祖的"幽州之败"。实际情况也是这样，宋太宗两次亲伐契丹之败，都败在契丹的"诱敌深入"的战术运用之得当，证明了宋太宗确实"不知兵"，在军事上的确"无能"。

毛泽东的这两条批语，是侧重从军事角度来评价宋与契丹之战的。在评价宋与契丹之间发生的这两次大战中，毛泽东两次作了近乎相同的批语，可见毛泽东对契丹"诱敌深入，聚而歼之"战略战术的高度重视和评价。

毛泽东对契丹"诱敌深入，聚而歼之"战略战术之所以作出如此高度的评价，是因为毛泽东把它作为克敌制胜的基本的战略战术原则。这一战略战术原则的创造性运用，使毛泽东领导中国革命取得了一系列重大的胜利。

　　1965年8月11日，罗瑞卿向毛泽东和中央常委汇报关于"诱敌深入"的作战方法问题时，毛泽东指出：就是要诱敌深入。我最近研究历史，古今中外，凡是诱敌深入的，就把敌人歼灭了，凡是开始打了胜仗，兴高采烈，深入敌境，就打败仗。宋朝第二个皇帝赵光义，经过苦战灭亡了北汉，占领了太原之后，接着就同辽国打仗，深入到现在的北京附近，被敌人一个反击，打得大败，皇帝几个月不知下落。以后赵宋政权同其他政权集团作战，就是把敌人挡住，不敢让敌人深入。刘邦也是几次轻敌冒进，被打得大败，差一点被敌人捉住。一次是孤军深入到平城，被匈奴单于包围七天，弹尽粮绝，后采陈平之计，才冲出来。一次是深入彭城，被项羽一个反击，几十万人被歼，刘邦只乘了一辆车和几十个人突围逃走，途中遇到自己的儿女，又因楚军追赶，几次把儿女推下车，夏侯婴几次把他们捡起来。不让敌人打些胜仗，尝到味道，它就不来了。这件事要经常研究才好。

　　从毛泽东的这些批语和谈话中，我们可以看到他对"诱敌深入，聚而歼之"的战略战术是何等的重视。

　　《宋史》卷五《太宗本纪》第二在写到杨业时说："会契丹十万众复陷寰州，杨业护送迁民遇之，苦战力尽，为所禽，守节而死。"毛泽东在杨业"守节而死"的天头上郑重地批注道："杨业战死。"

　　杨业原是北汉的名将，宋太宗太平兴国四年（979年）平定北汉时，归附北宋。杨业在北汉时名叫刘继业，宋太宗见他解甲投诚，即让他恢复杨姓，单名业，并让他继续领兵屯守边境。杨业入宋后，成为抵抗契丹的名将，太平兴国五年三月杨业出奇兵，以数百骑击溃契丹10万大军，契丹对他十分畏惧。杨业屡立战功，因而获得了"杨无敌"的称号。

　　在雍熙三年的宋与契丹之战中，因为曹彬所率领的东路主力军失败，潘美、杨业所率领的西路军也被迫后撤，并把云、应、朔、寰四州吏民迁到宋境。因为敌强我弱，杨业主张绕道而行，监军王侁、军器库使刘文裕等人却强命杨业直趋雁门。杨业明知必败，只得率军以死相拼，为了不使全军覆没，只要求潘美在陈家峪口接应。杨业率军同优势的契丹军队作战，且战且退，自中午直到天黑，终于战到陈家峪谷口，潘美等早已把宋兵开走了，致使杨业身陷绝境，力尽被擒，身边官兵几乎全部战死，其子杨延玉也战死沙场。杨业被俘后，不肯向契丹投降，绝食三天后，在被押往燕京的途中死去。

杨业死，北宋失去了一位智勇双全、深受部下爱戴而又威震契丹的名将，他宁死不屈的品德不仅受到宋太宗的褒奖，更为后人所敬仰，而潘美、王侁、刘文裕等嫉贤妒能之辈永远被钉在历史的耻辱柱上。

所以，当毛泽东看到描写杨业"苦战力尽，为所擒，守节而死"时，批注道："杨业战死。"当然，杨业不是死于沙场的搏斗之中，而是死在被俘之后的心理战中。被俘后的杨业有两条路可走：一条路是屈膝投降，甘为敌人的鹰犬，那将沦为千古罪人；另一条路是宁肯被杀死，饿死，也绝不投降，坚持民族大义，保持压倒一切敌人而决不被敌人所屈服的战斗精神和民族气节，用生命与契丹人作了殊死的斗争。因而，杨业虽然倒下了，但在人们眼中他仍然是一位不屈不挠的战将，是一位胜利的英雄。毛泽东认为"杨业战死"，只能这样来理解。"战死"二字，表现了毛泽东对这样的战将的喜爱、肯定和赞扬。这种评价，不仅代表了人民的心声，也是符合历史唯物主义的。

# 元安南占城之战

元朝至元十九年（1282年）六月，元世祖忽必烈下令出兵讨伐占城（古国名，在今越南中南部）。先前，元朝中央政府认为占城既然已经归附，派遣唆都到占城建立省府进行治理。占城王子补的依靠防守险固而不顺服，凡是元朝派去治理的使臣都被逮捕。元世祖发怒，决心进兵讨伐，调淮、浙、福建、湖广的军队5000人，海船100艘，战船2500艘，命令唆都率领出发了。

元世祖至元二十年（1283年）春季正月间，唆都攻打占城，打败了它，占领了占城都城。王子补的逃进山谷，后来派遣他的臣子宝脱秃花表面上请求归顺以款待中国军队，又暗中杀死所拘捕的元朝使臣皇甫杰等一百多人。时间长了，唆都等人才发现受骗，于是派兵攻打他，转战到木城下，路途险阻，障碍难行，不敢前进。占城兵从旁边截断元朝军队归路，元朝军队拼死作战才撤退出来。唆都等人商讨撤退。

至元二十一年（1284年）二月，元世祖又派阿塔海率领军队15000人，战船200艘，征讨占城。船只不够用，命令江西省建造补充。

是年七月，元世祖又令镇南王脱欢征讨占城，与左丞相李恒一起与唆都部会合后，齐头并进。十二月，脱欢率领的军队暂驻安南。安南王陈日烜说，安南到占城水运和陆路都不方便，派遣士兵在通往占城的各条路口的边境上守护。

至元二十二年（1285年）五月，脱欢率军攻打陈日烜，陈日烜被打败，逃走了，脱欢进入其都城，不久又撤回。陈日烜派兵追击，唆都、李恒战死。先前，脱欢屡次致信陈日烜要求借路，陈日烜就是不理睬，还加紧打造战船，作为迎击敌人的打算。脱欢乘这个机会绑筏为桥梁，渡过富良江北，与陈日烜大战，陈日烜兵败而逃，他的弟弟陈益稷率部来降。脱欢与将领们商议，交阯（今越南河内一带）人抵抗元朝军队，虽然几次战败溃散，然而增加的兵力越来越多，元军受伤害病，死伤很多，但占城却无法到达。于是考虑撤兵。脱欢在撤军时，遭交阯军队的追赶、袭击，李恒中毒箭，走到思明就死了。唆都率领的军队与脱欢相距二百多里，脱欢率领的部队撤回，唆都还不知道消息。他急速向脱欢的军营靠拢，交阯人在乾满江拦击，他拼死作战，壮烈殉职。

七月间，管理军事机密、边防等事务的枢密院向朝廷报告说："镇南王统率的征讨交阯的军队，久战力疲。请调蒙古兵一千人，新归降的汉军四千人，归镇南王脱欢指挥，去征讨安南。"元世祖同意了这个意见，又任命唐兀带为荆湖省左丞。唐兀带请求让征安南的军队撤回休息，世祖却诏命他要听从镇南王的安排。

二十三年（1286 年）正月，元世祖下令陈益稷亲自来朝归降，封其为安南国王，仍然命令镇南王脱欢、左丞相阿里海涯平定安南，把兵权交付给陈益稷。当时，湖南宣慰司上奏说："连年征讨日本，用兵占城，百姓疲惫，赋税徭役繁重，贫民卖子服徭役，一举一动，利益不一样。而且安南已经派遣使者递交降表，自称是被分封的藩国，答应它的请求，恢复民力，是上策。应该减轻百姓的赋税，积聚粮饷，修理兵器，等到明年天时有利时，再大举进攻为好。"这时，吏部尚书刘宣也上奏言此事，元世祖认为这些建议好，就下令撤军回国，使陈益稷住在鄂州（今湖北武汉市武昌）。

二十四年（1287 年）春正月，元世祖又下令脱欢督促右丞相程鹏飞、参知政事樊楫等率军攻伐安南。程鹏飞与樊楫等等分兵三路，水上和陆路齐头并进，共作战 17 次，都打了胜仗，深入到安南国内地。安南国王陈日烜放弃都城，逃亡海上。

二十五年（1288 年）二月，脱欢又派兵到去海上追击陈日烜，但却不知下落。右丞相阿八赤说："敌人放弃老巢远逃，意思是等待我军疲惫时乘机来攻。我军官兵都是北方人，春夏之交，瘴气和瘟疫将要发作，粮饷也快要用光了，不能在这里待得太久了。"这时，陈日烜又派遣使者，请求归降并款待中国军队，各位将领都相信了。时间很久了，陈日烜却不来投降，竟率兵占据海口。阿八赤挥军去攻，官兵多害瘟疫而不能前进，各个蛮族部落又举兵反叛，元军原来夺得的险关要塞尽皆失守，于是准备撤退。陈日烜聚集其溃士 30 万人守卫东关，阻断脱欢军的归路。元军各部且战且走，一天打几十场仗。敌人凭险偷偷发射毒矢，官兵包扎好剑伤，又继续作战，樊楫、阿八赤都战死了。先头部队的昔都儿奋勇杀敌，交阯军队稍退，脱欢才得以从小道撤回。陈日烜不久又派遣使者到元朝，献金人来赎自己的罪过。

元世祖因为脱欢没有建立功劳而回，命令他镇守扬州，终身不准他进京朝见皇帝。

二十八年（1291 年）冬十月，元世祖派遣礼部尚书张立道使安南，召安南国王进京朝拜。当初，脱欢等人回来后，皇帝对安南愤怒不止，想再次发兵讨伐它。恰遇上陈日烜死，他的儿子继承了王位。不忽木说："安南是个山海之间的小国，用帝王的威严降临到它身上，哪有不震惊害怕的？野兽困乏还咬人，形势迫使他那样做。现在如果派遣使者晓谕他，他应该没有不奉命的。"因为张立道曾经出使安南有功，于是就派遣他往安南召其国王晋京朝拜。

二十九年（1292 年）九月，元世祖又派吏部尚书梁曾、编修陈率出使安南，召它的国王晋京朝见。当时，因为张立道已经回国，安南国王陈日燇不来朝拜，所以特别又命令使者前去召他。

三十年（1293 年）八月，安南派遣使者到朝廷缴纳贡品，元世祖命令把安南使者安置在江陵（今湖北江陵），又议论要出兵去讨伐。当初，梁曾等到安南，其国都有三座城门，陈日燇想从旁门迎接皇帝诏书，梁曾写信责备他，往返三次，最后还是从中门过。并且委婉地劝告他晋京朝拜。陈日燇不答应，派遣他的臣子陶子奇同梁曾一同晋京，把贡品献给天子。梁曾与陈日燇辩论的事，令元世祖十分高兴，脱下龙袍赐给他。朝廷因为陈日燇始终不晋京朝见天子，于是将安南使臣陶子奇留在了江陵，命令刘国杰等人积极整顿兵马，积聚粮草，准备再伐安南。

十二月，平章政事亦黑迷失、史弼、高兴等，因为征讨安南无功而回，分别受到了朝廷的惩罚，并加以羞辱，还没收他们家产的三分之一。

三十一年（1294年）五月，从安南撤回军队，并释放安南使者归国。当时，因为元世祖驾崩，皇孙铁木耳继承皇位，所以才有了这样的命令。

## 【毛泽东评说】

所谓十七战皆捷，只是避其锐气耳。

——《读〈元史纪事本末〉批语》，《毛泽东读文史古籍批语集》，第 325 页，中央文献出版社 1993 年版。

## 【评析】

《元安南占城之战》是根据明代陈邦瞻撰《元史纪事本末》卷五编写的。

元世祖（1215—1294 年），名忽必烈，元代皇帝。1260—1294 年在位。至元十六年（1279 年），他率军攻灭南宋，统一全国。同时又对日本、占城、安南、朝鲜等国用兵，本文记载了元世祖忽必烈从至元十九年到至元三十一年（1282—1294 年），对元朝属国占城、安南（今越南北部、中南部）的征讨之战。12 年间，元世祖 6 次用兵征讨，3 次派使者出使，耗费巨大，伤亡惨重，效果不佳。战争起因很简单，占城已经归附，其王子补的不服，元朝廷派去的使臣往往被其拘禁。其实这只要派得力使者，多做说服工作，便可解决，不一定用兵征讨。结果，元世祖却派唆都率军征讨，一战而破其城，入其国，但王子逃入山中，后又明降暗抗，唆都吃了大亏。接着又增派河塔海、脱欢率兵征占城。这次又因安南与占城能谋，又以借道为名，想先灭掉安南，更犯了策略上的错误，吃了更大的亏。脱欢军虽然打败了安南国王陈日烜，但回来时却中了埋伏，结果唆都力战而死，左丞相李恒中毒箭死，士兵死伤惨重。之后，虽然扶植起来一个归顺的傀儡政权（陈日烜弟陈益稷），但安南王仍在，不能解决问题。至元二十四年（1287 年），他第四次派兵征安南，这次仍是脱欢挂帅，同时有右丞相程鹏飞、参知政事樊楫等率兵前往，"分兵三道，水陆并进，凡十七战皆捷，遂深入其境。安南王弃城走于海"。毛泽东独具慧眼，一下便看出史家的溢美之词，批注道："所谓十七战皆捷，只是避其锐气耳。"

　　为什么这么说呢？因为，首先，其对手安南王陈日烜是个很有谋略又颇会用兵的人。脱欢第一次率军征讨时，他先分道拒守，阻挡不住，遂弃都城逃走，却在元朝军队撤回时大胜之，说明他绝不是平庸之辈。对于这样有丰富经验的人，竟能十七战皆捷，是不可思议的。其次，后来战事的发展证明了陈日烜确是在避元朝军队的锐气的。这次脱欢等人率军征讨，三路大军，水陆并进，小小的安南当然阻挡不住，陈日烜弃城逃到海上。脱欢派兵到海上追击，又找不到他。他一面派使者请降，另一面又占据海口要塞。待右丞相阿八赤率军攻打他时，诸蛮皆叛，险阨皆失。到元朝军队撤退时，他集散兵 30 万，阻断脱欢归路。元朝军队"且战且行，日数十合"，死伤惨重，樊楫、阿八赤皆战死，只有脱欢从小道逃回，大胜元朝军队。得胜后，陈日烜又"遣使入朝，贡金人以赎己罪"。谈谈打打，说明他是个很懂策略的角色，同时也说明所谓"十七战皆捷"，并没有彻底消灭陈日烜的军事力量，充其量是些击溃战，而不是歼灭战，所以后来元朝军队后撤时，陈日烜一下能集合起来 30 万大军。俗话说："伤其十指，不如断其一指。"元朝军队在征占城、安南时，连连失利，在战略战术上，就是犯了这种错误。如果从陈日烜来看，倒是懂得"避其锐气"的道理，所以能以弱胜强。之后，元朝用兵征讨的行动，就基本停止，改由外交攻势，终于使安南臣服纳贡。到"元世祖死，罢安南兵，释其使归国"，才结束了这场旷日持久的战争。

# 朱元璋陈友谅鄱阳湖之战

## 【战例】

元顺帝至正二十三年（1363年）四月，陈友谅率号称60万大军，水陆并进，围攻洪都（今江西南昌）。朱元璋部的洪都守将朱文正，与参政邓愈、元帅赵德胜、指挥薛显、元帅牛海龙等诸将把守各城门。陈友谅全力攻城，赵德胜、牛海龙等先后战死，洪都军民奋勇战斗，伤亡惨重。洪都被围累月，与外隔绝，消息不通。六月，朱文正派千户张子明向朱元璋告急。

七月六日，朱元璋亲自率兵驰援洪都。七月十七日，进至湖口（今江西湖口县南），先在泾江口及南湖镇（在今江西九江市东）设伏，又急令驻信州（今江西上饶市）的部队把守武阳渡（今江西南昌县东南），以阻断陈友谅的退路。时陈友谅已围洪都85天，得知朱元璋亲自率兵来救，遂解除对洪都的围困，率其主力东出鄱阳湖（今江西东北部），迎战朱元璋。两军相遇于康郎山（在今江西余干西北）水域，陈友谅以巨舟挡住朱元璋大军。陈友谅的军队号称有六十万，联合大船摆成战阵，船桅杆有十多丈高，连绵不断好几十里，旗帜矛戈和盾牌，看上去像山丘一样。七月二十一日，朱元璋部将徐达攻打陈友谅的先头部队，俞通海用火炮击中烧毁陈友谅部队的战船数十只，两军死伤大抵相等。陈友谅最勇猛的部将张定边直攻朱元璋乘坐的战船，朱元璋的战船陷在泥沙里，不能退走，危险极了。朱元璋的另一部将常遇春从旁边射中张定边，俞通海又来援救，湖水涌来时船猛向前冲，朱元璋乘坐的战船才得以脱险。二十二日，陈友谅指挥大战船全部出战，朱元璋各个将领的战船小，仰攻不利，士兵吓得脸色都变了。朱元璋亲自指挥，士兵不敢向前冲杀，在斩杀十多个临阵脱逃者后，才人人拼死杀敌，奋勇而进。战至黄昏，忽然起了东北风，且越刮越大，朱元璋遂命令勇猛不怕死的战士，驾驶满载着芦苇夹着火药的7艘战船，放火焚烧陈友谅的战船。风大火猛，顿时烟气火光，把湖水都映红了。陈友谅的部队大乱。朱元璋乘势挥师大进，将士们擂鼓呐喊，发起进攻，斩杀3000多人，烧死淹死的不计其数，陈友谅军大败。陈友谅聚集战船守卫，不敢再发起进攻。朱元璋移军把守左蠡镇（今江西都昌西北左蠡山下），陈军也撤兵退守渚矶（今江西星子县南）。两军相持了三天，陈友谅的左、右二金吾将军都投降了朱元璋。形势更加危急，陈友谅愤怒极了，把俘虏的朱元璋的官兵全都杀了。而朱元璋却把俘虏全都放回，受伤的敷上好药，并且祭祀俘虏的亲戚中战死的人。八月二十六日，陈友谅军粮吃光了，移向南湖，被朱元璋驻守南湖的部队阻止，于是向湖口（今江西鄱阳湖入长江之口）方向突围。朱元璋率兵拦击，两军顺流而下，展开搏斗，一直打到泾江口（今安徽宿松县南120里处）。朱元璋驻守泾江的军队又拦截阻击，陈友谅被流矢射中而死。张定边与陈友谅的儿子陈理逃奔武昌。

## 【毛泽东评说】

此役打了两月余。

——《读〈明史〉卷一本纪〈太祖〉一批语》，《毛泽东读文史古籍批语集》，第283页，中央文献出版社1993年版。

## 【评析】

《朱元璋陈友谅鄱阳湖之战》是根据清张廷玉等撰《明史卷一·本纪第一·太祖一》的记载编写的。

《明史》，书名，三百二十四卷，清张廷玉等撰。纪传体明代史。本书取材颇丰，历经三次订正，有一定的史料价值，唯于建州女真和南明史事多所缺漏。

元朝末年，政治腐败，土地高度集中，以蒙古等贵族为首的各族封建统治阶级对农民的剥削压迫日益严重。同时水旱灾害频仍，广大农民流离失所，阶级矛盾迅速激化，爆发了农民大起义。当时在长江流域一带主要有张士诚、朱元璋、陈友谅等领导的起义军。朱元璋先后攻灭了其他义军，建立了明王朝。其中1363年与陈友谅在鄱阳湖的大战是一次决定性的战役。

陈友谅（1320—1363年），元末沔阳（今湖北沔阳）人。渔民出身，曾为县吏。初参加徐寿辉红巾军，隶倪文俊为簿椽，渐升为元帅。1357年，倪文俊谋杀徐寿辉未成，他杀倪文俊，兼有其众，任平章。后连克江西、福建诸地。两年后迎徐寿辉迁都江州（今江西九江），自称汉王。1360年夏，杀徐寿辉，称帝，建都江州，国号汉，年号大义。在鄱阳湖大战中，其部为朱元璋所败，他中流矢身亡。

陈友谅与朱元璋的这场鄱阳湖大战，是由陈友谅军围攻洪都，朱元璋从建康率军救援而引发的。开始时，战争的主动权在陈友谅手中：从军队数量和装备上，陈友谅都占优势，号称60万大军，战船高大。但由于朱元璋指挥得当，终于获胜。第一，截断陈友谅军的退路，造成关门围歼的态势。陈友谅的都城武昌，水军需从长江进退。朱元璋让部队驻守泾江口和南湖，截断了陈友谅军向长江撤退的道路。第二，以弱胜强，善用火攻。水战，战船大小，是个重要条件。朱元璋水军船小，硬碰硬当然不利，便巧用火攻，夺取了胜利。第一次接战中，处于劣势的朱元璋，其部将俞通海用火炮击中、烧毁陈友谅的大战船数十艘。在决定性的一次战斗中，朱元璋利用大风的有利天气，命令敢死队的勇士们驾7艘快船，满载夹裹火药的芦苇，冲向敌船，放火焚烧陈友谅的战船。风大火猛，烟气火光布满天空，把湖水都映红了。结果陈友谅的军队一片混乱，被斩杀2000多人，取得了决定性胜利。第三，朱元璋注意优待俘虏。愿回家的全部放回，受伤的敷药治疗，战死的准许祭奠；而陈友谅却把俘虏全部杀掉了。对待俘虏的不同政策，关系到人心的向背问题。在这个问题上，朱元璋比陈友谅高明多了。第四，朱元璋亲自指挥。他身先士卒，以致他坐的船陷进污泥之中，险遭不测，幸被部将营救。这些条件都成了朱元璋在这场鄱阳湖大水战中，变被动为主动，以弱胜强，夺取胜利的重要因素。

# 明燕王白沟河之战

**【战例】**

明惠帝朱允炆建文二年（1400年）四月初一，李景隆奉惠帝诏命，率武定侯郭英、安陆侯吴杰等大军，号称60万，在德州（今山东德州）誓师北伐，进兵真定（今河北正定）攻燕（今北京）。

李景隆等从德州出兵北伐，部队经过河间（今河北河间）县，先头部队快到白沟河（在今河北新城县东北）。郭英等人率军也已过了保定（今河北保定），打算在白沟河合兵一处再向北前进。此时，燕王朱棣率领诸将也南进至固安（今河北固安县），他对丘福等人说："李九江（按：李景隆的小名）等人都是没有计谋，只有血气之勇的人，不能做什么，只是凭借他的兵多。然而兵多难道就可以依仗么！人多了容易发生混乱，攻击他们前面的部队，后面的不知道，攻击左边的部队，而右边的不能响应，将帅不能专权，政令不能统一，兵器粮草，恰好成为我们的军需物资。大家只把兵器磨好，把马喂饱，准备战斗！"张玉听了，请先去占领白沟镇（今河北容城东30里），就是要以我军的养精蓄锐，来对付南军的疲劳之师。燕王听取了这个建议，命令将领率兵前往。燕王到了三天后，李景隆的先锋都督平安也率部来到白沟河。当天，燕王的部队渡过了立马河，在苏家桥（在河北文安北40里）安营扎寨。夜里下了场大雨，平地积水3尺。燕王坐在折叠椅上等待天亮，忽然看见兵器刃上有火球碰击，爆出火光，光明灿烂，上下移动，钢铁制的兵器铮铮有声，弓弦也都鸣响。燕王高兴地说："这是打胜仗的好兆头！"在出师后，惠帝朱允炆唯恐李景隆轻敌，又派遣魏国公徐辉祖领国都警卫3万人，作为后续部队，星夜驰往，与李景隆所率领部队会合。

四月二十四日，李景隆和郭英、吴杰等合兵60万，号称百万，停留在白沟河，布下战阵，等待战斗打响。平安埋伏精锐骑兵1万人拦击。燕王说："平安这小子，跟随我出塞作战，知道我怎么指挥打仗，因此他敢当先锋。今天我首先打败他。"平安骁勇善战。战斗打响后，平安挥动长矛，率领士兵冲锋在前，都督瞿能父子勇猛冲杀，所向披靡，杀伤很多燕王的士兵，燕王的部队被迫后退。燕王有个太监名叫狗儿，也很勇敢，率领千户华聚奋力在河北岸拼杀。百户长谷允杀入敌阵，燕王亲自率领部队前后夹击，生擒南军都指挥何清。当天一直拼杀到深夜，双方才各自收兵回营。这一天，两军互有杀伤，平安所率部队只损失一百多匹巡逻放哨的马匹。李景隆、郭英、吴杰在地下埋藏炸药，人马碰上，就被炸得稀烂。脱离战斗之后，燕王率领三个骑兵走在军队的最后面，迷失了道路，下马伏在地上，察看河水的流向，辨别方向，才弄清了自己营地的方向和位置。燕王撤军回到营地后，提升谷允为指挥，连夜喂饱战马，等待再战。燕王命令张玉带领中军，朱能带领左军，陈亨带领右军，作为先锋，丘福带领骑兵跟在他们后面，骑兵和步兵共10万人。

黎明，燕王的部队全部渡过白沟河。瞿能率领他的儿子直冲房宽的阵地，平安从侧面保护他们，房宽的阵地被冲破，俘虏杀死数百人。张玉等人见房宽被打败，有害怕的表情。燕王说："胜利和失败是兵家常有的事！他们的士兵虽然多，到不了中午，我保证为各位打败他们。"燕王立即指挥精锐部队数千人冲破左翼阵地。朱高煦率领张玉等人的部队也一齐出击。南军射来的箭像雨点一样，射中了燕王骑的战马，燕王三换战马，依然挥军冲杀。南军射来的箭，把燕王的三副铠甲都射烂了，他挥动宝剑左挡右击，宝剑的锋刃都断成缺口，不能再用它砍杀，才骑马退回。但是，因为河流的阻挡，几乎被瞿能追上。燕王飞快跑到河堤上，挥动马鞭假装招呼后面跟随他的士兵。李景隆怀疑燕王设有埋伏，不敢上堤。而燕王又率领将士飞快地冲入敌阵地，杀死南军好几个骑兵。平安善于使用枪刀，冲到的地方，谁也阻挡不住，北将陈亨、徐忠都被他杀伤。不大一会儿，平安在战场上杀死陈亨，徐忠的两个手指被砍断，徐忠自己扯掉断指扔了，撕下衣服裹住伤口继续战斗。朱高煦看见形势危急，带领数千名精兵，前去与燕王会合。朱高煦与南军交战，双方相持不下，而燕王也太疲惫了。

中午，瞿能又领兵大呼着飞快地冲杀过来，斩杀燕王骑兵100多人。越巂侯俞通渊、陆凉卫指挥滕聚又领兵参战。正好遇到刮大风，折断了南军前导战车上的帅旗，南军看见后吓得脸色都变了。燕王指挥强悍的骑兵绕到敌后，突然飞快地袭击南军，与朱高煦率领的骑兵会合在一起，在战场上杀死了瞿能父子。平安与朱能厮杀，也被打败。于是南军布列的阵势崩溃了，奔跑呼叫的声音像打雷一般，俞通渊和滕聚等人都战死沙场。燕王的军队追到南军营地，趁着大风放起火来，烧毁了南军修筑的作战工事。郭英等人溃败后向西逃走，李景隆溃后往南逃窜，丢掉的兵器粮草，堆积得像山丘一样，杀死和掉到河里被淹死的南军有十多万人。燕王的军队追击到月样桥（在今河北雄县南20里），战死、淹死、践踏死的南军又有好几万人，百里之内到处是尸体。李景隆单人匹马逃到德州。南军投降的士兵，燕王全都慰问并遣散他们，南军听到后都纷纷逃散。这一次战役，魏国公徐辉祖率领军队在最后面，独自全军而退。

## 【毛泽东评说】

白沟河之战。

———《读〈明史纪事本末〉批语》，《毛泽东读文史古籍批语集》，第329页，中央文献出版社1993年版。

## 【评析】

《明燕王白沟河之战》，是根据清人谷应泰撰《明史记事本末》卷十六《燕王起兵》的有关记载编写的。

《明史记事本末》八十卷，清初谷应泰等撰。本书始于元至正十二年（1352年）朱元璋起兵，终于崇祯十七年（1644年）李自成攻克北京，朱由检自杀。编者把这300多年间的重要的史事，分成八十个专题，每题为一卷，记述了这些事件的始末。各卷后面都有"谷应泰曰"的史论。

谷应泰（1620—1690）字赓虞，别号霖苍，直隶丰润（今河北丰润县）人。顺治四年（1647年）进士，做过户部主事、员外郎，顺治十三年（1656年）调任提督浙江学政金事。《明史记事本末》就是他编撰的。

燕王，即明成祖朱棣（1360—1424），朱元璋第四子。明太祖朱元璋洪武三年（1370年）封为燕王，曾率兵巡边，善于作战，拥有重兵，镇守北平（今北京）。明惠帝朱允炆疑其谋反。于是在建文元年（1399年），燕王以"清君侧"为名举兵，号"靖难军"。建文四年（1402年），攻占都城南京，即皇帝位，改元永乐。燕王在三年多的起兵过程中，有几次大的战役，其中白沟河之战就是其中之一。毛泽东读清人谷应泰写的《明史记事本末》卷十六《燕王起兵》中写到白沟河之战的情况时，大笔一挥，批道："白沟河之战。"可见，毛泽东对这次战争的重视。

　　那么，白沟河之战为什么能引起毛泽东的注意呢？原来这也是燕王起兵中一次以少胜多、以弱胜强的著名战役。在这次战役中，燕王之所以能取得胜利，至少有这样几个方面的原因：

　　第一，就当时战争的态势来看，燕王兵力只有30万人，而南军（朝廷官军）则有60万，号称百万。即以南军60万而论，也是燕王兵力的二倍，如果南军以百万来算，就是燕王兵力的三倍以上。所以这是一次众寡悬殊的战役，是以少胜多、以弱胜强的战例。

　　第二，燕王知己知彼，善于用兵，指挥得当。燕王对于他的主要对手南军统帅李景隆和先锋平安了如指掌。听到李景隆统率大军来讨伐他时，他呼景隆小字说："李九江膏粱竖子耳！寡谋而骄，色厉而馁，未尝习兵见阵。"让这样的人带兵打仗，等于自掘坟墓。他说兵法有五败，李景隆都占全了："为将政令不修，上下异心，一也；北平早寒，南卒裘葛，不足披冒霜雪，又士无赢粮，马无宿藁，二也；不量险易，深入趋利，三也；贪而不治，智信不足，气盈而愎，仁勇俱无，威令不行，三军易挠，四也；部曲喧哗，金鼓无节，好谀喜佞，专任小人，五也。"南军的先锋平安，曾跟随燕王出塞北征，燕王更清楚他是一个只有胆气而无谋略之人。孙子说："知彼知己，百战不殆；不知彼而知己，一胜一负；不知彼，不知己，每战必殆。"《孙子兵法·谋政篇》从上所述，燕王对敌方两位主将的了解十分清楚，对自己一方也很客观，可以说是"知彼知己"，取得胜利就建立在这种可靠的基础上。

　　第三，身先士卒，指挥得当。战争是一幕活剧，情况瞬息万变，要掌握战局的发展，夺取胜利，战争的主帅必须亲临前线，因地制宜，因时制宜，才能指挥得当，制胜敌人，舍此别无他途。在白沟河之战中，燕王率领大军比南军早三天抢占白沟河，以逸待劳，占据了地利。在具体的战斗中，燕王决定先破英勇善战的南军先锋平安。但因平安骁勇善战，又加上都督瞿能父子所向披靡，初战失败。燕王迅速指挥太监狗儿、千户华聚、百户谷允等勇将与之拼杀，以勇对勇；燕王又率兵夹击，杀敌数千，并俘获了南军的都指挥何清。这一仗从白天打到深夜，双方互有胜负，算是打了个平手。收兵后，燕王仅带三个骑兵亲自断后，以至于迷失道路，伏地辨认河水流向，才回到营地。回营之后，燕王朱棣立即下令，厉兵秣马，准备再战。他派张玉领中军，朱能领左军，陈亨领右军，作为先头部队，丘福率领骑兵跟在他们后边，共 10 万多人，连夜渡过白沟河。天还未亮，敌军便发起了攻击，瞿能父子直攻房宽的阵地，平安从侧面保护，房宽兵败，张玉等人害怕了。燕王又及时鼓舞士气，指挥数千精锐攻击敌左翼阵地，朱高煦率领张玉等军齐进。燕王率领七个骑兵袭击南军，忽进忽退，往来 100 多次，杀伤敌人很多。以至于燕王所骑的三匹马皆被箭射伤，3 次换马，3 次换战袍，战刀都砍缺了，几乎被瞿能追上。燕王飞跑到河堤上，假装挥鞭招呼跟随的人，李景隆怕有埋伏，不敢上堤追赶。燕王又率众杀入敌阵。燕王这种身先士卒的行动，大大鼓舞了士气。部将陈亨被平安杀死，徐忠受伤，还裹伤而战。朱高煦见形势紧急，率兵与燕王合在一处，才制止了敌方的攻势。到了中午，瞿能又率兵攻击，俞通渊、陆凉衙也引兵来攻。这时大风吹折了南军的帅旗，南军吓得脸都变了颜色。燕王抓住这个有利时机，派骑兵绕袭敌后，与朱高煦率领的骑兵合在一起，杀死了敌方勇将瞿能父子，朱能也打败了平安。顿时，南军溃乱，奔走呼号之声如雷。燕王乘势挥军冲杀，放火烧毁了南军的营阵，郭英等人向西落荒而逃，李景隆往南逃窜，兵器粮草丢弃得遍地都是，南军战死和淹死者十多万人。燕军追到月样桥，一路上杀死、淹死、践踏而死的南军又有好几万人。南军统帅李景隆一个人逃到德州。白沟河之战以燕王朱棣的胜利遂告结束，并成为中国战争史上，一个以少胜多、以弱胜强的著名战例。

# 明燕王东昌之战

【战例】

明惠帝建文二年（1400年）九月初一，明惠帝以大将军盛庸统领平定燕王叛乱的各路大军北伐，副将吴杰进兵定州（今河北保定），都督徐凯等驻沧州。

冬季十月，燕王得知盛庸率领的军队向北开进，想要出兵攻打沧州，唯恐南军已经作了准备，于是下令假装攻打辽东。官兵听到后，都很不高兴。燕王的军队到达通州（今北京通州），张玉、朱能请求说："现在大敌当前，而要劳师远征，辽东地区寒冷得早，士兵受不了，恐怕于军不利。"燕王让身边的人走开，告诉他们原因，说："现在盛庸驻兵德州，吴杰、平安守卫定州，徐凯、陶铭修筑沧州城垣，互为犄角，对我军构成了严重威胁。德州城墙坚固，而且南大军聚集在那里，定州城防工事已经修筑完成，城市保卫也已作了准备，都难以很快攻下。只有沧州是土质城垣，崩塌倾坏已经很久了，天寒地冻，天降雨雪，地上泥泞，修筑城墙很不容易。我军趁他们没有防备，火速前去攻打，一定会土崩瓦解。现在，假装说去征讨辽东，乘他们懈怠，放倒战旗，卷起铠甲，从偏僻的小路直接进到城下，破城是肯定的。"张玉和朱能都点头说好。徐凯探知北兵要征讨辽东，果然信以为真，不作防守准备，却派遣士兵到四面八方去砍伐木料，昼夜修筑城垣。燕王的军队到达天津（今天津），过直沽（今天津东南海河北岸），燕王告诉诸将说：他们所防备的只有青县（今山东德州东）、长芦（今河北沧州市西），现在砖垛（在今河北青易南90里运河西岸）、灶儿（在今河北沧州东北100里）等河北坡没有水，他们也不防备，从这里可以直接到达沧州城下。燕王于是命令军队沿着运河往南开进。士兵怀疑地问："征辽东，为什么往南走呢？"燕王说："夜里有两道白气，从东北指向西南，占卜说：'南方有利'。"于是，燕军从直沽一昼夜快速行军300里，遇到侦察的南军骑兵，全部杀掉。拂晓，到达沧州城下，南军守将还不知道，照旧督促士兵运土筑城。燕王的军队到了城下才发觉，急忙下令分别把守城垛，士兵吓得两腿发抖，不能披铠甲。燕王的士兵从城东北角肉搏登上城头，于是就攻下了沧州城。先头部队切断了南军的归路，活捉徐凯、都督程暹和都指挥俞琪、赵浒、胡原等人，杀死南军万余人，其余的全部投降，燕王的部将谭渊把他们全部活埋了，押送徐凯等人到北平。

十二月，燕王把直沽的船移到长芦，装载缴获的兵器粮草，顺着运河往北去。燕王亲自率领官兵沿着运河往南进发，盛庸出兵袭击燕军的后路，但没有取胜。燕王于是到达临清（今山东临清），转兵馆陶（今山东馆陶），抢掠大名（今河北大名）、汶上，焚烧南军粮草，南抵济宁（今山东济宁）。盛庸、铁铉率领南军紧随在他的后面，扎营在东昌（今山东聊城）。南军先锋将军孙霖在滑口镇（在今山东阿县东南）。燕军将领朱荣、刘江率部袭击，打败南军孙霖部，俘都指挥唐礼，孙霖逃跑。二十五日，燕王的部队到达东昌。盛庸和铁铉等得知燕王的部队快来到了，宴飨官兵，召开誓师大会，鼓舞士气，挑选精锐部队，背靠城廓摆下战阵，安放火器、毒箭，严阵以待。当时燕王的部队屡战屡胜，看见盛庸的部队，立即呐喊着冲了上去，都被火器击伤。恰好平安率领的南军也赶到了，与盛庸的部队会合在一起，于是盛庸指挥军队大进。燕王率精锐的骑兵冲击南军的左翼阵地，冲到了南军最重要最有力的核心之中。盛庸的军队集结很多，把燕王围了一层又一层，燕王自己冲不出来。朱能、周长率领少数民族骑兵奋勇击杀东北角，盛庸调西南角的兵去抵挡，围攻稍有缓解，朱能冲进包围圈，奋力死战，才保护燕王冲了出来。张玉不知道燕王已经冲出来了，又冲进包围圈去救燕王，力战而死。盛庸的军队乘胜俘、杀燕军1万多人，燕王的军队大败，往北逃跑。盛庸督促士兵发起追击，又给燕军以重大杀伤。

这一次战役，燕王有好几次处境十分危险，因为有明惠帝的诏命，南军的将领不敢将他射杀。燕王也知道这种情况，所以他总是挺身而出，用短兵器冲锋陷阵。燕王骑马射箭的技巧又很精良娴熟，追赶他的人往往被他射死。这次北逃，他单枪匹马走在最后边，追赶的有好几百人，都不敢近他。恰巧朱高煦率领指挥华聚等人赶到，杀退盛庸的追兵，燕王才得以脱险。燕王很高兴，认为朱高煦打仗很像他自己，对朱高煦颇为赏识，并加以嘉勉和犒劳。薛禄也有好几次打退了南兵。燕王得知张玉战死了，痛哭着说："胜利和失败是兵家的常事，没有什么可忧虑的。不过，在艰难的时候，失掉张玉这样好的助手，特别叫人悲痛！"军队撤回后，燕王朱棣每与诸将谈及东昌之战，总是说："自从失掉张玉，我直到现在睡觉吃饭都不安稳。"说着眼泪便流个不止，这个时候，诸将也跟他一样落泪。后来举行奖励靖难功臣的典礼，燕王告诉侍臣们说："论平定叛乱的功劳，应当把张玉作为第一。"遂追封张玉为荣国公、河间王。

## 【毛泽东评说】

东昌之战。

白沟河大胜之后，宜有此败。

——《读〈明史纪事本末〉批语》，《毛泽东读文史古籍批语集》，第330—331页。中央文献出版社1993年版。

## 【评析】

《明燕王东昌之战》是根据清代谷应泰撰《明史纪事本末》卷十六《燕王起兵》的有关记载编写的。

东昌之战发生在明惠帝建文二年（1400年）十二月。这是燕王起兵的又一次大战。当年四月，燕王在白沟河以30万大军打败了李景隆率领的60万大军，粉碎了朝廷第二次对他的讨伐。五月，追李景隆到济南，又败李景隆残师，围攻济南，三个月不下，又中了山东参政铁铉献城之计，险些被捉，罢兵回北平。同年九月，明惠帝下令大将军盛庸总督平燕诸军北伐，这是朝廷的第三次对燕王朱棣的讨伐。

二年十月，燕王得知盛庸奉诏率军北伐，想出兵攻沧州，却扬言远征辽东，当时南军是盛庸驻德州，吴杰、平安守定州，徐凯、陶铭守沧州。

三州之中，德、定二州兵力强大，城防坚固，只有沧州兵力弱，城墙倾塌，不易整修。燕王率兵过天津，到达直沽后，突然又转兵向南，"一昼夜疾行三百里"，到天亮，"至沧州，凯犹不知"。遂攻城，并生擒守将徐凯及都督程暹和两名都指挥，俘、杀 1 万多人，是一次漂亮的奔袭战。

十二月，燕王率军沿运河南征，至临清，屯馆陶，掠大名，到汶上，占济宁，一路所向披靡，南军统帅盛庸、铁铉率部尾随其后，也没有占到便宜。盛庸、铁铉遂率领南军进至东昌，便安营扎寨。南军的先锋官孙霖率军在滑口安营，被燕王的部将朱荣、刘江打败，孙霖逃走，都指挥唐礼被俘。燕王率兵达东昌时，盛庸、铁铉宰牛杀马犒劳将士，鼓舞士气，挑选精锐将士，依城布下阵势，火器弓箭都已安排好。总之，南军是以逸待劳，作好了充分准备。而燕王的部队奇袭沧州，南征一路陷城夺地，与盛庸大军初次接触，又击溃了其先头部队，士气十分旺盛。所以，一看见盛庸率领的南军，便呐喊着冲了上去，结果都被火器烧伤。这时，平安率领的南军也赶了上来，与盛庸所部汇合在一处，和燕王的军队展开了激战。燕王善战，仍然是身先士卒，率精锐骑兵冲击盛庸的左翼阵地，但进入核心，却被紧紧地包围起来。燕王自己冲不出来，因为朱能冲入核心，与其奋力一战，才保护燕王突出重围。燕王的大将张玉不知道燕王已被救出，又冲进敌阵，壮烈战殁。盛庸乘胜大进，俘、杀燕军 1 万多人，燕军大败，向北溃逃，东昌之战以燕王朱棣的败北而告结束。毛泽东读到对这次战争的描写时，一开始，便批注道："东昌之战。"说明对这次战争的高度重视。读到这次战争结束"燕兵大败，遂北奔"时，毛泽东又批注道："白沟河大胜之后，宜有此败。"

为什么说"白沟河大胜之后，宜有此败"呢？这不仅应从胜败乃兵家之常事这句兵家名言来理解，还应该从世界上从来就没有百战百胜的常胜将军来认识。杰出的军事家，也不过是胜多败少，一辈子不打败仗的将军是没有的。因此，我们不能拿一仗的胜败，一城一地的得失来论定某个军事家的优劣高下。同样的道理，对于东昌之战燕王的失败，我们也应这样看待。

另外，说"白沟河大胜之后，宜有此败"，从战争规律来看，还有更为深刻的道理。胜与败，是一对相互对立的范畴，就一位将军来讲，每次作战，非胜即败；就对立双方而言，你胜即是我败，我胜就意味着你败。所以，胜与败是互相转化的。就一个军事家来讲，打了胜仗，当然是好事，但高兴归高兴，却不能骄傲自满，即使一连打了几个胜仗，也不能"被胜利冲昏头脑"，一定要头脑冷静，清醒。否则，就会骄傲，骄傲则轻敌，这就会走到胜利的反面——失败。燕王善战，也是一位比较高明的军事家，打了不少漂亮的胜仗，这次在东昌，此前在济南也都打过败仗，如果不是明惠帝明令"诸将与燕王对垒"，"毋使朕有杀叔父名"的诏命，在东昌之战中，"燕王数危，其诸将奉诏，莫敢加刃"，恐怕燕王也将自身难保。这说明战争有自己的客观规律，任何人都不能例外，像燕王这样高明的军事家也是如此。

# 南昌起义

【战例】

1927 年的 4 月和 7 月，国民党内的蒋介石和汪精卫集团，相继背叛了孙中山所制定的革命路线，发动了四一二反革命政变和七一五分共，残酷屠杀共产党人和革命群众，致使中国人民从 1924 年开始的大革命遭到失败。为了挽救革命，中国共产党中央委员会于 7 月 12 日改组成立了临时中央常务委员会，停止了陈独秀右倾机会主义的领导。7 月下旬，中共中央决定集中党所掌握和影响下的部分国民革命军，在江西南昌举行武装起义。同时决定，派中央政治局常委周恩来赴南昌，组织中国共产党前敌委员会，领导起义；并派聂荣臻、贺昌、颜昌颐组成前敌军事委员会（聂荣臻为书记），赴九江进行起义的准备工作。预定参加的部队有：第二方面军第 11 军的第 24 师、第 10 师，第 4 军第 25 师的第 73 团、第 75 团，第 20 军全部，以及第五方面军第 3 军军官教育团一部和南昌警察武装，共 2 万余人。

1927 年 1 月，朱德就按照中共党组织的指示，来到被北伐军攻克不久的南昌，利用他与当时驻扎江西的国民革命军第五方面军总指挥朱培德的特殊关系（朱德与朱培德在云南讲武堂是同学），担任第五方面军总参议、第 3 军军官教育团（即南昌军官教育团）团长，后又兼任南昌市公安局长。朱德利用这些有利身份，培养革命干部，打击国民党右派势力，保护农民运动。6 月下旬，朱德被朱培德"礼送"出境，离南昌到武汉。7 月下旬，为了发动南昌起义，朱德奉中共中央指示，返回南昌，趁朱培德去庐山参加军事会议之机，利用自己的社会地位和声望，与国民党部队军官接触，了解南昌敌人的兵力部署，并将这些情况绘制成一张"敌军分布草图"。7 月下旬，周恩来从武昌经九江到达南昌，住在朱德的寓所，两人一起研究了南昌的敌情，还对叶挺、贺龙部队到南昌后的部署作了具体安排，为起义做了许多准备工作。

7月间，贺龙率领其第20军到达九江，中共中央政治局委员谭平山把党内酝酿在南昌举行武装起义的计划告诉了他。恰在这时，武汉国民党政府主席汪精卫也发来通知，让他和叶挺上庐山"参加军事会议"，实际是准备解除他们的兵权。第4军参谋长叶剑英探知此阴谋后，与贺龙、叶挺密商，决定不上庐山开会，迅速移师南昌。贺龙部开进南昌城后，即与中央政治局临时常务委员、前敌委员会书记周恩来见了面。周恩来通知贺龙，中共中央已决定在南昌举行武装起义，并征求他的意见。贺龙当即表示，完全服从党的安排。

7月27日，由周恩来主持，在江西大旅社正式成立前敌委员会，并在江西大旅社召开许多次会议，研究起义的有关问题。28日，周恩来到贺龙率领的20军指挥部。由于贺龙当时还不是共产党员，周恩来把起义的计划郑重地通知贺龙，并当即代表前敌委员会任命贺龙为起义军总指挥。根据当时紧急的形势，前敌委员会预定7月30日行动。

在起义即将爆发的关键时刻，7月29日，身为"中共代表"的张国焘从武汉赶到九江，两次密电前敌委员会，阻挠起义。30日晨，他又匆匆忙忙赶到南昌，在前敌委员会召开的紧急会议上，以种种借口阻挠起义。周恩来严厉地驳斥了张国焘的错误意见，坚决表示：我们必须立即行动起来，暴动不可推迟，更不可停止。对于暴动，我党应站在独立领导的地位，绝不可依靠军阀。周恩来的意见得到了前敌委员会其他同志的一致赞同，从而坚持了党的正确决定，将起义时间改为8月1日。

当时，敌人第五方面军主力在清江、吉安、万安、进贤、临川和九江地区，南昌附近只有第五方面军警卫团，第3军、第9军各一部，第6军第53团等，共3000余人。敌我对比，起义军占绝对优势。

为了便于解除朱培德部队的武装，朱德按照党的指示，利用旧谊"宴请"朱培德部所属的两个团长、一个副团长。宴会进行中，不料因贺龙部一个云南籍的副营长告了密，这些团长、副团长察觉后立即赶回部队。情况万分紧急，朱德机警地将走漏消息的事通知了指挥部。前敌委员会立即决定起义时间提到8月1日凌晨2时。

在前敌委员会和周恩来的领导下，贺龙、叶挺、朱德、刘伯承等共同指挥，按照总前委的作战计划，起义部队对南昌守敌发起了全面进攻。子弹呼啸，杀声震天。在战斗最激烈的时刻，周恩来在敌军的顽固堡垒之一——松柏巷天主教堂附近的一所学校里亲自指挥战斗。经过 5 小时的激战，全部歼灭南昌守敌 3000 余人，缴获各种枪械 5000 余支，至天明完全控制全城。当天下午，聂荣臻等率驻马回岭的第 25 师的第 73 团、第 75 团和第 74 团的一个连开到南昌集中。

起义成功后，根据中央决定，仍沿用"左派国民党"的名义，并组织了"中国国民党革命委员会"，很多名人包括宋庆龄、郭沫若等都列在其中，贺龙也当选为委员。起义部队仍用"国民革命军第二方面军"的番号。贺龙任第二方面军代总指挥。部队编为第 11 军、第 20 军、第 9 军，叶挺任第 11 军军长，贺龙兼任第 20 军军长，朱德为第 9 军副军长（正军长未到任），刘伯承为参谋团参谋长。起义胜利后，前委决定，起义军南下广东，打下海口，争取国际援助，重建革命根据地，再次举行北伐。

8 月 3 日，起义军撤离南昌。朱德率领第 9 军作为先遣队，同彭湃、恽代英、郭沫若等经临川会昌前进。临行前，朱德写信给护国战争时的老部下、国民党军第 27 师师长兼赣东警备司令杨如轩，劝他率部革命。杨虽没有答应，却让出一条路，南下起义部队得以顺利通过。但国民党政府很快调兵围追堵截。贺龙指挥壬田战斗，击溃军阀钱大钧部的阻击，占领瑞金。随后，在会昌战斗中，起义军歼敌数千，打得钱大钧部几乎全军覆没。起义军也减员近千人。在瑞金经周逸群、谭平山介绍，贺龙加入了中国共产党，实现了他的夙愿。这时前委决定，改变经寻邬出梅县的路线，改由福建长汀进入广东的潮州、汕头地区；兵分两路：一路由周恩来、贺龙、叶挺、刘伯承等率主力去占领潮汕地区；另一路由朱德指挥，率领第 11 军第 25 师和第 9 军一部作后卫，留守三河坝。

在其后一个多月的行军战斗中，起义军减员近万人，于 9 月下旬进入广东潮汕地区。国民党广东驻军组成东、西两路合击起义军。起义军与敌人在潮汕以东激战三个昼夜，伤亡很大，并且被敌人隔断，起义失败。

10 月，前委在普宁县的流沙召开紧急会议，总结了失败的教训，决定部队向海陆丰撤退；重病的周恩来被送往香港就医，贺龙和刘伯承等离开部队，经香港转赶上海。

朱德在三河坝同前来进犯的钱大钧部激战数昼夜，予敌重大杀伤后撤向汤坑，准备前去接应主力部队。可他们一到饶平，便得知潮汕失守、主力部队已经失败。于是朱德率领余部并收集由潮汕撤下来的官兵共 2500 多人，向福建、江西退却。10 月中旬，朱德率领部队到达闽、赣交界的武平，被迫与尾追的钱大钧一个师交战，击溃了敌人两个团后，继续向西北方向转移。10 月底，朱德率领起义军余部到达赣、粤边的大庾地区。利用桂、湘军阀混战之机，朱德、陈毅在天心圩、大庾、上堡先后进行了三次整顿。官兵们提高了觉悟，明确了方向，增强了信心。这支部队后来在粤北、湘东又得到扩充和发展，最后被朱德、陈毅带上了井冈山，和毛泽东带领的秋收起义部队会师。

南昌起义虽然失败了，但它是中国共产党领导革命武装向国民党反动派打响的第一枪，标志着中国共产党独立地掌握革命武装的开始，其意义是巨大的。南昌起义保存下的一部分部队，成了中国工农红军的骨干之一，它的几位指挥者后来都成为我人民解放军赫赫有名的将帅。8 月 1 日，成为中国人民解放军的建军节。


**【毛泽东评说】**

八月一日是全世界反帝国主义战争纪念日，同时是中国南昌暴动纪念日，中国工农红军即由南昌暴动开始，逐渐在斗争中生长起来。……中央执行委员会为了纪念中国工农红军的成立及奖励与优待红军战士起见，特为决议如下：

批准中央革命军事委员会的建议，规定以每年"八一"为中国工农红军纪念日。

……

——《中央政府关于"八一"纪念运动的决议》，《毛泽东军事文集》第一卷，第 314 页，军事科学出版社、中央文献出版社1993 年版。

"'八一'南昌起义是中国人民在中国共产党的领导下，向国民党反动派打响的第一枪。"

"我们是历史唯物主义者，1933年，中央苏维埃作过决议。他们不晓得历史。南昌起义是全国性的，秋收起义是地区性的。"

——转录自李智舜《毛泽东与开国上将》，第167—168页，中共中央党校出版社1995年版。

## 【评析】

南昌起义虽然很快失败了，但在中国革命历史上具有不可磨灭的历史意义：

一、打破了国民党的白色恐怖。蒋介石在上海发动四一二反革命政变之后，许克祥在长沙发动反革命政变，各地军阀纷纷向革命工人、农民举起屠刀，大批共产党人和革命群众被屠杀，投入监牢，轰轰烈烈的大革命失败了，全国陷入一片白色恐怖之中，革命人民无所是从，"八一"南昌起义像一声惊雷，打破了这死一般的沉寂，使革命人民燃起了新的希望。

二、开创了武装夺取政权的新道路。第一次大革命的失败，促使中国共产党人对自己以前的革命斗争进行反思。在检讨中，中国共产党人认识到必须进行武装斗争，掌握革命的枪杆子，从此抛弃了合法斗争的旧道路，踏上了武装斗争的新征程。

三、创造了一支革命军队。南昌起义虽然很快被镇压下去，但它保留了为数不多的队伍，却成了中国人民解放军的前身，它造就的指战员成了人民军队的骨干。从此，中国共产党有了自己的军队，"八一"成了中国人民解放军的建军节，就足以说明它在中国人民解放军建军史上的重要地位。

1933年中华苏维埃《中央政府关于"八一"纪念运动的决议》："批准中央革命军事委员会的建议，规定以每年'八一'为中国工农红军纪念日。"以后"八一"便成了人民军队的节日。可是，到了"文化大革命"期间，曾有人想改变这个节日。1967年"八一"建军节前夕，毛泽东在武汉让随同他视察的杨成武代总参谋长回京主持"八一"建军节招待会时，杨成武汇报了有人提出以9月9日秋收起义纪念日取代"八一"作为建军节时，毛泽东郑重指出："这是错误的，'八一'南昌起义嘛。秋收起义是9月9日，一个在先，一个在后嘛！"又说："'八一'南昌起义是中国人民在中国共产党的领导下，向国民党反动派打响的第一枪。"

"我们是历史唯物主义者，1933年，中华苏维埃作过决议。他们不晓得历史。南昌起义是全国性的，秋收起义是地区性的。"

毛泽东批驳了否定"八一"是建军节的言论，维护了"八一"南昌起义的历史地位。

# 秋收起义

　　大革命失败后，为了挽救革命，中国共产党于 1927 年 8 月 1 日，领导了江西南昌起义，向国民党反动派打响了第一枪。8 月 7 日，中共中央在汉口召开了紧急会议，毛泽东出席会议并讲话，会议坚决纠正了陈独秀的右倾机会主义路线，决定进行土地革命和武装斗争，号召各地农民发动秋收起义。当时，南方的湖南、湖北、广东、江西等省，在大革命高潮中农民运动发展得很快，农民们普遍要求进行土地革命。中国共产党决定首先在这些有着雄厚基础的省份发动秋收起义，并派毛泽东到湖南去领导当地的起义。

　　1927 年 8 月 18 日，毛泽东在长沙市郊的沈家大屋召开了改组后的湖南省委第一次会议。会议决定，在群众基础较好的湘东、赣西一带举行秋收起义，并成立了领导秋收起义的党的前敌委员会和行动委员会，毛泽东任前委书记。

　　1927 年 9 月初，毛泽东从长沙经株洲、醴陵来到安源，在张家湾的一所学校里主持召开了部署秋收起义的军事会议，具体部署了秋收起义的军事行动，将分别驻在修水、安源和铜鼓三地的革命部队和工农武装5000 余人，编为工农革命军第 1 军第 1 师第 1 团、第 2 团、第 3 团。第1 团的主要成员是原武汉国民政府警卫团以及湖南平江、浏阳和湖北通城、崇阳的农民武装；第 2 团以安源路矿工人纠察队及我党所掌握的矿警为主，包括江西萍乡、莲花和湖南醴陵、岳北的农民武装；第 3 团以湖南浏阳的工农武装为主，包括平江部分农民武装。共产党员、原武汉国民政府警卫团团长卢德铭任总指挥。

　　1927 年 9 月 9 日，秋收起义爆发了。第 1 团由修水出发，取道长寿街，进攻平江城；第2团自安源出发，攻取萍乡、醴陵后，向浏阳集中；第3团从铜鼓出发，取道东门市，在浏阳与北上的第2团会合。各路得胜后，与长沙城内工人武装里应外合，夺取长沙。9月10日，第1团占领朱溪厂后，即越过平江、修水边界，占领了平江县龙门厂。此时，收编的第4团邱国轩部突然叛变，埋伏在距长寿街15里的金坪附近。在1团路过金坪攻打长寿街时，邱国轩叛军对我军发起突然袭击，我1团2营全部被打垮。经过两个小时激战，1团撤出战斗，向浏阳方向转移。第2团于9月10日晚从安源出发，向湖南醴陵进军。11日拂晓，第2团抵达萍乡城下并发起攻击，由于守军兵力和装备都较强，又从宜春调来增援部队，第2团迅速主动撤离了萍乡，向老关方向前进。9月12日，占领老关车站并乘火车向醴陵进发。在醴陵渌江桥与敌军展开了激战，并很快占领了醴陵城。15日，工农革命军第1军第1师第2团在醴陵县城召开群众大会，成立了醴陵县革命委员会，之后第2团向浏阳挺进。

9月9日，毛泽东亲临工农革命军第1军第1师第3团的驻地——江西省铜鼓县肖家祠，点燃了秋收起义的火炬。11日晚攻克白沙镇，随即向离白沙约20里的东门市进发，于12日占领了东门市。第3团进驻东门市后，开展了群众工作和惩处土豪劣绅的斗争。自9月9日以来，工农革命军攻克了许多地方，但由于反动力量较强，加之起义部队缺乏作战经验，第3团在东门市受到了优势敌人的伏击，伤亡较大；第2团于15日占领了浏阳后被敌人包围，在突围中损失殆尽。针对这种情况，9月14日晚，毛泽东在浏阳县的上坪召开了干部会议并分析了形势，果断地决定放弃原来攻打浏阳直取长沙的计划，并向各起义部队发出命令，到浏阳县南乡的山区小镇文家市集中待命。9月18日、19日两天，各路秋收起义部队先后到达文家市集中。9月19日，毛泽东到达文家市，于当晚在里仁学校召开了前敌委员会会议，批评了当时担任工农革命军师长余洒度顽固坚持直取浏阳攻打长沙的错误意见，确定到敌人统治力量较薄弱的罗霄山脉中段发动群众，建立革命根据地。9月20日上午，毛泽东在里仁学校操坪上向各路起义部队发表了重要讲话，号召大家到敌人统治力量较薄弱的农村去建立根据地，积聚和发展革命力量。之后，毛泽东率领秋收起义部队离开文家市，向罗霄山脉中段的井冈山进军。

9月22日晚，起义部队到达江西萍乡的芦溪镇，第二天拂晓，遭到江西敌军两个团兵力的袭击，我军仓促应战，突破了重围，但损失不小，秋收起义部队总指挥卢德铭在战斗中光荣牺牲。此时，一些投机分子和革命意志薄弱的人，在严重的挫折面前动摇了。毛泽东指挥部队翻越武功山，向敌人防守薄弱的莲花进军，9月25日，起义军一举攻克了莲花县城。26日，部队继续向南挺进。29日，部队到达永新县的三湾村。当晚，毛泽东召开了前敌委员会会议，总结了大革命中党领导武装斗争的经验教训，分析了部队的思想政治情况，提出了改编工农革命军的计划。此时部队兵员不足千人。三湾改编，首先，对部队进行了组织整顿，将原来的一个师缩编成1个团，称为工农革命军第1军第1师第1团，下设1、3两个营和1个特务连，共7个连，缩编后多余的干部，组成一个军官队与卫生队，直属团部领导；其次，确立了党对军队的绝对领导原则，建立了党的各级组织，班有小组，连有支部，营、团有党委，连以下各级设置了党代表，并成立了党的"前敌委员会"，由毛泽东担任书记，整个部队由党的前委统一领导；最后，实行了军队内部的民主制度，成立了士兵委员会，废除烦琐礼节，实行经济公开，建立了新型的官兵关系。

10月3日清晨，毛泽东率领着缩编后的工农革命军从三湾出发，终于到达了宁冈县的古城，主持召开了古城会议，总结了秋收起义的经验，研究了建立根据地等问题。10月7日，起义部队进驻茅坪，建立了工农革命军留守处和医院。10月下旬，部队进入井冈山的大小五井和茨坪。

毛泽东领导的秋收起义和向井冈山的伟大进军，开辟了在农村建立革命根据地、以农村包围城市、最后夺取城市的道路，将中国的革命引向胜利，是无产阶级革命史上的伟大创举。

## 【毛泽东评说】

一、湘南特别运动以汝城县为中心，由此中心进而占领桂东、宜章、郴州等五县，形成一政治形势，组织一政府模样的革命指挥机关，实行土地革命，与长沙之唐政府对抗，与湘西之反唐部队取得联络。此湘南政府之作用有三：

（一）使唐在湖南本未稳定之统治，更趋于不稳定，激起唐部下之迅速分化。

（二）为全省农民暴动的先锋队。

（三）造成革命力量之中心，以达推翻唐政府之目的。

二、军事方面：

（一）请中央命令彭湃同志勿将现在汝城之粤农军他调。

（二）浏平军干人立即由郭亮率领赴汝城。

（三）江西革命军中调一团人赴汝城。

     ——《湘南运动大纲》，《毛泽东军事文集》第一卷，第4—5页。

湖南民众组织比广东还要广大，所缺的是武装，现已适值暴动时期，更需要武装。前不久我起草经常委通过的一个计划，要在湘南形成一师的武装，占据五六县，形成一政治基础，发展全省的土地革命，纵然失败也不用去广东而应上山。……

     ——《湖南民众组织更需要武装》，《毛泽东军事文集》第一卷，第6页。

一、湖南的秋收暴动的发展，是解决农民的土地问题，这是谁都不能否认的。但要来制造这个暴动，要发动暴动，单靠农民的力量是不行的，必须有一个军事的帮助。有一两团兵力，这个暴动就可起来，否则终归于失败。二、暴动的发展是要夺取政权，要夺取政权，没有兵力的拥卫去夺取，这是自欺的话。我们党从前的错误，就是忽略了军事，现在应以百分之六十的精力注意军事运动，实行在枪杆上夺取政权，建设政权。

     ——《湖南秋收暴动要有军队帮助》，《毛泽东军事文集》第一卷，第7页。

【评析】

1927年，毛泽东在汉口举行的中共中央紧急会议（即八七会议）上的发言中批评了我党"不做军事运动专做农民运动"的错误，明确指出"比如秋收暴动非军事不可"，"须知政权是由枪杆子中取得的"。随后毛泽东起草的《湘南运动大纲》，经中共临时中央政治局常委会议讨论通过。大纲中的"湘南的特别运动"，就是指秋收起义。后来此计划未能实施。8月9日，毛泽东在中共临时中央政治局第一次会议上讨论湖南问题时的发言中，指出："湖南农民组织比广东还要广大，所缺的是武装，现已适值暴动时期，更需要武装"，并提出如果湘南暴动失败"也不用去广东而应上山"。8月18日，毛泽东在改组后的中共湖南省委第一次会议讨论湘南暴动问题的发言中，又强调指出："要发动暴动，单靠农民的力量是不行的，必须有一个军事的帮助"，并强调"实行在枪杆上夺取政权，建设政权"。之后，毛泽东便到湖南省东北部和江西省西北部领导农民、工人和一部分北伐军，成立一支工农革命军。9月9日起在修水、铜鼓、平江、浏阳一带举行秋收起义。10月，毛泽东率领起义部队到达井冈山地区，成功地创立了中国第一个农村革命根据地，这支部队和在朱德、陈毅带领下的南昌起义余部会合起来，成了我党掌握的第一支武装力量，这便是中国人民解放军的前身。所以秋收起义虽然失败了，但它在中国革命史上和人民军队的发展史上都有不可磨灭的历史功勋。毛泽东在当年写的一首词《西江月·秋收起义》这样写道：

"军叫工农革命，旗号镰刀斧头。匡庐一带不停留，要向潇湘直进。地主重重压迫，农民个个同仇。秋收时节暮云愁，霹雳一声暴动。"

这首词热情地讴歌了秋收起义，生动形象地表现了工农革命军在秋收时节起义。这样的暴动，对国民党反动派来说像晴空打一声霹雳，威力无穷。字里行间表现了诗人对革命的赞美和由这种赞美所体现出来的博大革命襟怀。

# 中央根据地第一次反"围剿"

## 【战例】

南昌起义余部和湘赣边界秋收起义部队会师后，建立了中国第一个革命根据地——井冈山革命根据地。全国各地相继爆发的革命武装起义，又陆续建立了一些革命根据地。到1930年，中国共产党在全国已建立了中央革命根据地、湘鄂西革命根据地、鄂豫皖革命根据地等十几个革命根据地。各地工农红军在艰苦的战斗实践中，已由弱小的小部队发展成为集中、正规的红军，总兵力已达10万余人。工农红军和革命根据地不断发展壮大。

1930年10月，蒋介石在结束了同冯玉祥、阎锡山等新军阀的中原大战之后，迅速调集兵力，组织对红军和苏区的围攻。蒋介石令其驻江西的第9路军总指挥鲁涤平，组织对红军第一方面军和中央苏区的第一次大规模"围剿"，企图消灭革命武装，摧毁革命根据地。

中央苏区，是以赣南瑞金为中心的一块红色革命根据地，是毛泽东、朱德带领红四军于1929年初从湘赣边界的井冈山根据地进军赣南时逐步开创起来的，是第二次国内革命战争时期我党最大的一块革命根据地。1930年6月，红四军发展为红一军团，活动在湘鄂赣的由彭德怀、滕代远率领的红五军与红八军等整编为红三军团。8月23日，红一军团和红三军团在湖南浏阳永和会师，根据中共中央指示，组成工农红军第一方面军，并成立了总前委，朱德任总司令，毛泽东任总政治委员兼总前委书记，红一方面军亦称中央红军，总兵力4万多人，下辖红一军团（辖红三军、红四军、红十二军、红二十军）和红三军团（辖红五军、红八军、红十六军）共7个军。中央红军是全国各革命根据地红军中战斗力最强、人数最多的部队。

1930年10月23日，蒋介石在汉口主持了湘鄂赣三省"围剿"会议，任命江西省政府主席兼第9路军总指挥鲁涤平为陆海空军总司令兼南昌行营主任，第9路军第18师师长张辉瓒为前线总指挥。这次参加"围剿"我中央革命根据地的敌军有：朱绍良的第6路军（辖第8师、第24师、第45师、第56师、新编独立第14旅）、鲁涤平的第9路军（辖第18师、第50师、第77师、第28师、新编第13师）、蒋光鼐的第19路军（辖第60师、第61师、独立第32旅、第12师第34旅）以及3个航空队等共11个师另3个旅，10万人的兵力。10月底，敌军各部向南昌、临川及其以南的樟树镇、丰城、宜春和赣州等地集结。11月2日，分为3个纵队从北、东、西三面，采取"分进合击""并进长追"的战法，向我中央革命根据地发动了全面进攻。

10月31日前后，红一方面军总前委在新余县罗坊召开会议，讨论了面临的形势和部队的行动，决定采取毛泽东提出的以"诱敌深入"的战略方针去对付敌人的反革命"围剿"。11月1日，红一方面军总部命令红军主力东渡赣江，撤至靠近赣南根据地北部边界的樟树、抚州、乐安、永丰一带。这是红军的第一次主动撤退。11月5日，鲁涤平将先到的国民党军队7个师零1个旅分为三个纵队，分别向赣江西岸红军进攻，因红军东渡而扑空，于是又转向东岸进攻。红军各部按照红一方面军总前委的决定，继续南撤，于11月26日退至东固、南垄、龙冈地区。12月1日，红军主力秘密转移至战略退却预定终点黄陂、小布、安福圩、平田一带地区隐蔽待机。为诱使敌人上钩，红军总部派出红十二军第35师执行佯动诱敌任务，以引诱敌军南下。鲁涤平准备在吉安、泰和与赣州以东，永丰、乐安、南丰以南地域形成包围圈，从江西吉安至福建建宁一线，用9个师零3个旅的兵力分为6个纵队，由北向南进攻，企图将红军消灭在东固一带。

12月16日，敌军分为三路向根据地进攻：左路为毛炳文的第8师与许克祥的第24师；中路是谭道源的第50师；右路为张辉瓒的第18师和公秉藩的第28师；刘和鼎的第56师驻守福建建宁，罗霖的第77师驻守江西吉安。国民党军进攻的主力部队是张辉瓒的第18师和谭道源的第50师。敌各路部队从北面和东面向南进犯我根据地中心区，至12月28日，从北面进攻的敌军5个师先后占领了根据地中心区的一些重要地方：张辉瓒的第18师进占南龙，谭道源的第50师占领了源头，许克祥的第24师占领了洛口，公秉藩的第28师占领了东固，毛炳文的第8师占领了头陂。敌军在向我根据地进犯途中未遭遇到我红军主力，公秉藩师于12月20日前最先到达东固。敌人深入，战线拉长，造成了红军反攻的条件。12月24日，红一方面军在黄陂召开了总前委会议，讨论部署反"围剿"的各项任务。会议决定：实行中间突破，先打张辉瓒师或谭道源师。当时敌谭道源师准备向小布进犯，小布地形复杂，敌军是孤军深入，红一方面军总部命令全部红军于26日拂晓前去小布埋伏，在运动中消灭敌人。红军在小布等候一整天未见敌人出动。27日，红军又去小布等候了一天，仍未见敌军出动，只好再次忍耐撤回。由于敌谭道源师在源头阵地居高临下龟缩不出，毛泽东、朱德等红一方面军领导决定向左翼集中全部兵力，准备在龙冈一带山区设置战场，歼灭敌张辉瓒的第18师。12月29日，敌前线总指挥、第18师师长张辉瓒率师部及两个旅向龙冈进犯，急于同我红军主力决战。龙冈地区地形条件和人民群众条件均对我军有利，况且敌军又是孤军冒进。29日，红军主力秘密转移到距龙冈圩约30里的君埠及其以北地区，准备打击进至龙冈的张辉瓒师。

12月29日晚，毛泽东、朱德等红一方面军领导人得知敌先头部队已到达龙冈圩，即命令：黄公略率红三军担任对龙冈之敌的正面攻击，同时以右翼部队从东和东北方向向龙冈推进；罗炳辉率红十二军从左侧迂回至敌后的西南部，切断龙冈敌军的西逃之路，并从敌军后攻打龙冈；林彪率红四军、彭德怀率红三军从西北方向龙冈推进。30日拂晓，红三军占领了正面阻击阵地，向敌军两侧迂回的部队也在行进中。30日清晨，敌张辉瓒师从龙冈圩出发，向龙冈东南的君埠进犯。当其先头部队戴岳旅刚进入黄竹岭山地时，就遭到我红三军第7师的迎头痛击。张辉瓒得知消息后，认为是红军游击队的短时阻击，便命令戴岳向我红七军阵地猛攻。我红三军在军长黄公略的指挥下，以第8、第9两师向敌军两侧发动猛烈攻击。战斗至下午，红四军与红十二军迂回到龙冈西面和西南面，红三军团同时占领了上固和附近的阵地，切断了敌军西北方向的增援和龙冈敌军的逃跑之路，将敌张辉瓒师紧紧地包围起来。下午4时左右，在大雾弥漫之中，我各路红军向被围之敌发起了总攻，经过激烈的战斗，全歼敌第18师师部和两个旅共9000余人，活捉了敌师长张辉瓒。前来增援的公秉藩第28师中途听到张师失败的消息，逃回了东固；敌张辉瓒师留守南龙的朱耀华旅逃往富田。

红军龙冈大捷后，敌军纷纷东撤。敌谭道源第50师于1931年1月2日晨离开源头，分两路向东北方转移，企图抵达东韶，向许克祥第24师和毛炳文第8师靠拢。第50师在逃跑途中遭到红军的一路截军、尾追，损失严重。2日午后陆续到达东韶，并急忙构筑工事。1月3日拂晓，红军主力各部从西、南、北三面对敌军展开了攻击。3日下午，红军攻占了东韶街外敌人最大的制高点——黄泥寨，敌师部处于红军的火力控制下。下午4时左右，红军全线发起猛攻并迅速突破了敌军各处阵地，共歼灭敌军1个多旅，活捉敌军3000余人，敌第50师师长谭道源率残敌向东北方向逃跑，一直逃至抚州。至此，中央红军胜利地打破了国民党军对中央苏区的第一次"围剿"。

第一次反"围剿"，从1930年12月30日至1931年1月3日，红一方面军共歼灭敌军1个半师16000余人，缴获各种武器13000多件，是红军向运动战转变过程中首次取得胜利的第一个战略性战役，也是红军首次实践毛泽东提出的"诱敌深入"作战方针，并取得战胜优势敌人的一个典型战例。

**【毛泽东评说】**

十年以来，从游击战争开始的一天起，任何一个独立的红色游击队或红军的周围，任何一个革命根据地的周围，经常遇到的是敌人的"围剿"。……

红军的活动，采取了反"围剿"的形式。所谓胜利，主要地是说反"围剿"的胜利，这就是战略和战役的胜利。反对一次"围剿"是一个战役，常常由大小数个以至数十个战斗组织而成。……

敌人的"围剿"和红军的反"围剿"，互相采用进攻和防御这两种战斗的形式，这是和古今中外的战争没有两样的。……这里的规律，是"围剿"和反"围剿"的规模一次比一次大，情况一次比一次复杂，战斗一次比一次激烈。

——《中国革命战争的战略问题》，《毛泽东选集》第一卷，
第192—193页。

到了江西根据地第一次反"围剿"时，"诱敌深入"方针提出来了，而且应用成功了。

——《中国革命战争的战略问题》，《毛泽东选集》第一卷，
第204页。

一旦敌人大举向我进攻，红军就实行所谓"求心退却"。退却的终点，往往选在根据地中部；但有时也在前部，有时则在后部，依照情况来决定。这种求心退却，能够使全部红军主力完全集中起来。

——《中国革命战争的战略问题》，《毛泽东选集》第一卷，
第208页。

第一次"围剿"时，敌人以约十万人之众，由北向南，从吉安、建宁之线，分八个纵队向红军根据地进攻。当时的红军约四万人，集中于江西省宁都县的黄陂、小布地区。

当时的情况是：（一）"进剿"军不过十万人，且均非蒋之嫡系，总的形势不十分严重。（二）敌军罗霖师防卫吉安，隔在赣江之西。（三）敌军公秉藩、张辉瓒、谭道源三师进占吉安东南、宁都西北的富田、东固、龙冈、源头一带。张师主力在龙冈，谭师主力在源头。富田、东固两地因人民受AB团欺骗一时不信任红军，并和红军对立，不宜选作战场。（四）敌军刘和鼎师远在福建白区的建宁，不一定越入江西。（五）敌军毛炳文许克祥两师进至广昌宁都之间的头陂、洛口、东韶一带。头陂是白区，洛口是游击区，东韶有AB团，易走漏消息。且打了毛炳文、许克祥再向西打，恐西面张辉瓒、谭道源、公秉藩三师集中，不易决胜，不能最后解决问题。（六）张、谭两师是"围剿"主力军，"围剿"军总司令江西主席鲁涤平的嫡系部队，张又是前线总指挥。消灭此两师，"围剿"就基本上打破了。两师各约一万四千人，张师又分置两处，我一次打一个师是绝对

优势。（七）张、谭两师主力所在的龙冈、源头一带援近我之集中地，且人民条件好，能荫蔽接近。（八）龙冈有优良阵地。源头不好打。如敌攻小布就我，则阵地亦好。（九）我在龙冈方向能集中最大兵力。龙冈西南数十里之兴国，尚有一个千余人的独立师，亦可迂回于敌后。（一〇）我军实行中间突破，将敌人的阵线打开一缺口后，敌之东西诸纵队便被分离为远距之两群。基于以上理由，我们的第一仗就决定打而且打着了张辉瓒的主力两个旅和一个师部，连师长在内九千人全部俘获，不漏一人一马。一战胜利，吓得谭师向东韶跑，许师向头陂跑。我军又追击谭师消灭它一半。五天内打两仗（一九三〇年十二月三十日至一九三一年一月三日），于是富田、东固、头陂诸敌畏打纷纷撤退，第一次"围剿"就结束了。

> ——《中国革命战争的战略问题》，《毛泽东选集》第一卷，
> 第 216—218 页。

对于第一、二、三、四次"围剿"，我们的方针都是歼灭战。每次歼灭的敌人对于全敌不过是一部分，然而"围剿"是打破了。

> ——《中国革命战争的战略问题》，《毛泽东选集》第一卷，
> 第 237 页。

## 渔 家 傲
### 反第一次大"围剿"
#### （一九三一年春）

万木霜天红烂漫，天兵怒气冲霄汉。雾满龙冈千嶂暗，齐声唤，前头捉了张辉瓒。

二十万军重入赣，风烟滚滚来天半。唤起工农千百万，同心干，不周山下红旗乱。

> ——《毛泽东诗词集》，第 33 页，中央文献出版社 1996 出版。

## 【评析】

为了总结第二次国内革命战争的经验，1936 年，毛泽东专门写了《中国革命战争的战略问题》，系统地说明了有关中国革命战争战略方面的诸

问题。在第四章，他提出"围剿"和反"围剿"是中国内战的主要形式，而且指出它的基本规律是："'围剿'和反'围剿'的规模一次比一次大，情况一次比一次复杂，战斗一次比一次激烈"。在这部理论著作中，毛泽东还从不同角度，对第一次反"围剿"的经验进行了总结。在《战略退却》一节中，肯定了第一次反"围剿""诱敌深入"方针的成功运用和"求心退却"把红军全部力量集中起来了。在《反攻开始问题》一节中，具体详细地分析了第一次反"围剿"这个战例，总结了慎重初战之"原则"。在《歼灭战》一节中，又强调"我们的方针都是歼灭战"，等等。

第一次反"围剿"，创造的作战经验，主要是：

一、运动战的初步实践。由于敌人 10 万大军来势汹汹，我军只有 4 万余人，不到敌军的一半，如果拼阵地战，肯定要吃大亏。于是我军采用大踏步后退，在运动中伺机歼敌，收到了成效。

二、诱敌深入的成功。根据敌强我弱的形势，红军贯彻毛泽东提出的"诱敌深入"的方针，把敌人引诱到我革命根据地腹部，地形复杂的山地——龙冈圩，又乘大雾弥漫之机向敌发起猛攻，很快歼灭了张辉瓒部。

三、及时改换作战目标。红军原拟计划设伏先打敌 50 师，由于该敌狡猾，始终不脱离其居高临下的阵地，红军两次北进设伏，又两度忍耐撤回，后来在龙冈终于捕捉到了歼灭张辉瓒的战机。

四、慎重初战。初战必须打胜，必须照顾全战计划，必须照顾下一战略阶段，是在反攻开始打第一仗时，不可忘记的三个原则。

总之，第一次反"围剿"，是工农红军由游击战发展到运动战的战略转变中，首次取得的一个胜利的战役，也是红军首次成功地运用毛泽东提出的"诱敌深入"的作战方针，以弱胜强的一次成功的歼灭战。

第一次反"围剿"，打得很好，旗开得胜，毛泽东高兴地写了《渔家傲·反第一次大"围剿"》，既抒发了粉碎敌人第一次反革命"围剿"的胜利和自豪，又表现了对粉碎敌人新的"围剿"的昂扬斗志和必胜信心。

# 中央根据地第二次反"围剿"

## 【战例】

红一方面军在取得龙冈、东韶战斗胜利后，即转入战略进攻，向广昌、宁都、永丰、乐安、南丰等方向展开攻势，消灭了部分敌人。1931年3月7日，红一方面军总政治部发布了《为粉碎敌人第二次"围剿"的宣传和教育大纲》。3月上旬，方面军总前委在小布赤坎召开了会议，部署了发展经济、巩固红色政权等一系列工作，并制订了周密的迎击敌人再次进攻的计划。第一次"围剿"的惨败，使国民党军队对红军开始感到畏惧。蒋介石为了保存自己的实力，仍未动用其嫡系部队，又从中原调集部队参加"围剿"，计有：王金钰的第5路军（辖5个师）、孙连仲的第26路军（辖3个师）、蒋光鼐的第19路军（辖3个师1个旅）、朱绍良的第6路军（辖5个师），另调3个师3个旅及3个航空队，加上鲁涤平第9路军的新建第18师和第50师，共约20多个师20万人的兵力，改派军政部长何应钦任总司令。1931年3月下旬，国民党各路军先后南下，在泰和、张家渡、吉水、永丰、乐安、宜黄、八都、康都等地分别集结，在中央根据地北面成弧形展开，采取"稳扎稳打、步步为营""齐头并进"的战略，对我中央革命根据地展开了第二次"围剿"。

这时，红一方面军仍是第1、第3两个军团，约3万人。经过第一次反"围剿"的锻炼和胜利后的养精蓄锐，斗志旺盛。在得知敌军的"围剿"活动即将开始，3月23日，红一方面军总司令部命令：北部红军主力除留红三军团和第3军各约一个师的兵力，采取运动防御战以阻止进攻敌军外，主力部队向南转移至宁都周围的广昌、石城、瑞金、龙冈地区进行整训和筹措给养。

4月1日，敌人"围剿"攻击开始，分四路向我中央根据地进犯：左路为朱绍良的第6路军第5师、第24师、第8师、第56师；中路为孙连仲的第26路军第27师和第25师；右路为王金钰的第5路军第28师、第47师、第43师、第54师；西南方为敌第19路军的蔡廷锴第60师、戴戟的第61师和马锟第12师第34旅，向兴国、于都一带进攻。至4月23日，敌军各路部队先后到达兴国东北、富田、永南、严坊、广昌等地。

4月中旬，中共苏区中央局在赣南宁都的青塘河背村召开了军事会议，会议作出了"诱敌深入，坚持内线作战"的决定。毛泽东等方面军领导人根据各路敌军的特点和地理环境，提出了"集中兵力，先打弱敌"，而后由西向东各个歼灭敌军的作战方针，主张先打王金钰的第5路军。4月23日，红军主力秘密东移到龙冈、上固、东固地区集结，待机歼敌王金钰部右翼进占富田、固破圩一带的公秉藩的第28师和上官云相的第47师。王金钰所属各部新从北方调来，容易对其取得胜利，但王金钰部却坚守工事不出。为将敌人引出工事，在运动中予以歼灭，红军主力在东固山林待命20多天，未见其动静。这时，敌蔡廷锴的第19路军已从龙冈头、江背洞一带北移至城冈，直接威胁着红军的左翼；王金钰部的郭华宗师从吉水的水南东移至百富，直接威胁着红军的右翼。毛泽东、朱德等方面军领导人坚持原定的作战方案不变，派红七师和红三十五师各1个团在兴国的枫边、城冈、方太、崇贤一带，阻击敌第19路军；红三十五师1个团在潭头附近钳制郭华宗师；红军主力在原地又等了5天。

5月12日，王金钰的第5路军指挥部命令：第47师由富山经九寸岭、观青岩向东固进犯；敌第28师由固破圩经山坑、中洞、头陂、东固岭向东固推进。5月13日，敌第28师、第47师王冠英旅分别从富田、固破圩向东固进犯。红军总部得知敌情后，即命令：红三军为中路，沿东固至中洞前进，伏击敌公秉藩第28师；右路为红四军、红十二军，分两路抢占九寸岭和观音岩，从正面阻击敌第47师王冠英旅；左路为红三军团，从左侧绕至敌后攻击富田、固陂圩敌人据点，切断敌军后退之路。5月16日，当敌第28师行至中洞时，遭我红三军的阻击，敌军措手不及，无力反击，很快就被全部消灭。与此同时，由于敌第47师王冠英旅已先红军抢占了九寸岭和观音岩，红四军与红十二军趁敌军立足未稳，于16日午后2时发起强攻，打垮了敌人。红三军团攻占了富田。16日下午3时左右，战斗结束，共歼敌第28师大部和敌第47师一个旅大部，俘敌7000多人，缴获各种枪支5000枝、炮30多门。中洞、九寸岭战斗的胜利，揭开了红军第二次反"围剿"的序幕。

5月17日，各路红军在富田地区会合，开始从富田向东集中兵力各个击破敌人。红军右翼部队到达源头，向敌郭华宗第43师发动进攻；敌郭华宗向水南市逃跑，但因渡河浮桥被拆除，转而向白沙逃去。同时，敌上官云相第47师残部也从富田逃至白沙。18日，红军左翼红三军、红四军向水南市之敌发起攻击，敌郭华宗师的一个团被击溃，其残部也逃至白沙。我军乘胜追击，于19日将白沙包围。敌郭华宗率其部突围逃跑，但被红军堵住。红军很快占领了白沙周围的制高点，歼灭了敌郭华宗的第43师和第47师一个旅的残部。位于白沙东面沙溪、藤田的敌郝梦龄第54师向北逃至永丰；西南面的敌第19路军也从城冈圩撤至兴国，不久又逃往赣州。5月21日，红军总司令部发布了攻打敌高树勋第27师的命令。第27师为孙连仲第26路军右翼，奉命西进增援沙溪的郝梦龄第54师，在中村与红军相遇。敌主力占领了中村周围高地进行顽抗，红三军团于5月23日晨向敌阵地发起攻击，但因地形不利以及敌人火力凶猛未能奏效。23日下午，红四军第12师从中村右侧包抄过去，与正面红军配合实行夹攻，敌阵地遂被突破，歼灭了敌第27师师部及1个旅的大部，第27师师长高树勋率残敌逃走。敌右翼孙连仲的第25师向宜黄逃跑，朱绍良的第6路军各师于5月23日从头破、白水镇等地向广昌、南丰逃窜。

5月25日，红一方面军在宁都与广昌交界处的洛口圩严坊村召开总前委会议。会议由毛泽东主持，决定红军主力于26日开赴广昌西北的古竹集结，准备攻打敌毛炳文第8师、许克祥第24师、胡祖玉第5师。

5月26日，红军各部迅速开赴古竹一带。此时敌军3个师共14个团的兵力几乎全部集中在广昌一带构筑工事。红一方面军决定由红一军团从北、西、南三面夹击敌军：红三军为左路，一部攻打广昌，一部攻打广昌北部的甘竹，切断南丰敌人增援广昌的通路，并寻机夺取南丰；红四军作为中路，从西南方攻打广昌；红十二军作为右路从南面攻打广昌。

5月27日，红一军团各部从三面向敌人发动进攻，并很快突破敌前沿阵地，重伤敌第5师师长胡祖玉，于当晚收复了广昌城，歼灭敌第5师1个团。敌刘和鼎第56师盘踞在建宁，是敌人在福建实力最雄厚的部队，号称"福建第一师"，下辖4个团，7000余人。

5月28日，红一方面军总前委在广昌沙子岭召开会议，会议决定：红一军在广昌休整；红十师北上追击逃敌并佯攻南丰，以迷惑福建建宁的敌第56师；红三军团随方面军总部东进，歼灭建宁敌第56师。

5月30日晨，红三军团和红十二军向建宁外围敌军阵地发起进攻。红三军团迅速摧毁了敌外围阵地，红十二军占领了城南制高点并切断了敌军向宁化的退路。下午2时，红三军团突破了建宁城西门和北门，红十二军突破了城南门，敌军纷纷往城东逃跑。红三军团1个师迅速从濉溪下游渡河迂回至广昌东门，控制了万安桥，逃跑敌军遂全部投降。

此次战斗，红军共歼灭敌第56师3个多团。至此，第二次反"围剿"战役胜利结束。红军在攻占建宁后乘胜追击，解放了福建西部的泰宁、邵武、光泽、顺昌、宁化等县，扩展了中央革命根据地的东部地域。

中央革命根据地第二次反"围剿"战役，从1931年5月16日起至30日止，共计15天，红军五战五捷，共歼灭敌人3万余人，打破了国民党军队20万兵力对中央苏区的第二次"围剿"。

第二次反"围剿"胜利之后，毛泽东又诗兴大发，写了《渔家傲·反第二次大"围剿"》：

> 白云山头云欲立，白云山下呼声急，枯木朽株齐努力。枪林逼，飞将军自重霄入。
>
> 七百里驱十五日，赣水苍茫闽山碧，横扫千军如卷席。有人泣，为营步步嗟何及！

诗人以气吞山河之势，淋漓酣畅地描绘了一幅豪壮雄奇的图画，既是一页辉煌的史诗，又是一曲壮丽的凯歌。

## 【毛泽东评说】

一、中国革命浪潮日益高涨，必然引起反革命一致的进攻，特别是进攻红军与苏区。可是反革命营垒中的矛盾，已随着全国经济政治的危机与革命进展而益加尖锐，势将爆发为战争。目前中国红军应以最高限度的坚决集中力量，配合群众武装打破敌军围攻，争取第二次进攻的胜利，建立巩固的苏维埃政权，并向外发展。

二、目前敌军的行动似以宁都为目标，步步为营地向我军前进。

——《战前部队集中的命令》，《毛泽东军事文集》第一卷，第 216 页。

二、本方面军为各个破敌，巩固苏区，向外发展起见，决心先行消灭进攻东固之敌，乘胜掩击王金钰属全部，努力歼灭之，以转变敌我攻守形势，完成本军目前的任务。

——《消灭进攻东固之敌的命令》，《毛泽东军事文集》第一卷，第 221 页。

第二次"围剿"时的情况是：（一）"进剿"军二十万人，何应钦为总司令，驻南昌。（二）和第一次"围剿"时一样，全部是蒋之非嫡系部队。以蔡廷锴的第十九路军、孙连仲的第二十六路军、朱绍良的第六路军为最强或较强，其余均较弱。（三）AB 团肃清，根据地人民全部拥护红军。（四）王金钰的第五路军从北方新到，表示恐惧，其左翼郭华宗、郭梦龄两师，大体相同。（五）我军从富田打起，向东横扫，可在闽赣交界之建宁、黎川、泰宁地区扩大根据地，征集资材，便于打破下一次"围剿"。若由东向西打去，则限于赣江，战局结束后无发展余地。若打完再东转，又劳师费时。（六）我军人数较上次战役时虽略减（三万余），然有四个月的养精蓄锐。基于以上理由，乃决找富田地区的王金钰、公秉藩（共十一个团）打第一仗。胜利后，接着打郭、打孙、打朱、打刘。十五天中（一九三一年五月十六日至三十一日），走七百里，打五个仗，缴枪二万余，痛快淋漓地打破了"围剿"。当打王金钰时，处于蔡廷锴、郭华宗两敌之间，距郭十余里，距蔡四十余里，有人说我们"钻牛角"，但终究钻通了。主要因为根据地条件，再加敌军各部之不统一。郭师败后，郝师星夜逃回永丰，得免于难。

——《中国革命战争的战略问题》，《毛泽东选集》第一卷，<br>第 218 页。

人民这个条件，对于红军是最重要的条件。这就是根据地的条件。……所以当敌人大举进攻红军时，红军总是从白区退却到根据地来，因为根据地的人民是最积极地援助红军反对白军的。……所以"退却终点"，在过去江西反对第一、二、三次"围剿"时，都选在人民条件最好或较好的地区。

——《中国革命战争的战略问题》，《毛泽东选集》第一卷，<br>第 207 页。

对于几乎一切都取给于敌方的红军，基本的方针是歼灭战。只有歼灭敌人的有生力量才能打破"围剿"和发展革命根据地。

——《中国革命战争的战略问题》，《毛泽东选集》第一卷，<br>第 237 页。

## 【评析】

第一次反"围剿"胜利以后，蒋介石调集 20 万兵力，以何应钦任总司令，改用"稳扎稳打、步步为营"的战略，兵分四路向我中央根据地扑来，我中央红军便开始了第二次反"围剿"作战。毛泽东和朱德指挥这次战役。第一次反"围剿"刚结束，1931 年 1 月 16 日，毛泽东、朱德便发出了"粉碎第一次'围剿'后分散筹款的命令"，要求"方面军决于本月内继续积极筹款，备足给养，以便照原计划歼灭敌人"。3 月 17 日毛泽东、朱德联合发出《为争取第二期作战胜利军事上应准备工作》，总结第一次反"围剿"的经验、教训，布置了第二次反"围剿"的准备工作。23 日又发出《移动队伍整顿训练并筹款的命令》。4 月 19 日发出战前部队集中的命令，指出"目前敌军的行动似以宁都为目标，步步为营地向我军前进"。为此确定红军的相应对策是："决心以极迅速行动首先消灭王金钰敌军，转向敌军围攻线后方与敌军作战，务期各个消灭敌军，完成本军任务。"5 月 13 日，下达《消灭进攻东固之敌的命令》。东固之敌即王金钰的敌第 47

中央根据地第二次反『围剿』

师。提出的作战目标是："本方面军为各个破敌，巩固苏区，向外发展起见，决心先行消灭进攻东固之敌，乘机掩击王金钰属全部，努力歼灭之，以转变敌我攻守形势，完成本军目前的任务。"5 月 14 日发出《消灭王金钰公秉藩两师的命令》。在毛泽东、朱德的指挥下，粉碎了敌人的第二次"围剿"。对于第二次反"围剿"的经验，毛泽东在《中国革命战争的战略问题》一文中有详细论述，兹不重复。这次战役创造的新经验是：

一、诱敌深入，先打弱敌。毛泽东分析，敌人四路来攻，但来敌全不是蒋介石嫡系部队，内部不统一，除了蔡廷锴、孙连仲、朱绍良几个军外，其余都较弱。而王金钰的第五路军新从北方调来，害怕红军，不习惯山地作战，是诸敌中最弱的一支。郭华宗、郝梦麟也大体如此。毛泽东权衡全局，决定由西向东打，第一仗先打王金钰，以便一胜而震撼全线，然后从敌人后方联络线上横扫过去。这样，战役结束时，就可以在闽赣边境扩大根据地，征集资财，为打破下次"围剿"作好准备。如果从东向西打，打到赣江东岸，战役结束后便没有发展余地。毛泽东把部队摆在根据地前沿东固一带，东固一带四面环山，其西北方向之九层岭、观音崖尤为险峻峭拔。越过这几座高山，就是富田。红军在四周山上修筑工事，占据有利地形，待王金钰脱离其富田坚固阵地，然后出击。但由于敌人在第一次"围剿"中吃了冒进的苦头，这次只蹲在工事里呐喊，就是不出击。红军一直隐蔽在东固一带，耐心等待了 20 多天，王金钰才向东固进犯，红军一举歼灭王金钰的第 28 师和第 47 师一个旅的大部，首战告捷。接着向东横扫过去，连连得手。此役共打 5 仗，红军五战五捷，战绩辉煌。

二、钻通"牛角尖"，跳出包围圈。在战斗打响之前，敌蔡廷锴第十九路军与郭华宗师已分别进至我军的左右两翼，对我军形成钳击之势。如果我们执行原定的作战方案，对从富田出动的敌人实施攻击，就必须穿过蔡、郭两敌之间仅仅 50 华里的空隙，形势十分严峻。有人认为这种打法太冒险，是钻牛角尖。毛泽东认为，情况并没有发生根本变化，坚持预定的打法并不是钻牛角尖；即使是牛角尖，也要把它钻通，并且也能够钻通。后来当敌王金钰部来犯时，红军果然从蔡、郭两敌之间的"牛角尖"中钻过去，向脱离巢穴的正面之敌王金钰部扑过去。

三、地方部队的帮助，人民群众的支持。第二次反"围剿"的准备工作中，把组织地方武装，提高群众觉悟放到重要地位。当时把整个中央苏区划为10个游击区，统一组成5路赤卫大军。为了掩护主力部队集结，把各路赤卫军、县区的独立团及警卫营、连等地方武装、各地少先队等都动员起来，向云集苏区的敌人，展开了大规模的游击战：扰敌、堵敌、截敌、诱敌、袭敌、毒敌、侦敌、捉敌，搞得敌人懵头转向，日夜不安。就在这种声势浩大、活跃非常的群众武装掩护下，我主力部队迅速完成了集结，加紧整顿训练，养精蓄锐，随时可歼来犯之敌。此外，我部队的隐蔽待敌达20多天，竟没有走漏一点消息；我红军从两敌之间宽仅50里的牛角尖中钻过去，敌人也一无所知，这些全靠人民群众的保密和支持。

　　第二次反"围剿"，红军仍然打得很好，15日之间，横扫700里，歼敌3万余人，缴枪2万余枝，取得了伟大胜利。毛泽东高兴地写了《渔家傲·反第二次大"围剿"》来记述此役，抒发战斗豪情。

# 中央根据地第三次反"围剿"

## 【战例】

国民党对中央根据地第二次反革命"围剿"失败后，蒋介石立即部署了第三次大规模的"围剿"。1931 年 6 月 21 日，蒋介石到达南昌，改组南昌行营并自任"围剿"军总司令，从各地调集大批军队，开始动用其嫡系部队。这次进攻中央根据地的敌军序列和部署是：右翼集团军，第一军团（蒋光鼐的第 19 路军 3 个师）、第二军团（孙连仲的第 26 路军 2 个师）、第三路进击军（上官云相的第 5 路军 2 个师），自吉安、永丰、乐安向南进攻；左翼集团军，第三军团（朱绍良的第 6 路军 3 个师）、第四军团（蒋鼎文部）、第一路进击军（赵观涛的第 6 师）、第二路进击军（陈诚部的 2 个师）等，以南丰为中心向南转西进攻；1 个师和 1 个攻城旅组成预备军在抚州待命；2 个师和一个旅组成守备军在吉安、泰和、万安、赣州驻守。蒋军共计 18 个师和两个独立旅约 30 万人的兵力，并调来 5 个空军队协同作战。蒋介石任命何应钦为前敌总司令官兼左翼集团军总司令，广东省主席陈铭枢为右翼集团军总司令，进攻主力部队为左翼集团军中的嫡系陈诚、罗卓英、卫立煌、赵观涛、蒋鼎文等 5 个师约 10 万人。这次"围剿"，蒋介石一改"步步为营，稳扎稳打"的战法为"长驱直入"的快速突进，企图先击破红军主力，而后再清扫我中央根据地。

1931 年 7 月 1 日，敌军开始向我中央根据地大举进犯，相继占领了中央根据地的兴国、富田、固破圩等地，并继续向东固、小布、龙冈、黄陂一带推进。蒋嫡系陈诚部的 3 个师于 7 月 2 日占领黎川，13 日占领广昌，19 日占领宁都，又经龙冈、富田进至赣江东岸，在中央根据地中心地域绕了个大圈子。此时，我红军主力正在闽西和闽赣边界一带地区，以建宁为中心的泰宁、宁化、归化等地进行发动群众和筹措经费、给养、军事训练等工作。红军总兵力仍是红一方面军第一军团、第三军团，仅 3 万人左右，连续经过两次反"围剿"战争，部队未能得到休整和兵员补充，且远离根据地中心。根据这种情况，方面军总部决定仍采取诱敌深入的战略，以一部分兵力在地方武装配合下钳制和迟滞敌人前进，红军主力于 7 月 10 日前后从闽西北出发，经福建安远、宁化、长汀和江西的瑞金、曲阳、银堆等地至兴国，行程约千里，于 7 月下旬回到了群众条件较好的、赣南兴国西北的高兴圩地区集结。蒋介石发现红军向西转移到兴国地区后，于是将其第一梯队的 10 多个师分路由北向南、由东由西发起进攻，企图将红军消灭在赣江东岸。根据敌人动向，毛泽东、朱德、彭德怀等人决定采取"避敌主力，打其虚弱，乘胜追歼"的方针对敌作战：第一阶段，红军由兴国向北经万安从富田突破敌人，而后由西向东在敌后方联络线上横扫过去，置敌主力于赣南无用武之地；第二阶段，当"敌回头北向，必甚疲劳，乘隙打其可打者"。

7 月 31 日，红军主力部队按计划由兴国向富田方向开进，当到达泰和县沙村一带准备突袭富田敌军时，被敌人发觉并先于我红军到达富田。红军以独立第 5 师在北面继续牵制敌人，主力部队仍返回高兴圩一带待命。8 月 4 日，红一方面军首长决定采取中间突破，命令红军主力向兴国东面的莲塘、永丰县的良村和宁都县北的黄陂方向突进，首先打击正向莲塘前进的敌上官云相第 47 师。为了迷惑敌人，红 35 军和红十二军第 35 师以及部分地方武装伪装主力向西佯动，引诱敌军向西面良口、万安方向追击。当晚，红军主力秘密从敌第一进击军（赵观涛师）与第四军团（蒋鼎文师）所在的江背洞、兴国地域和敌第一军团（蒋光鼐师与蔡廷锴师）所在的崇贤、方太地域之间的 20 公里空隙中迅速东进，于 8 月 6 日拂晓到达了莲塘地区。8 月 6 日晚，敌上官云相第 47 师谭子钧旅进入红军设在莲塘附近的伏击区，红军对敌发起突然进攻并控制了周围的制高点。7 日晨，红军向被围的敌谭旅发起总攻并全歼之。敌师长上官云相派出一个多旅的兵力前来增援，被红军阻击部队击退。莲塘一战，红军共歼灭敌一个多旅并活捉敌副旅长刘寿荣。紧接着，红一军团东进良村，将敌第三进击军指挥部及敌第 54 师歼灭大部。

敌第三军团周浑元的第 5 师是离良村最近的敌军，正进占龙冈坪。敌第 5 师在得知敌第 47 师和第 54 师惨败的消息后，加修工事并请求增援。红军总部派红三军实行佯攻迷惑敌人，红一军团、红三军团和红七军向东急速进军，准备突袭正向宁都、黄陂收缩的敌毛炳文第 8 师，于 8 月 10 日下午到达黄陂附近。

8 月 11 日，红一军团、红三军团在火力掩护下向敌毛炳文第 8 师阵地发起了连续冲击，很快攻占了黄陂外围的制高点——罗山寨。红一军团从正面攻击，红三军团实行两翼包抄，于当日中午发起了总攻，采取兵力集中、炮火集中的打法，经过两个小时的激战，红军攻占了黄陂并全歼敌第 8 师约 4 个团的兵力。至此，红一方面军从 8 月 7 日的莲塘战斗开始，经良村战斗到 8 月 11 日黄陂战斗结束，历时 5 天，连续取得了三战三捷的巨大胜利。敌军主力部队在红 35 军和红十二军第 35 师的引诱下，向西和西南方向急进，辗转于兴国以北的山中寻找红军主力决战。当红军主力在东部给敌军一连串沉重打击后，敌人才发觉我红军主力已经东去。8 月 9 日，蒋介石急令所有西进部队调头东进，以密集大包围的队形向红军集结地黄陂、君埠扑来，企图与红军主力决战。8 月 12 日，敌赵观涛第 6 师和卫立煌第 10 师进入黄陂。三天后，敌第 26 路军孙连仲第 27 师与第 6 路军许克祥第 24 师也进入黄陂；与此同时，敌第 19 路军蔡廷锴第 60 师、戴戟的 61 师与韩德勤的第 52 师到达南坑、北坑一带地区；敌罗卓英第 11 师和陈诚第 14 师抵达君埠附近。此时约有 20 万兵力的敌精锐部队从东、南、北三面对红军形成了大包围的形势，红军主力处境十分险恶。8 月 13 日，红一方面军总部在畅斋村召开高级军事干部会议，会议决定：红军以一部向东北方向诱敌，主力部队秘密地向西突围到兴国地区集结。当夜，红军第十二军向东北方向的乐安、宜黄佯动牵制敌主力，红军主力于拂晓前进入兴国境内。直到半个月后，各路敌军连续尾追、合围红军都扑了空，才发现所追的不是红军主力，待要再转头西进时已被红军拖得疲惫不堪。9 月初，敌南昌行营被迫下令总退却，各路敌军纷纷后撤。

此时，红军主力已在兴国的枫边、白石、均村等地休整了半个月。当红军总部得知敌蒋鼎文第 9 师、第 19 路军的 2 个师和韩德勤的 1 个师开始从兴国县城及其附近地区向吉安撤退时，即命令红军各部乘胜追歼逃敌。9月6日，红军各部分为三路向高兴圩、老营盘一带前进。7日，左路红三军在老营盘全歼了敌蒋鼎文第9师一个旅。右路红三军团抵达高兴圩后面，中路红一军团抵达高兴圩以北，向敌第19路军蒋光鼐、蔡廷锴两个师发起进攻。敌第19路军武器装备极为精良并占据了有利地形。红军攻占了一些高地后，因地形不利及敌火力封锁，与敌军形成对峙局面。战至天黑，敌军感觉形势对其不利，就连夜逃往赣州。红军继续分路追击逃军。9月15日晨，在东固山区方石岭，红军全歼韩德勤第52师和蒋鼎文第9师一部。至此，国民党对我中央革命根据地发动的第三次反革命"围剿"，又以未达到其战略目的而兵败撤退。

中央革命根据地第三次反"围剿"战争，从1931年7月1日起至9月15日止共历时75天，红军先后击溃了敌第47师、第54师、第8师、第9师、第52师、第60师、第61师共7个师，歼灭敌17个团，毙伤俘敌3万余人，缴获各种枪支两万多件。在这次反"围剿"中，红军以声东击西、灵活机动的战略战术和运动战的作战方式，击败了十倍于己的敌人，创造了以劣胜强的一个典范。

## 【毛泽东评说】

第三次"围剿"时的情况是：（一）蒋介石亲身出马任总司令，下分左右中三路总司令。中路何应钦，与蒋同驻南昌；右路陈铭枢，驻吉安；左路朱绍良，驻南丰。（二）"进剿"军三十万人。主力军是蒋嫡系之陈诚、罗卓英、赵观涛、卫立煌、蒋鼎文等五个师，每师九团，共约十万人。次是将光鼐、蔡廷锴、韩德勤三师，四万人。次是孙连仲军，二万人。余均非蒋嫡系，较弱。（三）"进剿"战略是"长驱直入"，大不同于第二次"围剿"之"步步为营"，企图压迫红军于赣江而消灭之。（四）第二次"围剿"结束至第三次"围剿"开始，为时仅一个月。红军苦战后未休息，也未补充（三万人左右），又绕道千里回到赣南根据地西部之兴国集中，时敌已分路直迫面前。在上述情况下，我们决定的第一个方针，是由兴国经万安突破富田一点，然后由西而东，向敌之后方联络线上横扫过去，让敌主力深入赣南根据地置于无用之地，定此为作战之第一阶段。及敌回头北向，必甚疲劳，乘隙打其可打者，为第二阶段。此方针之中心是避敌主力，打其虚弱。但我军向富田开进之际，被敌发觉，陈诚、罗卓英两师赶至。我不得不改变计划，回到兴国西部之高兴圩，此时仅剩此一个圩场及其附近地区几十个方里容许我军集中。集中一天后，乃决计向东面兴国县东部之莲塘、永丰县南部之良村、宁都县北部之黄陂方向突进。第一天乘夜通过了蒋鼎文师和蒋、蔡、韩军间四十华里空隙地带，转到莲塘。第二天和上官云相军（上官指挥他自己的一个师及郝梦龄师）前哨接触。第三天打上官师为第一仗，第四天打郝梦龄师为第二仗，尔后以三天行程到黄陂打毛炳文师为第三仗。三战皆胜，缴枪逾万。此时所有向西向南之敌军主力，皆转旗向东，集中视线于黄陂，猛力并进，找我作战，取密集的大包围姿势接近了我军。我军乃于蒋、蔡、韩军和陈、罗军之间一个二十华里间隙的大山中偷越过去，由东面回到西面之兴国境内集中。及至敌发觉再向西进时，我已休息了半个月，敌则饥疲沮丧，无能为力，下决心退却了。我又乘其退却打了蒋光鼐、蔡廷锴、蒋鼎文、韩德勤，消灭蒋鼎文一个旅、韩德勤一个师。对蒋光鼐、蔡廷锴两师，则打成对峙，让其逃去了。

  ——《中国革命战争的战略问题》，《毛泽东选集》第一卷，第218—220页。


  如果进攻之敌在数量和强度上都超过我军甚远，我们要求强弱的对比发生变化，便只有等到敌人深入根据地，吃尽根据地的苦楚，如同第三次"围剿"时蒋介石某旅参谋长所说的"肥的拖瘦，瘦的拖死"，又如"围剿"军西路总司令陈铭枢所说的"国军处处黑暗，红军处处明亮"之时，才能达到目的。这种时候，敌军虽强，也大大减弱了；兵力疲劳，士气沮丧，许多弱点都暴露出来。红军虽弱，却养精蓄锐，以逸待劳。此时双方对比，往往能达到某种程度的均衡，或者敌军的绝对优势改变到相对优势，我军的绝对劣势改变到相对劣势，甚至有敌军劣于我军，而我军反优于敌军的事情。江西反对第三次"围剿"时，红军实行了一种极端的退却

（红军集中于根据地后部），然而非此是不能战胜敌人的，因为当时的"围剿"军超过红军十倍以上。

> ——《中国革命战争的战略问题》，《毛泽东选集》第一卷，
> 第208—209页。

## 【评析】

1931年7月，国民党军发动对中央革命根据地的第三次"围剿"，蒋介石自任总司令，坐镇南昌指挥，调集30万兵力，采取"长驱直入"战略，由北向南朝我革命根据地扑来，妄图一举消灭我红军主力，然后再进行清剿。红军第一方面军在毛泽东、朱德的指挥下，实行诱敌深入，避敌主力，击其虚弱的作战方针，进行反"围剿"。在第二次反"围剿"后，1931年6月28日，毛泽东以总前委名义致信红军第一方面军政治部主任、中共闽赣边工作委员会书记周以栗和红军第12军政治委员谭震林，指出："根据各方面情况判断，敌军定会很迅速地向我们进攻。"之后，根据战役发展又及时地下达了一系列命令。7月24日，毛泽东、朱德下达了《消灭由赖村进攻之敌的命令》。7月31日命令红军"绕入敌后捣其后路"，先"夺取富田、新安"。8月3日，下达《消灭由崇贤进攻高兴圩之敌的命令》。8月8日又下令"消灭龙冈之敌"。8月17日发布《裁减行李马匹的通令》。9月11日，下达《转移阵地截击敌军的命令》，9月23日命令部队"开往福建工作筹款"。至此，胜利地粉碎了敌人的第三次"围剿"。对于此次反"围剿"的经验，毛泽东在《中国革命战争的战略问题》中进行了科学的论述，已引述如上。第三次反"围剿"的成功之处在于：

一、诱敌深入，避其主力。蒋介石30万大军压境，红军只有3万余人，在此众寡悬殊情况下，红军当然不能和敌人硬拼，而且不能使敌打着我主力部队。所以，红军采用诱敌深入方针，巧妙地调动敌人，把敌人"肥的拖瘦，瘦的拖死"。红军在由兴国向富田开进时，被敌发觉，并且敌抢先占领富田。红军只好返回高兴圩集中，改向兴国以东的莲塘，南丰县以南的良村和宁都以北的黄陂突击。为了隐蔽移动主力的这个战略意图，红军专门布置了红十二军和地方部队向西佯动。红十二军在罗炳辉军长和

谭震林政委的率领下，穿过敌人的缝隙之后，一路向北直插，国民党跟上了。红军故意走走停停，不把敌人甩得太远，保持不即不离的状态。白天敌人派飞机来侦察，红军就拉开距离，打开旗子。一路上红旗招展，烟尘滚滚，人喊马嘶，一支1万人的队伍，看起来像是几万人的大军。为了加深敌人的错觉，在我军行经的道路上，每逢岔路，就用白灰画上箭头，写上"三军团由此前进""四军由此前进"；到宿营地，只要会写字的，就都拿起粉笔号房子，见门就写："某团某连住此"，在显眼的地方还写上留言，落款是"某师某某"，名字都是胡编的，番号只要红军有的就行。这样，红十二军就把敌人的主力引了过来，我主力部队得以安全到达预定的地区开始整训。红十二军到东韶以北10里森林地区便埋伏起来；黑夜派一部分兵力佯攻东韶，敌人便以为红军主力来攻，怕被消灭，仓皇溃逃。我军当即歼灭后尾梯队一部，收复了黄陂、小布苏区。

二、抓住战机，勇猛歼敌。毛泽东抓住有利战机，发出"全军出击"的命令。8月7日突然在莲塘歼敌军47师一个多旅，接着在良村歼敌54师大部，8月11日，又在黄陂歼敌第8师4个多团，三战三捷，取得了辉煌的胜利。当蒋介石发觉我主力东去，急令向西"围剿"之敌合围我军时，红军以一部向东北方向诱敌，主力巧妙地跳出包围圈向西回到兴国地区。当敌发现红军转移再欲向西时，已经疲惫不堪，只得收兵。

反"围剿"胜利后，红军趁势转入反攻，先后攻打石城、长汀、雩都、会昌、武平、寻邬等县，开展群众工作，扩大红军，使红军和根据地都得到了很大发展，赣南、闽西两块根据地连成一片，形成一个完整的中央根据地，范围达到21个县境，面积5万平方公里，人口约250万，此为中央苏区的全盛时期。

在毛泽东、朱德等人的领导下，中央红军经过三次反"围剿"，取得了丰富的作战经验，逐步形成了一整套红军的作战原则。这些原则主要是：在敌人"围剿"开始之前，积极作好反"围剿"的准备；在强敌"围剿"开始时，一般是先实行战略退却，诱敌深入，造成反攻的条件，尔后转入战略反攻，打破敌人的"围剿"；在战略反攻时，慎重初战，实行歼灭战的指导方针，作战形式以运动战为主，并与游击战相结合，在战役战斗上实行速决战，集中优势兵力，各个消灭敌人等。这些作战原则，是在十六字诀的基础上形成的，是人民游击战争的经验总结，是以劣势装备战胜优势装备之敌人的作战原则，是毛泽东军事思想的重要组成部分。

# 直罗镇战役

【战例】

　　1935 年 10 月 19 日，中央红军在经过长征后到达了陕北，在吴起镇与红十五军团胜利会师。根据党中央的决定，11 月 3 日组成新的西北革命军事委员会，毛泽东任主席，周恩来、彭德怀任副主席。并将红十五军团编入红一方面军，彭德怀任司令员，毛泽东任政治委员，王稼祥任政治部主任，原第 1、第 3 军团合编成为第 1 军团，林彪任军团长，聂荣臻任政治委员，辖第 2、第 4 师和第 1、第 13、第 15 团；第 15 军团辖第 75、第 78、第 81 三个师和 1 个骑兵团，整个方面军 11000 余人。西北军委设后方办事处于安定县瓦窑堡，由周恩来兼后方办事处主任，管理前后方供给、粮食运输及后方工作。

　　党中央和红军长征胜利到达陕北后，国民党"西北剿总"为了打通洛川、鄜县与延安的联系，西边以 4 个师的兵力由甘肃的庆阳、合水沿葫芦河向陕北县方向进犯，东边以 1 个师兵力沿洛川、鄜县（今富县）大道北上，企图沿洛水实施南北夹击的战法，将红军消灭在洛水以西、葫芦河以北地区。为了粉碎敌人的进攻，毛泽东决定集中会师陕北的红军在直罗镇一带给敌人一个迎头痛击。根据毛泽东的部署，红一方面军准备首先歼灭沿葫芦河东进的敌人一至两个师，然后再各个歼灭其他敌人，以打破敌人的"围剿"，并向洛川、宜君、宜川、韩城以及关中、陇中一带发展。1935 年 11 月 6 日至 7 日，红一方面军进至鄜县西北老人仓、秋井子地区；红十五军团攻占了直罗镇以东的张村驿、东村等敌军据点，并派部分兵力围攻甘泉，引诱敌军东进。

　　11 月 19 日，西路国民党第 57 军留一个师守太白镇，主力 3 个师沿葫芦河东犯，其先头部队第 109 师进至黑水寺、安家川地区，敌第 57 军军部以及另外两个师也到达张家湾东西地区。毛泽东决定乘敌第 109 师冒进之机，在直罗镇首歼该部敌军。20 日下午，敌第 109 师由师长牛元峰带领先头部队在 6 架飞机的掩护下来到直罗镇。20 日晚，红一方面军（中央红军）抓住该师比较孤立突出的有利战机将其包围。次日拂晓，红一军团由北向南，红十五军团从南向北，对敌人发起猛攻。毛泽东、周恩来亲临前线指挥。21 日天刚亮，红一军团、红十五军团从直罗镇南北高山上向敌第 109 师发起了猛烈攻击，第 109 师敌军被夹在西边山中一条山谷里，激战近两小时，红军攻占第 109 师师部所在地直罗镇，下午 2 时，歼灭敌大部。敌第 109 师师长牛元峰逃至镇东头的小寨，指挥一个多营残敌负隅顽抗。红军遂以少数兵力围困第 109 师残部，并向东阻击由鄜县来援的敌第117 师，主力部队向西迎击敌第 57 军第 106 师、第 111 师。敌第 106 师、第 111 师在遭到红军阻击后于 23 日下午沿葫芦河西撤，红军跟踪追击在黑水寺歼灭了敌第 106 师一个整团，其余敌军退回太白镇，鄜县援敌第 117师也退回鄜县。23 日晚，被围困的敌第 109 师残部待援无望，师长牛元峰带领残部向西突围逃跑。红军于 24 日上午在直罗镇西南一座山上，将牛元峰及第 109 师残部一个多营全部歼灭，敌第 109 师师长牛元峰被活捉。至此，直罗镇战役胜利结束。

直罗镇战役从 1935 年 11 月 21 日至 24 日，中央红军与红十五军团共歼灭敌 1 个师零 1 个团，俘虏敌人 5300 余人，迫使敌第 57 军退回陇东、第 67 军 1 个师退出鄜县。直罗镇战役，彻底粉碎了敌人对陕北地区进攻的部署，同时也给中国共产党将全国革命的大本营放在西北，举行了一个奠基礼。

## 【毛泽东评说】

甲、方面军明（二十一）日有消灭直罗镇一带之敌一师至两师之任务。

乙、一军团于明四时出发，主力进至袁家山、直罗镇以北地区，由北向南突击之，以一个团进至老人山附近钳制敌后续队，于敌溃退时截击之，以侦察连向黑水寺佯动。

丙、十五军团由药埠头以北地区由南向北突击。

——《消灭直罗镇一带之敌》《毛泽东军事文集》第一卷，
第 382 页。

甲、在包围黑水寺整个解决董英斌的基本方针下，决以一军团主力进
至韩家河、甘沟门、王家庄他区，由荣臻率第一团、第十三团及侦察连进
至龙义湾、王家角及其以北地区，均于本日下午到达。

乙、十五军团应以一部包围直罗镇，保证消灭此敌，而以主力于明
（二十四）日一时出发，秘密离开现地移至下瓦房、孟家油房、水磨上、
孟坪寺、月亮山、二十里排、马渠寺沟地区，配合第一团、第十三团夺取
黑水寺、太白镇两点中间之三四十里地区，准备打击西面增援之敌。

——《一军团十五军团行动部署》，《毛泽东军事文集》第
一卷，第 390 页。

我们胜利的原因：

1. 两个军团的会合与团结（这是基本的）；

2. 战略与战役枢纽的抓性（葫芦河与直罗镇）；

3. 战斗准备的充足；

4. 群众与我们一致。

这四个条件决定了我们的胜利与敌人的失败。没有第一个条件，不
能取得这样伟大的胜利，不能使董英斌五个师（西边四师、东边一师）
在其先头百〇九师消灭后，主力即溃退，我军又于追击中消灭百〇六师
一个团，使百〇八、百十一两师不得不退到甘肃境内，东边侵入羊泉之
百十七师，不得不退回富县城。没有第二个条件，就不能取得这次胜利，
而让敌人占去了葫芦河与直罗镇。没有第三个条件，则部队没有休息训
练，士气与战斗力不能提到这样高；张村驿、东村等五六个民团土围子
不消灭驱逐，便不能荫蔽主力与便利战斗；没有团长以上的地形观察与
地形图测绘，便不能布置得这样适当，打得这样漂亮。没有第四个条件，
则荫蔽主力，搬运伤兵，供给粮食，都不能做得这样好。这四个条件是
造成这次大胜利的原因。

164

这次胜利的影响：

1. 使刚刚会合的南中北三支红军得到进一步的团结。……

2. 使我们能够利用时间去猛烈扩大红军。……

3. 巩固了苏区。……

4. 容许我们猛烈扩大苏区。……

5. 日本帝国主义正用炮火进攻华北，并吞全国，国民党正在南京开卖国大会。

6. 配合了全国红军与游击战争的胜利。……

7. 中央领导我们，要在西北建立广大的根据地——领导全国反日反蒋反一切卖国贼的革命战争的根据地，这次胜利算是举行了奠基礼。

8. 日本帝国主义不但要灭亡中国，并且还想进攻苏联的西伯利亚和灭亡蒙古人民共和国。……

> ——《直罗战役同目前的形势与任务》，《毛泽东军事文集》，
> 第一卷，第398—401页。

直罗镇一仗，中央红军同西北红军兄弟般的团结，粉碎了卖国贼蒋介石向着陕甘边区的"围剿"，给党中央把全国革命大本营放在西北的任务，举行了一个奠基礼。

> ——《论反对日本帝国主义的策略》，《毛泽东选集》第一卷，
> 第150页。

## 【评析】

直罗镇战役是中央红军到达陕北之后打的第一仗，它关系我党我军是否能在陕北立住脚的问题。因此，毛泽东和中央极为重视，对此役战场的选择、战机的捕捉、方针的制定和作战的部署，都及时作了具体安排。战役结束后，11月30日，毛泽东在陕西鄜县（今陕西富县）东村召开的红军第一方面军营以上干部大会上所作的《直罗战役同目前的形势与任务》的报告，高度评价了直罗镇战役的重大意义。在战斗进行中，毛泽东、周恩来都亲自到前线指挥战斗。毛泽东的指挥所就设在离直罗镇不远的一个山坡上。关于直罗镇战役的成功之处，正如毛泽东所指出的，主要有以下

五个方面：

　　一、两个军团的会合与团结。这是取胜的根本原因。没有红军第 1 方面军所属的第 1 军团和第 15 军的会合与团结一致，兵力就不够，就可能在歼灭敌先头部队第 109 师后，董英斌的其他两个师便退回甘肃境内，东边的敌第 117 师也退回鄜县城。

　　二、抓住战略与战役的枢纽。这个枢纽就是直罗镇与葫芦河。战前毛泽东派第 1 军团和第 15 军团团以上干部去侦察直罗镇一带地形，把战场选在直罗镇这个两山夹持的山谷小镇，镇北便是公路和葫芦河。我军在公路两侧山坡设伏，居高临下，这一地利发挥了很大作用。

　　三、战斗准备工作充分。为了打好会师后的第一仗，主力集结一起，养精蓄锐，积极投入战前的准备工作。各级干部层层深入，具体进行战斗组织。十五军团提出口号："打胜仗庆祝会师！""以战斗的胜利欢迎毛主席！"红军情绪高涨，以逸待劳。

　　四、群众的支援。由于我军做好了地方工作，战役得到了根据地人民群众的大力支援。

　　五、意义重大。毛泽东总结有八个方面，已见前引录。直罗镇战役，彻底粉碎了敌人对陕北根据地进攻的部署，给中国共产党经过长征之后把全国革命大本营放在西北的任务，举行了一个奠基礼。

# 平型关大捷

**【战例】**

　　1937年7月7日夜，驻北平丰台的日本华北驻屯军以军事演习为名在卢沟桥附近耀武扬威，并借口一名士兵失踪，要求进入宛平县搜查，中国驻军拒绝了日方的无理要求，日军就炮击我宛平县城和卢沟桥，并攻占了我平汉线铁路桥及其附近龙王庙等地。由日本发动的全面侵华战争爆发，中国人民反对日本军国主义侵略的正义战争就正式开始了。

　　8月14日，在全国抗日怒潮的推动下，国民政府发表《自卫抗战声明书》。中国工农红军为坚持民族抗日统一战线方针，经过与国民党较长时期的谈判，8月22日，国民政府公布了红军改编为国民革命军第8路军的命令，以朱德为总指挥，彭德怀为副总指挥，叶剑英为参谋长。以红一方面军第1、第15军团及陕北红军第74师等编为第115师，师长林彪，副师长聂荣臻，下辖第343旅、第344旅、独立团及数个直属营，共15000余人；以红二方面军及陕北红军第27军、第28军等部编为第120师，师长贺龙，副师长肖克，下辖第358旅、第359旅共14000余人；以红四方面军及陕北红军第29军、第30军等部编为第129师，师长刘伯承，副师长徐向前，下辖第385旅、第386旅共13000余人；由各主力红军抽调部分部队组成八路军后方留守处，萧劲光为主任。八路军全军共46000余人，先后开赴华北抗日前线，与国民党军一起抗击日本侵略军。

　　1937年8月，日军侵占北平（今北京）、天津后，兵分三路沿平汉、平绥、津浦线长驱直入，企图歼灭华北的国民党军队，以尽快解决中国战事。当时，在华北地区的国民党军队约有70万人，汤恩伯的第13军及高桂滋的第17军担任平绥线防御，分别布防于南口、居庸关和赤诚、龙关一带；宋哲元的第1集团军和刘峙的第2集团军分别担任津浦、平汉两线防御。

8 月 10 日，日本第 5 师团及第 11 师团沿平绥线向南口进犯，23 日攻占居庸关，25 日占领南口。中国军队的长城防线被突破后，9 月 12 日日军占领大同；沿津浦线发起进攻的日本第 10 师团，9 月 11 日占领马厂，10 月 3 日占领德州。9 月 14 日，日本第 6 师团和第 14 师团渡过永定河，向涿州、保定附近的中国守军发起进攻；第 20 师团由房山一带向易县攻击前进。9 月 24 日，占领保定；10 月 10 日，占领华北重镇石家庄。在日本侵略军的进攻面前，国民党军队节节败退，华北告急！

与此同时，向华北敌后挺进的八路军第 115 师于 9 月中旬抵达五台。9 月底，八路军第 120 师也到达神池。八路军总部及第 120 师第 359 旅同时进驻五台地区。第 129 师由韩城芝川镇渡过黄河，经山西侯马北进，9 月 30 日到达太原附近。此时，平汉线上的日本侵略军在占领石家庄后，即兵分两路：一路沿平汉线南进，于 11 月初相继占领了邢台、邯郸、安阳等重要城镇；一路以第 20 师团、第 109 师团为主力沿正太线向山西进攻。9 月中旬，沿平绥路向西进犯的日本华北方面军第 5 师团（板垣师团）及关东军一部转而南进，兵分两路向山西进犯：一路由大同沿同蒲线直趋太原，一路由广灵向灵邱、平型关等地进犯，企图完成晋东和晋东北作战，夺取内长城线上的平型关要隘，而后会同石太线日军向南攻占太原，以夺取山西并进一步解决华北战局。当时，国民党阎锡山将 10 余个师的兵力部署在平型关及内长城一线，由傅作义指挥抵抗日军的进攻。国民党的高桂滋第 17 军及刘茂恩第 15 军为左集团，分别驻守在团城口和凌云口、恒山一带；八路军第 115 师作为右集团，驻守在灵丘至平型关公路以南的山丘地带；阎锡山的晋绥军作为中央集团，担任平型关正面防守任务，总兵力达六七万人。

八路军第 115 师日夜兼程挺进至灵丘县境内的上寨、下关一线，决定利用平型关给突出冒进、企图西进平型关的日本板垣第 5 师团以坚决打击。9 月 22 日，日军第 5 师团第 21 旅团由灵丘向大营镇进犯，与当地的中国守军发生激烈战斗。八路军的部署是：以第 115 师第 343 旅第 685 团、第 686 团担任小寨至老爷庙地区的主要歼敌任务；以第 344 旅第 687 团在平型关以东河南至韩家湾一线，牵制与打击敌增援部队，切断敌人退路；以第 344 旅第 688 团为师预备队，并在必要时进至关沟方向，接应国民党军队由平型关西北方向的出击。

9 月 24 日，日军第 5 师团第 21 旅团进至平型关附近。我第 115 师主力冒雨秘密地由冉庄向平型关东北的白崖台前进，在小寨村至老爷庙公路附近设下埋伏。为了支援国民党友军的出击，第 115 师独立团、骑兵营在灵丘、涞源及灵丘、广灵间担任警戒，切断敌人交通线并阻击敌人的增援。24 日夜，第 115 师主力进至平型关东北山上的设伏地域，山下为灵丘通向平型关的谷道公路。25 日拂晓，秋雨放晴，日军第 5 师团第 21 旅团以百余辆汽车、200 多辆马车和火炮组成的 1000 余人的行军纵队，沿公路向平型关进犯。日本侵略军由于一路上未遇到国民党军的有力阻击，因此队形拥挤混乱，加上雨后道路泥泞，行动缓慢。上午，当日军全部进入伏击圈后，我军利用有利地形居高临下，突然开火。日军被我军分割成数段，压缩在一条长五六里的山谷中，无法展开兵力，陷入进退两难的困境。在我军密集火力打击下，敌车辆被击毁，日军顿时乱成一团，争相奔命。我军紧接着发起冲击，与日军展开肉搏战。战至上午 11 时 30 分，老爷庙一带日军全部被我军歼灭。

1937 年 9 月 23 日至 25 日的平型关大捷，我军歼灭日本板垣第 5 师团第 21 旅团一千余人，捣毁汽车百余辆、大车 200 余辆，缴获大批军用物资。平型关大捷，是八路军出师华北作战的第一个胜仗，也是抗日战争以来第一个战绩辉煌的歼灭战。平型关大捷，粉碎了日军不可战胜的神话，极大地鼓舞了中国军民的抗战信心，提高了中国共产党及人民军队的威望，推动了全国抗日运动的发展。

## 【毛泽东评说】

在作战上讲，十个月的经验证明歼灭是可能的，平型关、台儿庄等战役就是明证。日本军心已开始动摇，士兵不了解战争目的，陷于中国军队和中国人民的包围中，冲锋的勇气远弱于中国兵等等，都是有利于我之进行歼灭战的客观的条件，这些条件并将随着战争之持久而日益发展起来。在以歼灭战破坏敌军的气焰这一点上讲，歼灭又是缩短战争过程提早解放日本士兵和日本人民的条件之一。

另一方面，应该承认在技术和兵员教养的程度上，现时我们不及敌人。因而最高限度的歼灭，例如全部或大部俘获的事，在许多场合特别是在平原地带的战斗中，是困难的。速胜论者在这点上面的过分要求，也属不对。抗日战争的正确要求应该是：尽可能的歼灭战。

——《论持久战》，《毛泽东选集》第二卷，第 503——504 页。

二十五日平型关战役，除缴获汽车八十二辆，大炮一门，炮弹二千余发，步枪数百枝，打死敌人一千多人外，还包围了敌之高级司令部，缴获秘密文件甚多，其中有敌整个华北作战计划及标示目的之日文地图。被围残敌乘夜从晋军阵地突围而逃。是役晋军本约定二路出击，乃打至黄昏才出动，致未能全部消灭该敌。我军伤亡四百余人，内有副团长、副营长二三名。是役已将敌攻平型关计划破坏，但敌还从雁门关一带进攻。我游击支队正活动于灵丘、深源、蔚县之间，颇有缴获。敌用大兵团对付我游击队，还不知道红军游击战法。我们捷报发至全国，连日各省祝捷电甚多，其中有蒋介石、杨虎城、马鸿逵、范长江、龙云、孙而如，上海大公报，上海职业救国会，杭州、福州、湖北、广东、陕西、开封各省党部，武汉行营，开封绥靖公署，浙江、福建各省政府，浙江抗日后援会等。

——《平型关战役战果》，《毛泽东军事文集》第二卷，68 页，军事科学出版社、中央文献出版社 1993 年版。

## 【评析】

七七事变后，中国共产党领导的中国工农红军改编为八路军共 3 个师，迅速开赴山西抗日前线。毛泽东和中央军委根据当时我军弱小的实际，于 1937 年 9 月 12 日电示彭德怀，对"独立自主的山地游击战争基本原则"作了具体解释，指出它应包括四项内容：（1）依照情况使用兵力的自由。（2）红军有发动群众创造根据地组织义勇军之自由。（3）南京只作战略规定，红军有执行此战略之一切自由。（4）坚持依傍山地与不打硬仗的原则。9 月 17 日电示前线将领，对敌情作出判断，提出我之战略部署。9 月 19 日电示彭德怀，对八路军战略区域作出指示。9 月 21 日电示彭德怀

《坚持独立自主的山地游击战原则》，指出"今日红军在决战问题上不起任何决定作用，而有一种自己的拿手好戏，在这种拿手戏中一定能起决定作用，这就是真正独立自主的山地游击战（不是运动战）"。9月25日毛泽东电示朱、彭、任、周并告林彪，指出"使用我林师全部向北突击，依情况再分成无数小支，或分成二三个集团，向着恒山山脉以东以西以北广大地区敌之空虚侧后，举行广泛的袭击战。若在敌之主力尚未集中于其主要的攻击点，敌之后方尚未十分空虚之时，暴露红军目标，引起敌人注意，那是不利的"。在平型关大捷之后，10月1日毛泽东在给博古、叶剑英和潘汉年的电报中，及时通报了平型关大捷情况，肯定"是役已将敌攻平型关计划破坏"，指出"敌用大兵团对付我游击队，还不知道红军游击战法"。

平型关大捷是林彪、聂荣臻指挥第115师，所取得的抗战以来的第一个胜仗，其主要经验是：

一、有压倒一切敌人的勇气。七七事变后，日军很快占领北平、天津，继续扩大在华北的侵略战争，华北告急。日寇分兵三路，沿平绥、平汉、津浦铁路猖狂进攻。当时，在华北的70多万国民党军队，节节败退，造成一种对日寇的恐惧气氛。在这种失败气氛压倒一切的时候，一一五师指战员，敢于迎头痛击疯狂不可一世的日本侵略军，靠的是高度的爱国主义精神，昂扬的战斗意志，压倒一切敌人而决不被敌人所压倒的大无畏英雄气概和不怕牺牲的献身精神。

二、利用有利的地形地物条件。地形地物是战争胜败的重要外部条件。平型关战役的胜利，有利的地形条件起了不小的作用。一一五师把战场选在平型关东北一带山地，山下是灵丘通向平型关的山谷间公路，而且天刚下过雨，道路泥泞不堪。日军长驱直入，警戒性很差。当敌人进入我军的伏击圈后，我军突然开火，打敌人一个措手不及，顿时乱作一团，很快被截成数段，压缩在一条长五六里的山谷里，无法展开兵力，所以老爷岭一带的敌人很快被我军歼灭。

三、平型关大捷意义重大。平型关战斗歼敌千余，虽然不算是一个大的战役，但就当时的形势来讲，意义却非同寻常。它是抗战以来中国军队首次取得的胜利，而且这个胜利是中国共产党领导的装备极差的军队打胜的，这就打破了日军不可战胜的"神话"，大长了中国抗日军民的志气，大灭了日寇的威风，致使全国人民的精神为之振奋，有识之士对共产党及其所领导的军队刮目相看，蒋介石也发来了贺电，可谓影响极大，意义非常。

# 黄桥战役

## 【战例】

1938 年 1 月 16 日，日本侵略军占领南京，国民党当局派"反共专家"韩德勤担任江苏省主席兼任苏鲁战区副司令,控制了苏北敌后大部分地区。当时在苏北地区还有地方武装李明扬、李长江部和国民党税警总队宋子文系的陈泰运部，他们与韩德勤的武装彼此自成体系。1939 年通过陈毅做工作，新四军与李明扬、李长江等建立了初步的统一战线。1940 年 5 月，当新四军挺进纵队粉碎敌伪军"扫荡"后转移到郭村休整时，李明扬、李长江在韩德勤的唆使下，借口我军"侵占"了其防地，向新四军挺进纵队发动进攻。6 月 28 日，李长江指挥 13 个团的兵力向我郭村阵地发起突然进攻。在我苏皖支队配合下，我挺进纵队在郭村一带经过一周的激烈战斗，歼灭李长江部 3 个团，逼迫其向泰州退去。7 月 5 日，陈毅到达郭村，亲自出面与李明扬、李长江商谈并释放了俘虏，"二李"与我军重归于好。1940 年 7 月，为开辟苏北根据地，发展敌后抗战形势，新四军江南指挥部率领第 2 团、新6 团等部由苏南渡江北进，于 7 月初在苏北吴家桥与新四军挺进纵队、苏皖支队会合。新四军江南指挥部决定立即东进黄桥地区，以黄桥为中心建立抗日根据地，开辟泰（兴）、靖（江）、南（通）、如（皋）地区。

苏北地处长江下游及宁、沪侧面，地域辽阔、物产丰富、交通发达。黄桥镇位于江苏南通以西、泰兴以东的长江北岸，是向北、向东发展苏北抗日根据地的军事要地。苏北战场的成败与华中抗战前途关系极大，面对国民党韩德勤等部对华中新四军步步进逼的严重形势，中共中原局决定集中兵力首先解决苏北地区的问题。为了在黄桥地区歼灭国民党顽固派韩德勤部的主力，以打开苏北的抗战局面，1940 年 7 月下旬，党中央指示新四军将其江南指挥部改为苏北指挥部，以陈毅、粟裕为正副指挥，下辖第 1、

2、3 纵队共 9 个团 7000 余人，由江都大桥向黄桥挺进，一举占领黄桥，歼灭地方武装何克让主力约 2000 人。8 月初，党中央又电示陈毅等，要争取苏北名绅韩国钧及李明扬、李长江等与我们合作。新四军苏北指挥部占领黄桥后，即分头发动群众，建立抗日政权，实行减租减息，开展统一战线，争取地方爱国知名人士及开明士绅的理解与支持。

1940 年 9 月 2 日，中共中原局书记刘少奇电令黄克诚率八路军第 5 纵队南下盐城、东台、兴化，增援陈毅，击破国民党韩德勤主力。9 月 3 日，韩德勤令其主力第 117 师、独 6 旅及李明扬、陈泰运等部分两路向我军发动进攻，李、陈经我军争取，态度消极。9 月 13 日，我军攻占了苏北重镇姜堰，打破了韩德勤断我供应、将我军逐步压缩至沿江狭小地带的阴谋。

为了抢夺黄桥地区和消灭新四军，国民党韩德勤以其主力第 89 军（下辖第 33 师，第 117 师）和独立第 6 旅等 11 个团 15000 余人为中央纵队，以李明扬、陈泰运等为右翼纵队，地方保安队为左翼纵队，总兵力约 3 万人，9 月 30 日由淮安、宝应地区南下，向黄桥大举进犯。新四军苏北指挥部决定由第 3 纵队坚守黄桥，第 1 纵队、第 2 纵队集结于黄桥西北，决心在黄桥地区歼灭韩德勤部的主力。新四军第 1 纵队第 1 团从正面阻击韩的主力，佯装节节败退，引诱敌人。10 月 3 日，韩主力分多路向我军阵地猛扑。4 日，韩军第 33 师被我军引诱至黄桥东北前沿阵地，敌独立第 6 旅也到达黄桥侧翼。于是新四军苏北指挥部命令第 1 纵队乘敌独立第 6 旅首尾难顾的时机，将该旅在高桥一带分割开来；命令第 2 纵队迂回至敌人侧后，协同第 1 纵队作战，经过 3 个小时的激烈战斗，我军在八字桥全歼了敌独 6 旅，旅长翁达兵败自杀。10 月 4 日夜，新四军第 1 纵队、第 2 纵队乘胜追击，配合黄桥我第 3 纵队包围了敌第 89 军，并立即发起总攻，首歼敌第 89 军军部，军长李守维逃跑中落水，溺死河中。紧接着，我军收缩了对敌包围圈，战至 5 日，敌第 117 师大部被歼。6 日，我军在营溪又歼灭残敌一部，并攻占海安、东台等地。至此，敌第 89 军及独立第 6 旅全部被歼，韩德勤率其残部 1000 余人逃回兴化。10 月 10 日，根据党中央命令，由黄克诚率领南下的八路军第 5 纵队，在东台白驹镇与苏北新四军胜利会师。

黄桥战役，从 1940 年 10 月 1 日开始，至 10 月 6 日结束，共歼敌第

33 师师长及旅长以下 11000 余人。黄桥战役的胜利，使新四军的发展出现了根本性的转机，给国民党集团以极大的震惊，对进一步打开华中敌后抗战局面，打破国民党的限制，从根本上改变华中敌我力量对比和坚持长期抗战，都具有十分重要的作用和意义。

## 【毛泽东评说】

二、华中目前斗争策略，以全力对付韩德勤及苏北其他顽军，切实发展苏北。对李品仙应取守势并力争和缓，以防蒋桂联合对我，不要截断皖省从敌区运私货孔道。并请雪枫保护于学忠运饷弹道路，不要禁止通过，如通知我们时，我军应负责保护。

——《目前华中应切实发展苏北》，《毛泽东军事文集》第二卷，第 551 页，军事科学出版社、中央文献出版社 1993 年版。

无论何部向我进攻，必须坚决消灭之。只有消灭此等反共部队，才有进攻日寇之可能。你们的部署与决心是完全正确的，国民党任何无理责难都不要理他。陈部大胜振我士气，寒彼贼胆。惟韩冷尚有余力，我须集结力量沉着作战。黄克诚南下增援是完全正当的。

——《无论何部向我进攻必须坚决消灭之》，《毛泽东军事文集》第二卷，第 558 页，军事科学出版社、中央文献出版社 1993 年版。

（一）大局有变动可能，我们正争取停止汤李进攻。（二）你们目前一个短时间内的总方针是积极整军，沉机观变。只要军队能打是可以变被动为主动的，黄桥战役就是证明。—……

——《对苏北的作战部署》，《毛泽东军事文集》第二卷，第 583 页，军事科学出版社、中央文献出版社 1993 年版。

## 【评析】

1940 年下半年，不仅日本侵略军对我革命根据地加紧扫荡，国民党也逐渐将其反共活动的重点由华北转到华中，由八路军转向新四军。针锋相对，毛泽东和当时担任中央军委副主席的王稼祥致电彭德怀、胡服（刘少奇）等，提出《发展和巩固华中根据地的部署及策略》，指出："凡扬子江以北，淮南路以东，淮河以北，开封以东，陇海路以南，大海以西，统须在一年以内造成民主的抗日根据地。"5月5日电示项英、陈毅，指出新四军的主要发展方向是苏南苏北广大地区。7月12日又电示周恩来、刘少奇、项英、陈毅等："华中目前应切实发展苏北"，并指出："华中目前斗争策略，以全力对付韩德勤及苏北其他顽军，切实发展苏北。"根据这些指示，1940年7月，新四军进占黄桥地区，而伪江苏省政府主席及鲁苏战区副总司令韩德勤指挥3万余人向驻黄桥镇的新四军发动进攻，于是便发生黄桥战役。对于这次战役，10月9日毛泽东、朱德、王稼祥在致胡服、陈毅并告叶、项的电报中称赞说："陈部大胜振我士气，寒彼贼胆。"并指示说："无论何部向我进攻，必须坚决消灭之。"由上述可知，新四军苏北根据地的建立和黄桥战役的胜利，都是遵照毛泽东和中央军委的指示取得的。黄桥战役的主要成功之处在于：

一、佯装败退，引诱敌人。黄桥战役时，韩德勤指挥其顽军14个团气势汹汹地杀奔黄桥，新四军在陈毅、栗裕的指挥下，以第3纵队坚守黄桥，以第1纵队第1团正面阻击，且战且退，引诱敌人，将敌第33师诱至黄桥东北前沿阵地，敌独6旅也进至黄桥侧翼。于是我军先将敌6旅分割围歼。接着包围敌89军主力，先歼其军部，又围歼其第117师。此役敌第89军及独六旅全部被歼，韩德勤只剩千余人逃窜。

二、统一战线工作的效应。抗日战争时期，国共两党建立了抗日民族统一战线。为贯彻这一方针，毛泽东提出发展进步势力，争取中间势力，孤立顽固势力。陈毅在苏北很好地贯彻了这一方针，1940年8月初，毛泽东曾电示陈毅：要争取苏北名绅韩国钧及李明扬、李长江与我们合作。早在1939年，新四军就与"二李"等建立了初步的统一战线。1940年5月，"二李"在韩德勤的唆使下向郭村进犯时，李长江部3个团被我歼灭，陈毅亲赴郭村与"二李"商谈并释放了俘虏。9月3日受韩德勤指挥向我进犯时，李明扬、陈泰运态度消极。此次黄桥战役中，李明扬、陈泰运部担任右翼，行动消极，减弱了敌人的攻击力量，有利于新四军集中兵力围歼韩顽主力部队，统一战线工作收到了明验大效。

# 百团大战

【战例】

百团大战，是抗日战争时期八路军向日伪军控制的正（定）太（原）铁路及华北主要交通线的大规模破袭作战，参战部队达105个团，史称"百团大战"。

1940年上半年，日军在华北推行"肃正建设计划"和以"以铁路为主，公路为链，碉堡为锁"分割封锁各抗日根据地的"囚笼"政策，加紧修筑石德、邯济、白晋等铁路线，在冀南以平汉线为依托，加修公路干线、支线。为打击日寇的"囚笼"政策，争取华北战局的好转，并影响全国抗战形势，八路军总部于1940年7月22日向各部队发出了《战役预备命令》，规定以不少于22个团的兵力，重点破击正太（正定至太原）铁路，同时对同蒲、平汉、津浦、北宁等铁路以及华北的一些主要公路线也部署适当兵力，展开广泛的破击，以配合正太铁路沿线的作战。8月8日，八路军总部下达《战役行动命令》，规定：晋察冀军区派出10个团破击正太路东段石家庄至阳泉（不含）段；第129师以主力8个团及总部炮兵团1个营破击正太路西段平定至榆次段；第120师以4至6个团破击平遥以北同蒲路及汾离公路，并以重兵置于阳曲南北地区，阻敌向正太铁路增援。战役从破袭正太路开始，随即扩及冀中、冀南、冀热察、晋绥、太岳等地区。八路军的参战兵力从开始的20多个团，迅速增至105个团，计晋察冀军区39个团，第129师（含决死第1、3纵队）46个团，第120师（含决死第2、4纵队）20个团，共20余万人。另外还有许多地方游击队和民兵参加作战。

百团大战从8月20日起，到12月5日基本结束，战役全过程分为三个阶段：

第一阶段，正太路东段战役。

1940年8月20日晚8时，晋察冀军区19个团、5个游击支队和两个独立营的兵力组成左、中、右纵队，分别向正太路东段的日军第8、第4混成旅团发起攻击。右纵队攻冀晋交界的要隘娘子关，歼敌一部。中央纵队向娘子关以东至井陉矿区进攻，在矿区工人的配合下，彻底破坏了矿区的主要矿井，迫使其停产达半年之久。左纵队向石家庄至微水间的日军据点发起进攻。第129师攻占了阳泉至榆次间敌人的若干重要据点。为了争夺阳泉西南狮瑙山阵地，我军与敌人激战6昼夜，杀伤了大量敌军。第120师部队破坏了忻（县）静（乐）、汾离公路及朔县至宁武间的同蒲铁路，攻占敌重要据点康家会。

八路军在正太路东段的奇袭行动，使敌人受到了极大的威胁，急忙从冀中、冀南抽调5000多人，从8月25日起，向正太路东段进行反扑。同时，同蒲路敌人也向正太路西段进行反扑。八路军进行破击已不可能，遂退出正太路。晋察冀军区根据战役进展和敌情的变化，以主力转向太原、寿阳、盂县以北，定襄、忻县以南发展。第129师以不少于4个团的兵力攻打平辽公路西侧，以两个团坚持阳泉以西及榆太地区的游击战争。第120师以不少于9个团的兵力开展忻县、太原、文交段工作，打通与陕甘宁边区及晋东南的通道。8月底，由榆次、石家庄、阳泉出发增援的数千敌人分两路向正太路沿线我军进攻，企图夹击我军。晋察冀军区主力集结于石太路的阳泉、井陉段以北地区；第129师主力集结于阳泉、寿阳段以南地区，打击增援敌人。此时，敌人大部队援兵已到，我军也已基本完成了正太路的作战任务。9月2日，八路军总部命令我军东移，准备下一步作战。晋察冀军区部队遂转入上、下社和盂北地区作战，于9月初包围歼灭了由上社南犯的敌军近200人。第129师转入破坏平辽公路。9月6日，在榆社西北的双峰包围了敌永野大队400余人，并击毙敌大队长。9月10日，正太路东段战役结束。此次战役从8月20日至9月10日共20天，我军歼灭敌900余人，攻克据点17个，破坏铁路、公路60余公里，桥梁18座。

第二阶段，涞（源）灵（丘）战役。

正太路东段战役结束后，百团大战即转入第二阶段的作战——继续破坏敌人交通线，重点是歼灭交通线两侧和深入根据地的敌伪据点：第129师进攻榆（社）辽（县）地区；晋察冀军区部队攻打涞源、灵丘地区；冀中部队攻打沧石、德石路；冀南部队进攻德石、邯济路；第120师进攻同蒲路朔县至原平段。

9月23日至10月4日，我第129师主力部队发起了榆辽战役，攻克了榆社城及榆辽公路沿线各据点。太岳军区部队对白晋路北段、同蒲路祁县至霍县段以及长治至潞城公路进行了破击。冀南军区部队破坏了平汉路高邑到彰德段。

涞源、灵丘地区，驻有日军第2混成旅团及伪军一部，涞源县驻有日军500多人。我晋察冀军区部队分为左、右两翼，首先进攻涞源及其附近各个据点。第1团、第2团、第3团、第20团、第25团、骑兵团以及第1军分区部队作为右翼部队担任主攻任务；第6团、第26团、察绥支队作为左翼部队担任掩护；挺进军第9团、第2军分区第4团担任对灵丘、平绥路东段敌军的阻击和牵制任务。

9月22日，我晋察冀军区主攻部队向涞源及周围据点同时发起攻击，但由于兵力分散，进展不大。23日，我军集中兵力，攻打外围各个据点，战至25日，攻克了三甲村、东团堡等十多处据点。28日，由涿鹿、蔚县等处调来增援敌军3000多人，我军主动撤出战斗。10月2日，我军向灵丘、涞源、广灵地区攻打日军第26师团。10月8日晚，各部队向该地区敌主要据点分头攻击，战至9日晚，各歼灭敌人一部。此时，大同、平汉线日军第110师团、第2混成旅团等，向我晋察冀根据地开始集中，我军于是放弃了攻夺涞源、灵丘。10月10日，结束了第二阶段战役。在战役二阶段开始时，我冀中部队除配合破坏沧石、德石等交通线外，还在任丘、大城、肃宁地区对敌伪军发动了攻势，攻克敌据点20多处；第120师对北同蒲路及汾离公路也进行了破坏。八路军第115师、山东纵队在山东，新四军第4纵队在皖东北，为配合百团大战，也对当面之敌发起了攻击。

在百团大战第二阶段，敌人重新调整了部署，增强了各交通沿线的守备兵力，并调集部队企图包围我军。10月初，敌人开始转入进攻，对我根据地进行疯狂的"扫荡"。八路军前方总部决定：晋察冀军区留正太路以北部队乘敌军南援机会，积极破路，配合第129师反"扫荡"作战，第120师在太原西南牵制敌人。百团大战转入第三阶段的反"扫荡"作战。

第三阶段，反"扫荡"作战。

根据八路军前方总部的指示，百团大战第三阶段的中心任务是进行反"扫荡"作战。1940年10月6日至10月17日，武安敌军800多人和进犯阳邑、辽县和武乡等地的敌军3000多人，分多路进攻榆社、辽县、武乡之间的浊漳河两岸地区，被八路军第385旅、第386旅、决死1纵队等部打得窜回原地。10月20日起至10月30日，敌伪军近万人"扫荡"我清漳河东西地区，并企图合击我中共北方局、八路军前方总部及第129师师部。10月26日，敌军500余人经关家垴向西进犯。我第129师主力根据前方总部的命令包围了该部敌军，经过一夜激战歼灭了敌人大部，剩余残敌60多人顽抗待援，我军亦受到较大的伤亡。10月31日，敌人援兵赶到，我军于是撤出战斗。从11月1日至11月11日，敌人发动了第三次"扫荡"活动，敌7000多人向我榆社、辽县地区进犯，我军主力部队适时转移，只以一部分兵力与敌军交战，敌人扑空后分路退回。从11月18日至12日上旬，敌军7000余人进犯我太岳区，企图包围沁源。我军主力部队钻出敌人包围圈，转移到沁河两岸。12月上旬，敌人分路退回。从10月6日至12月上旬，八路军第129师各部共打退了敌军对晋东南根据地的四次"扫荡"活动，歼灭了敌伪军约2800人。

1940年11月9日，涞源、易县、保定等地敌军约6000人进犯我北岳根据地第1军分区，合击管头、银场、黄土岭等地；完县、行唐、定县、正定等敌军约七八千人于11月13日进犯我军第一军分区，合击店头、军城、城南庄等地。我军主力部队和军区机关及时跳出了敌人包围圈，并歼灭了部分敌军。灵丘、涞源敌军进犯阜平以北时，阜平以北我军主力部队及时转至外线，以内外线紧密配合打击敌军。我军第2团、教导团和骑兵团不断在阜平以东及完县、望都、唐县之间从侧面打击敌人。11月21日，大营、王快、台怀的敌军包围了阜平，占领了阜平、王快、党城、灵山。25日，深入我边区内地的敌军在我军民的打击下，开始撤退。12月3日，敌人主力撤退后，我军对留守敌军展开了作战，至12月27日，共歼灭敌军 500 余人。1941 年 1 月 1 日，敌人被迫退出阜平。1941 年 1 月 4 日，我军收复了王快。在晋察冀北岳根据地反"扫荡"作战中，我晋察冀各部队共歼灭日伪军 6000 余人。

1940 年 12 月 10 日，敌日伪军 2 万多人先后由大武、岚县、离石、静乐、汾阳、文水、交城、宁武等 20 余地兵分多路，以兴县、临县地区及岢岚、静乐以南地区为重点，对我晋西北根据地进行了疯狂的"扫荡"。企图围歼我军主力部队和我党政领导机关。我军主力部队及首脑机关及时主动转移，敌军连连扑空并遭到我小部队的不断打击，不得不陆续退回。1941 年 1 月 15 日，反"扫荡"胜利结束。在晋西北根据地反"扫荡"作战中，晋西北我军共歼灭敌日伪军 2500 余人，并收复了"扫荡"初期被敌人占领的全部城镇。百团大战至此全部结束。

1940 年 8 月 20 日至 12 月底在华北进行的百团大战，是抗日战争时期中国共产党领导的敌后抗日军民对敌日伪军发动的一次大规模的破袭战。在百团大战中，八路军共歼灭日伪军约 25800 人（其中日军 20645 人，伪军 5155 人），活捉日伪军 18688 人（其中日军 281 人，伪军 18407 余人），日伪军投降 1892 人（其中日军 47 人，伪军 1845 人），攻克日伪军据点 2993 个，缴获各种火炮 53 门、枪 5940 余支等。百团大战的胜利，对华北敌后抗日根据地的发展和全国抗战运动的持续发展都起了重要的作用。百团大战，提高了我党我军的声望，为敌占区工作的展开及争取、瓦解伪军创造了有利的条件。但是，百团大战的进行，也过早地暴露了我军的军事实力，引起了敌人对我抗日根据地的大"扫荡"。

【毛泽东评说】

一、根据中央"七七"宣言与"七七"决定，八路军、新四军全部力量在目前加强团结时期，应集中其主要注意力打击敌人，应仿照华北百团战役先例，在山东及华中组织一次至几次有计划的大规模的对敌进攻行动。在华北即应扩大百团战役行动，到那些尚未遭受打击的敌人方面去，再在山东与华中方面继续扩大我军之力量，而给予二百万友军及国民党大后方与敌占区内千百万人民以良好的影响，给予敌人向重庆等地进攻计划以延缓的作用。

——《中央关于击敌和友的军事行动指示》，《百团大战》，
第13页，解放军出版社1991年版。

百团大战对外不要宣告结束，蒋介石正发动反共新高潮，我们尚须利用百团大战的声势去反对他。

——毛泽东：《百团大战不宣告结束》，《百团大战》，第14页，
解放军出版社1991年版。

百团大战不能说都不对；但是，罗荣桓不参加百团大战，集中力量抢占山东的地盘，这很了不起。

——转引自李智舜《毛泽东与十大元帅》，第219页，中共中央
党校出版社1993年版。


【评析】

百团大战是1940年在国际法西斯的势力猖狂一时，希特勒侵占了欧洲许多国家，日本侵略者叫嚷要迅速解决"中国事件"问题，一面在中国正面战场发动攻势，多方压迫国民党政府妥协投降，一面对我抗日根据地实行法西斯的"三光政策"和"囚笼政策"，全国人民迫切要求痛击日本侵略军，以摆脱抗战困境，争取时局好转的特定形势下发起的。

百团大战是由八路军总部统一策划和实施的，朱德总司令、彭德怀副总司令、左权参谋长以及刘伯承、聂荣臻、贺龙等都参加了指挥。战役胜利后，朱德、彭德怀、王稼祥、邓小平、贺龙、左权、杨尚昆等都曾著文祝贺。1940年9月20日，百团大战还在进行当中，中央书记处发出的《中央关于击敌和友的军事行动指示》中，号召"应仿照华北百团大战先例，在山东及华中组织一次至几次有计划的大规模的对敌行动"。在百团大战即将胜利结束时，毛泽东主席致电彭德怀，指示"百团大战对外不要宣告结束，蒋介石正在发动反共新高潮，我们尚须利用百团大战的声势去反对他"。但百团大战却过早地暴露了八路军力量，使日军侵略军集中主要力量对我华北各抗日根据地进行扫荡，给敌后抗战造成很大的困难。所以毛泽东说："百团大战不能说都不对。"但是，总的来看，毛泽东和我党我军

的许多领导人，都对百团大战的胜利和意义作出充分的肯定和评价。

一、沉重地打击了日本侵略者。百团大战对敌华北交通网进行总破袭，使正太路中断达一个多月之久，华北其他重要交通干线也数次中断；消灭了日寇的有生力量和敌伪势力，拔除了一批敌人深入抗日根据地内的重要据点，沉重地打击了日寇"以铁路为柱，公路为链，碉堡为锁"的"囚笼政策"和"以战养战"的计划及其嚣张气焰，打乱了日军的整个战略部署。

二、遏制了妥协投降的逆流。抗战以来，国民党消极抗日，积极反共，并一直有妥协投降派的阴谋活动。在汪精卫公开投敌之后，日本侵略者对蒋介石加紧了诱降活动，国民党内的妥协投降逆流又漫延开来，国民党顽固派用"八路军游而不击"，"专打友军，不打日军"等谎言来蛊惑人心。百团大战有力地揭露和遏制了国民党内这种妥协投降的逆流。

三、振奋了民族精神。百团大战期间，全国各救亡团体，群众团体纷纷举行祝捷会，向八路军送去慰问品和慰问信，全国许多报刊电台相继发表评论、社论，赞扬八路军"三军用命，人人奋勇"，说百团大战的胜利在"全局上的意义尤其重大"，"坚定了全国的抗战意志，而使一般动摇妥协的分子无从得逞"。百团大战有力地配合和支援了国民党军的正面战场，赢得了有正义感的国民党将领的好评，蒋介石也通令嘉奖。百团大战的胜利，大大增强了全国军民抗战胜利的信心和决心。

四、提高了共产党和八路军的声誉。百团大战的事实，使全国人民进一步认识到，中国共产党领导的八路军、新四军，是抗日的中坚力量，是中华民族的中流砥柱，是夺取抗战最后胜利的希望所在。因而赢得了国内外的一片赞誉，大大提高了中国共产党和八路军的声誉。同时，中国的抗战是世界反法西斯战争的一个组成部分，百团大战的胜利，也是对国际反法西斯斗争的一大贡献。

# 邯郸战役

【战例】

邯郸战役，又称平汉战役，是我军在抗日战争胜利后，为反击国民党军队向解放区的进犯，继上党战役之后举行的又一次大规模歼击战。

1945年9月，日本宣布投降后，国民党蒋介石为了抢夺抗战胜利果实，悍然对我解放区发动了进攻。9月10日至10月12日，晋冀鲁豫部队在山西上党地区粉碎了国民党军的进攻，歼敌35000余人，有力地配合了我党与国民党在重庆举行的谈判，促进了"双十协定"的签订。但"双十协定"签订后，蒋介石却背信弃义，除用美国军舰和飞机将部分军队运送至华北等地外，并令主力从陆路推进，向我解放区发动了更大规模的军事进攻，企图抢占平、津，夺取东北。10月中旬，国民党胡宗南部的第1、第3军和第16军经同蒲路和正太路开抵石家庄地区。孙连仲部的第30第40军和新编第8军共48000余人，在副司令长官马法五和高树勋的率领下，从新乡沿平汉路北犯，企图到石家庄和胡宗南部会合后继续北进。绥远的傅作义部也奉命沿平绥路东犯，并迫近张家口；沿津浦北犯的国军先头部队1个军，从徐州向济南前进。

为了抗击国民党军的进犯，粉碎其北进阴谋，我山东、华中主力以及地方部队在加紧向东北地区开进，在确保我军东北地区的战略展开的同时，中央军委决定由晋冀豫军区的部分兵力拦击沿同蒲路北犯的胡宗南部，并集中主要兵力歼灭沿平汉路北犯的孙连仲部。中央军委在1945年10月12日给刘伯承、邓小平的电报中指出："我们阻碍和迟滞顽军北进，是当前严重的战略任务。"在17日的电报中强调指出："这个战役的胜负，关系全局极为重大。"为了消灭这股敌人，党中央指示刘伯承、邓小平，除以太岳军区兵力阻击敌胡宗南部北进外，要在平汉线上发起一个邯郸战役（后又称平汉战役），并要刘伯承、邓小平亲自指挥、组织各个战斗，争取第二个上党战役的胜利。

晋冀豫军区为完成党中央交给的战斗任务，对敌我情况作了详尽的分析，认为敌人兵多，装备精良，长于防守，训练有素，但敌军从豫西调来，地理民情不熟，远离后方，供应困难，不善野战且急于求胜，有轻视我军的心理。尤其是敌军内部派系复杂，难以实施有效的协同。我军虽组成野战兵团不久，装备差，连续作战，未经休整，但我军控制了一段平汉线可作为诱敌深入的战场，特别是有根据地人民的全力支援，这些都是我军歼敌的有利条件。因此，晋冀鲁豫野战军决定，以第1、第2、第3纵队以及太行、冀南、冀鲁豫等三个军区的主力共6万余人和10余万民兵武装，准备在邯郸以南、漳河以北地区创造战机，连续作战，各个歼灭敌人。

为了便于集中力量从东西两面夹击敌人，我军以第1纵队和冀鲁豫军区部队组成东路军；以第2、第3纵队和太行军区、冀南军区部队组成西路军；以太行军区一部组成独立支队（相当于旅）和太行、冀鲁豫地方民兵在黄河以北至安阳之间，破坏交通，沿途袭击北犯之敌，迫使敌人留置大量兵力于安阳以南而不敢北进。

1945年10月23日至24日，我第1纵队在邯郸以南阻击敌人，迫使敌军进入我军预设战场，掩护我军主力展开，形成对敌人的三面包围之势。

敌先头部队孙连仲部的第30、第40军和新编第8军从新乡出动后，沿途虽遭我独立支队和地方武装的不断袭击和骚扰，但进程仍然较快。10月20日，敌先头部队已进至漳河边的岳镇、丰乐镇等地，开始架桥准备渡河。此时，我军主力尚未全部到达预定位置，只有东路军的第1纵队到达临漳地区。21日夜，我第1纵队部分兵力袭击敌先头部队，邯郸战役从此打响。22日，敌第40军在右，新八军在左，第30军在后，北渡漳河，新八军占领磁县，第40军沿临漳以南的铁路东侧前进。我第1纵队为了不让敌军进入邯郸，在邯郸以南的屯庄、崔曲、夹堤等地阻击敌人。10月23日，我第1纵队即和敌人展开激战，并击退敌人数次冲锋。24日，敌第30军、第40军和新八军全部渡过漳河，倾注全力北进。此时我军参战部队已基本赶到，第2纵队控制了邯郸及邯郸西南的罗城头、张庄桥、陈家岗地区；

第3纵队占领了车骑头、光禄镇以西地区；太行军区部队占领了磁县以西地区。至此，我军第1纵队以顽强的阻击，胜利地完成了将敌军钳制在预定战场和掩护我军主力集结的任务。我军完成了对国民军的三面包围。

我军于10月24日夜开始合围敌人，各部以三分之一的兵力袭扰敌人，对新八军进行政治攻势。27日，我军完成了对敌军的合围后，立即出击，向被围敌军发起攻击。我军独立支队控制漳河渡口，防敌军南逃；第2纵队以两个旅控制邯郸及其西南地区，阻止敌军进入邯郸；第1纵队和第3纵队主力分别从东西两面对敌军实施钳击。但由于部队初到，准备不足，当夜战果不大。

10月28日，我军后续部队到齐后，即决定于当日黄昏发起总攻。同时，晋冀鲁豫军区司令部对兵力部署作了调整，将第1纵队、第2纵队、冀南军区部队、冀鲁豫军区部队和太行军区一部等组成北集团，作为总攻突击队，重点消灭敌第40军的第166师。将第3纵队、太行军区第2支队和第17师组成南集团，控制敌第30军，并佯攻敌新八军。10月28日黄昏，我军全面对敌军发起总攻，北集团军由西往南进攻，南集团军由东南往西进攻。经过两天的激战，至30日，我军攻克村庄20多处，敌第40军第166师大部被歼，第39师也被歼一部；敌第30军的第27师、第30师和第67师也遭到我军严重打击。敌南北援军分别被我军阻隔于漳河以南和高邑附近。同时，高树勋率领新八军万余人在马头镇举行起义，这对敌军震动很大。在对敌军的围歼过程中，为了坚决歼灭被围敌军和援敌，中央军委和毛泽东急电冀晋军区司令赵尔陆，令其"率六个主力团南进，协同太行部队歼灭由石家庄南进之十六军"。

从10月31日起，敌军开始向南突围，我军各部队实施追击。为断敌退路，我两翼部队迅速向漳河以北地域转移。

高树勋率新八军起义后，敌军不敢再战，准备向南突围。我军就故意让开一条退路，然后埋伏在漳河北岸的两侧地区，准备歼灭突围南逃的敌军。10月31日黎明，敌军主力开始向南突围。在敌军从阵地撤出后，我军突然发动攻击，将敌军主力打散。当日下午，敌第40军军长兼第11战区副司令马法五率领2万多人逃至南北旗杆、辛庄、马营一带。我军得知马法五的长官部设在旗杆樟，即集中第1纵队和第2纵队的主力对其猛攻。11月1日夜，我军攻入敌军长官部，敌军失去指挥，随之大溃。我南北集团各军趁势迅速出击，各个歼灭敌军。11月2日，向南突围之敌除少数漏网外，大部被我军歼灭。邯郸战役遂胜利结束。

邯郸战役粉碎了国民党军队沿平汉路对我解放军的进攻，堵住了敌军北进华北的大门，对掩护东北我军的战略展开起了重要作用。这次战役，我军共歼灭国民党军3万余人，内毙伤3000余人，俘敌1.7万余人，争取起义约万人。

## 【毛泽东评说】

在你们领导下的一切力量，除以太岳全力展开同蒲路的作战争取应有胜利外，必须集中太行与冀鲁豫全力争取平汉战役的胜利。即将到来的新的平汉战役，是为着反对国民党主要力量的进攻，为着争取和平局面的实现。这个战役的胜负，关系全局极为重大。

——《集中太行与冀鲁豫全力争取平汉战役的胜利》，《毛泽东军事文集》第三卷，第60页，军事科学出版社、中央文献出版社1993年版。

部署甚当，俟后续到齐，养精蓄锐，那时敌必饥疲，弱点暴露，我集中主力寻求弱点，歼灭其一两个师，敌气必挫。石家庄胡部酉宥致胡电，着一个师配合侯如墉向高邑推进，接应安阳北上部队。其战力亦不如当面之敌，可用地方部队迟滞其行动。石家庄新乡两处之顽共八个师，在你们当面之顽共六个师，总计不过十四个师。在你们歼当面之顽一两个师，可能引起南北增援，你们须准备在连续多次战斗中总共歼灭四五个师，即能转变局势。

——《平汉战役的部署》，《毛泽东军事文集》第三卷，第84页，军事科学出版社、中央文献出版社1993年版。

去冬邯郸战役，刘邓所部历时十日，伤亡八千，卒获大胜，可为借鉴。

——《争取四平本溪两个胜仗是当前关键》，《毛泽东军事文集》第三卷，第159页，军事科学出版社、中央文献出版社1993年版。

（一）昨今两电悉。对方诡计多端，我应加强警惕。（二）高树勋率两个师起义，影响极大，三十军、四十军总退却，被我围击于磁县以东、漳河以北狭小地区，激战两昼夜，四十军军部、一〇六师全部及另一团被歼灭，师长被俘，三十军（美械）之炮兵营及两个团被歼灭，其余均溃乱，我正全部歼灭中。今夜明晨或可解决战斗。

——《平汉战役胜利经过》，《毛泽东军事文集》第三卷，第115页，军事科学出版社、中央文献出版社1993年版。

## 【评析】

邯郸战役是解放战争初期，我军在毛泽东和中央军委的直接指导下，取得的一次大规模歼灭战。首先，毛泽东从全国战局出发，从战略高度部署了这次战役。当时蒋介石为抢占东北、华北的重要城镇和战略要地，除空运和海运部队到华北、东北外，还从津浦、平汉、同蒲三条铁路线全面向北推进。在这种形势下，毛泽东和中央军委决定实施平汉战役，以制止这种态势的发展。其次，在战役的全过程中，毛泽东和中央军委正确运筹和指示，保证了战争的胜利。1945年10月17日以"中央"名义发给"晋冀鲁豫中央局诸同志"的电报中，就指出："这次战役的胜负，关系全局极为重大。"1945年10月27日，毛泽东为中央军委起草的给"刘（伯承）邓（小平）薄（一波）张（际春）李（达）"的电报指出："我集中主力寻求弱点，歼灭其一两个师"，"可能引起南北增援，你们须准备在连续多次战斗中总共歼灭四五个师，即能转变局势"。并对此次战役的战略部署作了恰当安排。在合围开始，战绩不大时，毛泽东又在1945年10月29日，以军委名义指示刘、邓："以地方兵团及民兵阻敌南援"，同时发电给冀晋军区司令员赵尔陆，命其"即率部兼程至临城地区"，驰援刘、邓，从而及时地加强了我军兵力，对平汉战役的胜利起到了重要作用。当战役胜利结束时，1945年11月2日，毛泽东又为中共中央起草了给中共驻重庆代表团的电报，通报了平汉战役胜利的经过。这些都说明，邯郸战役自始至终是在毛泽东的正确指导下取得的。

邯郸战役是刘伯承、邓小平坚决贯彻毛泽东和中央军委的指示取得的，同时也表现了刘、邓的卓越军事指挥艺术。这一战役的主要特点是：

一、诱敌深入，正面包围。在战役开始阶段，刘、邓挥师南堵孙连仲，北截胡宗南，边打边退，把敌人诱入漳河以北，滏阳河套多沙地区的预定战场，并提前肃清了战区附近的伪军残余据点，拆堡毁围，改造地形，为围歼敌人准备了有利阵地。后在漳河以南，示弱于敌，纵其冒进，使敌陷入孤立无援，无坚可守，补给不足，内部动摇的困境。

二、机动灵活，重点突破。在刘、邓的具体指挥下，我军为了速决全胜，不惜放弃次要战场，而将太行、冀南、冀鲁豫三个军区的主力，以及凡能集中的地方部队和民兵，全部集中于平汉战场，造成我军兵力的绝对优势。原先把参战部队划成东西两个集团，即以第2纵队、第3纵队、太行军区和冀南军区部队为西集团军和以冀鲁豫军区部队为东集团军。两集团军分别从东、西两个方面，向中心地区实施钳击。但打了两天，战绩不大。刘、邓遂果断地重新调整部署：（一）将第1纵队、第2纵队、冀南军区，冀鲁豫军区和太行军区的一部兵力组成北集团，作为总攻的突击队。该集团的攻击重点是消灭屯庄以北的敌第40军。（二）将第3纵队、太行军区第2支队和第17师组成南集团。该集团的任务是控制敌第30军，佯攻新八军。（三）在作战方法上，北集团由西往南进攻，南集团则由东南往西进攻。激战两天两夜，便取得了决定性的胜利。当敌突围南逃时，我军又集中主力攻占其最高指挥机关长官部，使敌失去了指挥，处于群龙无首的混乱状态，为战役的胜利创造了条件。

三、打谈结合，瓦解敌人。我军利用国民党军队嫡系与"杂牌"之间的矛盾，军事打击与政治瓦解双管齐下，此打彼拉，打打拉拉，分化瓦解敌人。鉴于高树勋的新八军不是蒋介石嫡系，而且在战役之初就主动与我军联系，在总攻之前刘、邓派参谋长李达亲去与高树勋谈判，促成了新八军的起义，大大动摇了敌军士气，促进了战役的全胜。

四、平原村落争夺战。整个战役始终在平原地区进行，基本上无险可守，地利的主要屏障是村落，于是村落的争夺便成了这一战役的显著特点。通过这次战役的实践，我军在这方面积累了不少经验。

总之，平汉战役是毛泽东军事思想的胜利，是刘、邓军事指挥艺术的杰作。

邯郸战役

# 定陶战役

【战例】

定陶战役，是晋冀鲁豫野战军主力于 1946 年 9 月 3 日至 8 日在山东定陶县以西大杨湖、大黄集地区进行的一次运动战。这是国民党发动全面内战后，我军继中原胜利突围、苏中七战七捷和陇海路汴徐战役以后的又一个大胜仗，有力地打击了国民党的嚣张气焰，也进一步鼓舞了解放区军民的意志。

1946 年 6 月 26 日，蒋介石在宣布停战 15 天后，悍然下令对我中原解放区发动了大规模的进犯，我中原军区部队于 6 月 26 日至 7 月 30 日胜利地从敌人重兵包围中突围出来，从此中国的全面内战便拉开了帷幕。8 月 10 日至 22 日，我晋冀鲁豫野战军在陇海路开封至徐州间进行了重点作战，解放了砀山、兰封（今兰考）、杞县、通许、虞城等 5 座县城，歼敌共 15000 多人。之后，晋冀鲁豫野战军即北移到鲁西南地区进行休整。与此同时，蒋介石又从陕西、豫西等地抽调了 3 个整编师；从淮北、徐州等地调 1 个军、2 个整编师，与原在郑州、新乡、开封、商丘等地的 7 个整编师，总共 14 个整编师 32 个旅约 30 多万人，于 8 月 28 日，由郑州、徐州之线分路对我鲁西南解放区发动了大规模进攻，企图以优势兵力迫使我晋冀豫野战军连续作战，将我军主力歼灭于陇海路以北的定陶、曹县地区并占领鲁西南三角地带。

为了实现其战略目的，蒋介石特派国防部长白崇禧和参谋总长陈诚到河南开封坐镇指挥。当时，国民党军在第一线共部署了 15 个旅 10 多万人的兵力，在后方交通线上部署了 17 个旅兵力配合一线作战。其具体部署为：

以徐州绥靖公署薛岳的第 5 军、整编第 11 师和整编第 88 师等共 5 个旅，从徐州、杨山出发，向我单县、成武、丰县、鱼台地区发动进攻；以郑州绥靖公署刘峙所属的第5绥靖区孙震部的整编第3师、整编第41师、整编第47师全部和第4绥靖区刘汝明部的整编第55师、整编第68师各1个旅共10个旅和整编第4纵队，从开封、封丘、兰封、商丘出发向我东明、定陶、曹县地区发动进攻；以第31集团军王仲廉部的整编第40师、整编第85师、整编第32师全部和整编第38师、整编第15师、整编第27师各一部共13个旅的兵力，在平汉线上的安阳、新乡地区佯动，对我军实行牵制，以配合鲁西南地区的军事行动；整编第68师、整编第55师的约4个旅，在开封、商丘一线及两侧维护后方交通。敌人一时气势汹汹，向我冀鲁豫解放区疯狂扑来。

在国民党大军进逼的形势下，晋冀鲁豫野战军根据中央军委的指示精神，决定采取诱敌深入、集中优势兵力各个歼灭敌人、战则必胜的方针原则，给来犯之敌一个沉重打击。敌军虽然来势凶猛，但存在着不少致命的缺点，首先是兵分多路进攻，相互之间有间隔，便于我军割裂围歼；其次，指挥系统不统一，派系林立，有嫡系和杂牌之分。徐州各路军都是蒋介石的嫡系部队，武器装备精良；而郑州绥靖公署的敌军，只有整编第3师是唯一的嫡系部队，其他都是杂牌军。显而易见，郑州敌军是两路敌军中较为薄弱的一路。如果我军能打垮郑州敌军，敌军从东西两路钳击我军的攻势就会瓦解。我军如果对敌第3师发动进攻，其他杂牌部队也不会出死力相救，加上第3师刚从中原战场仓促调来，已经相当疲劳。因此，我军决心先歼灭该敌，以产生对其他各路敌军的震慑力量，以后再视战场情况的发展变化，寻机歼灭敌整编第47师全部或大部兵力，粉碎敌人的进攻。我军的兵力部署为：第3纵队、第6纵队和第7纵队的主力集结在定陶西南地区，第2纵队在东明东南地区，以四倍于敌的兵力在定陶以西、韩集以东的大杨湖、大黄集地区，担负歼灭敌第整编第3师的任务。为了迷惑敌人，掩护我军主力休整和战前准备工作，我以第6纵队的2个团以运动防御的方式，将敌整编第3师诱至定陶以西大杨湖预定战场，第3纵队1个团将敌整编第47师阻击在菏泽地区；我冀南军区独立第4旅将敌整编第41师阻击在东明以西地区，敌第55师被阻击在曹县以南地区；冀鲁豫军区独立旅及分区武装部队将徐州西进之敌阻击在单县以东地区。这样就将敌整编第3师与其他各部阻隔开，创造了歼灭该敌的有利条件。

1946年9月3日，我军与敌第3师在定陶地区相遇，且战且退，将敌诱至定陶以西的韩集、大杨湖预定战场。9月3日下午，敌进入我军以大杨湖为中心的天爷庙、大黄集预设战场。当日晚，我军主力由南北两路向敌发起攻击。我第2纵队和第6纵队共5个旅组成的右集团由北向南攻击，一部由西向东攻击；第3纵队和7纵队共4个旅组成的左集团由南向北进攻。我军南北钳击的重点是位于大小杨湖地区的敌整编第3师第20旅。敌整编第3师第20旅和第3旅，第20旅较为骄狂。9月3、4日两天，敌人在飞机大炮配合下拼命抵抗，我军仅歼其3个营，战果不大。5日夜，我军集中优势兵力发起全线猛攻，以第6纵队主攻杨湖的敌第20旅主力第59团，第2纵队牵制包围敌第3旅，配合主力作战，并以一部兵力迂回至敌左后侧，防止敌军突围；第3纵队和第7纵队首先攻击敌第20旅旅部及一部，尔后攻击天爷庙敌整编第3师师部。战至6日晨，我军全歼敌第20旅第58、第59团及其旅部，敌第3旅也遭到重创。6日中午，敌整编第3师中将师长赵锡田率师部和第3旅向南突围，企图与敌整编第47师会合，但被我军在运动中悉数全歼。师长赵锡田被活捉，敌第3师全师被歼。

在我军歼敌整编第3师过程中，由于它是刘峙的嫡系部队，敌整编第47师曾多次增援，均被我军击退。刘峙命令敌整编第55师、第41师、第68师前往救援，但这些杂牌军，因受到我军其他部队的有效钳制和害怕被歼，行动异常缓慢，并不拼力向前，在我军歼灭敌整编第3师后就纷纷撤逃。9月7日，我军乘各路敌军逃跑之机，集中优势兵力对敌整编第47师实施猛烈攻击，全歼该师。9月8日，我军收复东明，定陶战役至此结束。敌各路杂牌军退到了开封、兰封一线。

定陶战役，我军5天激战，全歼敌整编第3师、第47师全部共4个旅约17000多人，粉碎了国民党以郑州、徐州两路敌人东西钳击我晋冀鲁豫野战军力，企图占领我鲁西南解放区的阴谋，是我军继中原突围成功与苏中大捷后的又一次大胜利，对扭转战局起了重要作用。

**【毛泽东评说】**

望令我主力在一星期内休整完毕，俟第三师两个旅进至适当位置时，集中全力歼灭其一个旅，尔后相机再歼其一个旅。该师系中央军，如能歼灭影响必大。

> ——《相机歼灭敌第三师》，《毛泽东军事文集》第三卷，第443页，军事科学出版社、中央文献出版社1993年版。

鱼亥电悉，甚慰。庆祝你们歼灭第三师的大胜利，望传令全军嘉奖。

> ——《参战主力集结休整未使用之部队相机歼灭东明之敌一部》，《毛泽东军事文集》第三卷，第466页，军事科学出版社、中央文献出版社1993年版。

此次刘邓军五万人打敌第三师两个旅九千人，从三号黄昏打起至六号上午始解决一个旅，引起敌人全线恐慌，另一旅于六号下午突围时，被我以半天时间解决该旅。七号上午四十七师两个旅增援赶到，我又以一天时间解决该两旅。此外尚解决四十一师及七十四旅各一部。这一经验告诉我们：第一，必须集中优于敌人五倍或四倍至少三倍的兵力，首先歼灭敌一个至两个团，振起我军士气，引起敌人恐慌，得手后再歼敌第二部、第三部，各个击破之。切不可贪多务得，分散兵力。……第二，必须准备打五天至七天……

> ——《关于刘邓军作战经验的通报》，《毛泽东军事文集》第三卷，第478页，军事科学出版社、中央文献出版社1993年版。

**【评析】**

定陶战役的胜利，是刘伯承、邓小平在毛泽东和中央军委的直接指导下取得的。1946年8月29日，毛泽东以军委名义向刘、邓发电，指示其"相机歼灭敌第三师"，因为"该师系中央军，如能歼灭影响必大"，为此次战役确定了首战目标。9月3日又致电刘、邓："蒋介石迫令刘峙冒险前进正是我歼敌良机，望即部署歼灭其一路。"9月4日又致电刘、邓，要求在"歼灭第三师后，迅即转移兵力至东明方面，歼灭东明附近之川军两个团，确保东明于我手中，甚为有利"，及时地规定了此役第二阶段的战斗任务。9月5日、7日又两次致电刘、邓，一再重申要"相机解决东明之敌"或"敌之一部"。在定陶战役结束之后，9月13日即致电张（宗逊）、罗（瑞卿），并告聂（荣臻）、贺（龙）、陈（毅）、宋（时轮），向他们通报刘邓军定陶战役的作战经验，说："此次刘邓军五万人打敌第三师两个旅九千人，从三号黄昏打起至六号上午始解决一个旅，引起敌人全线恐慌，另一旅在六号下午突围时，被我以半天时间解决该旅。七号上午四十七师两个旅增援赶到，我又以一天时间解决该两旅。此外尚解决四十一师及七十四旅各一部。这一经验告诉我们；第一，必须集中优于敌人五倍或四倍至少三倍的兵力，首先歼灭一个至两个团，振起我军士气，引起敌人恐慌，得手后再歼敌第二部，第三部，各个击破之。切不可贪多务得，分散兵力。"毛泽东及时把刘邓军定陶战役的作战经验通报全军，给予很高的评价。

定陶战役所创造的作战经验主要是：

一、避强击弱，各个击破。此役中我军以三倍、四倍甚至五倍、六倍于敌的优势兵力，先歼一部，再歼另一部，各个歼灭。从这个方针出发，在郑州"绥署"之敌与徐州"绥署"之敌之中，选择先打郑州"绥署"之敌。因为徐州各军都是蒋介石的嫡系部队，装备精良，训练有素。而郑州"绥署"之敌，只有第3师是嫡系部队，其他都是杂牌军。因此，郑州这一路敌人，是东西两路敌人中较为薄弱的一路。打垮郑州这一路敌人，敌人从东西两面钳击我军的企图便告瓦解。

二、首攻目标，弱中之强。在具体打击目标的选择上也颇见匠心。先打郑州"绥署"之敌，首战目标却没有选择战斗力最弱的杂牌军，而是选择弱中之强——第3师。因为郑州"绥署"出动的5个师中，只有第3师是唯一的蒋介石嫡系部队，但该敌从豫西远道增援而来，已经相当疲劳，又在追击我中原突围部队时已遭到一定的伤亡，战斗力有一定程度的削弱。由于敌军的派系矛盾，我攻击第3师，其他杂牌军不会死力相救。如果此敌被歼灭或打垮，对其他敌人会产生威慑力量。后来的事实果如所料，当我军围歼第3师时，其他杂牌军并不死力相救。当我军追击第3师时，其他援军也纷纷溃逃，我军又乘机歼其一部，扩大了战果。

三、大胆分割，重点突破。发起攻击后，我左集团首先楔入整编第3师与整编第47师中间，大胆分割，引起敌人恐慌。然后，我军以一部阻击整编第47师，再与右集团主力共同夹击整编第3师，实行重点突破，这就缩短了整个战役的进程。

# 鲁西南战役

【战例】

鲁西南战役，是晋冀鲁豫野战军在解放战争转入战略进攻时，于1947年6月30日至7月28日在鲁西南地区所进行的一次大规模歼灭战役。

1947年6月30日夜，我晋冀鲁豫野战军第1、2、6、3纵队，共13个旅约12万人，在东阿至临濮集横宽300里的地段上，以偷渡与强渡相结合的战术，一举突破黄河天险，敌河防部队立刻全线崩溃。我军突破敌黄河防线后，主力部队迅速向敌纵深发展。与此同时，我华东野战军第1、3、4、8、10纵队等5个纵队，于6月中旬在津浦路泰安至临城一线发动了攻势，进至大汶河、宁阳、曲阜一线，威胁到敌人后方基地徐州、兖州，有力地支援了我晋冀鲁豫野战军的战略行动，从而引起了国民党最高军事统帅部的惊慌。蒋介石为了堵住被我军冲破的黄河防线，急忙命令刘汝明集团的第55师主力退守郓城，第68师两个旅和第55师第181旅集结菏泽，从豫皖苏防区调第63师第153旅防守定陶。这样，敌人企图将我军堵截在郓菏公路以北、黄河以南地区。敌又从豫北抽调第66师、第32师和嘉祥地区的第70师，由山东王敬久统一指挥，分左右两路向定陶、巨野推进，企图困守郓城，以其右路主力打击我军侧背，逼迫我军背水作战，将我军歼灭于黄河、运河三角地带。刘邓首长识破了敌军的企图，决定趁机发动鲁西南战役，为争取主动，乘敌军未靠拢前，决定将计就计采取"攻其一点，吸其来援，啃其一边，各个击破"的战法：首先歼灭郓城敌第55师的第29旅和第74旅，再以主力3个纵队进至定陶、曹县等战役机动位置，歼灭敌第153旅。我军的具体作战部署是：晋冀鲁豫野战军第1纵队围歼郓城敌军，第2纵队主力围歼曹县敌军，第2纵队1个旅和第6个纵队围歼定陶敌军，第3纵队在定陶东南冉固集、汶上集地区预备待命。

7月2日，我军占领郓城四周，准备攻城。7月3日至6日，经过3天的激战，我军全歼了郓城外围的敌军。7日晚，我第1纵队对郓城守敌发起总攻，选择了敌军防御薄弱而地形对我有利的西门作主攻方向，战至8日拂晓，全歼敌军第55师第29旅、第74旅。9日，我第2纵队占领曹县。10日夜，第6纵队对定陶敌军发起攻击，经过5小时激战，全歼敌第63师第153旅。至此，我军在强渡黄河后获得了鲁西南第一仗的全胜，解放了北起黄河边的郓城、鄄城，南至陇海路以北的定陶、曹县广大地区，转到了敌军主力的侧背面，使敌王敬久集团孤立起来。

7月10日，敌王敬久集团第70师进至六营集，敌第32师进至独山集，敌第66师进至羊山集，王敬久率第58师在金乡坐镇指挥，敌人的4个师从南向北延伸成了一字长蛇阵，陷于被动挨打的困境。我军根据中央军委和毛泽东的指示，决心抓住战机，放手歼敌，不给敌军以调整部署的时间，各个歼灭敌东路援军，夺取鲁西南战役的更大胜利。我军的具体部署是：第1纵队从郓城地区出发，于13日插至巨野东南，攻击敌军右侧背面，切断敌第32师、第70师和第66师三个师之间的联系，孤立并歼灭敌第32师；第6纵队从巨野西南的章缝集出发向东，以一部切断敌第32师和敌第66师的联系，其主力于14日赶至薛扶集地区，协同第1纵队从东西两面夹击敌第32师；第3纵队由汶上集地区向东插至羊山集以南、以东，歼灭敌军66师；第2纵队由曹县向东，首先歼灭敌第66师一部于谢家集，再协同第3纵队歼灭羊山集敌军；冀鲁豫军区独立第1旅、独立第2旅，部署在万福河以北地区，阻击可能由金乡北援之敌。

7月13日晨，我第1纵队突然向敌军发起进攻，在六营集、独山集以东狼山屯地区将敌军割裂成三块：第1旅进至六营集以北陶官屯、张家店、三官庙一带，向六营集迫近；第2旅进至六营集、羊山集之间，将敌第32师、第70师隔离开来；第19旅到达羊山集、独山集之间，切断了敌第32师和敌第66师的联系；第20旅在嘉祥以西马官屯地区切断敌军退路，并阻击济宁东援敌军。13日中午，我第2纵队在歼灭谢家集敌一个团后，随即向东协同第3纵队包围了羊山集敌军。敌军发觉被我军分割开后，急令敌第70师和第66师从南北方向向居中间位置的敌第32师靠拢，准备一同突围。后敌又令敌第 32 师到六营集，与敌第 70 师一起向南和敌第 66 师靠拢。我第 1 纵队抓住时机对敌军进行了割裂，敌第 32 师师部率敌第 141 旅逃入六营集与敌第 70 师会合，其第 139 旅企图经薛扶集东北向嘉祥逃跑。在我第 1 纵队第 19 旅的追击，第 2 旅、第 20 旅和赶至薛扶集的第 6 纵队第 18 旅的侧击下，于 7 月 14 日在嘉祥以西地区被全部歼灭。14 日中午，嘉祥守敌第 93 旅率第 278 团向济宁逃跑，我军收复嘉祥。14 日晚，我军对六营集敌军发起攻击，第 6 纵队从西面猛攻，第 1 纵队在六营集以东纸坊街以西的开阔地带张开袋形阵地围歼突围敌军。14 日晚 8 时，敌军在遭到我军猛烈攻击后，以敌第 32 师为左翼、敌第 70 师为右翼向东南方向突围，被我军全歼于六营集东南方圆十里的大洼地内。

六营集战斗结束后，敌王敬久在万福河以北的部队大部被我军所歼灭，仅有敌第 66 师 1 个半旅被我军包围在羊山集，王敬久本人率领敌第 58 师和第 66 师第 199 旅困守金乡。这时，我华东野战军的五个纵队进入津浦路以西并继续对敌军发动猛攻，羊山集又告急。7 月 19 日，蒋介石飞到河南省会开封亲自指挥，从西安、潼关调敌第 10 师、骑兵第 1 旅，从山东战场调敌第 7 师、第 48 师、第 85 师、第 5 军，从豫北调敌第 40 军，从郑州、洛阳调敌第 206 师，从汉口调敌第 52 师第 82 旅等驰援鲁西南；同时命令王敬久率敌第 58 师和第 66 师第 199 旅由金乡北援羊山集。我军决定以晋冀鲁豫七分区部队和晋冀鲁豫独立旅阻击北援敌军，从正面引诱敌先头部队第 199 旅渡过万福河，切断敌第 199 旅与敌第 58 师的联系并歼灭之。

7 月 20 日，在飞机和坦克掩护下，王敬久率敌第 58 师和第 66 师第 199 旅从金乡北援羊山集敌军，在渡过万福河后即遭到我军的阻击。羊山集守敌见援兵已近，即派出部分兵力前来接应，我军于是发动攻击，经过两个小时的激战，将敌第 66 师第 199 旅及从羊山集出来接应的敌第 66 师第 13 旅第 38 团全部歼灭。敌援军被我军击退后，根据敌我情况分析，我军决心集中两个纵队迅速歼灭羊山集的敌军，并重新调整了部署：以第 2 纵队一部由西向东进攻；以第 3 纵队第 7 旅和第 6 纵队第 16 旅由北向南攻击；以第 3 纵队一部由东向西攻打，并用野战军榴弹炮营和第 1 纵队炮兵团加强对敌军攻击火力，夺取制高点羊山集村北的羊山；第1纵队在羊山集以东的大义集附近接替晋冀鲁豫独立旅的阻击任务。7月27日晚，我军对羊山集守敌发起了总攻，经过一天的激烈战斗，战至28日晚夺下了制高点，将敌第66师全部歼灭，活捉了敌第66师师长宋瑞珂等，歼敌14000多人。鲁西南战役至此胜利结束。

鲁西南战役，我军在28天的连续作战中，创造了以15个旅的兵力歼敌4个整编师共9个半旅6万余人的成绩。粉碎了敌人的"黄河战略"，配合了山东、陕北我军粉碎敌人重点进攻的作战，打乱了敌人的整个部署，取得了我军战略进攻初战胜利，打开了我军跃进大别山的通道。

## 【毛泽东评说】

同意本月刘邓野战全军休整，渡河时间推迟至月底。（二）在此期间，望令老黄河以南、新黄河以北各区之地方部队，亦以主力从事休整，以期下月配合作战更为有力。……

> ——《同意刘邓全军休整月底渡河》，《毛泽东军事文集》第四卷，第91页，军事科学出版社、中央文献出版社1993年版。

布置甚好，……我军必须在七天或十天内，以神速动作攻取泰安南北及其西方、西南方地区，打开与刘邓会师之道路，如动作过缓，则来不及。

> ——《以神速动作打开与刘邓会师之道路》，《毛泽东军事文集》第四卷，第119页，军事科学出版社、中央文献出版社1993年版。

……刘邓已克郓城等地，如能歼灭七十师，并争取在路北多歼几部敌人，然后休息若干天，整顿队势，举行陇海作战，似属有利。我军愈在内线多歼敌人，则出到外线愈易发展。

> ——《争取在内线多歼敌人》，《毛泽东军事文集》第四卷，第131页，军事科学出版社、中央文献出版社1993年版。

我军作战方针，仍如过去所确立者，先打分散孤立之敌（包括一次打几个旅的大规模歼灭性战役在内，例如今年2月莱芜战役，鲁西南战役），后打集中强大之敌。先取中小城市和广大乡村，后取大城市。以歼灭敌人有生力量为主要目标，不以保守和夺取地方为主要目标；保守或夺取地方是歼敌有生力量的结果，往往须反复多次才能最后保守或夺取之。

——《解放战争第二年的战略方针》，《毛泽东军事文集》第四卷，第229页，军事科学出版社、中央文献出版社1993年版。

## 【评析】

鲁西南战役是解放战争时期我军战略反攻的序幕战。1947年5月8日，毛泽东为中央军委起草的电报指示刘伯承、邓小平，要求晋冀鲁豫全体官兵于6月1日前休整完毕，6月10日前南渡黄河，向晋冀鲁豫区和豫皖苏区之敌进击，第二步向中原进击。（《毛泽东军事文集》，第四卷，第64页）后来根据战场情况变化，1947年6月3日又向刘邓发出了《同意刘邓全军休整月底渡河》的电报。7月10日，在陈粟谭并告刘邓的电报中，肯定"刘邓已克郓城等地"，并希望其能歼灭七十师。7月23日在致刘邓，陈粟谭、华东局的电报中指出，"刘邓对羊山集、济宁两点之敌，判断确有迅速攻歼把握，则攻歼之"，否则可"直出大别山"。7月27日，再电示刘、邓，要刘、邓军立即集结休整准备南进。7月29日又电示刘、邓，要依托豫皖苏"逐步地向南发展，或直出大别山"。为刘邓大军以后的作战指明了方向。

在鲁西南战役中，刘、邓首长创造性地执行中央军委和毛泽东的指示，指挥作战有如下特点：

一、攻其一点，首战郓城。刘邓大军6月30日突破国民党军黄河防线后，按照先打弱敌、再打强敌的作战方针，我军决定先歼灭郓城之敌第55师的第29旅和第74旅，再歼定陶敌军第153旅，因为这两股敌人战斗力较弱，而置战斗力强的菏泽之敌于不顾。后来，三天攻占郓城，歼敌两个旅，歼定陶1个旅，并占领了曹县。这是我军渡河后获得的第一个胜仗。

二、大胆分割，各个击破。7月13日晨，我军以突然行动大胆推进，将敌第32师、第70师和第66师分割成三块，敌人慌作一团。结果敌第32师突围时，其第139旅于7月14日被我歼灭。另外两个旅于当日晚亦被消灭。

三、以绝对优势，总攻羊山集之敌。王敬久第 66 师 1 个半旅，被我军包围在羊山集。王敬久则率其第 58 师和第 66 师第 199 旅困守金乡。这时，蒋介石飞至开封指挥，并增派了大量兵力。毛泽东电示，如果能迅速攻歼羊山集之敌，则攻歼之，否则，则弃之而去。但刘、邓首长以高超的指挥艺术，在敌大批援军未赶到之前，首先歼灭王敬久从金乡北援的第 199 旅，然后以绝对的优势兵力，对羊山集之敌发起总攻。从 7 月 27 日夜开始，战至 28 日，将敌第 66 师全部歼灭。

# 挺进大别山战役

## 【战例】

鲁西南战役胜利结束后，刘邓大军尚在休整。这时，华东野战军主力五个纵队结束了在津浦线上的攻势，也转至鲁西南地区。蒋介石调集原在鲁西南地区的和新调来的五个集团军共 30 个旅的兵力，分五路向郓城、巨野地区的我军实施围歼，妄图将我军歼灭于鲁西南地区，并企图在开封附近扒开黄河堤坝，利用黄沙水淹没我军。为了确保并扩大我军已取得的战略主动权，中央军委和毛泽东在 7 月 23 日曾电示刘伯承、邓小平，要求我军一定要抢在敌人前面进入大别山。"下决心不要后方，以半个月行程，直出大别山"。7 月 30 日，又明确电示刘、邓大军直出大别山所注意的事项。根据敌我情况和当时实际形势，刘邓首长认为，我军不宜在鲁西南地区久留，必须提前离开，即报告中央军委和毛泽东，提前于 8 月 7 日开始南进。中央军委和毛泽东迅速批准了报告，授权刘伯承、邓小平在情况紧急时可机断处理。指示我刘、邓大军下决心不要后方，直出大别山，占领大别山中心数十县，以吸引敌人向我军进攻，同敌军打运动战；同时中央军委和毛泽东指示华东野战军陈毅、粟裕率领外线兵团，直出鲁西南地区，牵制国民党军队南进；命令陈赓、谢富治率领部队直出豫西，共同掩护刘、邓大军南进。

从鲁西南到大别山，路途遥远，大小河流纵横交错，不利于大兵团运动。敌军东有津浦铁路，西有平汉铁路，假若我军的行踪被敌军发现，敌军就会利用铁路线阻断我军的行进去路。为了有利于我军主力向大别山区隐蔽地实施突进。我军决定兵分三路：左路由中原野战军第 3 纵队沿成武、虞城、鹿邑、界首一带东进，直奔皖西；右路由中野第 1 纵队和中原独立旅组成，沿曹县、宁陵、柘城、项城、周家口、上蔡一线西进，直奔豫南；

中路由中原局、野战军司令部率第 2 纵队和第 6 纵队组成，在刘伯承和邓小平的直接指挥下，沿单县、沈丘、鹿邑、项城、界首、临泉一线南进。为了掩护我军主力南下，我晋冀豫军区部队和中野第 11 纵队向黄河以北佯动，造成我军北渡黄河的声势，以吸引敌军；豫皖苏军区部队出击平汉路，切断敌军交通；鲁西南地区的华东野战军五个纵队积极捕捉战机，打击敌军，以牵制敌军兵力。1947 年 8 月 7 日，刘伯承、邓小平率领中原野战军第 1 纵队、第 2 纵队、第 3 纵队、第 6 纵队及中原独立旅共分三路开始了千里跃进大别山的壮举。8 月 11 日跨过陇海线，向敌军纵深挺进。蒋介石错误地判断我军无力决战又不能北渡黄河，只好南"窜"，派敌第 46 师一部从蚌埠西进太和，在沙河沿岸布防，阻止我军渡沙河；并令敌主力罗广文集团，张淦集团共 12 个旅、王敬久集团 8 个旅先后尾我追击；另派一部分兵力在平汉铁路对我军进行侧面背击，企图将我军消灭在黄泛区。

8 月 17 日，我军采取人背马驮的方法，通过了遍地积水、没有道路、人烟稀少、纵深 20 公里宽的黄泛区。此时，我右路军已在沙河的新店渡口实施强渡，到达南岸；左路军亦夺取了太和渡口；豫皖苏军区部队进至沙河南岸。在我左、右路军和豫皖苏军区部队的接应下，18 日我中路军也迅速渡过了沙河。我军渡过沙河后，为了快速前进，摆脱敌人的围追堵截，休息一天，进行政治动员，各部队实行轻装，把重武器和车辆就地埋藏或炸毁，提出了"走到大别山就是胜利"的口号。此时，蒋介石才恍然大悟，明白了我军的战略意图，急忙调集 27 个旅的敌军分路进行堵截，并以四个旅在平汉铁路侧面攻击；以敌第 85 师一个整编师和一个整编旅封锁这个重要渡口，在空军配合下挡住了我军去路。8 月 23 日，我军到达汝河，我中野第 1 纵队和第 2 纵队已渡过汝河，中路第 3 纵队也抢过汝河继续南进，留在汝河北岸的只有中原局机关、野战军指挥部和第 6 纵队。我军背后有三个师的敌军跟踪而至，情况万分危急。在这紧急关头，刘伯承、邓小平召集我第 6 纵队领导在渡口研究强渡办法，刘伯承亲自驾小舟下河试水，指出"狭路相逢勇者胜"，命令部队以坚决进攻的姿态对付堵击的敌人。8 月 23 日晚，我第 3 纵队、第 6 纵队冒着敌机的轰炸和两边敌人近距离的侧射，边走边打，终于在大小雷岗和东西王庄一带杀开了一条血路，掩护我中原局机关和野战军指挥部胜利渡过汝河。至 8 月 27 日，我军全部渡过淮河，抢在敌军前面进入了大别山区，完成了千里挺进的战略任务。

大别山位于鄂豫皖三省的交界地带，战略位置十分重要。我军要解放中原和进军江南，必须首先占领和控制它，作为基地。我军进入大别山后，敌人主力部队在华北、山东、西北地区，大别山区极为空虚，我军立即乘机实施战略展开：第 3 纵队在皖西；第 6 纵队的两个旅在鄂东；第 1 纵队、第 2 纵队、中原独立旅和第 6 纵队一个旅共 9 个旅在大别山北麓的商城、罗山地区。同时还将大别山划分为豫东南区、鄂皖区、鄂东区、皖西区等四个工作区，一个纵队负责一个区的开辟工作，纵队领导担任该区的工作委员会书记。军队干部充分发动群众，开展游击战争大量歼灭敌人，训练部队迅速熟悉作战条件和生活习惯，执行作战、发动群众、筹款借粮等三大任务。

在我军实施战略展开、开展地方工作的时候，尾随我军的国民党 23 个旅的兵力也先后渡过淮河，进入大别山山区，企图乘我军立足未稳定将我军赶出大别山山区。敌国防部长白崇禧亲自指挥桂系主力第 7 师、第 48 师沿新县、麻城分路向南寻找我军主力作战；武汉行辕敌程潜、敌郑州前进指挥所张轸、敌皖西第 8 绥靖区夏威等分别从南、北、东三个方向对我军实施合击，阻止我军向桐柏山、大洪山地区发展，摧毁我地方政权和后方机关，离间群众和我军的关系。我军按照中央军委和毛泽东主席的"分兵以发动群众，集中以应付敌人"，"必须避免打大仗，专打分散薄弱之敌"的指示，打几次胜仗以打击敌人的气焰，以消灭敌人的有生力量，鼓舞士气，振奋人心。9 月上旬，我中原野战军第 1 纵队、第 2 纵队和第 6 纵队一个旅在商城以北的河风集地区围歼了敌第 58 师，该师是桂系主力，顽强又狡猾，未能全歼。9 月 19 日，在商城以西的中铺地区，我第 1 纵队、第 2 纵队、第 3 纵队主力和第 6 纵队一个旅围歼该敌，歼灭敌 1000 余人，调动了敌两个师的兵力分别从潢川东援和六安西援。9 月 25 日，在光山附近击退了东援敌第 85 师的进攻。经过这三次作战，我军将敌人的机动兵力，全部调动到大别山以北地区，保障了我军在大别山南部的鄂东、皖西胜利的展开。

我军在进入大别山山区后，由于缺乏后方作战和山地、水田地带作战的经验，加上语言不通、地形不熟、饮食不习惯等，给部队造成了不少困难。大别山区群众未发动、政权未建立、粮食需要自己筹措，有些同志对重建大别山区根据地的战略意义和艰苦性认识不足。因此，部队出现了疲惫和纪律松弛的现象，错过了一些歼敌的机会。针对这些情况，9月下旬，刘邓首长在光山的王大湾召开了我军旅以上干部会议，明确指出要牢固树立起以大别山为家的思想，坚决克服怕打硬仗、纪律松弛等思想情绪，鼓动部队勇敢地歼灭敌人。在群众中广泛开展了宣传工作，并以实际行动解除了群众的顾虑，人民群众与我军同心协力，担负起了重建大别山根据地的任务。

我刘邓大军进入大别山区后，经过了从8月7日至9月30日一个多月的辗转作战，到9月底共解放了23座县城，歼灭敌5个整编师的各一部及地方武装共8500多人，在湖北的罗田、英山、麻城，河南的光山、罗山、新县、潢川，安徽的霍山、六安、舒城、太湖等处建立了17个县的民主政权，初步完成了大别山区的战略展开，开拓了后方基地。

## 【毛泽东评说】

……不打陇海，不打新黄河以东，亦不打平汉路，下决心不要后方，以半个月行程，直出大别山，占领大别山为中心的数十县，肃清民团，发动群众，建立根据地，吸引敌人向我进攻打运动战。

——《对确保与扩大战略主动权的军事部署》，《毛泽东军事文集》第四卷，第147页，军事科学出版社、中央文献出版社1993年版。

（一）……七月几仗虽减员较大，并未妨碍战略任务，目前整个形势是有利的。……（三）刘邓南下，全局必有变动，……（四）总的意图是将战争引向国民党区域，使我内线获得喘息机会，以利持久。

——《总意图是将战争引向国民党区域》，《毛泽东军事文集》第四卷，第189页，军事科学出版社、中央文献出版社1993年版。

在目前形势下你们行动方向有三：（一）照原计划，以大别山为中心寻机歼敌，建立根据地；（二）在江河之间打圈子，逐步歼敌，建立根据地；（三）至必要时机，请考虑南渡长江是否可能，是否有利。

——《刘邓部目前的行动方向》，《毛泽东军事文集》第四卷，第225页，军事科学出版社、中央文献出版社1993年版。

目前情况：（一）我军在大别山、豫西、鲁西南、豫皖边区及陕北，业已完成战略展开任务。（二）我刘邓军已在豫东南、鄂东、皖西占领十多县及广大乡村，威震大江南北。该区群众很好，粮食已可吃新谷，地方工作已在布置，现正准备歼灭敌主力之作战。在该区周围之敌共二十三个旅，其中机动兵力约十二个旅左右，近又有抽整十师二个旅去郑州消息。……

——《目前各战区的作战情况》，《毛泽东军事文集》第四卷，第251页，军事科学出版社、中央文献出版社1993年版。

## 【评析】

千里跃进大别山，是解放战争初期，中央军委和毛泽东为扭转全国战局采取的重大军事部署。毛泽东为中央军委起草了十多份给刘伯承、邓小平的电报，对此役的目的、任务和作战方针作了明确的指示，除了我们前面引述的几封电报外，还有一些重要电报。如1947年7月23日发给刘邓等首长的电报中指示："下决心不要后方，以半个月行程，直出大别山。"8月6日发出《对刘邓出动后敌之对策的估计》的电报，估计敌人可能采取的两种或三种办法：第一种办法，迅速组织进攻，使你们不能立足；第二种办法，宁可给我以立足机会，不急于尾我进攻。第三种办法，即同时采用上述两种办法，既以12个旅左右分数路迅速进攻，又从山东抽调十几个旅，用于长江方面。并着重指出，必须同时准备对付这几种方法，而主要准备对付第一种办法，"即用全副精神注意于运动中大批歼灭敌人，一切依靠打胜仗"。9月1日毛泽东为中共中央起草的对党内的指示《解放战争第二年的战略方针》中指出："我军第二年作战的基本任务是：举行全国性的反攻，即以主力打到外线去，将战争引向国民党区域，在外线大量歼敌，彻底破坏国民党将战争继续引向解放区，进一步破坏和消耗解放区的人力物力，使我不能持久的反革命战略方针。"与此同时，为了保证刘邓大军挺进大别山的成功，还让陈谢兵团挺进豫西，陈粟军南下江淮加以策应，三支大军呈"品"字阵型，完成了伟大的战略部署。

刘邓首长创造性地贯彻执行毛泽东和中央军委的指示，表现出如下特点：

一、打北指南，甩开敌人。当时蒋介石调集大量兵力在鲁西南"围剿"我刘邓大军。从鲁西南到大别山有千里之遥，而且要经过黄泛区。敌人却有铁路之便，所以我军必须隐蔽行动。为此在鲁西南华东五个纵队向敌猛攻，晋冀豫军区部队和第11纵队向黄河以北佯攻，造成了我军北渡黄河的假象。出敌不意，我军突然兵分三路直趋大别山，以致敌人认为我军被迫"流窜"，赢得了时间。

二、不畏疲劳，跋涉黄泛区。在千里跃进大别山的途中有40余里的黄泛区，遍地皆是泥滩沙窝，无道路可走，人烟稀少，大炮车陷在泥里，只能人背马驮，我刘邓大军硬是跃了过去。

三、勇猛冲击，突破沙河封锁线。我军过了黄泛区后，又艰辛地渡过沙河。当我军到了汝河，敌人已先到了汝河南岸，拦住了我军去路，后面又有三个师敌军追了上来，情况十分危急。刘邓首长及时召开干部会，刘伯承亲自驾小船试水，指出"两军相遇勇者胜"，杀开一条血路，我军全部渡过河去，进入了大别山腹地，完成了千里跃进的战略任务。

# 大别山反"围剿"战役

【战例】

我刘邓大军进入大别山区,在完成了战略展开之后,便根据中央军委和毛泽东主席的指示精神,集中兵力,寻找机会,歼灭敌人的有生力量。当时,集结在大别山北部的固始、商城等地有敌第7师、第48师等6个多师,企图围歼老山、新县地区我军主力;皖西有敌第46师和由合肥调来的第88师第62旅。刘邓决定以部分兵力在大别山北部牵制敌人,主力乘虚直出鄂东、皖西,实施再展开。

10月8日,我第3纵队对被包围在六安东南张家店的敌第88师第62旅发起攻击,10日全歼该敌。这是我军在大别山地区无后方依托的条件下,第一次消灭敌人1个正规旅以上兵力的作战。10月11日,我第3纵队又攻克舒城。同时,西部我军主力横扫鄂东之敌,相继攻克长江北岸的团风、浠水、广济、英山、潜山、黄梅、桐城、庐江等重要城镇,控制了长江北岸达300公里的地区,使敌人十分恐慌。在庐山的蒋介石害怕我军渡江南下,急忙命令其青年军第203师进抵蕲春、黄梅,第40师和第52师第82旅跟在我军后面由浠水向广济推进,企图将我军歼灭在长江北岸地区。

我刘邓大军决心将敌第40师和第52师第82旅诱至地形险要的高山铺峡谷地带歼灭之。我第1纵队由我武穴回师高山铺设下埋伏;第6纵队由团风进至敌人左侧团风东北、关口以西地区待命,在敌人进入我伏击圈内从后面攻击;第2纵队主力在黄梅地区作保障;第3纵队主力西进。10月26日,我第1、第2、第3、第6纵队主力以及中原独立旅分别进抵指定位置。26日9时,敌第40师和第52师第82旅在我中原独立旅的诱惑下,钻进了我军预设于高山铺附近的口袋阵中。当日夜,敌第40师师部缩在清水河（高山铺西北），第 52 师第 82 旅龟缩在高山铺。我军于 27 日拂晓前对清水河和高山铺之敌进行了分割包围，从南北两面死死地卡住了敌人的咽喉。敌军发觉情况不妙后，企图抢占有利地形以便突围，但均被我军击退。27 日上午 9 时，我军发起总攻，敌人沿公路向西南方向逃跑，敌第 52 师第 82 旅在逃至高山铺西南安山脚下时，被我第 1 纵队拦住，战至 14 时，全歼该敌。敌第 40 师师部及第 106 旅同时也被我军歼灭。高山铺战役我军共歼灭敌 1 个师部两个旅零 1 个团共 12600 余人。

我陈粟外线兵团于 9 月下旬至 10 月下旬，在东起津浦路、西至平汉路、南起淮河、北至陇海路约 6 万多平方公里的豫皖苏地区攻占了 24 座县城，歼敌 1 万余人，建立了民主政权。我陈粟兵团在豫皖苏地区与刘邓大军、陈谢兵团在中原地区构成了“品”字形阵势，三军在中原互为犄角，紧逼长江，直接威胁着敌人的统治中心南京和战略要地武汉。蒋介石决心与我军争夺中原，组织了 33 个旅的兵力向我军发动围攻。敌军的具体部署为：敌第 4 绥靖区刘汝明集团、敌第 6 绥靖区周岩集团和郑州的敌孙元良第 47 军等协同，加强陇海路沿线和黄河沿线的防御，切断黄河南北我军的联系；以第 5 军、第 11 师等分别在陇海、平汉、津浦等三条线上机动，寻找我军作战。我军决定对陇海路实施大规模作战。1947 年 11 月 7 日至 11 月 17 日共 10 天的激烈战斗，我军共歼灭敌军 11000 多人，破坏了徐州以西从郝寨至商丘共 300 余里的铁路线，前锋直逼徐州，有力地配合了我刘邓大军在大别山开辟根据地的斗争。

国民党军当时部署是：第 9 师、第 11 师、第 20 师、第 25 师、第 28 师、第 7 师、第 10 师、第 48 师、第 52 师、第 56 师、第 58 师、第 85 师、青年军第 202 师和第 203 师等共 14 个师 33 个旅的兵力，对我大别山区实施全面围攻；第 5 军 11 个旅在黄淮河间对我陈粟外线兵团进行牵制；敌第 5 兵团 5 个旅在豫西地区对陈谢兵团进行攻击。陈谢兵团根据中央军委和毛泽东关于留部分部队在陇海路牵制敌人，主力部队南下豫西各县歼灭敌军，开辟豫西根据地的指示，决定在伏牛山东部发动战役。1947 年 11 月 1 日起，陈谢兵团第 4 纵队、第 9 纵队、第 38 军和第 8 纵队第 22 旅等在豫西地区先后攻占了临汝、郏县、鲁山、宝丰、叶县、方城、南召等地。

11月8日，兵团总部在南召召开了干部会议，确定继续东进。此时，敌胡宗南的8个旅及敌第5兵团的6个旅已逼近鲁山、郏县，企图寻找我军主力作战。我军采取"牵牛战术"，以一部分兵力将敌军主力引往西边，我军主力则向东发展，至11月26日，先后解放了登封、禹县、唐河、泌阳等10余座县城，前锋部队进抵平汉线以西地区，发动群众，建立政权，组建了8个军分区，成立了豫陕鄂军区，胜利地完成了战略展开任务。

1947年11月27日，敌人对大别山区开始了围攻，采用密集队形、向心合击的战术，步步推进，企图彻底摧毁我大别山根据地。按照中央军委和毛泽东的指示，在陈粟、陈谢两个集团的配合下，刘邓大军决定采取大空间机动作战，以敌向内、我向外，敌向外、我亦向外，以小牵大、以大打小的方针，将敌军引向外线，以部分兵力充分利用山高路窄的特点，小规模地歼灭敌人，主力部队向江汉、桐柏、淮西地区实施战略展开，扩大根据地，其具体部署为：从晋冀鲁豫调来的第10纵队、第12纵队西越平汉路，分别向桐柏、江汉地区展开；第1纵队北渡淮河，向淮西地区展开，在外线以游击战的办法拖散敌人；第2纵队、第3纵队和第6纵队在大别山区和地方武装相配合，坚持内线斗争。敌人开始围攻大别山后，我大别山区军民和敌军展开了激烈的斗争。经过一个多月的艰苦斗争，敌军在我军民的合击下，无论是集中合击还是分兵"进剿"都遭到了失败，陷入了进退两难的境地。至12月底，我军共歼敌11000余人，占领了大悟、英山、广济、潜山、黄梅、浠水等县城。我军第1纵队于12月底抵达沙河以南淮河以北的淮西地区，协同豫皖苏军区占领了息县、新蔡、上蔡、项城等10余座县城，使大别山区和豫皖苏区连成了一片。12月24日，第1纵队歼灭了汝南的敌保安团，活捉了河南省保安副司令以下1800余人。第1纵队与华中野战军陈粟兵团和陈谢兵团在平汉线胜利会师。

12月中旬，我第10纵队、第12纵队进入桐柏地区、江汉地区，依托桐柏山和大洪山建立根据地，至12月底占领了天门、潜江、钟祥、桐柏、泌阳、唐河、新野等地，向南威胁敌长江防线，向西威胁敌大巴山防线，迫使敌第85师从大别山区调至江汉地区加强防守，成立了桐柏、江汉两个军区，和豫陕鄂军区连成了一片。12月13日，为配合我刘邓大军的作战，我陈谢兵团和陈粟外线兵团在平汉线郑州至许昌段发动了大规模的破击战，至 12 月 22 日攻克了许昌、漯河、驻马店、兰封、长葛、民权、西平、遂平、郾城等城镇，歼灭敌人五万余人。为阻止我军继续南下，敌孙元良兵团从郑州南下，敌第 5 兵团从南阳经驻马店北上，对我军实施南北夹击。12 月 25 日，敌第 5 兵团及敌第 3 师到达西平以南的祝王寨时，遭到我军的阻击，战至 26 日，我军全歼了敌第 3 师和敌第 5 兵团。12 月 28日，我陈粟外线兵团进攻确山，直接威胁信阳和武汉敌军。敌人被迫从大别山区调回了敌第 9 师、第 10 师、第 11 师、第 20 师等 13 个旅的兵力回援平汉线，敌人在中原的全面防御体系被打破了。

从 1947 年 9 月至 12 月的 4 个月间，刘邓大军及陈谢、陈粟兵团互相配合，机动作战，共歼灭敌人 195000 余人，解放县城 100 多座，使鄂豫皖和晋冀鲁豫解放区基本上连成了一片，切断了平汉、陇海两条铁路线，在江淮河汉广大地区建立了中原根据地。

**【毛泽东评说】**

为着（一）分散大敌，使敌主力疲于奔命；（二）歼灭小敌，使我获得歼灭敌正规军一旅两旅、一团两团之多数机会，广泛歼灭民团、保甲；（三）发动群众，建立根据地；（四）解决物资，目前主要是冬衣等项。……

——《在新区作战的方针》，《毛泽东军事文集》第四卷，第 283 页，军事科学出版社、中央文献出版社 1993 年版。

刘邓巧电提议，十一月二十日左右三军举行大破平汉路战役，使三区打通，使敌分割支解，以利分别歼击，我们认为极为必要，且有胜利把握。……

——《同意三军举行大破平汉路战役》，《毛泽东军事文集》第四卷，第 313 页，军事科学出版社、中央文献出版社 1993 年版。

（一）你们全军（除陈谢）明年八月以前在长江以北作战，完成创造大别山、桐柏山及江汉区根据地，并与陈谢、陈粟两区联成一片之任务。明年八月以后，为着进一步分散敌力、便于歼灭之目的，依当时长江以北任务完成之程度，决定派主力或派一部渡江，创造湘鄂赣边区根据地。

（二）为着准备执行上述计划，请考虑目前开始派少数地方工作人员或少数游击支队南渡，求得生根。

——《刘邓军明年的任务》，《毛泽东军事文集》第四卷，第338页，军事科学出版社、中央文献出版社1993年版。

而大别山困难只有由刘邓、粟陈、陈谢三军协力在一至二个月内歼敌数个旅，方能开辟胜利解决之道路。大别山根据地之确立则是整个南线胜利的重要环节。

——《对大别山区作战部署的意见》，《毛泽东军事文集》第四卷，第360页，军事科学出版社、中央文献出版社1993年版。

## 【评析】

我刘邓大军挺进大别山后，如何立住脚，毛泽东为中央军委起草了不少电报，根据形势变化随时发出指示。1947年10月8日，在发给华东局并转许谭及各纵的电报中指出，"我军已全面转入反攻"，"我刘邓、陈粟、陈谢三军共四十八个旅约四十万人，业已在长江、黄河间立住脚跟"。10月10日毛泽东在陕北佳县神泉堡为中国人民解放军总部起草的《中国人民解放军宣言》，分析了当时的国内政治形势，提出了"打倒蒋介石，解放全中国"的口号，宣布了中国人民解放军也就是中国共产党的八项基本政策，同时重新颁布了《三大纪律八项注意》的训令，这些指示都大大鼓舞了指战员的战斗意志，提高了部队的战斗力。12月20日，在发给陈粟、陈谢并告刘邓的电报中作出"陈粟及陈谢两部长期配合刘邓行动的部署"，"直至粉碎敌人对大别山的进攻为止"。12月25日，毛泽东在《目前形势和我们的任务》的报告中，庄严宣布：中国人民的革命战争，现在已经创造了一个转折点：蒋介石走上覆灭，我军走向胜利的历史转折点。

在大别山反"围剿"战役中，刘邓首长根据毛泽东和中央军委的指示，创造性地工作，出色地完成了任务，其具体经验是：

一、内外结合，打破封锁。敌军对大别山的进犯，较之我军占绝对优势，并且敌人采用密集队形、向心合击的战法，步步推进，使我军难以分割敌人和各个击破。再加之大别山腹地，山高路窄，回旋余地小，不利于大兵团运动。从这种情况出发，刘邓决定把我军分成内线、外线两部分，内线留一部分主力在大别山区，和当地武装结合，化整为零，用小规模的战斗形式和游击战争，利用山高路狭的特点，与敌周旋，疲惫和歼灭敌人；我军主力则跳到外线，向桐柏、江汉和淮西地区发展，扩大根据地，威胁敌人后方。

二、你打你的，我打我的。在战术上，刘邓采取了敌向内，我向外，敌向外，我向内或我亦向外的方针，分兵以发动群众，合兵以歼灭敌人，用小部兵力牵制敌主力，用大部兵力围歼分散小股之敌，收到了很好的效果。

三、三军协同，破路作战。当时敌人依靠平汉、陇海、津浦三条铁路，把我三支大军分割开，而且依仗铁路调兵遣将，运输给养，成了敌人的优势。为此，刘、邓提出三军协同共破平汉路的建议，得到中央军委和毛泽东的赞同。11月7日，华东的陈粟外线兵团之一部发动了陇海路破击战后，于12月13日进至平汉路，和陈谢兵团配合，在郑州至许昌间展开破击战，共破路840余里，歼敌5万余人，攻克许昌、漯河、驻马店等大小城镇50多座。由郑州出发的援敌又被我军歼灭。在这种情势下，蒋介石不得不从大别山抽出4个师13个旅回援平汉线，围攻大别山的计划遂告失败。

刘伯承元帅曾回忆说："当时，毛主席既估计到跃进大别山的有利条件，又充分估计到了到外线作战的种种困难，提出可能有三个前途：一是付了代价站不稳脚，转回来；二是付了代价站不稳脚，在周围打游击；三是付了代价站稳了脚。"刘伯承元帅自豪地说："经过严重的斗争，我们终于在大别山站稳了脚，深深地扎下了根，胜利地实现了毛主席指示的三个前途中最好的前途。"

# 挺进豫西战役

【战例】

解放战争的战略反攻开始后，国民党军北线的胡宗南集团被陷在陕北，南线的顾祝同集团向南追堵挺进大别山区的刘邓大军，国民党军在豫西及黄河防守变得薄弱和空虚，有利于我军在豫陕鄂地区开辟新的战场。1947年7月23日，中央军委和毛泽东指示陈赓、谢富治的第4纵队和太行纵队、第38军等部，共7万多人，于8月下旬南渡黄河，开辟鄂豫陕地区。在7月29日电报中，军委和毛泽东要求陈赓、谢富治率部在陇海路潼关至洛阳段实施大范围机动作战，以吸引大别山和陕北战场的部分敌军。

1947年8月12日，我陈谢兵团（辖第4纵队、第9纵队、第8纵队第22旅、第38军共8万多人）分别由晋南的浮山、翼城和豫西北的博爱等地出发，向豫西地区进军。此时，黄河地区的敌军防守力量较为薄弱，仅有5个保安团担任潼关至孟津约500里长的黄河防御，其主力第15师、第206师、新2旅在潼关、灵宝、陕县、洛阳之间担任机动防御，陇海路以南地区仅有一些保安团担任防务。这些情况对我军强渡黄河、进军豫西的作战极为有利。我军强渡黄河的具体部署是：第38军的两个师和第8纵队的第22旅为右路军，在茅津以东渡河；第4纵队为左路军，一处在官阳至青河口、一处在大教至马湾渡河；第9纵队为第2梯队，在第4纵队后面跟进。

8月22日，我陈谢兵团在强大炮火掩护下，突破了敌人黄河防线，并乘胜向敌纵深陇海路进军。我左路军第4纵队首先在横水歼灭了敌从洛阳派出的援军第15师的1个团后，兵分两路，分别向洛阳、新安、渑池等地发起攻势。我右路军第38军和第8纵队第22旅击溃了陕县援敌，歼灭了会兴、观音堂和张茅镇敌军，切断了陕县和洛阳两地的联系。经过9天的激烈作战，至 8 月 31 日止，我军先后攻克了新安、渑池等数个城镇，占领了陇海路以南的洛宁、宜阳间的广大地区。此时，敌胡宗南将其第 3 师、第 15 师、第 41 师、第 206 师各 1 个旅组成第 5 兵团，由李铁军指挥拦截我左路军；敌新 1 旅、第 27 旅、第 135 旅、第 167 旅组成陕东兵团，由西安绥靖公署陕东指挥官谢甫三指挥，拦截我右路军。按照中央军委的指示，陈赓、谢富治率领第 4 纵队、第 38 军和第 8 纵队第 22 旅向西发展，第 9 纵队留在洛阳西南地区，阻击敌第 5 兵团的西援。9 月 7 日，敌我双方在潼关至洛阳地区相遇，并发生激烈战斗。敌陕东兵团第 135 旅守陕县，陕东兵团第 206 师和新 1 旅防守灵宝东南方的大营和岳庙地区，第 27 旅防守灵宝地区和朱阳镇，第 36 师防守卢氏。我军以第 38 军第 55 师阻击陕县之敌，第 22 旅攻打灵宝，第 12 旅攻打卢氏，主力部队绕过陕县，直奔灵宝，割断潼关、陕县和卢氏之间敌军的联系，并分别歼灭之。9 月 9 日、10 日，我军歼灭了敌新 1 旅，解放灵宝。9 月 12 日，解放阌乡、卢氏。9 月 15 日，我军歼灭敌第 27 旅大部，逼近潼关；我第 11 旅、第 13 旅协同第 55 师，包围了陕县敌军。9 月 17 日，解放陕县，全歼守敌第 135 旅和保安团共 1 万多人。同时，我左路军第 4 纵队沉重打击了敌第 15 师、第 3 师和 206 师，歼敌 7000 多人，解放了宜阳、伊川、奕川、洛宁等，牵制了敌第 5 兵团向西进军。陈谢兵团经过了约 20 多天的作战，歼灭了敌陕东兵团等部 3 万余人，解放了陇海路潼关至洛阳段以南的广大地区，直接威胁着敌西北指挥中心西安。胡宗南急忙向南京求援，蒋介石亲自飞至西安指挥，急调大别山的敌第 65 师两个旅和晋南运城守敌第 83 旅、第 84 旅回师西安；调榆林敌第 28 旅、延安第 167 旅、陇东骑兵第 2 旅、关中暂编第 2 旅等 10 个半旅兵力，在西安、潼关地区布防，企图阻止我军向西推进。

　　由于敌人加强了关中地区和潼关以西地区的防御，中央军委和毛泽东指示我军：继续西进但不宜捕歼敌人，应留下部分兵力牵制敌人。于是，我第 38 军在豫陕边地区牵制敌军，主力迅速东进，攻歼敌第 5 兵团，开辟豫西根据地。9 月 26 日，我陈谢兵团主力第 4 纵队和第 8 纵队第 22 旅遂向东进军。在此期间，敌第 5 兵团第 15 师进攻铁门、第 3 师进攻宜阳。10 月 2 日，我军主力突然出现在铁门，将敌第 15 师师部和第 64 旅大部分歼灭。进攻宜阳之敌第3师得知消息后，急忙逃往洛阳。因天下暴雨，我追击部队第9纵队被洛河隔开，敌军得以逃掉。之后，我第38军在灵宝、卢氏建立了一分区，在嵩县、栾川建立了三分区，在新安、渑池建立了五分区，解放了宜阳、嵩县、栾川、新安、渑池、灵宝、洛宁等地。

陈谢兵团挺进豫西，从8月22日至10月13日，经过约一个多月的连续作战，共歼灭敌新1旅、第135旅、第64旅等约4万多人，解放了豫西广大地区，建立了豫陕鄂根据地。

## 【毛泽东评说】

现敌大军向刘邓追击，若你们于刘邓出陇海线后半个月不久方能可渡河完毕，则对刘邓援即过于迟缓。又胡宗南主力正向榆林增援，三十六师两个旅本日到横山、榆林间，刘戡五个旅本日到石湾。彭习亦甚盼你们早日渡河，变动局势。

——《陈谢宜早日渡河援助刘邓》《毛泽东军事文集》第四卷，第195页，军事科学出版社、中央文献出版社1993年版。

（一）……攻占新安、渑池、宜阳、洛宁等地，歼敌四千余，甚慰。（二）你们作战范围，包括黄河、渭水以南，汉水以北，平汉路以西，西安、汉中线以东广大地区。应使干部熟习这一地区地理、敌情、民情，准备以至少半年时间，在这一地区东西南北往来机动，大量歼灭敌人，才能建立根据地。（三）作战原则：对敌守备薄弱之据点及城市则坚决攻取之，对敌有中等程度的守备而又环境许可之据点及城市则相机攻取之，对敌守备强固之据点及城市则避开之，着重点放在调动敌人打运动战及占领广大乡村，消灭反动武装，发动群众，必须准备经过一个困难时期，逐步建立根据地。（四）目前停攻横水，以一部监视洛阳之敌，主力西进，相机攻取陕县、灵宝、阌乡、卢氏、洛南、商县、商南七城或七城中之几城，着重扫除七县乡村中之反动武装。你们第二步机动方向是东向平汉路或南向汉水以北，临时酌定。

——《陈谢部的作战范围和原则》，《毛泽东军事文集》第四卷，第232页，军事科学出版社、中央文献出版社1993年版。

……因此你们应令卢氏之十二旅于扫除卢氏附近地主武装之后，迅即南进，相机攻占荆紫关、商南、龙驹寨三点，然后转向西北，相机攻占商州、山阳，威胁西安侧翼，吸引西安敌人注意该方面。你们在陕州作战完毕后，不论得手或不得手，休整数日，留三十八军一个师于陕灵阌地区。你们亲率四纵全部及三十八军一个师，携带数天粮食，于商州、潼关之间自择道路（避开坚固据点），进入渭、华以南，商、洛以北地区，然后相机攻占临潼、渭南、华阴、华县、潼关、蓝田、洛南诸城。如你们能于本月下旬进入上述地区，并开始作战，则甚为有利。

——《陈谢部的行动计划》，《毛泽东军事文集》，第四卷，<br>第 248-249 页，军事科学出版社、中央文献出版社 1993 年版。

## 【评析】

　　陈赓、谢富治兵团挺进豫西，是毛泽东和中央军委对我刘邓大军挺进中原的战略行动所安排的右后一路。它的任务是配合刘邓大军跃进大别山和陕北战局。陈谢集团渡河后向西作战，既造成继续展开的有利态势，又配合西北野战军转入反攻；然后挥师向东向南发展，开辟广大地区，直接配合刘邓大军挺进大别山的战略行动。毛泽东和中央军委对陈谢集团挺进豫西十分关注，给予了许多重要指示。1947 年 7 月 23 日发给刘、邓的电报中指出："我们已令陈赓纵队，并指挥太行纵队、五师、三十八军共七万余人，八月下旬出豫西，建立鄂豫陕边区根据地，吸引胡宗南一部打运动战"，明确地提出了陈谢集团挺进豫西的要求。为了协调与刘、邓主力的动作，7 月 27 日发电，明确"陈谢集团归刘邓指挥并组织前委"。7 月 29 日发电，规定陈谢集团的任务是："八月出潼洛，切断陇海"，"调动胡军一部增援"，"以配合陕北作战"。8 月 9 日发电指出："陈谢集团应提前渡河"，渡河之后，"首先控制潼洛段山区"。8 月 12 日电示："陈谢宜早日渡河援助刘邓。"8 月 26 日致电陈谢："渡河后应放手向豫西发展。"8 月 30 日致电陈谢："主力迅速抢占陕县、灵宝等县。"9 月 1 日，毛泽东在为中共中央起草的对党内的指示《解放战争第二年的战略方针》中，规定了我军第二年作战的基本任务是：举行全国性反攻。其夺取胜利的关键：

"第一是善于捕捉战机,勇敢坚决,多打胜仗;第二是坚决执行争取群众的政策,使广大群众获得利益,站在我军方面。只要这两点做到了,我们就胜利了。"次日,又致电陈、谢、韩,对陈谢部的作战范围和原则作了规定,指出其作战范围包括:黄河、渭水以南,汉水以北,平汉路以西,西安、汉中线以东广大地区;其作战原则是:对敌守备薄弱之据点及城市则坚决攻取之,对敌有中等程度的守备而又环境许可之据点及城市则相机攻取之,对敌守顽固之据点及城市则避开之,着重点放在调动敌人打运动战及建立根据地上。9月4日再电陈谢:要有建立鄂豫陕根据地的决心。9月13日再电陈谢韩指出其攻克卢氏后主力向南发展的作战任务。9月15日再电陈谢韩,提出"陈谢部的行动计划"。9月17日再电陈谢韩,指出其必须"抓住战机打开陕东陕南局面"。9月10日发出《同意陈谢韩三路出兵意见》,接着又对陈谢兵团发出东下打郑州国民党军陆军总司令部郑州指挥部第5兵团的多份电报。

陈赓、谢富治坚决贯彻毛泽东的军事思想和中央军委指示,出色地完成了挺进豫西的任务。其特点是:

一、偷渡与强渡结合,一举突破黄河天险。1947年8月12日夜和23日拂晓,左集团在垣曲、济源间,右集团在茅津渡以东,用偷渡与强渡相结合办法,利用黑夜雨大,浪高声喧,渡船不足用大油布包、葫芦当渡船,先起划偷渡,快到对岸时才发起火力攻击,两个集团都只用3个半小时,就一举突破了黄河天险。

二、忽东忽西,忽聚忽散,在运动中消灭敌人。陈谢集团正确地执行运动战的方针,机动迅速,广占敌区,多歼敌人。具体做法是:洛阳地区敌所必争,不使用主力;主力向西,乘胡宗南在西面尚未完成部署之机,抢占陕县、灵宝、阌乡等城,歼灭分散守备之敌;然后一路出陕南,一路回师东下打郑州出援的李铁军部,再向南发展,攻占郏县、宝丰、鲁山、南召、叶县、临汝诸县城,使我主力在伏牛山东麓顺利展开。以后与刘邓、陈粟三路大军共破平汉路,使平汉路东西两侧的解放区连成一片,并迫使蒋介石从大别山区调出11个师回援平汉路,有力地配合了刘、邓在大别山的作战,从此,中原战局便进入了一个新阶段。

三、"分兵以发动群众，集中以应付敌人"，毛泽东的这一战略战术思想，指导陈谢把作战和发动群众结合起来。部队既是战斗队，又是工作队。在保持主力的条件下，先后抽出 12 个团作为地方武装的基干，又抽调两千余名干部做地方工作，并发动整个部队做群众工作。团以上成立有工作队，连有民运小组，班有民运战士。既胜利地完成了作战任务，又有效地发动了群众，为根据地的建立创造了必要条件。所以，挺进豫西，不仅胜利完成了策应大别山和陕北战场的任务，而且又创建了豫陕鄂根据地。

陈赓大将在回忆这段战斗历程时说："我们深深体会到毛主席制定的外线作战，将战争引向国民党统治区的方针和策划，是一个伟大的、天才的创造，是古今战争史上的空前创举，是马克思列宁主义军事科学在中国革命战争实践中又一个光辉的发展。"

# 鲁南战役

**【战例】**

　　鲁南战役，是我华东野战军在解放战争时期的战略防御阶段，于1947年1月2日至20日在鲁南向城、峄县、枣庄地区进行的一次歼灭战，使我军首次获得了和敌机械化部队作战的经验。

　　1946年6月，国民党挑起全面内战后，我军先后在华东地区、冀鲁豫地区、晋南地区、晋察冀地区和东北地区等进行了自卫反击作战。从7月至12月底，在各个战场上共歼灭了国民党军39个旅约38万人。敌人的全面进攻遭到了我军的迎头痛击，战局开始朝着有利于我军的方向发展。1946年12月15日至19日，我军在宿北地区歼敌3个旅零1个团共2万4000余人。与此同时，国民党以25个旅、1个快速纵队由东台、淮阴、宿迁、峄县等地，兵分四路向我军进犯，企图占领苏北和鲁南地区，迫使我军由陇海路北撤。宿北战役结束后，李延年第74师和第28师共5个旅于12月16日由淮阴地区进犯，并攻占了涟水。第一绥靖区敌李默庵的第65师、第25师、第83师等5个旅由东台向盐城、阜宁方向进攻，于12月19日占领了盐城，并继续向阜宁进犯。第33军、第26师（附带第一机械化快速纵队）从台儿庄、枣庄地区进至临沂西南的向城、卞庄、洪山一线，并就地转入防御。

　　进犯鲁西南地区的敌第26师及第一快速纵队布防在傅山口至卞庄一线，师部位于马家庄，第1快速纵队位于向城、陈家桥、作字沟地区，第26师第169旅位于卞庄、安家庄地区，第44旅位于傅山口地区。敌第51师主力位于枣庄、齐村地区。敌第33军第77师位于幼鹿山、四户镇地区，敌第59师位于邳县、官湖地区。

　　中央军委和毛泽东在宿北战役结束前，于12月18日电示华东我军：

下步作战似应集中主力歼灭鲁南敌军，并趁机收复枣、峄、台，使鲁南地区得到巩固，然后向南发展。按照中央军委和毛泽东的指示精神，华东野战军经过对敌我双方情况的仔细分析，认为敌第11师和敌李延年部靠得较近，不易分割，在运动中围歼敌人的可能性不大；鲁南地区敌第33军和第26师之间矛盾较大，有利于我军分割歼灭。如果能歼灭敌第26师，既可以解除敌人对我山东解放区首府临沂的威胁，又可使我军没有顾虑地向南作战。因此，我军决定向鲁南地区转移，以歼灭敌第26师和第1快速纵队。我华东野战军决定，以27个团的兵力首先歼灭敌第26师和第1快速纵队，再乘胜围歼敌第33军或第51师；以24个团的兵力在沭阳的东西地区进行防御，阻止敌南线部队北进，并寻机歼敌。我军的具体部署是：以第8师、第9师、第10师和第4师1个团、滨海警备旅12个团组成右集团，首先歼灭傅山口、太子堂地区的敌第26师第44旅，切断第26师和枣庄地区第51师的联系以及向峄县、枣庄的退路，并阻击峄县、枣庄之敌的增援；以第1纵队、第1师共15个团组成集团，担负歼灭敌第26师第169旅和第1快速纵队的任务，首先歼灭卞庄、常家渔沟地区的第169旅，然后由东向西攻击，切断敌第33军与第26师的联系，再与左集团会歼敌第1快速纵队；鲁南第3军分区武装在马头、新村段沿沂河东岸进行防御，保障我主力侧翼安全，维护华中与山东的交通，以部分兵力在兰陵、峄县、台儿庄之间开展游击战争，破坏敌人交通，扰乱敌人后方。12月27日，我军主力分别从宿迁以北和沭阳两地向台儿庄、枣庄地区和郯城以东地区隐蔽前进，于1947年1月2日分别到达目的地。

1947年1月2日晚，我军对敌军突然发起攻击。当时，敌第26师师长马励武赴峄县未回。我右集团第10师占领了四马寨和敌后方医院，与第9师、第8师、警备旅等分别向平山、石城崮、青山、凤凰山、石龙山等展开攻击。至3日拂晓，除石龙山守敌一个营逃往杨家桥外，共歼敌第44旅4个多营，全部控制了敌阵地北面沿山要点，切断了枣庄至向城和兰陵至台儿庄的道路。同时，我左集团第1纵队也包围了卞庄敌人，部分兵力抵达卞庄以西大官庄、南北小庄一线；第1师由鲁坊、卞庄向西插至兰陵，3日上午占领了洪山、横山，进至兰陵以北地区，切断了敌第26师与第 33 军的联系。至此，我左右集团完成了对敌第 26 师的分割包围任务。

1 月 3 日晚，我军对被围敌军发起攻击，右集团向傅山口、太子堂、马家庄展开了猛攻，左集团向常家渔沟、张家桥、秋湖展开攻击，战至 4 日晨，马家庄之敌第 26 师师部全部被歼，第 26 师第 44 旅在太子堂被歼，第 26 师第 169 旅在卞庄被歼。第 169 旅少数敌人逃至敌第 1 快速纵队，我军乘机将敌第 1 快速纵队包围在陈家桥、贾头、作字沟地区内。1 月 4 日上午 10 时，敌第 1 快速纵队及第 26 师残部向西逃窜，其第 80 旅大部分刚离开阵地就被我军歼灭于陈家桥以西地区。敌坦克、汽车及步兵沿下湖、漏汁湖一线向峄县逃跑，但因雪雨交加和道路泥泞，敌人的行动迟缓，乱作一团，被我军拦住，激战至 4 日下午 3 时，除先头的 7 辆坦克逃至峄县外，全部美式装备的敌第 26 师和第 1 快速纵队共 3 万余人被我军歼灭。

我军在取得战役第一阶段攻歼敌第 26 师及第 1 快速纵队胜利后，立即乘胜扩大战果。敌第 33 军撤至运河以南地区，准备以运河为依托进行抵抗。我军决定以右集团攻打峄县，左集团追歼敌第 33 军。敌第 11 师、第 64 师正往徐州以东地区集中；峄县敌第 51 师第 114 旅一部、第 52 师第 98 团、第 26 师后方机关等共 7000 余人，由敌第 26 师师长马励武指挥；敌第 51 师一部驻守郭里集，主力驻守枣庄、齐村一带。根据敌情变化，我军决定放弃敌第 33 军，集中兵力歼灭峄县、枣庄之敌。我军的具体部署是：第 1 纵队第 1 师攻打枣庄、齐村之敌；第 8 师、第 9 师、第 4 师 1 个团和滨海警备旅围攻峄县之敌；第 1 纵队、第 13 旅在峄县西南文峰山、白山一带，阻击可能由韩庄、台儿庄增援的敌军；第 10 师在临城、齐村之间，开展游击战争，断绝敌人交通。

1 月 9 日晚，我第 8 师、第 9 师、滨海警备旅以绝对的优势包围了峄县之敌。第 8 师从南面攻击，第 9 师及第 4 师第 10 团由东、北两面进攻，滨海警备旅主力在吴家林作为预备队，部分兵力由东南进攻。战至 10 日，扫清了外围，直逼城垣。10 日下午，我军向峄县守敌发起总攻，战至 11 日拂晓，全歼守军，活捉敌第 26 师师长马励武，缴获敌逃入峄县的 7 辆坦克。

在我军对峄县之敌进行围歼之时，我第 1 纵队第 1 师对枣庄地区敌人也发起了进攻。10日晚，我第1师一部监视齐村敌军，主力向枣庄之敌发起攻击，将敌第51师第113旅和第114旅1个团包围起来。11日，郭里集之敌的第51师第114旅第342团在西逃途中被我全歼。枣庄因是矿区，建筑物较多。敌人利用矿区建筑物作掩护，拒不投降。12日，我军攻占了枣庄敌军外围阵地。此时，敌第11师和第64师抵达台儿庄、韩庄一线，企图解除枣庄之围。16日，我第1纵队一部与第1师占领了齐村，全歼齐村敌第51师第113旅旅部及第337团。为了迅速结束战斗，全歼枣庄守敌，我军又调第1纵队、第8师各一部参加战斗。1月19日晚，我军对枣庄之敌发起总攻。20日上午，我军与敌人在市区内展开了逐屋争夺战，战至下午2时，全歼敌第51师师部及第113旅第338团、第114旅第341团共约1万人，活捉敌第51师师长周毓英以下官兵8000余人。鲁南战役至此胜利结束。

在我军鲁南作战时，以第2、第9纵队，第6、第7师，第13旅等部的24个团的兵力，在宿迁至沭阳以东地区阻止了涟水、盐城敌军的北援。1946年12月10日占领沭阳，12月30日占领阜宁。1947年1月18日占领陇海路上的重镇新安镇。在鲁南战役结束后，我阻击部队即撤至山东的马关和郯城地区，进行休整待命。

鲁南战役从1947年1月2日至20日，经过18天的激战，我军共歼灭敌整编第26师、整编第51师共4个旅以及第1机械化快速纵队总计53500余人，缴获敌坦克24辆、铁甲车1列、汽车475台、各种炮189门，活捉敌第26师师长马励武、第51师师长周毓英、第51师副师长韩世儒等以下军官数十人。鲁南战役使我军首次获得了与敌机械化部队作战的经验，沉重地打击了敌人的嚣张气焰，打乱了敌人进犯临沂的作战计划。


【毛泽东评说】

鲁南战役关系全局，此战胜利即使苏北各城全失亦有办法恢复。你们必须集中第一、第六、第八、第四、第九、第十各师及一纵、警旅等部，并有必要之部署准备时间，以期打一比宿北更大的歼灭战。第一仗似以打二十六师三个旅为适宜，因该师系鲁南主力，该师被歼，全局好转，若先打冯部，则恐一时不能解决鲁南问题。

——《鲁南首战以歼敌二十六师为宜》，《毛泽东军事文集》第<br>三卷，第 591 页，军事科学出版社、中央文献出版社 1993 年版。

（一）彻底歼灭二十六师甚好甚慰，全军将士传令嘉奖。……

……

（七）只有吸引敌人北上再打三四个宿东、鲁南这样的大歼灭战，苏中、苏北失地才能收复。不要在未歼灭敌人主力之前过早企图收复失地，收复峄、台线之目的在于创造战场。

（八）在歼灭冯部占领峄、台后，为着创造战场之目的，可考虑歼灭五十一师，占领枣庄，前锋可过运河控制陇海线。九纵全部应去淮北睢、宿、灵、泗地区恢复工作。皮旅应去盐阜地区，坚持工作。二师、二纵、七师（共二十个团）亦应休整补充，准备参加新的大会战。沭阳暂时得失，无足轻重。总之，一切以打大歼灭战为目标，望按此方针部署工作。

——《一切以打大歼灭战为目标》，《毛泽东军事文集》第三卷，<br>第 603-604 页，军事科学出版社、中央文献出版社 1993 年版。

鲁南胜利，局面打开，我已夺取主动，敌已陷于被动。数部敌军正向徐州附近调动，如我攻占临城，还可能有几部敌军被调北上，利于我以鲁南为基地各个歼灭之。

——《攻临城时准备歼灭增援队》，《毛泽东军事文集》第三卷，<br>第 618 页，军事科学出版社、中央文献出版社 1993 年版。

（一）攻克齐村，甚慰。再以数天时间攻克枣庄甚为必要。……

……

（四）你们应以歼灭欧震六个旅至八个旅为目标，集中四十五个团左右，事先开一干部大会（半天至一天开完），准备以连续多日之战斗，打更大之歼灭战。

——《攻克枣庄并准备歼灭欧震部》，《毛泽东军事文集》第三卷，<br>第 620 页，军事科学出版社、中央文献出版社 1993 年版。

## 【评析】

为了胜利地进行鲁南战役，毛泽东和中央军委先后发了许多电报指示。早在1946年12月25日发给陈、粟的电报中就指出："鲁南首战以歼敌二十六师为宜。"1947年1月5日发给陈、粟的电报中指出："因此你们在占领峄县、台、邳后不要轻动，不要去打海州，也不要去打七十四师、十一师，而要休整部队，巩固胜利，并吸引七十四师、十一师（可能还有四师、四十四师等部）北上到你们面前适当地区，然后歼灭之最为有利。"这就制定了鲁南战役的作战目标。1月9日又电示陈、粟："集中最大兵力歼灭当面之敌。"1月11日再电示陈粟：宜加紧补训的不必急于打仗。1月14日再电示陈、粟：攻临城时准备歼灭增援队，指出围城打援问题。1月17日又电示陈、粟：攻克枣庄并准备歼灭欧震部。1月18日再电示陈、陈、粟、谭："全力歼灭欧震军，开辟南进道路。"

鲁南战役表现出有以下两个特点：

一、分割合围，优势歼敌。1月2日战斗打响时，我军分为左、右两个集团，对敌发起攻击。次日，右集团攻克峄县以西各据点，切断了整编第26师及第1快速纵队西退之路；左集团攻克峄县以东各据点，切断了敌整编26师与整编第33军的联系，完成了对敌之战役合围。9日发起攻击，次日攻克峄县，歼灭守敌。12日，对枣庄外围之敌发起攻击，歼其一部。19日，对枣庄守敌整编第51师主力发起总攻，24日下午全歼，此役胜利结束。

二、利用雪雨泥泞，在运动中歼灭敌人。1月4日，我军压缩对峄县的包围，歼其大部。敌整编第26师钱部及第1快速纵队拼命突围，正碰上雪雨较大，道路泥泞，敌坦克、汽车均难行动。敌人在运动中，被我军全部歼灭。

鲁南战役的胜利，使华东我军首次获得了与敌机械化部队作战的经验。

# 莱芜战役

【战例】

莱芜战役，是我华东野战军在陈毅、粟裕、谭震林等领导下，1947年2月20日至23日，在山东省莱芜地区进行的一次规模较大的运动歼灭战。

抗日战争胜利后，国民党军在美国的支持下，于1946年6月，对我中原解放区大举进攻，挑起了中国的全面内战。到1947年1月底，中国人民解放军已歼灭国民党正规军56个旅。此时，华东野战军在连续取得苏中、宿北、鲁南战役共歼敌近20万人的重大胜利后，主动放弃一些城市和地方，将主要战场移到山东境内，主力部队则集结在老根据地山东临沂地区进行休整，对部队进行了统一整编，组成了华东军区和华东野战军。华东军区下辖鲁南、鲁中、胶东、渤海、苏北、苏中6个军区和东江纵队、滨海军分区等部，共约30万人；华东野战军下辖第1纵队、第2纵队、第3纵队、第4纵队、第6纵队、第7纵队、第8纵队、第9纵队、第10纵队、第11纵队、第12纵队和特种兵纵队等共约27万多人。由于我军主动放弃了一些地方，蒋介石便错误地判断我军"伤亡惨重，续战能力不强"；又得知我军主力集结在临沂地区，认为临沂为我山东解放区中心城市，我军必将固守，从而急忙制订了"鲁南会战"计划，以23个师53旅约31万多人的兵力，分别从陇海线徐州至海州段、津浦线徐州至济南段和胶济线中段等三个方面再次向我鲁南地区进犯。其南线以整编第19军军长欧震指挥的8个整编师和20个旅的兵力自台儿庄、新安镇、城头一线兵分三路向临沂进攻；右路为黄百韬指挥的6个旅，中路为李天霞指挥的7个旅，左路为胡琏指挥的7个旅；另有以郝鹏举的第42集团军从连云港以西的白塔埠和房山街地区沿铁路西进临沂，担任翼侧掩护任务。北线以徐州绥靖公署第2绥靖区副司令李仙洲所指挥的3个军9个师由淄川、博山、明水（今章丘）南下莱芜、新泰，与其鲁南的部队对我军形成南北夹击之势。国民党还从冀南、豫北战场抽调王敬久集团军的4个整编师，集结于鲁西南地区，企图阻止我晋冀鲁豫野战军东援或华东野战军主力西去。

鲁南战役结束后，华野首长即按照中央军委和毛泽东关于进一步集中兵力歼灭敌人的指示，针对敌人进攻临沂的情况，提出集中50个团的兵力先打南线右路之敌的初步方案。1947年1月31日，南线敌军首先开始北犯。为防止被我军各个歼灭，敌军采取了"集中兵力、稳扎稳打、齐头并进、避免突出"的战法向临沂推进。北线李仙洲集团军自胶济线南犯，其先头部队于2月4日占领莱芜；2月3日，南线敌军占领郯城等地。针对战场上的这种情况，为了实现诱歼南线之敌的计划，我军决定让敌军进至郯城、马头以北、临沂以南地区再歼灭之，并调第9、10纵队迅速南下参战。2月4日，中央军委和毛泽东电示华野军首长：敌愈深入愈好打，必要时放弃临沂。我华东野战军根据这一指示，进一步分析了当前敌我情况，认为：敌军重兵北犯，企图在临沂外围与我军进行决战，我军如能在临沂地区寻机歼敌当然最好；但是敌军过于集中，行进缓慢，不易分歼，与其待机过久，不如放弃临沂，转兵北上和李仙洲军作战。华野陈毅、粟裕、谭震林等首长于2月5日致电中央军委，提出了三个作战方案：第一方案，以第2纵队进攻白塔埠附近的敌郝鹏举部，诱敌右路黄百韬的整编第25师东援，或调动中路李天霞的第74师、第83师和左路胡琏的第11师等北进，以各个歼灭之；第二方案，如第1方案未能引敌东援或北进，我军则以一个纵队位于临沂以南监视敌军，其余主力部队均集结于临沂以北地区休整，寻机歼敌；第三种方案，如南线之敌仍不北进或北进时不便歼灭，我军除留1个纵队于临沂地区牵制敌军外，其余主力部队挥师北上，彻底解决北线敌军，平毁胶济线，威胁济南，以吸引南线之敌军北进，再各个歼灭。2月6日，中央军委、毛泽东复电同意第三作战方案，并指示待北线之敌占领莱芜、新泰后我军再秘密北上。2月6日，我第2纵队向敌郝鹏举的第42集团军发起攻击，至7日全歼郝军总部及2个师，并活捉了郝鹏举。2月10日，我华东野战军决定将敌李仙洲集团歼灭于新泰、莱芜地区，以第2、第1纵队伪装成我军主力于南线阻击敌军北上外，主力则隐蔽北上，于 2 月 16 日前进至莱芜地区集结。同时，布置地方武装进逼兖州，并在运河上架桥，造成我军将西渡黄河的假象以迷惑敌人，掩盖我军的战略意图。

2 月 10 日，我军主力北上后，南线的敌军于 15 日进占临沂。我军主力在北上途中查明了敌军的具体部署情况：李仙洲第 46 军在新泰；李仙洲总部、第 73 军军部及第 15 师位于颜庄，第 193 师位于和庄，第 77 师位于张店；李仙洲的主力第 12 军在莱芜，新 36 师位于蒙阴寨；王耀武的第 96 军在明水，主力第 8 军在潍县的昌乐。我军遂决定歼灭敌第 33 军、第 76 军和第 12 军，然后攻占胶济线。与此同时，敌第二绥靖区司令王耀武对我军行动产生了怀疑，怕我军围歼孤军深入的李仙洲集团，于 2 月 16 日急令李仙洲集团全线向莱芜收缩。17 日，王耀武按照蒋介石和陈诚的命令，命令第 46 军再次占领新泰，第 73 军第 193 师占领颜庄，其余各部仍在原地。19 日，我军各部逼近莱芜、颜庄地区，对李仙洲集团形成了包围态势时，敌军才判明我军意图，即将第 46 军由新泰撤至颜庄，第 193 师则进至莱芜，并命博山的第 73 军第 77 师迅速南下莱芜。

此时，我军对原订作战部署作了修改和调整：以第 1 纵队和第 8 纵队 1 个师攻打莱芜李仙洲总部和第 73 军军部所属第 15 师；以第 4 纵队攻打颜庄的第 193 师；以第 6 纵队攻打吐丝口镇的新第 36 师；以第 10 纵队和独立师攻打锦阳关，并阻击敌第 12 军由明水南下增援；以第 7 纵队牵制敌第 46 军东返莱芜；以第 8、第 9 纵队埋伏在和庄附近南北山区，准备歼灭由博山南下的敌第 77 师。

2 月 20 日晨，敌第 77 师到达莱芜东北和庄地区，我第 8 纵队、第 9 纵队立即发起攻击，至 21 日将其全歼，击毙了敌师长田均建，首战告捷。与此同时，我军主力全线对莱芜发起攻击。第 1 纵队占领莱芜城西和北郊外各要道；第 6 纵队占领了吐丝口镇；第 10 纵队占领了锦阳关并歼敌大部。22 日上午，第 46 军突破我第 7 纵队的阻击，退入莱芜城中，与第 73 军汇合在一起，兵力得到加强。我华东野战军随即调整作战部署，以第 1 纵队、第 2 纵队和第 7 纵队组成西路兵团；以第 4 纵队和第 8 纵队组成东路兵团；将莱芜城中敌两个军包围起来。以第 6 纵队攻打吐丝口镇并防止敌军北逃。敌两个军集中于莱芜城中，兵力无法展开，粮食供应紧张。李仙洲举棋难定，王耀武害怕李仙洲集团孤立无援，令其率部向北突围，退往济南和胶济线。

23日晨，敌第73军在左，第46军在右，李仙洲总部居中，并列向北突围，我军遂于莱芜、吐丝口镇之间布成袋形阵地，诱敌进入。当敌军后部脱离莱芜城进入我军伏击区时，我军即切断敌军退路并抢占了莱芜城，东西两面夹击突围的敌军。战至17时，除敌第73军军长韩浚率千余人逃入吐丝口镇外，其余敌军全部被歼，李仙洲被俘。韩浚逃至吐丝镇后，会同镇内敌军共5000多人向博山逃跑，至青石关，被我军第9纵队全歼，韩浚也被活捉。至此，莱芜战役胜利结束。

莱芜围歼战后，我军原拟继续向北进军，在胶济线上歼灭敌第12军及第8军一部。王耀武在得知李仙洲第73军、第46军被我军全歼后，急令位于胶济线西段的第12军和第8军等撤至济南，加强城防，防止我军进攻济南。我军乘胜解放了胶济线西段南北两侧10余座城镇，控制胶济铁路200多公里。

莱芜战役，我军经过3天的战斗，共歼灭敌1个绥靖区指挥所、2个军、7个师共计6万多人，收复了13座城镇，使鲁中、渤海、胶东三个解放区连成一片，沉重打击了敌人嚣张气焰，鼓舞了全解放区军民的斗争情绪，为我军夺取更大胜利创造了有利条件。

## 【毛泽东评说】

为着彻底粉碎陈诚向鲁南之进攻，请你们注意下列各点：（一）集中绝对优势兵力，你们将王建安、许世友、宋时轮三部南调是很对的。（二）休整部队，利用敌大举进攻前夜全军休整，多一天好一天，休整即是胜利。（三）诱敌深入，敌不动我不打，敌不进到有利于我、不利于敌之地点我亦不打，完全立于主动地位。（四）先打弱者，后打强者，可能进攻之敌二十二个旅中，战力较强者约八个旅，较弱者约十四个旅。如我能首先歼灭较弱之十四个旅，此次进攻即算打破，然后再歼较强之八个旅，便很从容。（五）每次歼敌不要超过四个旅，最好是三个旅，一则保证速胜，二则手中留有未使用的大量兵力，可以接着打第二仗。

> ——《关于彻底粉碎陈诚向鲁南进攻的建议》，《毛泽东军事
> 文集》第三卷，第651页，军事科学出版社、中央文献出版社
> 1993年版。

不管邱军到鲁与否，敌愈深进愈好，我愈打得迟愈好；只要你们不求急效，并准备于必要时放弃临沂，则此次我必能胜利。目前敌人策略是诱我早日出击，将我扭打消耗后再稳固地进占临沂，你们切不可上当，必须等候敌进至郯城、临沂之中间地带（比较接近临沂），然后打第一仗方为上策。敌愈北上，士气愈下降，指挥官愈恐慌，接济愈困难。

> ——《必须等候敌进至郯城临沂地带再打一仗》，《毛泽东军事
> 文集》第三卷，第655页，军事科学出版社，中央文献出版社
> 1993年版。

我军作战方针，仍如过去所确立者，先打分散孤立之敌（包括一次打几个旅的大规模歼灭性战役在内，例如今年二月莱芜战役，七月鲁西南战役），后打集中强大之敌。先取中、小城市和广大乡村，后取大城市。以歼灭敌人有生力量为主要目标，不以保守和夺取地方为主要目标；保守或夺取地方是歼敌有生力量的结果，往往须反复多次才能最后地保守或夺取之。每战集中绝对优势兵力，四面包围敌人，力求全歼，不使漏网。在特殊情况下，则采用给敌以歼灭性打击之办法，即集中全力打敌正面及其一翼或两翼，以求达到歼灭其一部、击溃其另一部之目的，以便我军能够迅速转移兵力，歼击他部敌军。

> ——《解放战争第二年的战略方针》，《毛泽东军事文集》第四
> 卷，第229页，军事科学出版社、中央文献出版社1993年版。

## 【评析】

对于如何打莱芜战役，毛泽东和中央军委有一系列指示，并对战役的进程及时地进行了评说。1947年1月28日，毛泽东电示陈粟谭，指出对粉碎陈诚进攻计划的意见，认为："如果陈诚之进攻确将于二月上旬或中旬举行，我军似以待其进攻再打为有利。一可使我军获得充分休整时间；二

可打敌立足未稳；三可连续作战歼灭多数之敌。"1月31日，在电示陈饶粟谭的电报中又指出："我军方针，似宜诱敌深入，不但不先打陇海路，即敌至郯、马地区是否打，亦值得考虑。似宜待其进至郯、马以北发起全力歼击，可连续打数个大歼灭战，使自己处于完全主动地位，丝毫不陷于被动（如打得太早即有打成胶着陷于被动可能）。"2月3日，再电示陈饶张黎粟谭，提出关于彻底粉碎陈诚向鲁南进攻的五条建议。2月2日再电示陈饶粟谭指出，必须等候敌进至郯城临沂地带再打第一仗。2月6日，再电示陈饶张黎粟谭："在临沂建筑防御工事以利歼敌。"同时又电示陈粟谭等"先打弱敌后打强敌力争主动"，"这可使我完全立于主动地位，使蒋介石完全陷于被动"。2月7日又电示陈粟谭，提出关于开至莱芜新泰作战的问题。2月9日又电示陈粟谭，指出"解决郝鹏举部应与全部战略方针联系考虑"。

华东野战军陈毅、粟裕首长在指挥莱芜战役的过程中，创造性地贯彻执行了毛泽东和中央军委的指示，赢得了莱芜战役的胜利，其成功的经验主要是：

一、根据敌情变化，改变作战部署。我华东野战军在陈毅、粟裕指挥下，原打算求歼从南线北犯之敌，但敌采取密集队形，齐头并进，难以分割，难以各个击破。中央军委指示：敌愈深入愈好打，必要时放弃临沂。华野根据这一指示，认为待机过久，不如放弃临沂北上，求歼李仙洲集团，这个战略部署的改变，收到了很好的战果。

二、抓住战机，速战速决。此次战役，我军在战略指导思想上是，条件不利不急于求战，不与敌进行无胜利把握的决战。后来，当北线出现有利战机，我军定下北上歼敌的决心后，挥师北上，夜行晓宿，隐蔽急进，并伪装大军西移，迷惑敌人。陈诚判断我华野"似将在东阿、范县间渡黄河"。蒋介石也断定我华野逃跑，声言我军"东临大海，西临湖山，局促一隅，流窜非易"。当我各路攻击集团突然出现在北线战场上时，敌人被迫仓猝应战。在我军重兵包围和强大攻势下，守难抵御，逃无生路，仅经63小时战斗，就歼灭敌军6万多人。

三、虚心听取指挥员意见，使战役指导符合作战实际。毛泽东和中央军委在此役中发出了一系列指示，对战役的歼灭目标、作战方法和行动措施都提出了具体的方案，并同战场指挥员反复商量。如 2 月 3 日致电陈粟，指出五条作战原则，最后特别说明："以上多点，当作建议，究竟如何办理最为妥善，请按实情决定。"又如在 1 月 31 日的电报中指出：宜在县南诱敌深入打大歼灭战，说明"究竟如何，望按实情决定"。这样倾听战场指挥员的意见，使战略指导比较符合实际，为此役的胜利提供了重要的保障。

# 孟良崮战役

## 【战例】

1947年3月末，蒋介石在继对我陕甘宁边区发动了重点进攻后，又对我山东解放区发动了重点进攻。为此，蒋介石成立了陆军总司令部徐州指挥所，撤销了郑州绥靖公署和徐州绥靖公署，由陆军总司令顾祝同兼任徐州指挥所主任，坐镇徐州指挥郑州和徐州两个绥署的部队。蒋介石集中了第1、第2、第3兵团以及第1、第2、第3绥靖区部队、武汉北调第9师等部，共24个整编师60个旅，总计45万人的兵力，采用密集队形、大集团滚筒式平推方法对我山东解放区开始了进攻。

为了诱敌深入、待机歼敌，我华东野战军决定将主力部队转移至新泰、蒙阴地区。我军主力停下后，敌人认为有机可乘，于4月中旬以其第1兵团一部防守临沂，第3兵团一部防守泰安，主力部队向新泰、蒙阴地区发动进攻。我军于1947年4月20日至5月2日在新泰、蒙阴地区全歼了敌第72师、敌第83师一个半团，计28000余人。

新泰、蒙阴战役后，中央军委和毛泽东主席于1947年5月4日、6日接连电示华东野战军，要我军寻找适当时机，集中兵力发动攻击，歼灭敌人。华东野战军根据中央军委的指示精神，决定发起孟良崮战役。

为了打好这次战役，华东野战军主动从新泰、蒙阴地区撤围，向淄川、博山、胶东、渤海、胶济线以南地区转移，诱敌深入，再歼灭之。敌陆军总司令兼徐州指挥所主任顾祝同却错误地认为我军因兵力不足而撤退，决定采取"东压北挤"的战术，以第1、第2兵团北进，第3兵团东压，企图在鲁中山区与我主力决战。5月11日，汤恩伯指挥的第1兵团整编第74师主力在敌第25师和第83师协同下，从垛庄北犯坦埠，占领沂水至蒙阴的公路，孤军突出向华野总部所在地坦埠攻击前进；第5军、第11

师等从莱芜、新泰向东进犯，以策应第74师的行动。整编第74师居国民党五大主力之首，是蒋介石的嫡系"模范军"，受过美国军事顾问团的特种训练，配备清一色的美式机械化装备，曾是直属陆军总部的警卫部队。师长张灵甫出身"西安望族"，黄埔军校四期学生。他身材魁梧，个性暴躁。根据对敌我双方情况分析，我军改变过去一贯先打弱敌，后打强敌的战法，决定先打强敌，首先歼灭整编第74师。该师与其他部队之间存在着矛盾，如果我军能歼灭整编第74师这个王牌部队，不仅基本上打垮了敌人对山东解放区重点进攻的阴谋，而且对整个国民党军队会引起震动。敌人如果在孟良崮给我军以重大杀伤，并将我军赶出孟良崮，敌人对我山东重点进攻的规模还会扩大。因此，敌我双方都将孟良崮战役看得十分重要。我军决定集中第1纵队、第4纵队、第6纵队、第8纵队和第9纵队等5个纵队16个师的兵力，采取中央突破的方法，围歼敌整编第74师于坦埠（蒙阴、沂水之间）以南地区。

坦埠是蒙阴和沂水之间的一个山区小镇，我华野总部所在地。5月12日，在坦埠以南、垛庄以北地区，敌我双方激战了一天，敌整编第74师抢在我军前面占领了罗山、波子峪等要地。5月13日，敌继续向我进攻。为了歼灭整编第74师，我军决定以第1纵队、第4纵队、第6纵队、第8纵队、第9纵队等5个纵队围歼该攻敌。我军的具体部署是：我第1纵队和第8纵队分别从敌第74师东西两侧插入其纵深部位，抢占要地芦山和制高点孟良崮；我第4纵队和第9纵队从坦埠以南向敌军正面发起攻击；第6纵队抢占垛庄，控制临莱公路，防止敌军向南逃跑；我第10纵队和第3纵队在莱芜、新泰、常路方向打援；我第2纵队和第7纵队在青驼寺、留田、双堠方向从东南和西北方向，阻止敌援军向孟良崮靠近。

5月13日夜，我第1纵队和第8纵队利用夜色插入敌纵深，对敌军发起进攻，5月14日晨，割断了整编第74师与25师、第83师的左右联系，敌我双方进行了激烈的拼杀。14日上午，敌军开始向南收缩，我军乘势发动全线进攻，5月15日晨占领了垛庄及其以北地区，将整编第74师包围在孟良崮这个孤立的山头上。这时，王必成率领的我第6纵队也由鲁南地区赶到垛庄一线，控制了临沂莱芜公路，堵住了敌军向南逃跑的道路。敌整编第74师占领了孟良崮山后，师长张灵甫决定要和我军在此决一雌雄。孟良崮主峰海拔500多米，向四周逐渐降低，山势陡峭，易守难攻。蒋介石得知第74师占领了孟良崮制高点，认为第74师战斗力强，又有左右援兵的靠近，正是与我军决战的好机会。他飞往徐州督战，部署了"磨心战术"。他要74师当磨心，紧紧吸引华野部队，催促各路援军迅速赶来，企图内外夹击与我华野部队决战。因此，蒋介石一面命令第74师坚守孟良崮，吸引我军；一面命令第5军、第11、第25、第48、第65、第83师与第7军等10个整编师向该地区增援，企图与我军决战。在这种情况下，我军决定迅速实施猛攻，争取在敌增援部队到达前全歼整编第74师；我各阻击部队坚决阻击敌援兵向孟良崮靠拢，保证我主攻部队的作战。

5月15日，总攻开始后，陈毅分别打电话给从两面主攻的1纵队司令员叶飞，从东北方向主攻的9纵队司令员许世友，从北部主攻的4纵队司令员陶勇，从南面主攻的6纵队司令员王必成、从东面主攻的8纵队司令员王建安，下达作战命令："聚歼74师，成功在此一举！"敌我双方一开始就实施炮火对攻。在争夺阵地时，双方展开了拉锯战。每个山头、高地都需要付出重大伤亡、数次易手后才能最后夺得，战斗进行得非常残酷、激烈。在战斗最激烈的时候，陈毅、粟裕在靠近战场的艾山脚下一个扫把形岩洞里亲自指挥。由于我军在兵力上占绝对优势，敌军除了炮击外，坦克和装甲车难以展开，伤亡惨重。当天下午，敌军全力开始向南面突围，但被我第6纵队打了回去。第一次突围失败后，张灵甫又指挥所部向东和向西突围，但均遭失败。第三次突围失败后，敌军被我军压缩到孟良崮、芦山等几个山头上。

5月16日，敌军进行疯狂的最后挣扎，拼死向我军阵地冲击。战至当日下午，我军全歼国民党五大主力军之一的敌第74师三个旅及敌第83师一个团，敌整编第74师师长张灵甫被我军击毙。蒋介石在得知第74师被歼后，非常恼怒，将第1兵团司令汤恩伯撤了职，第25师师长黄百韬因救援不力受到处分，整个山东地区的敌军被迫暂时停止了对我军的进攻。

孟良崮战役是我军取得粉碎敌军重点进攻山东解放区的第二个大胜仗，我军从运动战转入了阵地攻坚战，在付出了12000余人的牺牲代价后，全歼了敌整编第74师这个国民党五大主力之一的王牌军共33000余人。我军此次战役所付出的代价，比一年来各次战役都要大，但其意义也极大。当时，陈毅曾挥笔诗道："孟良崮上鬼神嚎，七十四师无地逃。信号飞飞星乱眼，照明处处火如潮。刀丛扑去争山顶，血雨飘来湿战袍。喜见贼师精锐尽，我军个个是英豪。"而蒋介石则哀叹说："孟良崮的失败，是我军剿匪以来最可痛心最可惋惜的一件事。"

## 【毛泽东评说】

敌五军、十一师、七十四师均已前进。你们须聚精会神选择比较好打之一路，不失时机发起歼击。究打何路最好，由你们当机决策，立付施行，我们不遥制。

——《须不失时机歼击一路好打之敌》，《毛泽东军事文集》第四卷，第70页，军事科学出版社、中央文献出版社1993年版。

以一、四、八、九纵歼击七十四师极为正确。该敌歼灭后，你们应集中尚未使用之各纵（二、三、六、七、十，除小部用于钳制外），乘胜歼击八十三师及二十五师，收复蒙阴、青驼之线，实现中间突破。为此目的，使用于钳制东西两面敌人（五军、十一师、七师等）之兵力，不应超过一个纵队，或仅以地方部队钳制之，而集中在你们手里直接使用于坦埠附近地区者，至少要有八个纵队。总之，集中一切力量打破一路，则全局好转。

——《集中兵力打破一路则全局好转》，《毛泽东军事文集》第四卷，第73页，军事科学出版社、中央文献出版社1993年版。

（一）歼灭七十四师后，因敌援兵已靠近，适可而止，停止攻击二十五、八十三两师，全军集结休整，待机再战，处置甚妥。（二）泰安一战，吸引王欧主力注意西北，给了你们以歼击七十四师的机会。现在敌人注意力已集中至蒙阴以东，其后路（吐丝口、莱芜、泰安等处）驻防之七十五师、八十五师等部已形孤立。鉴于此次六纵由南向北起了配合作用，因此同意你们意见，派一二个纵队荫蔽集结于鲁南山区，作为领伏兵力（不要惊动敌人后路，让敌放手东进或北进），主力位于沂蒙间休整待机，吸引五军、十一师向东，然后相机歼击七十五、八十五师等孤立之敌或其他好打之敌，各个击破敌人。

> ——《荫蔽休整待机再战》，《毛泽东军事文集》第四卷，第76页，军事科学出版社、中央文献出版社1993年版。

关内方面，我苏鲁军负担最大，在他们面前，集中了三十二个整编师八十五个旅（包括被歼者在内），直至此次歼灭七十四师，才使敌人进攻发生了困难，今后再歼二三个师（军），即可转入全面反攻。

> ——《东北作战方针及关内战局》，《毛泽东军事文集》第四卷，第78页，军事科学出版社、中央文献出版社1993年版。

歼灭七十四师，付出代价较多，但意义极大，证明在现地区作战，只要不性急，不分兵，是能够用各个歼击方法打破敌人进攻，取得决定胜利。而在现地区作战，是于我最为有利，于敌最为不利。

> ——《在山东战场打破敌人进攻的作战方针》，《毛泽东军事文集》第四卷，第81页，军事科学出版社、中央文献出版社1993年版。

山东自歼灭七十四师后，局面已稳定，现正计划新的攻势作战。

> ——《各战场形势和中工委今后六个月内的工作》，《毛泽东军事文集》第四卷，第101—102页，军事科学出版社、中央文献出版社1993年版。

## 【评析】

孟良崮战役是解放战争初期的一次重要战役。对于这次战役，毛泽东和中央军委十分关注，先后作了一系列重要指示。1947年5月4日，毛泽东致电陈、粟，指出："敌军密集不好打，忍耐待机，处置甚妥。只要有耐心，总有歼敌机会。"5月6日再次电示陈、粟："第一不要性急，第二不要分兵，只要主力在手，总有歼敌机会。"5月12日，又电示陈、粟："你们须聚精会神选择比较好打之一路，不失时机发起歼击。"5月14日，再电示陈、粟：华野"以一、四、八、九纵歼击74师极为正确"，"收复蒙阴、青驼之线，实现中间突破"，"集中一切力量打破一路，则全局好转"。5月18日又电示陈、粟："歼灭七十四师后，因敌援兵已靠近，适可而止，……全军集体休整，待机再战。"陈毅、粟裕认真地贯彻执行了军委和毛泽东的指示，精心地指挥了孟良崮战役，取得了辉煌胜利：其主要经验是：

一、耐心等待，捕捉战机。莱芜战役中，我军实行的高度灵活的运动战，兵力不够集中，围住新泰、蒙阴的敌人之后，又主动撤围，向淄川、博山、胶东、渤海等广大地区转移，诱敌深入。敌人误以为我兵力不足，只好撤围，于是敌一兵团司令官汤恩伯，以整编第 74 师的主力，在整编第 25 师和整编第 82 师协助下，沿沂蒙公路北犯。第 5 军、整编第 11 师等部从莱芜、新泰向东进犯。从敌人各部的行动看，整编第 74 师行动快，位置突出，我军终于等来了消灭敌人的战机。

二、集中兵力，啃掉整编第 74 师这块硬骨头。敌整编第 74 师是国民党军队的五大主力之一，清一色的美式机械化装备，坦克、装甲车等重武器较多，火力较猛，确是一块难啃的硬骨头。但我华野却选定它作为歼击目标，这是因为：该敌处于我军主力正面，距我军较近；便于我军快速出击；该敌左右两侧都有援军，便于我军打援；该军自恃装备精良，武器先进，官兵骄狂，但心理素质差；打掉这张"王牌"，对其他敌军有威慑作用。我军把它包围在孟良崮地区。孟良崮是个孤立突出的石头方山，从主峰向四周逐渐降低，地形极为险要，当地人把这种山叫崮子。敌第 74 师占据这个孤立的山头，以为掌握了制高点，要和我军决战。5 月 15 日，战斗打响，山崩地裂，血流成河，尸横遍野。敌人增援部队被我死死阻住。张灵甫无法，只得突围求生，接连向南、向东和向西三次突围，均被我军堵了回去，至 5 月 16 日下午，该师被全部消灭，师长张灵甫、副师长蔡仁杰等高级将领被击毙。

三、从运动战转换为阵地攻坚战。由于长期以来处于敌强我弱的状态，所以我军一直善于打运动战，很少打攻坚战。孟良崮战役先是运动战，后来在孟良崮歼敌第 74 师，便变成了标准的阵地攻坚战，这为以后打阵地攻坚战积累了经验。

# 青化砭、羊马河、蟠龙战役

**【战例】**

　　1947 年 3 月，国民党蒋介石对我军解放区的"全面进攻"惨遭失败后，被迫改为"重点进攻"山东和陕甘宁解放区，企图在战略上突破两翼以钳击华北。为实现这一战略目标，蒋介石命令国民党西安绥靖公署主任胡宗南以其整编第 1、第 27、第 90、第 17、第 36、第 76 师及第 15 师 135 旅共 15 个旅 14 万人，集结在宜川、洛川一带，兵分两路，向延安、向陕甘宁解放区发动进攻，企图挽救失败的局势。我西北野战军根据中央军委的部署，在彭德怀、习仲勋等的直接指挥下，决定在延安以南地区进行防御作战，在大量杀伤敌人后再主动撤出延安，诱敌深入，然后集中我军主力在运动作战中各个歼灭敌人。

　　遵照中央军委的战略决策，我西北野战军从 1947 年 3 月 13 日至 19 日进行了延安保卫战。经过几天的激战，3 月 18 日，中共中央及中央各机关、学校均安全撤出延安。3 月 19 日，我军也主动撤离延安，诱敌深入，寻机再战。在以后的一个多月中，我军连续打了青化砭、羊马河和蟠龙三仗，有力地打击了敌军的嚣张气焰，鼓舞了解放区军民的胜利信心。

　　我军在主动撤出延安后，为了打击和歼灭敌人，集中了第 359、358 旅和独立第 1、第 4 旅以及教导旅、新编第 4 旅等主力和敌人展开作战，另以警备第 1 旅和第 3 旅等部组成兵团，在胡宗南军的背后关中地区，打击、牵制敌人的兵力。

　　青化砭、羊马河、蟠龙战役，是解放战争时期我西北野战军在中央军委、毛泽东领导下，由彭德怀、习仲勋具体指挥的，连续进行的粉碎胡宗南军队进犯的三次歼灭战。这次战役，从 1947 年 3 月 25 日至 5 月 4 日，历时一个多月，共歼敌 3 个旅部、4 个整团和近两个地方保安总队，总计约

15000 余人，为彻底粉碎胡宗南部对陕甘宁解放区的进攻奠定了基础。

### 1. 青化砭伏击战

1947 年 3 月 19 日，胡宗南部队占领延安后，狂妄至极，认为我军"不堪一击"，"已成流寇"，急于寻找我军主力决战。但事实是，敌人在占领延安后，其军事力量已大为削弱，因为胡宗南抽调 5 个旅的兵力守备延安和维护交通线，令其整编第 1 军和第 29 军共 9 个旅的兵力分两路继续北进，并将其主力第 1 军的 7 个旅集结在延安、拐峁等地，第 29 军 3 个旅集结在延安以南地区。我军主力在撤出延安后，即集中在青化砭、蟠龙等地进行休整，以第 1 纵队独立 1 旅第 2 团第 2 营诱敌北进。胡宗南部队即以 5 个旅的兵力于 3 月 24 日进占安塞，并令其整编第 27 师第 31 旅（欠第 91 团）沿延（安）榆（林）公路向青化砭方向攻击前进，企图攻占陕北交通要道青化砭，以保障其主力进犯安塞的侧翼安全。我军为各个歼灭敌人，即决定在青化砭伏击孤军北上之敌第 31 旅。

青化砭在延安以北 50 里，从咸阳到榆林的公路从沟底通过，是个打伏击的好地方。3 月 22 日，彭德怀和习仲勋打电报给中央军委，提出伏击敌第 31 旅的作战部署。23 日，中央军委和毛泽东电复彭德怀。表示"同意你们的作战部署"。我军的具体部署为：第 2 纵队和教导旅由王震指挥，埋伏在青化砭至房家桥大道以东；第 1 纵队第 358 旅埋伏于青化砭西北方向的阎家沟至白家坪沿小河以西一线；新编第 4 旅埋伏于青化砭以东及东北高地，形成一个袋形阵地。待敌军进入阵地后，我第 1 纵队和第 2 纵队从东西两个方向夹击敌人，新编第 4 旅从敌军背后猛攻。3 月 25 日晨，敌军以 1 个连的兵力沿山地搜索前进，主力却从拐峁北进。由于我军行动隐蔽，未被敌人发觉。直至上午 10 时，敌第 31 旅旅长李纪云带着旅部和第 92 团，趾高气扬地全部进入我军伏击圈内，我军立即发起猛攻，经过 1 小时 40 多分钟的激战，我军歼敌第 31 旅 2900 余人，活捉了敌旅长李纪云、副旅长周昌贵和参谋长熊继昌，缴获子弹近 30 万发。青化砭战斗，大大提高了我军的士气和战胜敌人的信心，沉重地打击了敌人的"骄狂气焰"，补充了新四旅和教导旅在陇东和南泥湾战斗中的消耗，解决了我军弹药奇缺和人员补充上的不少困难。

## 2. 羊马河之战

青化砭之战结束后，敌军发现我军主力在延安东北地区，即令其整编第1军、第29军共11个旅的兵力分别由安塞和延安等地东进，企图寻找我主力作战。此时，我军主力西上蟠龙西北地区进行隐蔽休整，只以小部兵力引诱敌军向延安东北方向移动。3月底，敌军东进延川和清涧，未找到我军主力。敌留整编第76师在延川和清涧守备，其余9个旅于4月3日进犯陕北瓦窑堡寻找我军主力，又扑了个空。4月4日，晋冀鲁豫野战军第4纵队为了配合陕北我军作战，在晋南举行了反攻，夺回了翼城、浮山、新绛、稷山、河津等地，并抢占了黄河的重要渡口禹门口，形成了我第4纵队要西渡黄河，进军宜川、黄龙，腰斩胡宗南军之势，直接威胁了胡宗南军的侧翼安全。胡宗南被迫改变其作战计划，加之陕北粮缺，于4月5日收缩战线，最后决定除直属第15师的第135旅留守瓦窑堡，其余主力南下蟠龙和青化砭地区进行休整补充。4月6日，为策应晋南作战，我军在永平地区追歼敌整编第29军军部和整编第17师第12旅，因各部协同不好，未能奏效。敌军发现我军主力后，即调守备清涧的敌第76师第24旅一个团到瓦窑堡接防，令第135旅南下进行补给，主力向蟠龙和青化砭西北方向移动，企图围歼我军。此时我军主力已埋伏在子长县南羊马河地区，决心歼灭孤军南下的敌第135旅。胡宗南怕其第135旅被我军歼灭，于4月12日令整编第1军5个旅，第29军2个旅齐头北进，接应敌第135旅南下，但在我军部分兵力阻击下前进不畅。

我军为了全歼敌第135旅，仍采取伏击战的打法，出其不意地消灭敌人。具体部署是：第2纵队和教导旅埋伏在羊马河以北的瓦窑堡至蟠龙大道的东侧；新编第4旅埋伏在大道的西侧；第1纵队担负阻击北援任务，将敌军主力阻于青化砭和蟠龙西北地区，同时保障我新编第4旅的侧翼安全。4月13日，胡宗南令第135旅迅速南下向其右翼整编第29军靠拢，并令左翼整编第1军向西北方向猛进，企图合围我军。敌第1军被我军阻挡在李家岔、宋家沟一带，敌第29军也被阻击在蟠龙镇西北地区。4月14日一大早，敌第135旅迅速从瓦窑堡南下，向蟠龙镇地区的接应部队靠拢。当敌第135旅进入我军羊马河伏击圈时，埋伏在羊马河两侧高地的我军第2纵队、教导旅和新编第4旅从两侧发起猛攻,将敌军围困在羊马河西北地区。经过六个多小时激战,全歼敌第135旅4700余人,活捉了敌代旅长麦宗禹,创造了西北野战军首次歼敌1个整旅的先例。4月15日,中央贺电说:"这一胜利给胡宗南进犯军以重大打击,奠定了彻底粉碎胡军的基础。"同时毛泽东指示西北野战军:采取蘑菇战术拖疲敌人,逐渐削弱它,各个消灭它。我西北野战军根据中央军委及毛泽东的指示,定下了作战方针:要求每战必胜,粮食、弹药、装备和人员的补充,主要取决于敌人。

3. 蟠龙决战

我军在取得青化砭、羊马河两次战斗胜利后,即转至瓦窑堡西北和清涧以南等地进行休整补充。胡宗南发现我军主力在瓦窑堡以南地区后,急令其整编第29军从羊马河东进,整编第1军从安定东进瓦窑堡南拐,对我军实行南北夹击,企图将我军围歼于瓦窑堡以南地区,但扑了空。4月15日,我晋冀鲁豫第4纵队夺取了曲沃、猗氏、荣河、万泉、绛县等地,晋南靠近陕西的地区基本上被我军占领。胡宗南部队遍寻我主力不着,饥饿疲劳,士气下降,于4月20日撤回永坪和蟠龙一带进行休整补充,随时作救援敌后方的准备。此时,蒋介石认为我中央机关及主力部队在绥德附近集结,20日即电令胡宗南部主力沿咸榆公路北上,并令榆林邓宝珊部南下配合,企图将我军南北夹击于吴堡、葭县等地或逼我军东渡黄河,而事实上我军只有第359旅在瓦窑堡东北地区活动,诱敌北进。胡宗南除留下整编第1师第167旅(欠500团)和陕西自卫军第3、4总队守备蟠龙补给基地外,其余九个旅的兵力分为左右两路,于4月26日北上绥德追击我军。

蟠龙镇是敌人的重要补给基地,敌主力北进后,给我军创造了一个歼灭蟠龙守敌的良好机会。我军按照毛泽东制定的"蘑菇战术",决定诱敌北上绥德,以第359旅一部和各主力旅一个排,配合绥德军分区部队和晋绥独立第5旅等部队抗击敌军主力,诱其北进,至无定河、绥德、米脂一带。我第359旅主力则在清涧以西监视并阻击可能从绥德和清涧来援之敌。

我军经过休整,于4月30日到达蟠龙镇北和敌军接火。蟠龙镇由于是敌军的重要补给基地,并有一定纵深较完整的防御体系,其东山是整个蟠龙防御的支撑点。我军是先攻东山，再攻北山，继而全歼敌军。敌胡宗南部以第 167 旅 499 团的 2 营和 3 营的一部分守主阵地集玉峁，北山和街市由旅部和第 499 团的 1 营防守。我军的围歼部署是：第 1 纵队由核桃坪、孙家台一线的南北高地，自西向东攻击蟠龙和窑坪线之敌；第 2 纵队独立第 4 旅又向何家峁子和郭家庄一线向北攻击蟠龙镇之敌；新编第 4 旅由谢家嘴、刘家坪向纸坊坪、蟠龙线的敌人攻击；第 359 旅和教导旅主力在青化砭以北地区实施机动，一部分兵力打击青化砭以南的反动民团，破坏青化砭南北公路，以阻止北援之帮。4 月 28 日，中央军委、毛泽东电复彭德怀、习仲勋，同意攻打蟠龙镇守敌。5 月 2 日深夜，我军对蟠龙守敌发起攻击，至 5 月 3 日晨，我军攻破了敌军第一道防线。3 日黄昏，我军集中兵力对敌以东山为支撑点的各外围据点进行了猛烈攻击，敌守军利用各种火力点进行疯狂抵抗，我军只好改用对壕作业，破坏敌人各类障碍物，逼近敌外围。至 5 月 4 日，我军破了敌人的火力封锁线，占领了蟠龙外围的东山、北山等主要阵地。4 日晚，我军居高临下，向蟠龙镇发起总攻，至 24 时全歼镇中守敌，计有敌第 167 旅（欠 500 团）和陕西自卫军第 3、4 总队共 6700 余人，俘虏敌旅长李昆岗等人，缴获夏季军服 4 万套，面粉 1 万余袋，子弹百余万发以及大批医药品，解决了我军当时严重困难的粮食、衣服、医药等问题，给敌军以极大创伤。等到 5 月 9 日，胡宗南援兵打回蟠龙镇，兵站基地已一无所有，变为一座空堡。至此，青化砭、羊马河、蟠龙战役全部胜利结束。

## 【毛泽东评说】

我军歼击敌军必须采取正面及两翼三面埋伏之部署方能有效，青化砭打三十一旅即是三面埋伏之结果。

——《采取正面及两翼三面埋伏的战法》，《毛泽东军事文集》第四卷，第 22 页，军事科学出版社、中央文献出版社 1993 年版。

目前敌之方针是不顾疲劳粮缺，将我军主力赶到黄河以东，然后封锁绥德、米脂，分兵"清剿"。敌三月三十一日到清涧不即北进，目的是让一条路给我走；敌西进瓦窑堡，是赶我向绥、米。现在因发现我军，故又折向瓦市以南以西，再向瓦市赶我北上。

我之方针是继续过去办法，同敌在现地区再周旋一时期（一个月左右），目的在使敌达到十分疲劳和十分缺粮之程度，然后寻机歼击之。我军主力不急于北上打榆林，也不急于南下打敌后路。应向指战员和人民群众说明，我军此种办法是最后战胜敌人必经之路。如不使敌十分疲劳和完全饿饭，是不能最后获胜的。这种办法叫"蘑菇"战术，将敌磨得精疲力竭，然后消灭之。

——《关于西北战场的作战方针》，《毛泽东军事文集》第四卷，
第 37 页，军事科学出版社、中央文献出版社 1993 年版。

接彭习寒亥电，继寅有在青化砭歼灭三十一旅主力之后，卯寒又在瓦窑堡附近将敌一三五旅（属十五师建制）全部歼灭。这一胜利给胡宗南进犯军以重大打击，奠定了彻底粉碎胡军的基础。这一胜利证明仅用边区现有兵力（六个野战旅及地方部队），不借任何外援即可逐步解决胡军。这一胜利又证明忍耐等候不骄不躁，可以寻得歼敌机会。望对全军将士传令嘉奖，并望通令全边区军民开会庆祝，鼓励民心士气，继续歼敌。

——《忍耐等候不骄不躁可以寻得歼敌机会》，《毛泽东军事文集》
第四卷，第 39 页，军事科学出版社、中央文献出版社 1993 年版。

昨日战斗，俘敌千人，甚慰。蟠龙完全攻克后，如二十四旅增援到达，则歼灭该部，再歼拐峁之敌，并在蟠龙、拐的地区休息数日。然后请考虑取直路（南泥湾或临真）直趋洛川、中部、宜君、蒲城、白水，大闹关中，并考虑是否接引陈谢纵队主力（四个旅）过河，协力歼灭胡军，打开西北局面。

——《攻克蟠龙后的行动部署》，《毛泽东军事文集》第四卷，
第 48 页，军事科学出版社、中央文献出版社 1993 年版。

【评析】

我军主动撤出延安后，毛泽东、周恩来、任弼时等中央首长一直留在陕北，领导全国并指挥陕北的解放战争。1947 年 3 月 6 日，中央军委发出《保卫延安主要靠外线作战》的指示。3 月 16 日发出《保卫延安的命

令》，指出："在防御战斗中疲劳与消耗敌人之后，即可集五个旅以上打运动战，各个击破敌人，彻底粉碎敌人进攻。"接着，我军就取得了首战青化砭歼敌第31旅主力之胜利，中央军委致电彭德怀、习仲勋："望准备打第二仗。"3月27日又电示彭德怀司令员，表示同意他积极歼敌的方针和部署。同日又致电贺龙、李井泉，高度评价青化砭伏击战的胜利，并指出："目前主要敌人是胡宗南，只要打破此敌即可改变局面，而打破此敌是可能的。"3月29日，再电示彭、习"你们部署甚好"，并通报中央军委机关的转移情况。4月2日，再电示彭、习"采取正面及两翼三面埋伏战法"，并提出两个作战方案。4月3日，再电示彭、习"暂时避免作战隐蔽待机"。4月6日，电示彭、习，提出《关于西北野战兵团的行动方针问题》。4月8日，电示彭、习，指出"休整数天后分数路广泛袭击敌之后路"。4月9日，再电示彭、习，指出"敌情正在变化，我军主力现地待机"。同日，发出《关于保卫陕甘宁边区的通知》，指出"敌人进攻延安和陕甘宁边区，还是为着妄图首先解决西北问题，割断我党右臂，并且驱逐我党中央和人民解放军总部出西北，然后调动兵力进攻陕北，达到其各个击破之目的"，并通告，"我党中央和人民解放军总部继续留在陕甘宁地区，和组成以刘少奇为书记的中央工作委员会，前往晋西北或其他适当地点进行中央委托之工作"。4月15日，发出《关于西北战场的作战方针》的指示，提出采用"蘑菇"战术，将敌磨得精疲力竭，然后消灭之。同日，又电示彭、习及其他军区首长："接彭习寒亥电，继寅有在青化砭歼灭三十一旅主力之后，卯寒又在瓦窑堡附近将敌一三五旅（属十五师建制）全部歼灭。这一胜利给胡宗南进犯之军以重大打击，奠定了彻底粉碎胡军的基础。"高度评价了羊马河伏击战的重大意义。以后，4月26日、30日和5月4日的两个电报，都是部署攻打蟠龙的，对如何进行蟠龙之战作出了明确的指示。

彭德怀司令员兼政治委员、习仲勋副政治委员在毛泽东和中央军委的直接领导下，出色地指挥了陕北保卫战，其主要特点是：

一、采用"蘑菇"战术，与敌周旋。彭、习等前线指挥员，利用陕北的有利地形和群众基础好的条件，荫蔽自己，调动敌人，使敌人翻山越岭，跨沟渡河，磨得筋疲力尽，断粮饿饭，然后抓住战机，予以歼灭。如青化砭伏击战后，我军主力迅速转移到蟠龙西北地区，胡军费了半个月，行程400里，兵疲粮尽，到处扑空，"敌十分疲劳和完全饿饭"，还未摸清我军去向。这时，我军以逸待劳，在敌第135旅由子长南下时，一举将其歼灭。

二、集中优势兵力，务求每战必胜。三次战斗，都是以众击少取得的。首战青化砭，我军以5个旅打敌1个旅，敌我兵力是一比五，羊马河伏击战和蟠龙攻坚战，都是4个旅打1个旅，敌我兵力是一比四。每战集中绝对优势兵力，保证了使我军三战三捷夺得巨大胜利。

三、从实战出发，灵活运用战法。在这次战役中，青化砭之役歼敌31旅和羊马河战斗歼敌135旅，都是在荫蔽设伏的情况下打的伏击战；而蟠龙歼灭敌第167旅，则是利用胡军主力北上绥德，回援不及，蟠龙守敌陷于孤立之时，以攻坚战消灭的。

# 济南战役

【战例】

济南战役，是华东野战军在解放战争时期，于 1948 年 9 月 16 日至 24 日按照中央军委和毛泽东的指示，第一次攻克具有坚固设防的大城市的攻坚战。这次战役由许世友指挥，歼敌 11 万多人，沉重打击了国民党军的重点防御计划，使我华北、华东解放区连成一片，为解放战争的战略决战揭开了序幕。

此时，解放战争已经进行了两年多的时间，人民解放军已由战争初期的 120 万人增至 280 万人，建立了相当规模的特种兵纵队并拥有一定数量的各种火炮和重型武器；国民党军的兵力则由战争开始时的 430 万人减少到 360 万人，但在第一线作战的只有 170 万人，战斗力和士气大大下降，蒋介石被迫将"重点进攻""全面防御"的作战方针改为"重点防御"，龟缩在津浦线中段、济南以及胶东沿海的青岛和烟台，固守点线，维持残局。整个形势正朝着对我有利的方向发展。

济南是山东省省会、山东省的第一大城市，位于津浦线和胶济线的交叉点上，是敌人在山东的军事指挥中心，是国民党在山东最后的一个战略要点，国民党徐州绥靖公署第二绥靖区司令部就设在这里，由王耀武所率的 3 个师 9 个旅另 5 个保安旅，共约 11 万多人把守。济南守敌以内城为核心，外城、商埠为基本防御地带，分为 5 道防线，构成了纵深约有 15 至 20 华里、总面积达 600 多平方公里的完备的防御体系。同时，国民党军还在徐州集结有 3 个兵团 23 个旅的重兵集团，随时可能北援济南。

1948 年 7 月，我军攻克兖州。7 月 14 日，中央军委和毛泽东电示华东野战军陈毅、粟裕等"夺取济南"，以攻克济南为战役基本目的，同时准备歼灭增援之敌。接着，又于 7 月 16 日、8 月 12 日、8 月 26 日等多次就攻打济南问题给华东野战军发出一系列指示。为了执行中共中央关于夺取济南的一系列指示精神，华东野战军前委于8月下旬在曲阜召开了纵队以上干部会议，传达和学习中央军委指示，分析敌我情况，研究济南战役的具体部署。当时的情况是：敌军兵力分散，防守线长，济南已成为一个孤岛，城中守敌坚守信心不足。青岛和徐州的敌军很难形成有效的增援。而我军此时各外线兵团已会合在一起，兵力更加集中、强大，参加部队及支前群众情绪高涨，对于我军的后勤、支前、济南敌情调查等工作也都作了充分的准备。主要问题是：济南是个设防城市，防御阵地以内外城和商埠构成的环形工事阵地，十分坚固。我军所面临的将是一场十分艰难的攻坚战。华东野战军首长经过详细地分析研究，制订了作战方案，并于8月31日电报中央军委。整个济南战役拟分两个阶段进行：第一阶段以足够的兵力迅速攻占济南机场以阻敌人空援，并将外围敌分而歼之；第二阶段突入纵深，分割敌人整个防御体系，攻占其内城及商埠，再向外肃清四郊以缩短作战时间；并对四种不同情况的处置方案提出了具体意见。中央军委和毛泽东于9月2日复电，同意此种作战方案。为了配合我华东野战军攻打济南的战斗，中央军委令我中原野战军的部分兵力从襄樊佯攻南阳，出武胜关，歼灭平汉路中段敌军；以一部兵力攻打徐州东南郊敌军；另以几部兵力向徐海、徐蚌等地区进行攻击，造成攻击徐州的假象，来牵制徐州敌军北援。在此情况下，华东野战军将主力部署在运河两岸的巨野、嘉祥、济宁、兖州地区，准备打援，以山东兵团主攻济南。根据中央军委指示，攻城集团司令员由许世友担任，华野副政委谭震林兼任政委，王建安任副司令。

9月10日，许世友司令员赶到攻城集团指挥所。华东野战军前委经过充分的讨论和分析，制订具体作战计划：以第3纵队、第10纵队和鲁中南纵队一部组成攻城西集团，以第9纵队、渤海纵队组成攻城东集团，从东西两面对济南实施攻击，东集团由第9纵队司令员聂凤智指挥，西集团由第10纵队司令员宋时轮指挥；以两广纵队及渤海军区部队在冀鲁豫军区部队配合下，担任扫清敌外围据点任务；以第13纵队为总预备队。我军打援部署为：以第4、第8纵队及冀鲁豫军区独立第1、第3旅组成西打援集团，在金乡、嘉祥、巨野地区，阻击可能由鲁西南地区北援之敌；以第1、第2、第6、第7、第12纵队和鲁中南纵队一部以及中野第11纵队组成南打援集团，待徐州地区援敌进至邹县以南时实行突袭。敌军的兵力部署是：包括飞机场在内的西守备区是设防重点区，由敌整编第96军、保安第8旅、绥区特务旅及青年教导总队等部防守；东守备区由第73师和保安第6旅等部防守；另以保安第4旅等部防守王舍人村、洛口、长清、齐河、回龙岭等重点外围阵地；以第19旅和第57旅为总预备队。蒋介石为确保济南，以徐州地区的第2、第7、第13兵团等共23个旅约17万人，准备在王耀武遭到我军攻击时随时增援济南。

1948年9月9日至13日，我军攻城部队秘密向济南进军。15日晚，东集团一部攻占了龙山镇与三官庙。16日晨，西集团、两广纵队迫近济南，包围了外围最大的据点西南方的长清城，并全歼守敌。

9月16日夜，我军全线发起攻击，济南战役正式开始。此时，王耀武刚从南京归来。他判断我主攻方向在西面，即将其总预备队第19旅调至飞机场以西，第57旅由崮山等地撤入市区准备增援西部。17日，我西集团全歼长青城守敌后，第3纵队攻占琵琶山、双庙屯，第10纵队攻占杜家庙、筐李庄后，分别向西郊机场方向逼近。鲁中南纵队攻占了仲宫、双山头等地，齐河守敌弃城南逃。我东集团第9纵队攻克了东守备区济南市正东面的屏障茂岭山、砚池山、回龙岭等要点，敌军大为震惊。渤海纵队一部攻占了卧牛山、辛店等地区，渤海军区部队攻占了洛口、鹊山。17日，王耀武调第19旅及第57旅东援，被我军击退。17日晚，王耀武又令外围各部队放弃外围防御地带，以确保机场和城西守备区的安全。我军乘敌收缩之机，迅速向其外围纵深发展，攻克了窑头、旬柳庄等地。9月18日，我军西集团第10纵队攻占古城、常旗屯，第3纵队攻占仁里庄、玉皇山、双庙屯等地，歼敌第84师一部并用炮火控制了飞机场。9月19日，在我军强大攻势和我党地下工作者的策动下，敌西守备区总指挥、整编第96军军长吴化文率第96军军部及整编第84师3个旅约2万多人战场起义。我军西集团乘势西进，20日拂晓，攻占了南埠以西阵地，并包围、分割了商埠守敌，同时，我军东集团也攻占了燕翅山和马家庄，主力直逼东城。我总预备队第 13 纵队也参加了西集团的攻城作战，主力到了商埠以南的辛庄。至此，我军已扫清了敌军的外围据点，从四面包围了济南市区。我军的快速进攻和吴化文部的起义，逼迫王耀武考虑弃城突围，但遭到蒋介石的拒绝，只得死守。9 月 20 日晚，我军攻城西集团各纵队同时对商埠实施突击，经过激战，即多路突破阵地并向纵深发展。21 日，我军第 10 纵队、第 3 纵队、第 13 纵队及鲁中南纵队，从各个方向向困守商埠的敌军进行猛攻，22 日，商埠守敌被我军全歼。

与此同时，我军东、西两个攻城集团在强大的炮火掩护下，分别向敌外城发起了攻击，经过激战，击破了敌外城防御线，迫近内城。23 日晚，我军乘胜对敌内线发起了总攻。我攻城东集团第 9 纵队第 73 团由城东门南侧突破，一个多连登上城头与敌军展开肉搏，但因临时渡桥被敌炮火所毁，影响了后续部队的登城。我攻城西集团的第 13 纵队第 109 团两个营突破西南角后，两个连入城与敌军展开巷战，其余部队在突破口与敌军展开激烈的争夺。各部队领导干部分析了敌我双方的情况，总结攻城的经验教训，于 24 日 2 时 25 分再次向敌军发起猛烈进攻。我东集团的第 9 纵队第 73 团经过反复冲击，首先突破成功，占领了黑虎泉对面的城东南角，并打退敌人多次反扑，巩固了突破口，占领了敌军的制高点气象台。纵队主力与渤海纵队一部从此攻入内城与敌军展开激战。我西集团的第 13 纵队第 109 团在突入城内的两个连的接应下，击败了敌人的反扑，控制了趵突泉附近城西南角，纵队主力与第 3 纵队相继入城。入城部队东西对进，直插纵深，与敌军展开了激烈的巷战。至 24 日黄昏，我军占领山东省政府大院，全歼城内守敌，济南宣告解放。第 9 纵队第 73 团和第 3 纵队第 109 团分别被中央军委授予"济南第一团""济南第二团"的荣誉称号。

经过 8 天的作战，俘虏包括王耀武在内的国民党高级将领 34 名，共歼灭国民党军建制一个绥区司令部、一个省保安司令部、2 个师部、11 个整旅、2 个总队、5 个整团等 8.4 万人，争取敌第 96 军吴化文部 3 个旅共计 2 万多人起义；缴获了大量的弹药枪械以及各种军用物资。同时解放了济南附近的历城、长清、齐河三座县城。鲁西南的菏泽、鲁南的临沂、胶东的烟台等守敌自知难以守备，弃城而逃。至此，山东除青岛和西南部边缘少数地区被敌军占领外，先后获得解放。

济南战役的胜利，沉重地打击了国民党蒋介石的"重点防御"计划，使华北、华东两大解放区连成了一片，有力地策应了我军正在东北进行的辽沈战役，为我军进行淮海战役创造了大规模歼敌的条件。

## 【毛泽东评说】

九月华野攻济打援是一次严重作战。

> ——《华东野战军攻济打援需要刘陈邓有力配合》，《毛泽东军事文集》第四卷，第570页，军事科学出版社、中央文献出版社1993年版。

九月作战，预计结果有三种可能。第一，打一个极大的歼灭战。这即是你们所说既攻克济南，又歼灭五军等部大部分援敌。第二，打一个大的但不是极大的歼灭战。这即是攻克济南，又歼灭一部分但不是大部分援敌。第三，济南既未攻克，援敌亦不好打，形成僵局，只好另寻战机。……

我们目前倾向于攻城打援分工协作，以达既攻克济南，又歼灭一部援敌之目的，即采取你们第二方案，争取上述第二项结果。我们觉得这样做比较稳当，比较能获结果。

> ——《对攻济打援的初步设想》，《毛泽东军事文集》第四卷，第566—567页，军事科学出版社、中央文献出版社1993年版。

此次作战目的，主要是夺取济南，其次才是歼灭一部分援敌，但在手段上即在兵力部署上，却不应以多数兵力打济南。如果以多数兵力打济南，以少数兵力打援敌，则因援敌甚多，势必阻不住，不能歼其一部，因而不能取得攻济的必要时间，则攻济必不成功。……整个攻城指挥，由你们担负。全军指挥，由粟裕担负。整个战役应争取一个月左右打完，但是必须准备打两个月至三个月，准备对付最困难的情况。

> ——《济南战役的目的和兵力部署》，《毛泽东军事文集》第五卷，第6—7页，军事科学出版社、中央文献出版社1993年版。

此役关系甚大，我们要求你们的是以一部兵力真攻济南（不是佯攻，也不是只占飞机场），而集中最大兵力于阻援与打援。济南是否攻克，决定于时间，而取得时间则决定于是否能阻援与打援。

> ——《集中最大兵力阻援与打援》，《毛泽东军事文集》第四卷，
> 第579—580页，军事科学出版社、中央文献出版社1993年版。

我全军九十两月的胜利，特别是东北及济南的胜利，业已根本上改变了敌我形势。七月至现在四个多月的作战，共歼敌军近百万人。国民党全军（连近月补充者在内）现已不足三百万人，我军则已增至三百余万人。九月上旬（济南战役前）中央政治局会议时所作的五年左右建军五百万，歼敌五百个正规师，根本上打倒国民党的估计及任务，因为九十两月的伟大胜利，已经显得是落后了。这一任务的完成，大概只需再有一年左右的时间即可达到了。

> ——《再有一年左右时间即可从根本上打倒国民党》，《毛泽东军事文集》第五卷，第202页，军事科学出版社、中央文献出版社1993年版。

中国的军事形势现已进入一个新的转折点，即战争双方力量对比已经发生了根本的变化。人民解放军不但在质量上早已占有优势，而且在数量上现在也已经占有优势。这是中国革命的成功和中国和平的实现已经迫近的标志。

……这是由于四个月内人民解放军在全国各个战场英勇作战的结果，而特别是南线的睢杞战役、济南战役，北线的锦州、长春、辽西、沈阳诸战役的结果。

> ——《中国军事形势的重大变化》，《毛泽东军事文集》，第五卷，第218页，军事科学出版社、中央文献出版社1993年版。

## 【评析】

对于济南战役这样大规模的攻城战，毛泽东和中央军委极为重视，明确指出全军调动，由华东野战军粟裕代司令员负责，攻城指挥由许世友等担任。在战役进行中，毛泽东和中央军委发出许多电报，随时与华野指挥员商讨，制定了符合实际的作战方案及每个阶段的任务和注意事项。早在

1948年7月14日，在给华东野战军山东兵团司令员许世友和政治委员谭震林的电报中，让他们在三四日内攻克济宁、汶上之后"夺取济南"，提出了攻打济南的作战目标。同日，又把此意图电示华野首长粟、陈、唐、张。7月16日，围绕攻打济南，一连发了五封电报给华野首长和许、谭，指出攻济应先"抢占飞机场"，"阻止邱兵团北援济南"，"争取于十天内外夺取济南"，"控制砀山黄口段（陇海铁路）威胁徐州"，"韦、吉兵团应不惜疲劳再打几仗"。7月17日，电示许、谭，谈及济南战况及今后的兵源问题；同日，又电示许、谭，令其所部"暂时原地待命"。华野首长反复研究毛泽东和中央军委的指示，根据当时敌我情况，于8月10日提出三个作战方案：第一，集中全力转到豫皖苏及淮北路东地区作战，截断徐蚌铁路，孤立徐州，将重点放在打援上，求得在运动中首歼第5军，继而扩大战果，歼击其他兵团。第二，集中全力首先攻占济南，对可能北援之敌，似以必要兵力阻击之。第三，攻济与打援同时进行，应有重点地配备与使用兵力。华野首长说明各方案的好处与坏处，提出若实施第三方案，战役拟分为两个阶段，并报告了具体打算。

毛泽东和中央军委于8月复电提出《对攻济打援的初步设想》，指出九月作战，"预计结果有三种可能。第一，打一个极大的歼灭战，这即是你们所说既攻克济南，又歼灭五军等部大部分援敌。第二，打一个大的但不是极大的歼灭战，这即是攻克济南，又歼灭一部分但不是大部分援敌。第三，济南既未攻克，援敌亦不好打，形成僵局，只好另寻战机"。明确表示："我们目前倾向于攻城打援分工协作，以达既攻克济南，又歼灭一部援敌之目的，即采用你们的第二方案，争取上述第二项结果"。随后，关于攻城与打援及兵力使用等问题，华野和山东集团首长又多次向中央军委报告了方案。毛泽东和中央军委研究了这些方案之后于8月22日，发电提出《关于攻济打援的作战计划》，对于攻城时间及御援、打援部队兵力部署及地点提出建议。8月24日电示华野首长，决定调韦吉兵团主力参加济南战役。8月26日又电示："攻济打援战役必须预先估计三种可能情况：（一）在援敌距离尚远之时攻克济南；（二）在援敌距离已近之时攻克济南；（三）在援敌已近之时尚未攻克济南，你们应首先争取第一种，其次争取第二种，又其次应有办法对付第三种。"8月28日发出《集中最大兵力阻援与打援》的电报指出："此役关系甚大。""战役计划应以能对付最坏情况，即我们二十六日三时电所说第三种情况为根本出发点。"8月31日，华野首长致电毛泽东和中央军委提出作战方针拟分为两阶段进行：第一阶段以足够兵力迅速攻占济南机场，以阻止敌人空援，并分割其外围宁敌而歼灭之；第二阶段迅速突出纵深，分割整个敌人防御体系，打乱其指挥系统，攻占其内城及商埠，尔后再向外肃清四郊，以便缩短作战时间，并对作战任务和目的，参战部队的任务区分，以及五种不同情况的处置方案提出具体意见。毛泽东为中央军委起草的9月2日复电指出："密切注视刘峙向济南空运兵力。"9月11日电示许世友，提出《济南战役的目的和兵力部署》："此次作战目的，主要是夺取济南，其次才是歼灭一部分援敌，但在手段上即在兵力部署上，却不应以多数兵力打济南。"对战役的具体部署，也明确指出："第一阶段集中优势兵力攻占西面飞机场，东面不要使用主力，此点甚为重要，并应迅即部署。第二阶段则依战况发展，将主力使用于最利发展之方向，如果东面利于发展，则应使用于东面。"并且明确责任："整个攻城，由你们担负。全军指挥，由粟裕担负。"9月3日又电示粟裕将军："攻济打援以按原计划进行为宜。"9月21日又电示："攻城第二阶段应注意的几个问题。"9月22日再电示："布置多层堵击力量防王耀武突围逃窜。"

为策应华野的攻城作战，毛泽东和中央军委又指示中原野战军进行配合：用一部分兵力佯动南阳，出武胜关，割歼平汉铁路中段之敌；以一部分兵力攻徐州东南郊外围之敌，造成攻徐州之势，牵制徐敌北援。

华野和山东兵团首长精心研究，制定战略部署和作战方案、颁发总动员令，提出"打到济南府，活捉王耀武"的战斗口号，胜利地实施了济南战役。此役主要有如下特点：

一、军事民主的体现。综上所述，济南战役的作战方针、战略部署和实施措施，都是毛泽东和中央军委同华野和山东兵团首长等前线指挥员，多次电报，反复协商，反复研究制定的，是中国人民解放军军事民主传统的具体表现。

二、攻城与打援分工协作。针对济南守军虽然孤立，但兵力较多，工事坚固，又有较强的防御能力，徐州附近又是有敌三个机动兵团，随时可以北援的情况，华野指战员贯彻"攻城打援分工协作，以达既攻克济南，又歼灭一部援敌之目的"，把整个部队分成攻城与打援的两个集团；以约百分之四十四的兵力，约14万人组成攻城兵团；以约百分之五十六的兵力，约18万人组成阻援兵团。这就使攻城与打援两个方面，都能应付自如，始终处于主动地位。迫使守城之敌无力守住，层层溃败，济南被攻破；徐州增援之敌犹豫徘徊，增援计划化为泡影。

三、坚决果敢的指挥，连续勇猛的突击。9月23日晚，我军少数尖兵从东南、西南两个方向突入城内，突破口又被敌人堵住，情况十分危急。在这决定胜负的关键时刻，是半途而废，还是坚持到底，成了当时战役指挥上的关键问题。我攻城兵团首长冷静地分析了敌我情况，坚定决心和胜利信心，再次发起猛烈攻击，经彻夜激战，终于突破内城，全歼守敌，夺得了济南战役的全胜。

四、猛烈攻击与分化瓦解结合。战胜敌人，主要靠军事进攻，有效地消灭敌人；但在一定条件下，分化瓦解敌军，促使敌军起义，亦是重要手段之一。在此战役中，9月19日晚，敌整编第96军军长吴化文在我强大军事压力下，率所属三个旅约2万人，举行战场起义，大大削弱了敌军力量，加速了我攻城的进度，增强了我军必胜的信心和决心。

# 太原战役

【战例】

太原战役，是我华北军区部队在军区第一副司令员兼太原前线总指挥徐向前指挥下于 1948 年 10 月 5 日至 1949 年 4 月 24 日进行的一次阵地攻坚战役。太原战役的胜利，结束了阎锡山对山西人民长达 38 年的反动统治，使山西全境得到了解放。

在临汾线战役接近尾声时，中共中央于 1948 年 5 月 9 日决定将晋察冀和晋冀鲁豫两个区合并组成中共华北局、华北人民政府和华北军区。由董必武出任政府主席，刘少奇兼任华北局第一书记，聂荣臻任华北军区司令员，薄一波任政委，并下辖第 1 兵团（司令员由徐向前兼任），第 2 兵团（司令员杨得志）、第 3 兵团（司令员杨成武）。1948 年 5 月 17 日临汾战役结束后，华北第 1 兵团于 6 月 18 日至 7 月 21 日发起了晋中战役，歼敌 7 万多人，解放了晋中平原，为攻夺太原创造了有利条件。晋中战役后，华北军区即以华北第 18 兵团（原第 1 兵团）及晋西北第 7 纵队、晋中军区 3 个独立旅和华北炮兵第 1 旅等部队乘胜逼近太原，将阎锡山残部压缩至太原及其近郊的狭小地区，并成立了以徐向前任书记、兵团副司令员周士第任副书记的前敌委员会。我军首先对太原实施围困，并逐步攻击、削弱敌外围据点，准备于 10 月中旬发起总攻，一举歼灭敌人，攻取太原。

太原是阎锡山的老巢，位于晋中平原北部，东有罕山，西临汾河，地势复杂，易守难攻，为华北战略要地。蒋介石为加强太原防卫，令其整编第 30 师（后改为军）从西安空运太原。阎锡山通过市民从军和将地方部队编为正规军等手段，将部队扩编为 5 个军部、13 个步兵师和 3 个暂编纵队，连同其特种兵和由西安空运来的第 30 军在内，总兵力约 10 万人。我军兵力部署为：华北第 18 兵团（辖第 60 军、61 军、62 军）、第 19 兵团

（辖第 63 军、64 军、65 军）、第 20 兵团（辖第 66 军、67 军、68 军）、晋绥军区第 7 纵队，晋中军区独立第 4、5、6 旅，以及炮兵第 3 师、4 师和东北野战军炮兵第 1 师等，总兵力约 30 万人。

还在晋中战役进行期间，1948 年 7 月 16 日，中央军委和毛泽东就电示徐向前等，建议部队"位于太原附近休整，并于此次休整中完成攻击太原之准备"。根据军委和毛泽东的指示，徐向前等指挥的华北第 1 兵团（即后来的第 18 兵团）进行了休整和夺取太原的各项准备工作。在准备工作基本结束时，第 1 兵团前委于 9 月 28 日向党中央提出了攻打太原的具体作战方案；第一步突破敌军第一道防线，断敌外援；第二步攻占城东北、东南据点；第三步夺取市区。定于 10 月 28 日开始攻击，争取 3 个月内结束战斗。

10 月 1 日，太原守军集中了 7 个师的兵力，分为三路沿汾河以东和同蒲路以西地区向南进犯，企图抢劫粮食和破坏我军的准备工作。10 月 3 日，敌左路第 40 师、49 师、73 师进犯武宿机场；敌第 44 师、45 师、72 师及直属第 83 师进犯小店、南畔村、巩家堡地区。我军决定提前发动进攻，首歼南犯之敌。10 月 5 日、6 日两天，第 18 兵团（原第 1 兵团）第 60 军、第 61 军、第 62 军歼灭了小店敌军第 44 师和巩家堡一个营、南畔村敌第 45 师全部及第 72 师 1 个团。我军乘胜追击，突破敌南面防线，占领了当时华北地区最大的机场——武宿机场，并从东南和东北占领了石咀子和凤阁梁，从而在东面打开了敌军防御体系缺口。同时，我军相继占领了太原外围的李家山、汉岭、罕山、孟家井等据点。我军决心乘东面敌军防御薄弱之际，夺取东山的四大要塞：牛驼寨、小窑头、淖马、山头。10 月 16 日，我军对敌四大要塞发起进攻，阎锡山为了确保东山屏障，将主力几乎都集中到了四大要塞。敌我双方战斗极为激烈，经过 20 多天的浴血奋战，至 11 月 11 日，我军攻占了四大要塞，打开了进入太原最重要的一道门户。在四大要塞的争夺战中，我军歼敌 1 万多人，自己也遭到相当大的伤亡。

11 月 16 日，党中央和毛泽东电示徐向前等，从全国战局出发，要求太原前线部队暂停攻击，以策应我华北军主力和东北部队发起平津战役。

根据这一指示，我军于 11 月 29 日至 12 月 1 日占领赵家山和苏村等地，以火力控制了敌西铭临时机场后，彻底断绝守敌的空中外援，转入对太原实施围而不攻，开展广泛政治攻势的围困阶段。战役第一阶段至此结束，我军共歼敌 34000 余人。

在对太原守敌转入围困后，我军除以少数部队执行围困任务外，大部转入休整和参加配合平津战役。我军为了争取和平解放太原，对敌军加强了政治攻势，请阎锡山的老师和晋中战役中被俘的阎部下亲信赵承缓向阎锡山陈明利害、指出前途，但未能奏效。11 月 2 日，我军参谋处长晋夫和侦察参谋翟许友等随敌第 30 军联络员进太原组织敌 30 军军长黄樵松起义，但被敌 30 军第 27 旅旅长戴炳南告密而遭失败，晋夫、翟许友等同志被押送南京，在雨花台英勇就义。从 11 月中旬起，兵团成立了对敌斗争委员会，由兵团政治部主任胡耀邦和华北军区副参谋长王世英负责，各师、团、营、连都成立了相应的组织，开始了有组织、有统一部署的对敌政治攻势战，前后长达半年，共瓦解了敌人 12000 多人。

平津战役结束后，国民党垮台已成定局，阎锡山见国民党大势已去，便从太原跑到南京。国民党南京政府表示愿意和平谈判。和谈开始后，中央军委和毛泽东指示太原前线司令部，将进攻时间推迟至 4 月 22 日。我华北第 19 兵团（原第 2 兵团）、第 20 兵团（原第 3 兵团）和东北野战军炮兵第 1 师，于 1949 年 3 月底迅速推进至太原前线，会同久围太原的第 18 兵团（原华北第 1 兵团）等共约 30 万人准备攻打太原。为了统一指挥各兵团的作战，3 月 17 日组成了总前委，由徐向前任书记，罗瑞卿、周士第任副书记，胡耀邦等为总前委常委，杨得志、杨成武等为总前委委员。徐向前任前线司令员兼政治委员，周士第为副司令员，罗瑞卿为副政治委员。太原守敌企图依靠堡垒和强大火力与我军在外围决战，并将其主要兵力配置在城外第一线阵地上。我太原前线司令部决心以全力首先歼敌主力于外围阵地，尔后攻打市区。

4 月 1 日，我军开始进行战役第二阶段的准备工作，并遵照中央军委和毛泽东 4 月 3 日"注意和平解决的可能性，如有接洽机会应利用之"的电示，多次劝告守军，希望依北平方式和平解决太原问题，但均遭到敌人拒绝。4月16日，南京政府拒绝在和平协定上签字，两党谈判宣告破裂。4月17日，我中央军委即明确电示太原前线总前委：可随时攻打太原，不受任何约束。

1949年3月，太原敌军为增加防御能力，在得到空运第83师增援外，又强征了人员另编成2个兵团部，共有6个军部16个步兵师和3个特种兵师，共约10多万人；并重新划分为北、南、西、东北和东南等五个防御阵地固守太原。900门炮分为10个炮队，配属在5个防区内。其兵力部署为：北区总指挥韩步洲，3个师兵力8个团；东北区总指挥温怀光，2个师8个团；东南区总指挥刘效增，2个师6个团；南区总指挥高卓之，2个师6个团；西区总指挥赵恭，4个师11个团。城内守军2万多人和机动部队1万多人。指挥大权由阎锡山的亲信太原特务头子梁化之、太原绥靖公署副主任孙楚以及太原城防司令王靖国等共同掌握。我军兵力部署为：华北第18兵团、第19兵团、第20兵团，晋中部队独立第4旅、5旅、6旅，第一野战军第7军，以及炮兵第3师、第4师和东北野战军（四野）炮兵第一师共约30万人，1300多门火炮；第20兵团在太原城东北和西北分3路向南发动进攻，第19兵团在太原城西南分3路向北进攻；与第20兵团呈南北夹击攻势，第18兵团和西北野战军（一野）第7军从太原东城发动攻击，晋中军区部队留在汾河西岸牵制敌人。

1949年4月20日，我军对太原发起攻击，战役第二阶段正式开始。4月19日夜，我第18兵团分左右两路行动，左路首先向东南角黄家坟、双塔寺敌军阵地插入，和第19兵团一部会合后，切断黄家坟敌军的退路，调动和牵制敌人。第20兵团在城东北和西北分3路向南进攻，第20兵团第66军由城东北突破丈子头西进，占领新城南的北机场；第20兵团第68军和西北野战军第7军（下辖第19师、20师、21师）的1个师，由兰村沿汾河两岸向南攻击，直插北机场以西的汾河铁桥，配合丈子头西进部队，切断北机场敌军退路并予以歼灭；第20兵团第67军和西北第7军1个师攻占城东北的牛驼村，并钳制黄家坟敌军。在城西南，第19兵团也分三路由南向北攻击，第19兵团第64师和晋中军独立第4旅、5旅、6旅沿汾河以西向北攻击，攻占大小王村与由北向南攻击前进的1个师会合，切断汾河以西敌军退路；第19兵团第65军沿汾河向东向北突破杨家堡防线，攻占东岗、大营盘和狄村；第19兵团第63军和第18兵团一部在城东南向北攻击，歼灭了双塔寺以南以东的敌军，并配合第65军占领了狄村、民众市场等地。在城东，我第18兵团主力和西北野战军第7军2个师连续攻占了仓库区、红营房、黑土港、大东关等地。4月22日，我军攻克了城外围双塔寺和黄家坟最后两个敌军据点，全部肃清了外围之敌，歼敌13个师，仅有少数敌人逃进太原城中。

我军全歼外围敌军后，太原城中敌军守兵惊慌万状，急忙调整部署，企图据守城垣作最后挣扎。我太原前线总前委决定趁势发起进攻，以迅猛之势解放太原。4月24日晨5时30分，在1300多门大炮掩护下，我第18兵团从东、第19兵团从南、第20兵团从北、晋中军区部队从西，分为12路同时发起总攻，至6时30分，突破敌军防线占领了市中心，包围了敌指挥中心太原绥靖公署。战斗到10时结束，将守敌全部歼灭，活捉了敌太原绥靖公署副主任孙楚和太原城防司令王靖国以及师以上军官40多人，梁化之自杀，太原遂告解放，太原战役胜利结束。

太原战役，我军共歼敌1个绥靖公署、两个兵团部、6个军部、16个师4个团和非正规军3个师4个团等，共约13.5万多人，阎锡山在山西长达38年之久的统治宣告结束，山西全境从此获得了解放。

## 【毛泽东评说】

你们原定酉巧开始太原战役，现已提前十三天。因敌被迫向外扩张，给我以良好歼敌机会，如果敌人战力不强，你们又指挥得当，乘机进击，可能于短时间内全部肃清城外之敌，并可能缩短攻城时间。不要停留多久，即可乘势攻城，提早解放太原。因此你们发布战讯时，不要说敌人向外扩张，而应说你们业已开始太原战役，并且战讯要待外围战大体告一段落时发表为宜。

——《对太原作战的意见》，《毛泽东军事文集》第五卷，第44页，军事科学出版社、中央文献出版社1993年版。

估计到太原攻克过早，有使傅作义感到孤立，自动放弃平、津、张、唐南撤，或分别向西、向南撤退，增加尔后歼灭的困难，请你们考虑下列方针是否可行：再打一二个星期，将外围要点攻占若干，并确实控制机场，即停止攻击，进行政治攻势。部队固守已得阵地，就地休整。待明年一月上旬东北我军入关攻击平、津时，你们再攻太原。

> ——《推迟攻取太原》，《毛泽东军事文集》第五卷，第228页，军事科学出版社、中央文献出版社1993年版。

同时请你们注意和平解决的可能性，如有接洽机会应利用之。

> ——《同意太原作战方案》，《毛泽东军事文集》第五卷，第526页，军事科学出版社、中央文献出版社1993年版。

阎锡山已离太原，李宗仁愿出面交涉和平解决太原问题。我们已告李宗仁代表（本日由平去宁），允许和平解决，重要反动分子许其乘飞机出走，其余照北平方式解决，部队出城两星期至三星期后开始改编等语。你们应即派人进城，试行接洽，求得于十五日前谈妥。

> ——《应即派人进城接洽和平解决太原问题》，《毛泽东军事文集》第五卷，第530页，军事科学出版社、中央文献出版社1993年版。

你们[1]觉得何时发起打太原为有利，即可动手打太原，不受任何约束。

> ——转引自《在徐帅指挥下》，第329页，解放军出版社1984年第1版。

在平津、淮海、太原、大同诸役以后，可不可以说国民党政权已经基本上被我们打到了呢？就其军事主力已经被消灭这一点来说，是可以这样说的。

> ——《目前形势和党在一九四九年的任务》，《毛泽东文集》第五卷，第229页，人民出版社1996年版。

---

（1）指太原总前委。

## 【评析】

太原战役是解放战争时期的一次重要的城市攻坚战，由当时任华北军区副司令员兼第十八兵团司令员的徐向前指挥。战役历时半年之久，大抵分为两个阶段。毛泽东和中央军委对太原战役作了一系列重要指示。早在1948年6月8日就电示彭德怀等："向前兵团业已北上"，"直至攻克太原为止"，因此不宜出援西北战场或协助打傅作义，规定了攻打太原的任务。7月16日，电示徐向前、周士第："太原已形孤立，我军有提早夺取太原之可能。"同日，又电示徐、周："如有可能，你们应争取于十天内外夺取太原。"1月17日电报又称："阎锡山仅剩太原一个孤城，我军不日即可合围，可能提早解决该城。"鉴于17日敌人从西安空运第30旅至太原，7月17日又电示徐、周："你们如不是太困难，应迅即抢占飞机场。"10月6日又电示徐、周、陈（漫远），下达《对太原作战的意见》，指出"应该说你们业已开始太原战役"。后来，综观全国战局，11月16日电示徐、周；决定"推迟攻取太原"，原因是："估计到太原攻克过早，有使傅作义感到孤立，自动放弃平、津、张、唐南撤，或分别向西、向南撤退，增加尔后歼灭的困难。"提出"待明年一月上旬东北我军入关攻击平、津时，你们再攻太原"。1949年1月24日，电示林、罗、聂等首长，从四野抽调炮兵和其他兵力，作出"解决太原问题的部署"。4月3日，电示徐、周、罗（瑞卿），同意总前委提出的"第一步先打外围据点"，"第二步攻城"的作战方案。同时又希望太原也能像北平那样和平解放，所以，4月5日，毛泽东又电示彭（德怀）、徐、周、罗："应即派人进城接洽和平解决太原问题。"由于我党和南京代表团正在谈判，故4月11日又电示徐、周、罗：将"攻击太原时间推迟至二十二日"。此后谈判破裂，4月24日我军解放太原。

在太原战役中，总前委和徐向前元帅正确贯彻毛泽东的军事思想和中央军委的各项指示，取得了伟大胜利，其主要特点是：

一、分割合围与阵地攻坚结合。阎锡山多年经营的太原防御体系，以城区为中心分成东、西、南、北四个守备区。东起罕山，西到石千峰，南达武宿，北抵阳曲，构成了"百里防线"。在这百里防线之内，有多式多样的大小碉堡五千多个。碉堡中存有粮食、弹药等，能攻能守，我军有针对性地运用分割包围战法，首先歼灭外围地区之敌，进而实施攻坚战，夺取城垣。在这两个阶段，都成功地运用分割包围方法，将敌分割开，分别歼灭。如在外围战中，在城北，采用两翼突破，钳形夹击，将敌围歼于机场以北地区；在城南和城西，采用两部齐进，中间突破，围歼敌人。对城区，我军十二路齐插纵深，将城内敌人分割包围，使敌无计可施，为我各个击破。在攻城中，充分发挥炮兵的作用。4月24日5时半，总攻开始时，我军1300门大炮一齐轰鸣，顿时敌城垣被打开多处缺口，摧毁了敌防御工事和炮兵阵地，为我步兵冲锋扫清了道路。

二、军事攻势与政治瓦解并施。太原战役中，特别是北平和平解放之后，毛泽东和中央军委多次电示，对太原之敌要注意和平解决之可能。徐向前坚决执行这些指示，在实行强大军事攻势的同时，广泛开展政治攻势。为此，兵团成立了对敌斗争委员会，由兵团政治部主任胡耀邦负责。各师成立政治攻势委员会，团、营设立政治攻势中心指导小组。有针对性地开展政治攻势，阵前喊话、对话、发射宣传弹，利用被俘和起义人员给同事和原来的长官写信，对顽固分子阵前点名，方法灵活多样，动摇了敌之军心，在战役中俘敌9万余人，并争取了5000余人的起义或投诚。

三、人民群众的大力支援。太原战役持续时间长，物资消耗大，弹药补给达400万公斤，粮草供应达两亿公斤，另外还有众多的作战器材。这些都是依靠人力和畜力运输的。据不完全统计，参加支前的民工达17万多人。山西人民，特别是晋中解放区人民，为太原战役的胜利，作出了卓越的贡献。

# 洛阳战役

【战例】

1948年初，我中原地区各部队按照中央军委"将战争引向国民党区域"的作战方针，在开展新式整军运动的同时，积极调整部署，准备进一步大量歼灭国民党军。为了掩护晋冀鲁豫野战军主力和陈粟兵团的休整，并配合西北战场展开外线进攻作战，中央军委决定，陈赓、谢富治兵团在平汉路以西禹县、襄城和叶县地区集结，与华东野战军第3、第8纵队组成的陈（士榘）、唐（亮）集团，组成一个作战集团，由中央军委直接领导。2月底，刘邓大军从大别山区转移到沙河、淮河休整，陈、唐集团转由刘伯承、邓小平指挥。我华东野战军在内线作战的部队，由第7、第9、第13纵队和渤海纵队组成了山东集团，许世友任司令员，谭震林任政委，继续执行内线作战的任务；第2、第11、第12纵队组成苏北兵团，韦国清任司令员，陈丕显任政委，在苏北、鲁南地区打击、歼灭敌人。当时，中原地区的国民党军有3个军34个师79个旅，共约54万6000余人，分为邱清泉兵团、胡琏兵团、孙元良兵团、张淦兵团和张轸兵团等5个兵团。敌国防部华中指挥所白崇禧率16个师33个旅，布防在大别山、江汉、桐柏地区；敌陆军总司令兼徐州指挥所主任顾祝同率17个师41个旅，布防在津浦路以西、平汉路以东和陇海路之间的豫皖苏地区；敌西北"剿总"胡宗南部1个师5个旅，布防在陇海路潼关洛阳段之间的豫陕鄂地区。中原地区敌军如此布防，企图控制大别山区，阻止我军南渡长江和西出汉水，确保武汉、安庆和南京的安全。

1948年2月下旬，敌孙元良兵团从郑州南下，胡琏兵团从驻马店北上，南北对进，占领了漯河、许昌、新郑等平汉路沿线地区。2月24日至3月10日，我西北野战军在陕北洛川、宜川地区全歼了敌第29军第27师、第

90 师等 4 个旅又 1 个旅部 1 个团共计 29400 余人。敌国民党西安绥靖公署主任胡宗南为了确保西安的安全，急忙调裴会昌兵团进入陕东增强西安的防守力量，张轸兵团在南阳地区，张淦兵团在鄂东英山和皖西安庆地区，邱清泉兵团在陇海路以北定陶、金乡地区，洛阳仅留青年军第 206 师驻守。师长邱行湘是黄埔毕业生，蒋介石的宠将，战前蒋介石曾召往南京，面授机宜。中央军委命令我华东野战军陈士榘、唐亮的第 3 纵队、第 8 纵队，晋冀鲁豫野战军陈赓、谢富治兵团所属第 4 纵队、第 9 纵队等乘敌守备空虚之际，发动洛阳战役，由陈士榘、唐亮统一指挥。洛阳雄居豫西，是陇海线上的军事重镇，又是连接中原和西北的战略要地，东、西、南、北，都是险要关隘，自古以来为兵家必争之地。我军攻打洛阳的具体部署是：第 3 纵队、第 4 纵队主攻洛阳；第 8 纵队夺取偃师、黑石关，控制偃师段铁路线，部分兵力出登封，分别阻止可能从郑州和许昌增援的敌军；第 9 纵队和太岳第 5 分区部队夺取新安、渑池，阻击可能从潼关增援的敌军。

1948 年 3 月 5 日，各参战部队向洛阳地区开始进军。7 日，担任阻援的我第 8 纵队夺取了新安、渑池、黑石关等地，切断了洛阳和郑州、潼关之间敌军的联系。国民党陆军总司令顾祝同发现我军进攻洛阳的意图后，即命令其第 18 兵团、第 47 兵团分别向郑州、许昌地区集中，准备增援洛阳。根据敌情变化，陈、唐指挥员命令各纵队务必在敌援兵未到达前攻占洛阳。3 月 9 日晚，各纵队完成了对洛阳的包围，由第 3 纵队从城东城北方向发起攻击，第 4 纵队从城西城南发起进攻，基本扫清了外围敌军。11 日黄昏，我军开始四面攻城，华野第 3 纵 8 师第 23 团 1 营在营长张明的带领下，采取连续爆破、连续突击战术，首先攻入东门内，战后这个营荣获了 "洛阳营" 的称号。中午，陈谢兵团第 4 纵队也攻破了洛阳南门、西门，相继突入城内。第 3 纵队、第 4 纵队相互配合，与敌人展开了巷战。敌军主力基本被歼灭后，第 206 师残部退至城西北角核心阵地进行顽抗。14 日下午 4 点 30 分，我攻城部队炮火一齐怒吼，连续轰击 40 分钟，对残敌发起最后攻击，战至当日 22 时，洛阳敌守军全被我军歼灭。口口声声 "不是成功，便是成仁" 的邱行湘也乖乖地当了俘虏。

在我军各部猛攻洛阳时，孙元良兵团于 3 月 9 日进至黑石关及其以东地区，由于害怕被我军歼灭，每日只派小股兵力向洛阳作试探性增援。胡琏兵团于3月7日由漯河经禹县、登封向洛阳守敌增援，3月14日进至府店，与孙元良兵团会合后继续向洛阳前进。由于敌援军已接近洛阳，我军于3月17日打扫战场后主动撤出了洛阳。4月初，我刘邓大军从大别山区出发，晋冀鲁豫第2纵队、第3纵队、第6纵队和华东野战军第11纵队，进至汝南、上蔡、驻马店、遂平、确山等地，并向西进至豫陕鄂边区。4月5日，我陈赓、谢富治兵团第2次占领洛阳城，将第47军46000余人歼灭。

洛阳战役从1948年3月9日至14日共6天的时间，我军歼灭了敌第206师两个旅及洛阳保安团总计2万多人，切断了中原敌军与西北敌军的联系，打开了通往太岳和豫陕鄂解放区的道路，巩固了豫陕鄂解放区。

## 【毛泽东评说】

你们率三、四、八纵应以夺取洛阳并准备歼灭孙元良援兵之目的，迅速对洛阳及洛郑线发起攻击，希望能于两周内外完成此项任务。

————《迅速对洛阳及洛郑线发起攻击》，《毛泽东军事文集》第四卷，第415页，军事科学出版社、中央文献出版社1993年版。

洛阳这样的重要城市，顾祝同决不会不增援。你们占领黑石关、偃师、新安后，应以一部攻击洛阳，吸引敌人来援，集中全力歼灭援敌，重点放在打援上面。

————《攻击洛阳的重点应放在打援上》，《毛泽东军事文集》第四卷，第417页，军事科学出版社、中央文献出版社1993年版。

同时，在攻克石家庄、运城、四平、洛阳、宜川、宝鸡、潍县、临汾、开封等城市的作战中学会了攻坚战术。人民解放军组成了自己的炮兵和工兵。……人民解放军已经不但能打运动战，而且能打阵地战。……人民解放军不但已经能够攻克国民党坚固设防的城市，而且能够一次包围和歼灭成十万人甚至几十万人的国民党的强大精锐兵团。

————《将革命进行到底》，《毛泽东选集》第四卷，第1373页，人民出版社1991年版。

## 【评析】

洛阳战役是解放战争初期一次重要的城市攻坚战，是由华东野战军第3纵队司令员陈士榘和政治委员唐亮将军具体指挥的。毛泽东和中央军委从1948年3月7日至14日发出三封电报，说明洛阳战役选择胡宗南调敌驻豫西重兵回保西安，洛阳空虚之际，"迅速对洛阳及洛郑线发起攻击，希望能于两周内完成此项任务"。毛泽东指出，"洛阳这样的重要城市，顾祝同决不会不增援"。因此，"重点应放在打援上面"，"敌援兵可能主要是孙元良，十一师亦可能来一部"。洛阳城战役结束当天，毛泽东和中央军委发出《攻克洛阳后的行动方向》的电报指示，对陈、唐兵团或在洛阳附近"再打一仗"，或"准备打南阳"，制定了该部下一步的作战目标。

洛阳战役，陈、唐首长在指挥作战中创造的成功经验是：

一、战机的捕捉。为了配合西北我军作战，掩护刘邓大军和陈粟兵团主力的战略行动，毛泽东和中央军委决定发起洛阳战役。当时，敌人的主力已经东去或西上，只有孙元良兵团在郑州，靠洛阳较近。而在郑州至潼关的800多里地段上，只有敌青年军第206师驻守洛阳，防守空虚而且孤立。我军抓住这个有利时机，速战速决，一举攻克了豫西重镇洛阳。

二、顽强的攻坚。洛阳在陇海线上，是中原地区一个军事重镇。城高墙厚，又经敌人长期经营，工事极其巩固。洛阳守军青年军是很反动的军队，在国民党军队中地位特殊，有御林军之称，其他各部多刮目相看。其官兵受反动教育很深，是一支效忠蒋氏父子的军队。这样一支反动军队坚守城防坚固的洛阳城，决定了洛阳之战必然是一次艰巨的城市攻坚战。我军先发起外围战，不待外围全部肃清，就对城墙开始爆破，因为城墙十分高厚坚固，我军不得不采取连续爆破的方法，一连扫清了敌人15道防御设施。突进城区后，和敌人进行了激烈的巷战。最后敌人被压缩到城西北角核心阵地，还负隅顽抗。直到敌人全部被歼，敌师长邱行湘被从工事里揪出来当了俘虏，洛阳战役才告结束。

洛阳战役的胜利，巩固了豫陕鄂解放区，配合了刘邓大军、陈粟大军的战略行动和西北野战军的作战，实现了我军预定的战略目标，具有重要意义。

# 辽沈战役

【战例】

　　辽沈战役,是解放战争时期进行战略决战三大战役中的第一个战役,是中国人民解放军第四野战军在中央军委和毛泽东的决策与指导下,由林彪、罗荣桓指挥,1948 年 9 月 12 日至 11 月 2 日在辽宁西部和沈阳、长春地区进行的一次空前规模的大歼灭战役。整个战役历时 50 多天,解放了东北全境,加快了全国解放的进程。

　　1948 年,东北人民解放军的冬季攻势结束后,东北地区的政治、军事形势发生了根本性变化。8 月,东北我军的总兵力已达 100 多万人,其中野战军 70 多万,大兵团作战能力和攻坚能力大大提高。东北解放区除少数城市外全部解放,我华北解放区已连成一片,西北解放区和华东解放区的失地基本被我军收复,中原解放区在不断扩大发展。在新老解放区,开展了土地改革运动,党的政策深得人心,大小城市和农村的生产都得到了恢复和发展,土匪、敌伪残余势力等受到严重打击或被基本肃清,并广泛地建立了各级人民政权。人民群众更加积极支援我军作战,并组织运输队、担架队随军转战。国民党统治区内"反饥饿、反内战、反迫害"的反蒋运动形成了对国民党作战的第二条战线。我军解放东北全境的条件已经具备,解放战争已到了最后阶段——战略决战阶段。

　　在东北战场上,经过我军对敌进行的几个攻势战役后,敌主力部队已遭到沉重打击,总兵力有 4 个兵团 14 个军 44 个师约 55 万人,分别被我第四野战军包围在长春、沈阳、锦州三个互不相连的地区。蒋介石曾想撤出东北地区,实施巩固华北,确保华中的战略布局,但又不甘心放弃东北地区,一直犹豫不决。中央军委和毛泽东从全国战局出发,对东北形势的变化发展、战略部署和辽沈战役作战方针的制定,给予了高度的重视。早在1947年东北我军发起夏季攻势时,中共中央就曾提出要创造条件在"长春、北宁两路,长、沈、平、津"等地大量歼灭敌人有生力量。到秋季攻势时,中央又明确指出,秋季攻势结束后,东北敌军出现了向关内逃跑的迹象。中央军委于1948年2月7日电示林彪,提出封闭蒋军在东北加以各个歼灭的设想,并明确指出:"对我军战略利益来说,是以封闭蒋军在东北加以各个歼灭为有利。"为了全歼东北敌军,中央军委指示东北野战军,要置长春、沈阳敌军于不顾,主力部队南下北宁线,首歼锦州地区敌军,割断东北敌军和华北敌军的联系,形成关门打狗之势,然后各个歼灭敌军,明确地表明了辽沈战役的基本作战指导思想。随后几个月,中央军委和毛泽东数次就先打长春还是南下作战等问题,与东北局及东北野战军司令员林彪进行了反复的磋商研究。开始,林彪不愿南下锦州作战,企图回师长春。林彪在1948年2月25日给中央军委的电报中提出,"将部队摆在四平和吉林、长春之间",在4月18日电报中强调"只有打长春的办法为好"。对此,中央军委在4月23日给林彪的电报中提出了批评。由于中央军委的一再指示和东北我军在攻打长春时所面临的实际问题,1948年6月,林彪等人开始和党中央形成共识。7月20日在给中央军委的电报中明确表示和中央一致,并表示8月中旬南下义县、锦西、兴城、山海关等地作战。中央军委在7月22日、30日给林彪等人的电报中,再次强调了夺取锦州的重要性,令东北解放军攻打锦州、唐山各敌据点,要主动出击,不要让敌人逃入关内。东北我军按照中央军委指示,做好了政治动员、军粮经费筹措、调整后勤机构、补充兵员等各项准备工作,为主力部队南下作战提供了保证。9月7日,中央军委和毛泽东又电示林彪,提出了"置长沈两敌于不顾,专顾锦榆唐一头"的作战方针,要求林彪等人"确立攻占锦榆唐三点并全部控制该线的决心"。

东北地区敌军兵力主要集中在沈阳、长春和锦州。沈阳是敌军防守指挥中心,东北敌"剿共总司令部"设在沈阳,敌"剿总"总司令卫立煌坐镇指挥。其兵力部署为:"剿总"直属部队和周福成的第8兵团、廖耀湘的第9兵团共8个军24个师约30万人,部署在以沈阳为中心的新民、本溪、铁岭、抚顺地区为防御中枢集团,以确保沈阳并救援锦州、长春敌军；保证沈阳至营口的海上退路；敌东北"剿总"副总司令兼锦州指挥所主任范汉杰和第6兵团司令官卢俊泉，率第6兵团等4个军14个师约15万人位于以锦州为中心的义县至山海关一线，主要兵力防守锦州和锦西，保证东北和关内的海陆路畅通；敌东北"剿总"副总司令兼第1兵团司令郑洞国率两个军6个师约10万人困守长春，企图牵制我军大部分兵力。华北敌第13军在承德地区、第62军在唐山至昌黎地区担任防守，防止我华北人民解放军北援并策应锦州敌军。

根据中央军委和毛泽东对辽沈战役的作战方针，战役分为锦州攻坚战、辽西会战和解放沈阳、营口三个阶段。我军的具体部署为：以第3、第4、第7、第8、第9和第11纵队等6个纵队，炮兵纵队主力和3个独立师围歼锦州范汉杰集团，分别包围歼灭义县和北宁线锦州至昌黎段各据点敌军，攻取锦州、锦西、山海关或承德；以第1、第2和第10纵队（欠1个师）等3个纵队在沈阳以西地区，以第5、第6两个纵队在沈阳以北地区，共同对付沈阳卫立煌集团并阻止长春郑洞国突围，以第12纵队和9个独立师继续围困长春敌军并阻止其南逃。我军在占领锦州后可关闭东北大门各个歼灭敌军，因此夺取锦州是辽沈战役关键性的一战。

第一阶段，锦州攻坚战。

1948年9月12日，我东北第4野战军发起了辽沈战役。当时，在北宁线锦榆段上，敌范汉杰集团以6个师守备锦州，1个师在义县，1个师在高桥，4个师位于锦西、葫芦岛和兴城之线，3个师位于绥中、山海关和秦皇岛之线。我第11纵队从建昌营地区出发，向东南方的滦县、山海关一线敌军发起进攻，9月17日占领了昌黎、北戴河等以及该段北宁路。同时，我热河独立第4、第6、第8师自热河东部出发，包围了兴城、绥中敌军，切断了敌锦州、唐山之间的联系。16日，我第4纵队和第9纵队分别由鞍山、台安出发，西进义县，于18日包围了义县敌军。第3纵队和第2纵队第五师从东丰、四平地区出发经辽源南下，20日在阜新下车南进接替了第4纵队包围义县任务。第4纵队和第8纵队转而南进。24日，我第4纵队绕过锦州，在兴城东北歼灭敌军一部分兵力，切断了锦西与兴城两敌之间的联系。25日，我第8纵队和第9纵队在锦州北郊占领了葛文碑、帽儿山、薛家屯等锦州以北及东北敌军的重要外围阵地。我第 7 纵队从四平南下回到锦州西南地区，并会同第 4 纵队 1 个师于 27 日攻占了塔山、高桥和西海口。至此，我军从南北两面包围了锦州，切断了敌军从辽西走廊逃入关内的陆上通道。28 日，我热河部队攻占绥中。29 日，我第 4 纵队攻占兴城。26 日至 30 日，我军对义县守敌发动了进攻，10 月 1 日，我第 3 纵队和第 2 纵队第 5 师在炮兵纵队火力配合下攻克义县，夺下了锦北屏障。9 月 30 日，我第 1 纵队、第 2 纵队、第 6 纵队、第 10 纵队等分别从四平、辽源、平岗、肖源等地出发，到达了锦州以北、新民以西地区，对锦州敌军从东、北、西三个方向形成了半月形包围圈，锦州敌军完全陷入了我军重围之中。

当我军主力逼近锦州时，即引起蒋介石的不安。10 月 2 日，蒋介石飞到沈阳亲自指挥从南北两个方向增援锦州。在南面，以河北第 62 军 3 个师、第 92 军 1 个师、独立第 95 师，烟台地区的第 39 军 2 个师、葫芦岛第 54 军 3 个师、整编第 62 师等 11 个师的兵力组成"东进兵团"，由第 17 兵团司令侯镜如指挥，企图于 10 月 10 日攻击塔山以救援锦州敌军。在北面，以新一军和新六军各 2 个师、新三军 3 个师、第 49 军 2 个师、第 71 军 2 个师等 11 个师和第 207 师第 3 旅、3 个骑兵旅约 17 个师组成"西进兵团"，由第 9 兵团司令廖耀湘指挥，从新民出彰武，企图切断我军后方补给线。为了消灭锦州敌军，我第四野战军按照中央军委和毛泽东的指示，及时对攻击部队作了调整。我军攻打锦州的具体部署为：由第 2 纵队、第 3 纵队、第 7 纵队、第 8 纵队、第 9 纵队、第 6 纵队的第 17 师等 16 个师的兵力及炮兵纵队主力攻打锦州守敌；由第 5 纵队、第 6 纵队、第 10 纵队等 9 个师的兵力以及从长春南下的第 12 纵队，在新民以西、以北方向阻击敌"西进兵团"；由第 4 纵队、第 11 纵队和热河独立第 4 师、独立第 6 师等 8 个师的兵力在塔山、打渔山一线，阻击锦西和葫芦岛方面的敌军；第 1 纵队在高桥镇作总预备队。10 月 9 日，我军开始对锦州外围敌军阵地发起攻击。10 日，敌南北两路援军开始行动，中央军委和毛泽东及时电示东北我军，要求迅速攻克锦州。经过猛烈的冲击，13 日我军将锦州外围敌军全部歼灭，直逼锦州城下。

锦州城内有非常坚固的永久性和半永久性防御工事，敌军装备齐全。10月14日，我军对锦州守敌发起了总攻，首先以猛烈炮火实施了摧毁性炮击，然后我军坦克冲击城门、城墙。我第2纵队、第3纵队和第6纵队第17师从北向南，我第7纵队和第9纵队从南向北发动进攻，形成南北夹击之势，第8纵队从东向西发动进攻。我军很快突破了敌军第一道防线并向纵深发展，和敌人展开激烈巷战。经过31个小时的激战。10月15日全歼范汉杰集团，锦州解放。锦州一战连同外围作战共歼敌12万多人，东北"剿总"副总司令范汉杰及第6兵团司令卢俊泉、辽西行署主任贺奎等高级官员被俘。与此同时，我军在塔山地区与敌军展开了激烈的战斗。敌东进兵团从10月10日至15日，轮番向我军塔山阵地猛烈进攻，企图增援锦州。我第4纵队和第11纵队经过6天6夜的激战，给敌军以重大杀伤，对保障我军主力全歼锦州守敌起了决定性作用。敌西进兵团也被我军阻止于新立屯以北地区。

我军攻克锦州和全歼范汉杰集团后，引起了国民党当局的严重不安。10月15日蒋介石第3次飞到沈阳，命令长春守军突围。长春守敌自6月25日被我军包围后，曾几次试图突围均遭到失败。敌军被我军长期围困，内无粮草，外无救兵，在我党和我军的政治争取和军事压力下，敌第60军军长曾泽生拒绝执行蒋介石的命令，于10月17日率部起义，为我军彻底歼灭长春守敌创造了有利条件。10月19日，敌东北"剿总"副总司令兼第1兵团司令郑洞国和新编第7军军长李鸿被迫率部投降，长春10万多守敌全部放下武器投降，长春宣告解放。战役第一阶段胜利结束。

第二阶段，会战辽西，打垮敌东北主力。

长春解放后，我军迅速投入了辽西会战。10月18日蒋介石第4次飞到沈阳，错误地判断我军伤亡过大，短期内不能再战，命令由临时调任东北"剿总"副总司令兼冀热辽边区司令杜聿明指挥辽西作战，命令锦西、葫芦岛一线的"东进兵团"继续北进，新立屯、彰武的廖耀湘"西进兵团"立即南进，企图南北夹击我军，重占锦州，以打通陆上进关通道。同时，命令沈阳地区的第52军2个师南下抢占营口，以便从海上撤退。第四野战军按照中央军委和毛泽东的指示，仍由第4纵队和第11纵队在塔山继续阻击敌"东进兵团"，其余主力准备全歼敌廖耀湘兵团。我军的具体部署为：以第1纵队、第2纵队、第3纵队、第7纵队、第8纵队和第9纵队、第6纵队1个师和炮兵纵队于10月20日分批分路自锦州地区向新立屯和黑山方向进攻，与第10纵队协同，约27个师的兵力合围歼灭廖耀湘兵团的5个军12个师；以第5纵队在阜新东南地区，第6纵队主力在彰武东北地区，第10纵队和第1纵队的1个师在黑山、大虎山区共同阻击敌军，待主力部队赶到后参加合围；以第12纵队和5个独立师从长春南下，在铁岭地区牵制沈阳敌军；以独立第2师在营口方向切断敌军海上退路。10月23日，敌廖耀湘"西进兵团"在黑山、大虎山地区与我第10纵队相遇。24日，在飞机和炮火掩护下，敌新编第1军、新编第6军和第207师第3旅从西北、东北、东南方向，向我第10纵队的黑山、大虎山阵地发起猛烈攻击。战至25日，我第1纵队、第2纵队、第8纵队等在接近敌军两翼和侧后北镇的以北以东地区，加入了围歼战斗。廖耀湘于10月25日命令其第49军领头，从黑山以东方向经台安试图逃往营口，但遭到我第8纵队、第7纵队和第9纵队、南满独立第2师等的阻击，又转向东企图逃往沈阳。10月26日，我军各纵队从南北两个方向，将敌廖耀湘兵团包围在辽河以西、大虎山以东、无梁殿以南、台安以北的区域内，展开了规模巨大的歼灭战。经过我军多路穿插、分割，至28日全歼被围敌军。共歼敌第9兵团部、5个军部、12个整师及特种兵等共10多万人，活捉了敌第9兵团司令廖耀湘和敌军长李涛、白凤武、郑庭笈等。辽西一战，敌在东北主力基本上被我军打垮，战役第二阶段结束。

第三阶段，夺取沈阳，解放东北全境。

辽西会战后，敌东北"剿总"总司令卫立煌见东北大势已去，便乘飞机逃走。将东北敌军第53军2个师、第207师2个旅、新编第1军第53师、4个守备总队、3个骑兵旅以及地方武装共约14万多人，全部交给了敌第8兵团司令周福成指挥，准备防守沈阳。由于东北敌军主力已被打垮，当时关键是占领和封锁营口，切断敌军海上逃路。中央军委和毛泽东于10月25日、27日分别电示东北我军，防止沈阳敌军向营口撤退。10月27日，东北野战军司令部根据中央军委和毛泽东的指示，命令我第

1纵队、第2纵队、第7纵队、第8纵队向沈阳进军；第9纵队向营口急速进军；令第12纵队的1个师歼灭铁岭敌第53军第116师，其纵队主力迅速进击沈阳，从长春地区南下的各独立师夺取沈阳、攻克营口，切断敌军空中和海上退路。同时，命令第4纵队和第11纵队继续在锦西执行任务，第3纵队、第5纵队和第6纵队留在辽西地区继续清剿敌军残部。10月30日，我第7纵队、第8纵队和南满独立第2师渡过辽河，31日占领辽阳、鞍山和海城等地。第9纵队在郑家店以西渡过辽河，于31日接近营口。31日，我第1纵队和第2纵队也抵达了沈阳以西以北近郊。与此同时，我第12纵队和从开原南下的5个独立师以及从本溪北上的独立第14师，抵达沈阳以南苏家屯一带，切断了敌军南逃之路。

11月1日，我军对沈阳守敌发起了攻击，采取军事攻击和政治瓦解相结合的办法解决守军，大批的守军走出阵地向我军投降。2日，沈阳全城宣告解放。2日下午，从鞍山撤到沈阳的敌第207师假装投降，在获得我军允许后却企图逃向营口，被我军及时围歼。沈阳一战共歼敌东北"剿总"司令部、第8兵团部、2个军部、7个师部等共约13万4000多人，活捉了敌第8兵团司令周福成等高级将领多人。

我第9纵队于11月1日也向营口敌军发起了进攻。2日，我第7纵队、第8纵队和南满独立第2师兵分3路攻打营口市区。敌军一面组织抵抗，一面登船逃跑，致使敌第52军军长刘玉章率第195师乘船南逃。敌第52军第2师全部和第25师一部及军直属队共14000多人被我军歼灭。2日，营口宣告解放，辽沈战役胜利结束。

辽沈战役中，我军共歼灭敌东北"剿总"司令部和司令部锦州指挥所、4个兵团部、11个军、33个师及两个警备司令部、3个省保安司令部等所属13个师，总计歼敌约472000多人。我东北人民解放军数量增至118万多人，敌我形势发生了根本性变化，人民解放军在数量上开始超过国民党军，由于我军缴获了敌人大量军事装备，在武器装备上也开始占了优势。辽沈战役的胜利，使东北全境获得了解放，东北我军可入关进行作战，增强了华北、华东我军的作战力量，并使东北地区成为我军向全国进军的可靠战略后方基地。

## 【毛泽东评说】

为了歼灭这些敌人，你们现在就应该准备使用主力于该线，而置长春、沈阳两敌于不顾，并准备在打锦州时歼灭可能由长、沈援锦之敌。因为锦、榆、唐三点及其附近之敌互相孤立，攻歼取胜比较确实可靠，攻锦打援亦较有希望。

——《关于辽沈战役的作战方针》，《毛泽东军事文集》第五卷，第1-2页，军事科学出版社，中央文献出版社1993年版。

……按照我军攻击锦州的进度和东西两路援敌的进度，决定阻援部署的方法。如果沈阳援敌进展得较慢（如果长春之敌在你们攻锦过程中突围，并被我十二纵等部抓住歼击，则沈阳援敌可能被麻痹，进展较慢，或停止不进，或回头救援长春之敌），葫、锦援敌进得较快，则你们应准备以总预备队加入四纵、十一纵方面歼灭该敌一部，首先停止该敌之前进。如果葫、锦援敌被我四纵、十一纵等部所钳制和阻止而进得很慢或停止不进，长春之敌没有突围，沈阳援敌进得较快，而锦州之敌业已大部被歼，全城已接近于攻克，则你们应使沈敌深入大凌河以北，以便及时转移兵力包围该敌，然后徐图歼击。

——《把全部精力用于锦州方面之作战》，《毛泽东军事文集》第五卷，第52—53页，军事科学出版社、中央文献出版社1993年版。

据悉，国民党正在海运台湾孙立人的三十一军向葫芦岛登陆。该军如全部北运，则是两个师，每师三个旅，全部美械新兵，虽已训练一个长时间，但无作战经验，战力不强，估计十天内难于到达。你们不应被此项消息所扰乱，而动摇你们的决心。

——《同意对付援敌的处置》，《毛泽东军事文集》第五卷，第42页，军事科学出版社、中央文献出版社1993年版。

辽沈战役

围歼五个军[(1)]，俘敌数万，极为欣慰。

> ——《望以有力兵团东渡辽河歼灭营口一带之敌》，《毛泽东军事
> 文集》第五卷，第137页，军事科学出版社、中央文献出版社
> 1993年版。

你们争取六十军起义的方针是正确的，一兵团对六十军的分析及处置也是对的，惟要六十军对新七军表示态度一点，不要超过他们所能做的限度。……只要六十军能拖出长春，开入我指定之区域，愿意加入解放军序列，发表通电表示反对美国侵略，反对国民党反动统治，赞成土地改革及没收官僚资本，拥护共产党及人民解放军，也就够了。……如果六十军能照上述办法拖出长春，则一兵团（加十二纵）便应攻入长春解决新七军，即使不能一下解决，也可逐步解决之。

> ——《不失时机争取六十军起义》，《毛泽东军事文集》第五卷，
> 第92页，军事科学出版社、中央文献出版社1993年版。

中国军事形势现已进入一个新的转折点，即战争双方力量对比已经发生了根本的变化。人民解放军不但在质量上早已占有优势，而且在数量上现在也已经占有优势。这是中国革命的成功和中国和平的实现已经迫近的标志。……这是由于四个月内人民解放军在全国各个战场英勇作战的结果，而特别是南线的睢杞战役、济南战役，北线的锦州、长春、辽西、沈阳诸战役的结果。

> ——《中国军事形势的重大变化》，《毛泽东军事文集》第五卷，
> 第218-219页，军事科学出版社、中央文献出版社1993年版。

## 【评析】

辽沈战役是解放战争中著名的三大战役的第一个战役，毛泽东和中央军委极为重视，发出数十封指示电报，有力地指导了作战，在作战进程中随时予以评说。毛泽东和中央军委在辽沈战役中最主要的战略决策，是以极大的决心，选择敌人防御相对薄弱而对全局来说又是最为关键的锦州作

---

（1）指廖耀湘兵团。

为突破口,实施出其不意的打击,从而取得整个战役的主动。从东北战场局部来看,依次打长春、沈阳、锦州似乎更为稳妥,风险较小。当然也有一定困难,主要是我军还不善于对设防坚固的大城市进行攻坚作战。但是,这样打最大的问题可能迫使原先处于是撤、是守,举棋不定的卫立煌集团拼命打通北宁线,将主力撤至锦州一带,守住东北通往关内的咽喉要道,伺机转移至华北、华中战场。从消灭蒋军有生力量的全局来看,这是很不利的。因此,早在1948年2月7日,东北我军正在开展冬季攻势时,毛泽东就致电林彪、罗荣桓、刘亚楼,指出"对我战略利益来说,是以封闭蒋军在东北加以各个歼灭为有利",要求他们把主力转至北宁线,截断敌军从陆路撤向关内的通道,抓住敌人予以各个歼灭。在冬季攻势结束后,东北野战军首长于4日中旬致电中央军委,认为南下北宁线及入关作战极为困难,提议先打长春,并以此吸引沈阳之敌增援而歼灭之,得到军委同意。此后,他们又数次变更计划,至7月中旬,提出还是以南下作战为好,但仍有些犹豫不决,受到毛泽东的严厉批评。9月7日,毛泽东和中央军委下最后决心,作出战略决断,指示东北野战军执行先打锦州的作战方针。因为东北野战军首长与毛泽东和中央军委先打锦州的作战方针有分歧,而主张先打长春,毛泽东和中央军委在数日之间发出数十封电报,耐心细致地做林彪等人的思想工作,让他们把认识统一到中央制定的作战方针上来。这个方针既规定了东北野战军的两大任务,集中到一点就是"置长沈两敌于不顾,专顾锦榆唐一头较为适宜"。明确要求:"你们的中心注意必须放在锦州作战方面,求得尽可能迅速地攻克该城。即使一切其他目的都未达到,只要攻克了锦州,你们就有了主动权,就是一个伟大的胜利。"至此,辽沈作战方针上下一致,部队作战勇猛,很快便夺得了辽沈战役的伟大胜利,解放了东北全境。在此期间,根据作战形势的变化,毛泽东和中央军委对辽西会战、攻打长春、控制营口、围歼廖耀湘兵团等都及时发出了电报指示,有力地指导了战役的顺利进行。

辽沈战役是我军战争史空前规模的第一个战略性决战,创造了有益的作战经验:

一、抓住枢纽,关门打狗。这可以说是对毛泽东和中央军委为辽沈战役制定的"置长沈两敌于不顾，专顾锦榆唐一头"作战方针的形象概括。其根本意义在于规定了主攻方向，抓住了战略和战役的枢纽。从战略上，我军把主攻方向指向锦州和附近各点，是对东北蒋军卫立煌集团和华北蒋军傅作义集团的中间突破。攻克锦州，切断了华北、东北两敌的联系，使之成为互相孤立的两个集团，并关上了东北蒋军撤向华北的大门，造成了"关门打狗"之势，为实现"就地歼灭东北蒋军"打下了基础。从战役上看，我军攻克锦州以后，可以向两翼机动，不但掌握了战略上的主动权，也取得了战役上的主动权。锦州是联系华北和东北的枢纽，是东北通向关内的咽喉要道。攻锦不但引起长春之敌的恐慌，也引起沈阳敌人的大批增援，创造了在运动中歼灭援敌的战机，大大推动了东北战局的发展。事实上，锦州的解放和范汉杰集团的被歼，迫使长春守敌不攻自破，一部起义，余部投降，并诱出沈阳5个军西援，后被我歼灭于辽西地区。

二、把歼灭战原则首次用于战略范围。辽沈战役根据蒋介石把国民党兵力组成了几个主要战略集团、放在几个主要战场上独自行动，战略上已经处于被动、战役上难以互相配合，以及东北蒋军或撤或守举棋不定等情况，毛泽东和中央军委果断地决定封闭东北蒋军就地歼灭。这是把战术的歼灭战原则应用于战略范围，是对敌整个战略集团实施歼灭的一个创举，是毛泽东军事思想的一个新发展。

三、战法多样，各奏其效。这样大规模的战役，兵力众多，战场广阔，决定了必须实施多种战法。攻打锦州是城市攻坚战，引来廖耀湘兵团和长春之敌西援，先是阻击战，不让其援锦州；锦州攻克之后，我军又迂回包抄到廖耀湘兵团两侧，把它包围起来，加以歼灭，这又变成了围歼战。方法多样，各奏其效。

四、人民群众的大力支援。这次战役，在"一切为了前线胜利"的口号下，东北广大人民群众积极参军参战，支援战争，对夺取战役的胜利起了重要作用，他们组建了80个新兵补充团，保证了我军兵员的补充，还组织了13000多副担架、36000辆大车和10万民工随军的庞大支前队伍，及时运送弹药和给养，把伤员运往后方，有力地保障了我军作战的需要。

# 淮海战役

## 【战例】

淮海战役是在中央军委和毛泽东直接指导下，由华东野战军 16 个纵队、中原野战军 7 个纵队以及中原军区部队和华东军区、华北军区所属冀鲁豫军区的地方武装共计约 60 万人参加，由刘伯承、邓小平、陈毅等共同指挥，1948 年 11 月 6 日至 1949 年 1 月 10 日在以徐州为中心，东起海州、西迄商丘、北起薛城、南达淮河的广大地区所进行的一次空前规模的战略性决战，是解放战争中具有决定意义的三大战役之一。

以徐州为中心的淮海战场，历史上是兵家必争之地。它介于黄河、长江之间，北上是济南可直通平津，南下可过长江下京沪，因此是南京的大门，控制了徐州和淮河以北的平原也就控制了长江以北，我军就可以渡过长江直捣国民党老巢南京。这里有陇海与津浦两条铁路线、运河与淮河两条河流，构成了国民党所谓的"徐蚌防御体系"。1948 年 9 月 24 日，我军攻克济南后，蒋介石决定"坚固两淮、徐蚌"，"在徐州附近将有决战"，先后将菏泽、郑州、开封等地的兵力收缩并将所有能集中的精锐嫡系主力都调到徐州地区。以刘峙、杜聿明为首的徐州"剿总"驻守徐州中枢，集中了 7 个兵团的兵力，实施以徐州为中心的"攻势防御"，在徐州和蚌埠间铁路两侧以坚固淮河，防守长江，屏护南京。敌具体部署为：黄百韬第 7 兵团所辖敌第 25 军、第 63 军、第 64 军、第 100 军共 9 个师防守陇海东段作为东翼；冯治安所属第三绥靖区第 59 军、第 77 军 4 个师在东北面台儿庄、枣庄区域打头阵；邱清泉第 2 兵团所属第 5 军、第 70 军、第 74 军和李弥第 15 兵团所属第 8 军、第 9 军、第 115 军居中策应；孙元良第 16 兵团第 41 军、第 47 军和刘汝明第 8 兵团所属第 55 军、第 68 军、第 96 军作为西翼；南面是李延年第 6 兵团所属第 39 军、第 54 军、第 99 军防守蚌埠，共计7个兵团51个师的能力。睢宁方面有第一绥靖区孙良诚部两个师，淮阴淮安方面有第51军及第4军各一个师加上后来的黄维第12兵团11个师，敌军总兵力达70万人。淮海地区成为中原敌军唯一的集中地区，也是蒋介石屏障长江、防卫南京的希望所在。

淮海战役作战由我华东野战军代司令员粟裕在1948年9月24日给中央军委的电报中首先提出。9月25日、10月11日中央军委和毛泽东的复电中提出了淮海战役的作战阶段，并作了重要指示。为了使战前我军准备更加充分，使整个作战计划更加完备，在战役具体时间上中央作了多次变更，最后确定在11月至12月两个月内完成淮海战役。

1948年11月1日，中央军委决定由刘伯承、陈毅、邓小平统一指挥华东野战军、中原野战军和华东军区、中原军区、华北军区部队，并根据全国战局的发展和华东、中原战场的敌情变化，力求歼敌刘峙集团主力于淮河或长江以北。我军具体部署为：第一阶段由粟裕、谭震林指挥华东野战军16个纵队歼灭黄百韬10个师（包括第44军）、李弥的1至2个师，冯治安的4个师等；我军各路纵队从东、西、北三方向同时向徐州进军。陈毅、邓小平率中原野战军4个纵队对宿县实施包围并指挥华东野战军两个纵队钳制砀山之邱清泉兵团；刘伯承、邓子恢率中原野战军两个纵队到太和与阜阳地区拖阻黄维兵团。第二阶段歼灭黄维、孙元良兵团，第三阶段歼灭徐州敌军。1948年11月5日，我军主力华东野战军已进抵临沂、滕县一线，中原野战军主力集结于永城、亳县地区待命。淮海战役开始后，1月16日中央军委成立了由刘伯承、陈毅、邓小平、粟裕、谭震林等组成的淮海战役总前敌委员会，刘伯承、陈毅、邓小平为常委，邓小平为总前委书记。

第一阶段，围歼黄百韬兵团，切断徐蚌敌军联系。

1948年11月6日，敌刘峙集团开始向徐州、蚌埠两侧收缩兵力，黄百韬兵团从新安镇地区西撤。11月6日，华东野战军司令部进驻临沂附近的码头并发出全线进攻的命令，拉开了淮海战役的序幕。6日晚，我鲁中南纵队包围郯城，歼敌第九绥靖区王洪九部5000多人。我华东野战军第1纵队、第6纵队、第9纵队、鲁中南纵队和苏北兵团（第2纵队、第12纵队和中原野战军第11纵队）从东北方向向新安镇、阿湖地区急进；我华东野战军第 4 纵队、第 8 纵队攻占邳县后，于 11 月 8 日开始渡过运河，第 11 纵队和江淮军区两个旅由皂河向北进军，南北对击运河车站及以西地区，切断黄百韬兵团与李弥兵团的联系；山东兵团（华东野战军第 7 纵队、第 10 纵队、第 13 纵队）攻击韩庄、台儿庄敌第三绥靖区后，强渡运河拦截黄百韬退路。

同时，我中原野战军第 1 纵队、第 3 纵队一部于张公店歼敌第 181 师，中野第 4 纵队、第 9 纵队和华野第 3 纵队、两广纵队以及冀鲁豫军区部队等经黄口、砀山后，向宿县地区迂回再由南向北进逼徐州中原野战军部分主力在平汉路西牵制敌黄维第 12 兵团和敌张淦第 3 兵团。11 月 7 日，我山东兵团第 7 纵队、第 10 纵队和第 13 纵队逼近运河。8 日，敌第三绥靖区副司令何基沣和张克侠率所属第 59 军和第 77 军的 3 个半师约 23000 多人在贾汪地区举行战场起义。11 月 10 日，山东兵团进至曹八集阻击阵地，歼灭敌黄百韬兵团先头部队第 100 军的第 44 师，切断了黄的退路。我苏北兵团（华野第 2 纵队、第 3 纵队、第 12 纵队、鲁中南纵队和中野第 11 纵队等）经陈湖向徐州东南迂回疾进，在大王集歼灭了敌第 107 军，于 11 月 13 日抵达曹八集、宿羊山阻击阵地。我华东野战军各纵队在歼灭敌运河东岸部队后，渡过运河将黄百韬第 7 兵团包围在陇海线北侧以碾庄为中心的狭小地区内，并在窑湾歼灭了左翼的第 63 军。

黄百韬兵团被我军包围后，蒋介石命令邱清泉、李弥两兵团的 6 个军 15 个师于 11 月 12 日由徐州东援，令第 99 军和由东北撤回的第 39 军、第 54 军组成第 6 兵团由李延年任司令，将第四绥区改为第 8 兵团（刘汝明为司令），从蚌埠沿津浦路向宿县进攻；黄维第 12 兵团由蒙城、宿县进攻，并调杜聿明到徐州协助刘峙指挥作战。11 月 12 日，我华野各纵队对敌黄百韬兵团发起了攻击，但进展不大，且伤亡严重。14 日，中央军委电示刘伯承、陈毅、邓小平等，坚决歼灭敌黄百韬兵团。我华野司令部重新调整部署和采取各种战斗形式，决定由山东兵团司令员兼政委谭震林指挥第 9 纵队、第 6 纵队、第 4 纵队、第 8 纵队和第 13 纵队等 5 个纵队兵力围歼黄百韬兵团，其余部队阻击东援敌军。15 日，我第 9 纵队从南面、第 6 纵队从西南、第 8 纵队从东南、第 13 纵队从西北开始攻击，第 4 纵队在北面佯攻。采取"先打弱敌，后打强敌，攻其首脑，乱其部署"的战法，发挥我军夜战近战的特长，隐蔽接近敌前沿阵地并逐个歼灭。16日晨，我军歼灭了敌第44军、第100军、第25军和第64军各一部，并于16日晚向碾庄守敌发起进攻，占领了碾庄外围的老祁庄、王家集、前板桥等村落。17日占领碾庄西面彭庄。18日占领了黄滩。19日晚，我华野各纵队对被围敌军发起了总攻，我第8纵队、第9纵队于晚10点分割突破了敌人第一道防线，战斗迅速向纵深发展。11月20日，碾庄被我军攻占，歼敌兵团部和第25军军部，黄百韬继续指挥敌第64军及第25军1个师进行抵抗。21日，我军攻打敌第64军军部所在地大院，战至22日，全歼敌军，活捉了敌64军军长刘镇湘，黄百韬被击毙。

徐州国民党邱清泉第2兵团所属第5军、第70军和李弥第13兵团所属第8军、第9军、第115军等5个军的兵力，在飞机、坦克和大炮的配合上，向我曹八集、宿羊山阻击阵地猛烈攻击。在我山东兵团和苏北兵团的坚决阻击下，敌军连攻11天，前进不足20公里，直到黄百韬兵团全军覆灭，距碾庄还有40多里。11月14日，我中原野战军和敌军在徐蚌阻援方向展开激战。中野第3纵队和第9纵队一部歼灭了宿县敌第25军第148师。中野第4纵队、华野第3纵队和两广纵队沿津浦路攻打宿县至徐州段敌军。中野第9纵队主力和豫皖苏独立旅沿津浦路固镇至蚌埠段向南攻击，将由蚌埠北上的李延年、刘汝明两兵团阻击于任桥、花庄集一线。中野第1纵队、第2纵队和第6纵队将黄维兵团阻击于北淝河与浍河之间的赵集地区。直至黄百韬第7兵团被我军歼灭，黄维第12兵团、李延年第6兵团和刘汝明第8兵团也不能前进半步。

淮海战役第一阶段，我华东野战军和中原野战军共歼灭刘峙集团18个整师（包括起义的3个半师），并给予邱清泉、李弥、孙元良、刘汝明等兵团以沉重打击，切断了徐州和蚌埠两地敌军的联系，解放了徐州东西南北重要城镇和车站；宿县、睢宁、大许家、碾庄、连云港、郯城、邳县、台儿庄、枣庄、临城、商丘、曹县、鱼台、砀山、永城等，完全孤立了徐州敌军，使山东、苏北两大解放区连成了一片，为以后各个歼灭敌军奠定了基础。

第二阶段，阵地攻坚，歼灭黄维兵团。

黄百韬兵团被歼后，淮海战役总前委分析敌我形势，认为敌邱清泉第2兵团、敌李弥第13兵团和敌孙元良第16兵团聚集在徐州附近，不易分割；敌李延年第6兵团和敌刘汝明第8兵团在淮河以南，不易抓住；只有敌黄维第12兵团孤军由平汉路东进，易被我军优势围歼。如果歼灭了敌第12兵团，徐州敌人就会陷入无力救援境地。为了确保歼灭黄维兵团，中央军委和总前委重新调整了我军具体兵力部署；中原野战军全部兵力和华东野战军第7纵队及特纵炮兵部队，参加围歼黄维兵团作战；华东野战军第1纵队、第3纵队、第4纵队、第8纵队、第9纵队、第12纵队、鲁中南纵队、两广纵队和冀鲁豫独立旅等由山东兵团司令员谭震林和副司令员王建安指挥，在津浦路三堡至水口一线及两侧阻击徐州敌军增援，确保中原野战军侧翼安全；华东野战军第2纵队、第6纵队、第10纵队、第11纵队、第13纵队在固镇以西以南地区，阻击敌第6兵团和敌第8兵团西进。

11月23日，敌第12兵团第18军及快速纵队向宿县进攻。敌第12兵团第10军由山涧集向宿县以西推进。第14军、第85军和兵团部沿蒙宿公路在第18军后面跟进。23日，敌第18军在飞机、坦克和炮火掩护下，向我南坪集中野第4纵队阵地猛攻，我军于当日晚退出南坪集，诱敌第18军深入浍河以北地区，集中兵力歼灭之。24日，敌军渡过浍河后发觉钻进了我军预设的阵地，急忙南撤，企图与其第6兵团、第8兵团会合。我中原野战军第6纵队迅速切断了敌南逃之路，其余各纵队迅速集中，于11月25日将黄维兵团包围在宿县西南双堆集为中心的狭小地带。26日，我军各纵队从东、南、西、北逐步压缩包围圈到以双堆集为中心的马围子、杨庄等地区，歼灭了敌第18军第49师。27日，黄维组织敌第18军第11师、第118师和敌第10军第18师、敌第85军第110师向东南方向突围，企图与敌李延年第6兵团会合，但被我军击退，敌第85军第110师师长廖运周（我地下党员）率部起义。11月30日，黄维组织了更大规模的突围但被我军击退，只好重新调整部署，采取环形防御，等待南北敌军增援。11月25日，我华北野战军第13纵队和江淮军区两个旅攻克灵璧，歼灭敌第12军第238师。11月26日，敌李延年、刘汝明兵团南逃蚌埠。徐州邱清泉、孙元良两兵团 7 个军南进但遭我军顽强阻击。蒋介石见大势已去，决定将徐州兵力撤出。11 月 30 日，徐州"剿总"副总司令杜聿明指挥邱清泉、李弥、孙元良 3 个兵团由徐州经萧县、永城西逃。12 月 1 日，华野以一部占领徐州，以主力 11 个纵队采取尾追、平行追击和迂回拦截的办法，于 12 月 2 日在永城的孟集、大回村等地堵住了敌军并发起猛攻。12 月 3 日，杜聿明集团改向濉溪口方向前进，企图解救黄维兵团。我华东野战军于 12 月 4 日将敌军包围在永城东北陈官庄、李石林、青龙集等纵横不到 20 里的狭小地区内，将敌邱清泉、李弥、孙元良 3 个兵团团团围困起来，全歼敌孙元良第 16 兵团，粉碎了敌人向西突围的企图。

12 月 3 日，围歼敌第 12 兵团的战斗打响了。我军根据敌平原环形防御阵地的特点，将整个攻击部队分为东集团、西集团、南集团：东集团由陈赓指挥中野第 4 纵队、第 9 纵队、第 11 纵队和豫皖苏独立旅，攻打双堆集以东的沈庄、李围子、张围子、四个柏庄的敌第 14 军全部、第 10 军第 75 师和第 114 师、第 18 军第 11 师；西集团由陈锡联指挥中野第 1 纵队、第 3 纵队和华野第 13 纵队，攻击后周庄、三官庙等一带敌第 10 军第 18 师，第 85 军一部；南集团由王近山等指挥中野第 6 纵队以及华野第 3 纵队、第 7 纵队和陕南第 12 旅，攻打双堆集以南敌军。东集团为攻击重点，首先打乱敌军防御体系，然后由南向北突击。歼灭战开始后，由于敌军飞机大炮的轰炸，我军伤亡很大，但我军勇敢地击溃了敌军攻击。3 日下午，我军在杨大庄歼灭了敌第 18 军第 11 师的两个主力团。12 月 6 日下午，我军 3 个集团向敌发起了总攻，采取"以战壕对战壕"的战术逐步接近敌核心阵地。7 日，敌第 12 兵团副司令胡琏飞到南京向蒋介石请示，决定使用毒气掩护突围。战至 13 日，我军歼灭了敌第 14 军全部，第 85 军、第 10 军大部，第 18 军一部，第 85 军第 23 师师长黄子华率部投降，其余敌军被我军 3 个集团压缩在东西不到 3 里的地区内。我军反复敦促黄维等投降，但黄维拒绝投降并企图作垂死挣扎。12 月 14 日下午，我军对敌发起攻击，首先是炮击敌阵地，以后我各路纵队向敌阵地进行纵深冲击。15 日夜全歼敌黄维兵团，活捉敌第 12 兵团司令黄维、兵团副司令吴绍周。蒋介石的王牌部队黄维兵团包括国民党五大主力之一的第 18 军在内全军覆没。

黄维兵团被围后，蒋介石命令刘峙和杜聿明要徐州主力向符离集前进，敌第6兵团从蚌埠北进宿县，实行南北夹击以救出黄维兵团并共同向江北撤退。11月30日，敌第16兵团被我军阻在津浦路徐州以南三堡地区。12月3日，敌第6兵团、第8兵团6个军15个师从蚌埠出发向北进犯，得知黄维兵团被歼后，于17日逃回淮河以南。第二阶段的胜利结束，使淮河以北得到解放。

第三阶段，围歼杜聿明集团。

1948年12月4日，敌杜聿明集团被我华东野战军包围在河南省永城县东北的青龙集地区。至12月10日，我军粉碎了敌多次突围，将敌军压缩在以陈官庄为中心南北15里的包围圈中。被围敌军包括：邱清泉第2兵团第5军、第70军、第74军、第12军一部；敌李弥第13兵团的第8军、第9军、第115军；敌孙元良第16兵团第37师和第44师各一部；敌徐州"剿总"直辖第72军、特种兵20多个团，以及暂编旅等。敌黄维兵团被歼后，杜聿明集团已成无援之军。此时，我军平津战役已经开始，为了配合平津战场作战，中央军委和毛泽东于12月4日和16日命令我华东野战军暂缓对杜聿明集团的歼灭行动，等我军在华北对敌傅作义集团布下天罗地网后再实施攻击。12月16日至1949年1月5日，我华野一面围困杜聿明集团，一面进行战场休整，并向"杜、邱、李连续不断地进行政治攻势"。淮海战役前委命令华东野战军8个纵队采取边围困边休整；华野7个纵队在夏邑、永城及濉溪口一线进行休整，并准备歼击可能突围的敌军；中原野战军主力部队作为总预备队，集中于宿县、蒙城和涡阳地区；豫皖苏5个团在浍河沿岸向蚌埠方向警戒。被围敌军多次组织突围均告失败。我军为使被围的敌军免遭无谓的牺牲，向他们进行了火线喊话、广播、散发传单标语等各种争取工作，并于12月27日广播毛泽东起草的《敦促杜聿明等投降书》，共争取14000多人投降。被围敌军由于连日大雪，增援无望，陷入了弹尽粮绝的境地，大批士兵被冻死饿死，但杜聿明自恃兵多，拒绝投降。1949年1月6日15时，我华东野战军集中10个纵队和冀鲁豫军区两个旅的兵力对敌杜聿明集团发起了总攻击，先用炮火攻击，至16时45分，我军各纵队纷纷向敌阵地冲去，当晚攻克敌据点多处，歼灭敌军 10000 多人。1 月 7 日，敌李弥兵团西逃入敌邱清泉兵团防区，我军乘机发动进攻，突破了敌核心阵地鲁河防线，从而打破了敌整个防御体系。1 月 9 日，敌内线阵地全被打乱，在飞机和毒气弹掩护下敌军连续向西突围。我军于 9 日晚向敌全线展开猛烈攻击，经过 4 个昼夜激战，于 10 日上午 10 时将敌两个兵团 8 个军 20 个师约 20 万人，包括国民党五大主力之一的敌第 5 军全部歼灭。敌徐州"剿总"副总司令杜聿明被活捉，第 2 兵团司令邱清泉被击毙，敌第 13 兵团司令李弥等化装逃跑。至此，淮海战役第三阶段胜利结束。淮海战役宣告结束。

淮海战役在两个月零 5 天内共歼灭了敌 1 个"剿总"司令部、5 个兵团 22 个军共 56 个师，总计 55 万 5000 余人（含起义的 4 个半师），其中黄维、黄百韬、邱清泉、李弥 4 个兵团是国民党的"王牌"主力。这次空前规模的歼灭战，极其沉重地打击了国民党反动派。长江中下游以北广大地区被我军解放，国民党统治中心南京直接处于我军威胁之下，从根本上动摇了国民党反动派的统治。淮海战役结束后的第 11 天，1949 年 1 月 21 日，蒋介石被迫宣告"引退"。

## 【毛泽东评说】

此战胜利，不但长江以北局面大定，即全国局面亦可基本上解决。望从这个观点出发，统筹一切。

　　——《由刘陈邓粟谭组成总前委统筹一切》，《毛泽东军事文集》第五卷，第 230—231 页，军事科学出版社、中央文献出版社 1993 年版。

（一）庆祝你们歼灭黄百韬兵团十个师的伟大胜利。

（二）从戌虞至戌养十六天中，你们消灭了刘峙系统正规军十八个整师（包括争取何张三个师起义在内），并给邱清泉、李弥、孙元良、刘汝明四个兵团以相当打击，占领徐州以南、以东、以北、以西广大地区，隔断徐蚌联系，使徐敌处于孤立地位，这是一个伟大胜利。

　　——《必须准备连续作战争取战役全胜》，《毛泽东军事文集》，第五卷，第 263 页，军事科学出版社、中央文献出版社 1993 年版。

解决黄维兵团是解决徐蚌全敌六十六个师的关键，必须估计敌人的最后挣扎，必须使自己手里保有余力，足以应付意外情况。

——《歼灭黄维兵团是解决徐蚌全敌的关键》，《毛泽东军事文集》第五卷，第 291 页，军事科学出版社、中央文献出版社1993 年版。

打黄百韬和打黄维两次经验均证明：对于战斗力顽强之敌，依靠急袭手段是不能歼灭的，必须采取割裂、侦察、近迫作业，集中兵力火力和步炮协同诸项手段，才能歼灭。

——《打强敌必须用强攻方法》，《毛泽东军事文集》第五卷，第 317 页，军事科学出版社、中央文献出版社1993 年版。

黄百韬兵团、黄维兵团和孙元良兵团的下场，你们已经亲眼看到了。你们应当学习长春郑洞国将军的榜样，……立即下令全军放下武器，停止抵抗，本军可以保证你们高级将领和全体官兵的生命安全。只有这样，才是你们的唯一生路。你们想一想吧！如果你们觉得这样好，就这样办。如果你们还想打一下，那就再打一下，总归你们是要被解决的。

——《敦促杜聿明等投降书》，《毛泽东军事文集》第五卷，第 418 页，军事科学出版社、中央文献出版社1993 年版。

在平津、淮海、太原、大同诸役以后，可不可以说国民党政权已经在基本上被我们打倒了呢？就其军事主力已经被歼灭这一点上来说，是可以这样说的。

——《目前形势和党在一九四九年的任务》，《毛泽东文集》第五卷，第 229 页，人民出版社1996 年版。

## 【评析】

为实现毛泽东和中央军委关于争取在 1948 年冬和 1949 年春夺取徐州的战略意图，我华东野战军代司令员粟裕于 1948 年 9 月 24 日向中央军委提出了进行淮海战役的建议。次日，毛泽东为中央军委起草复电说："举行淮海战役，甚为必要"，并在 10 月 11 日提出《关于淮海战役的作战方针》，把此役分为三个阶段，规定了每个阶段的战斗任务。当时确定淮海战役的

淮海战役

任务是消灭国民党刘峙集团主力一部，开辟苏北战场，使山东、苏北连成一片。随着战场敌我情况的变化，主要是中原野战军顺利攻克郑州、开封，主力东进，和辽沈战役的胜利，敌我力量的总对比发生了变化，毛泽东决心把淮海战役的规模扩大，把"小淮海"变为"大淮海"，准备全歼以徐州为中心的刘峙集团。中央军委决定由刘伯承、陈毅、邓小平、粟裕、谭震林组成总前委，组织指挥华东野战军和中原野战军共同完成此役。以后，随着战役的进展，每个阶段毛泽东和中央军委又发出一系列电报，及时进行了具体指导。总前委遵照毛泽东和中央军委的指示，出色地指挥了这个战役，创造了光辉的业绩，其主要经验是：

一、着眼全局，就地歼灭。从整个战局出发，力求将徐州地区的国民党军就地歼灭，以推动革命在全国的胜利，是淮海战役的基本出发点。所以，当淮海战役条件具备时，毛泽东和中央军委不仅同意举行淮海战役，而且扩大了战役规模，及时地把攻击的矛头指向刘峙集团的黄百韬兵团，为全歼刘峙集团奠定了基础。在中原野战军解放郑州、开封和辽沈战役结束之后，毛泽东和中央军委又电示，第一阶段歼灭黄百韬、冯治安等部；第二阶段歼灭黄维、孙元良部，孤立徐州守敌；第三阶段，歼灭杜聿明部。这样就确立了把刘峙集团歼灭于淮河、长江以北的战略部署。而且还把淮海、平津两大战役联系起来考虑，作出缓歼杜聿明集团的决定。从而在战略和战役上都达到就地围歼的目的，实现了"此战胜利，不但长江以北局面大定，即全国局面亦可基本上解决"的战略目标。

二、隐蔽企图，各个击破。刘峙集团8个兵团分布在以徐州为中心的"一点两线"及其周围地区，机动方便，处于优势，终被我军先后歼灭。原因是我善于隐蔽作战企图，调动敌人，加以分割聚歼。战役开始时，我军从四面八方同时发起攻击，既"使各处之敌同时受攻，同时认为自己处于危险境地，互相不能照顾"，又使敌人不能"查明我军主攻方向"，既隐蔽了我首歼黄百韬兵团的作战意图，又把刘峙兵团主力拖在徐州地区，为以后的各个歼灭创造了条件。对蚌埠的李延年、刘汝明两兵团，我军以一部分兵力阻击，对驰援的黄维兵团，则采取尾击、侧击、阻击等战法加上拖阻，使其不能与徐州之敌互相呼应。此后又攻克宿县，腰斩刘峙兵团唯一的交通供应线，使南北之敌失去联系。这样，刘峙兵团虽有80万之众，但不能集中兵力，相互配合。我军兵力虽少于敌人，每次都能集中优势兵力围歼敌人，形成了战役上的优势，从而以少击众，各个击破，达到歼灭敌人之目的。

三、军政兼施，瓦解敌人。在强大的军事攻势之下，对敌军开展猛烈的政治攻势，军事攻势与政治攻势兼施，这是毛泽东的重要军事思想。这一作战思想在淮海战役中得到了成功的运用，促成了何基沣、张克侠率部起义，切断了黄百韬兵团的退路，打开了徐州大门；廖运周率部起义和黄子华率部投降，在很大程度上动摇了黄维兵团的军心士气；特别是在围困杜聿明兵团期间，毛泽东亲自撰写了《敦促杜聿明等投降书》，在前线向敌广播，对瓦解敌人起了很大作用。此外我军还采用火线喊话、散发传单、张贴标语、广播、送饭等方式，开展群众性的政治攻势，使大批敌人缴械投降，或斗志涣散。军政兼施，瓦解敌人，是此次战役取得胜利的重要原因之一。

四、同心协力，顽强歼敌。淮海战役，历时两个多月，规模巨大，战斗空前激烈。我参战各部，同心协力，顽强歼敌，才取得了胜利。在战役第二阶段，华东野战军除阻击徐州、蚌埠之敌的增援外，还先后以4个纵队参加围歼黄维兵团。参加各部同心协力，密切配合作战，对战役的胜利起了很大作用。参战的华东和中原我军经过战前休整，确立了打大仗、打硬仗、打到底的思想，全体指战员，始终士气旺盛，斗志昂扬，勇猛顽强，一往无前，有压倒一切敌人的英雄气概。打阻击，不怕敌人的飞机、大炮、坦克，不畏敌人施放毒气和轮番攻击，寸步不让，阵地稳如泰山；打攻击，发扬我军近战、夜战特长，白刃格斗，逐点争夺，做到攻无不克。这是我军制胜的根本原因。

# 平津战役

【战例】

　　平津战役，是解放战争时期战略决战三大战役中的最后一个战役。它是由我东北野战军和华北军区第2、第3兵团及地方武装一部在北平（今北京）、天津、张家口地区，与国民党军进行的战略性决战。

　　1948年11月2日辽沈战役胜利结束，11月6日淮海战役开始，处于华北的敌傅作义集团面临着我东北野战军和华北野战军联合进攻的威胁。由于蒋介石、傅作义各有打算，因而华北敌军是撤是守，是南逃还是西窜尚在举棋不定之中。傅作义错误地估计我东北第四野战军在辽沈战役结束后，至少需要3个月的休整、准备才能入关作战。因此，没有下决心立即南撤，而是采取了"坚守平津、保持海口、积极扩充实力、以观时局变化"的部署。蒋介石对华北"剿总"总司令傅作义授以全权，允许傅作义直接接受美国援助和扩充军队，要求将其主力部队集中在北平、天津、唐山三角地带，控制海口，并伺机南撤。傅作义集团由两部分部队组成：一部分是傅的嫡系部队，另一部分是蒋介石的嫡系部队中央军。傅作义并没有完全按蒋介石的要求去办，他将自己的部队部署在北平以西的平绥线上，以保障西撤的通道；将蒋介石的嫡系部队部署在北平以东的平塘沿线，以保障从海上南撤的通道和抵抗东北我军的攻势。这样一来，傅作义将所辖4个兵团的12个军44个师约60万大军，部署在以北平为中心，东起唐山、西至张家口的1000多里的东西战线上，并把北平、张家口、塘沽划为三个防区。

　　傅作义集团的具体兵力部署为：北平防区由敌李文第4兵团和石觉第9兵团约20个师的兵力共同防守；张家口防区由敌孙兰峰第11兵团的7个师的兵力防守，天津、塘沽防区由陈长捷第17兵团守塘沽，天津敌警备部队专门守天津共约17个师的兵力。傅作义为了捞得更多的美援，摆出了背靠渤海，固守北平、天津、塘沽的姿态。此外，傅作义又暗中派人与我党联系，试探我党对他的态度。从当时形势看，华北的蒋介石嫡系部队是增加长江防线的重要力量。这支部队南逃如果走陆路，需经华北地区沿津浦线和平汉线南下。但是津浦线有我华东野战军，平汉线有我华北野战军和中原野战军，很难通过。如果走海路需要大量的船只，并非易事。中央军委和毛泽东根据全国战局的发展和傅作义集团的部署，决定在淮海战役还在进行之时就发起平津战役，集中东北野战军、华北野战军和地方部队共约百万人的兵力，分割包围平津之敌并就地各个歼灭。为了进一步稳住傅作义集团，我党采取了许多措施。10月31日，中央军委致电林彪、罗荣桓、刘亚楼等，要求"东北主力除四纵、十一纵等部即行南下外，其余在沈营线战斗结束后，……开始出动……完成东北与华北的统一"。11月16日，中央军委和毛泽东电示徐向前、周士第等暂停攻太原。11月18日起，中央军委一再电示林彪等，催促东北我军提早入关，争取短时间包围唐山、塘沽、天津。11月27日，中央军委还命令华北野战军第2兵团和第3兵团切断平张线，包围怀安、张家口、宣化等地，抓住傅作义集团，以掩护东北我军入关。为了抓住敌人，中央军委决定：撤围归绥（今呼和浩特），缓攻太原；作好准备，与敌谈判；抓住西线，稳住东线；对西线围而不打，对东线隔而不围。中央军委还确定了平津战役的攻击次序：第一塘芦区，第二新保安，第三唐山区，第四天津、张家口两区，最后北平区。并由林彪、罗荣桓、聂荣臻组成平津战役"总前委"，林彪任书记，统一指挥各参战部队和平津地区的党政一切工作。整个战役分为三个阶段：

第一阶段，分割包围敌军，围而不打。

根据中央军委的指示，平津战役"总前委"决定首先包围张家口，这样既可吸引傅作义派兵前来增援，又可防止从海上放跑敌人，以便下一步大规模地歼灭。1948年11月29日，我华北野战军杨成武第3兵团（第1纵队、第2纵队和第6纵队）对张家口外围敌军发起攻击，30日，攻克了万全、柴沟堡、怀安等地，并占领了黄土梁、赵家窑、南天门等张家口外围敌军据点，很快完成了对张家口的包围。傅作义慌作一团，急调其北平附近的精锐第 35 军两个师和怀来地区的第 104 军第 258 师增援张家口，并命令怀来地区的第 105 军第 310 师增援宣化、昌平地区的第 104 军第 269 师调入怀来，以加强平绥线东段的防御。12 月 2 日，傅作义亲临张家口，指挥 4 个师的兵力向我军沙岭子阵地进行猛扑。4 日，中央军委和毛泽东电令我华北野战军第 3 兵团切断张家口、宣化两敌之间的联系并歼灭敌人；华北野战军第 2 兵团（第 3 纵队、第 4 纵队、第 8 纵队）攻占下花园地区并隔断敌第 104 军与张家口、宣化之敌的联系；我东北野战军先遣兵团（第 4 纵队、第 11 纵队等）从蓟县向怀来、南口一线急进，协同我华北野战军第 3 兵团切断平绥线张家口和北平两敌之间的联系，并乘机各个歼灭。

我东北野战军主力部队从 11 月 22 日开始入关，包括东北野战军的 12 个纵队和特种纵队、铁道兵部队共 80 多万人，兵分三路进入关内。东北军第 5 纵队、第 6 纵队和部分特种兵部队经义县、喜峰口入关；第 3 纵队、第 7 纵队、第 8 纵队、第 9 纵队、第 10 纵队从锦州、营口地区出发，沿北宁路右侧经冷口入关；第 1 纵队、第二纵、第 12 纵队在两路部队后面跟进。第 4 纵队和第 11 纵队等为先遣部队已先期抵达蓟县、玉田一线。林彪、罗荣桓等于 11 月 30 日率东北野战军指挥机关从沈阳出发，向冀东蓟县前进。12 月 2 日，我华北第 2 兵团和东北先遣部队奉命切断平绥线，并在运动中歼灭敌军一个师，使傅作义发觉我东北第四野战军已经入关，并错误地判断我军要夺取北平，于 12 月 5 日急令其调往张家口增援的第 35 军迅速东撤回师北平，并令怀来、南口等地的第 104 军和第 16 军向西接应，天津的第 92 军和廊坊的第 94 军调回北平，以加强北平城防的力量。12 月 6 日，第 35 军在向北平转移的过程中，被我华北第 2 兵团包围在新保安地区，但敌军抢先我军一步占领了新保安。傅作义见其主力第 35 军被包围在新保安，便调怀来的第 104 军和昌平的第 16 军前去接应。这样一来，我华北第 2 兵团受到了敌军两面夹击。此时，我东北先遣兵团第 4 纵队和第 11 纵队先后在康庄和怀来地区岔道口一举歼灭了西援的敌第 16 军军部和第 109 师、第 22 师各一部，占领了怀来和南口间的康庄、青龙桥。敌第 104 军见势掉头回窜北平，我东北第 4 纵队和第 11 纵队在南口附近的边城和白羊城将其歼灭。同时，张北、宣化等也被我军所占领。到12月13日，平绥线上张家口和新保安等地的敌军都被我军包围起来。我军完成了抓住傅作义，拖住蒋介石嫡系部队的第一步作战计划。第二步计划，就是要抓住京、津、塘地区敌军。

12月10日前后，我东北野战军主力已经进至蓟县东西地区。12月12日，我东北野战军第7纵队、第8纵队、第9纵队、第12纵队和炮兵纵队作为东路军，包围天津和塘沽的敌军；东北军第1纵队、第6纵队、第10纵队作为中路军插入平、津之间，对平津之敌"隔而不围"；第3纵队、第5纵队和第11纵队作为西路军，对北平实施包围。13日，我东路各纵队分别从抚宁、卢龙、丰润沿北宁路两侧南进；中路第10纵队进抵廊坊、青云店等地，第6纵队于12月15日进抵香河西马头镇等地，第1纵队于22日进抵宝坻地区；西路各纵队于14日对北平实行了包围，至17日，第3纵队占领了通县、南苑机场，第5纵队和第11纵队占领了北平附近的香山、海淀、石景山、门头沟、宛平、丰台、万寿山，前锋进抵德胜门；华北野战军第7纵队进抵丰台、黄村一带，从而完成了对北平敌军的包围。12月20日，我东北野战军第9纵队占领了唐山、张贵庄机场、军粮城等要地，第7纵队占领了塘沽以西新河地区，第8纵队占领京津之间的重镇杨村和天津北郊宜兴埠、杨柳青，第12纵队插入平津之间，隔断了津塘两地敌军的联系。至此，敌傅作义集团被分割包围在北平、天津、塘沽、新保安和张家口等地，敌人向南的退路被切断。

第二阶段，佯攻北平，先打两头。

在我军按计划完成将敌军分别阻隔于平、津、塘三个地区的战略部署后，即采取了"先打两头、孤立中间"的方针。以强攻手段首先夺取新保安和张家口，打击傅作义的嫡系主力部队，平绥线我军的作战吸引了傅作义的注意力，为我东北野战军主力入关分割包围平津敌军创造了条件。12月11日，中央军委和毛泽东电示华北野战军对张家口、新保安的敌军"围而不打"；东北野战军对北平、天津、塘沽敌军只作战略包围。按照中央军委和毛泽东的指示，为配合我华北野战军第2兵团对张家口和新保安敌军的速决全胜，东北野战军第4纵队由南口开往张家口。12月22日，我华北野战军第2兵团首先在西线对新保安守敌第35军发起攻击，该军是傅作义的"王牌"军，战斗力较强。为保证全歼敌第35军，在发起进攻前，我华北野战军第2兵团第4纵队部署在张家口方向加强对敌军的包围，第11纵队部署在南口和八达岭一线，阻止敌军东逃。22日，我华北第2兵团经过11个小时的激战，首先攻克新保安，全歼敌第35军两个师共19000余人。新保安敌军被歼后，我华北野战军第2兵团第1纵队、第2纵队、第6纵队、北岳军区部队、东北野战军第4纵队和骑兵第3师等对张家口敌军发起了攻击。12月23日上午，敌守军一部向西南方向佯攻，当日晚敌主力第11兵团第105军7个师两个骑兵旅等向西北方向突围。我华北第3兵团、东北第4纵队等部队冒着严寒很快将敌军堵在朝天洼大山沟中，24日敌军死命向西北方向冲击，但被我军给予了顽强的阻击，战至下午，终于将敌第11兵团第105军约54000人全部歼灭，张家口宣告解放。

新保安和张家口敌军被歼灭后，傅作义的嫡系部队基本被消灭，为消灭平、津敌军，我华北野战军第2兵团、第3兵团向平津方向集中，一面严密部署防止平、津敌军突围逃跑，一面加紧对傅作义的争取工作，并准备攻打塘沽。按照中央军委的作战方针，我军在东线应首先歼灭塘沽地区敌军，然后歼灭天津敌军。但由于塘沽紧靠渤海、周围河流又较多，我军不便向内穿插和展开战斗，切断敌人海上退路较难。敌第17兵团部早已搬上军舰，守敌5个师又随时准备逃跑，因此很难全歼。而傅作义又企图以固守天津争取时间，以便在谈判中获得我党更多的让步。根据这种情况，中央军委和毛泽东决定以强攻手段夺取天津，打破傅作义的幻想。为消灭天津守敌，我军从12月30日前后调整兵力部署：以东北野战军第1纵队、第2纵队、第7纵队、第8纵队、第9纵队、第12纵队和第6纵队第17师等共25个师，以及炮兵、坦克分队等担负歼灭天津守敌17个师的任务，由东北野战军参谋长刘亚楼亲自指挥。正当我军准备对天津发动进攻时，天津被围敌军警备司令陈长捷于1949年1月10日、11日，两次派人与我军谈判，暗中侦察我军主攻方向以便突围逃跑。我军耐心劝敌放下武器，实行和平解放，可对高级军官作宽大处理，并令其在48小时内放下武器投降。但敌人根本无和谈诚意，只是为逃跑作准备。

天津敌军防守是精心策划的。由于天津市区狭长，海河从西北流向东南并将市区分成东西两个部分，并有护城河环绕。在天津被围前，敌人即将城郊五里以内的房屋、村庄烧毁，使我军难以隐蔽接近城垣。郊区地势开阔平坦，敌在护城河内又修建了许多地堡、壕沟和铁丝网，天津成了一座设防坚固的城市，易守难攻。敌天津警备司令陈长捷将其第62、第86、第94军及地方团队共约13万人，以市区北部为重点防区组成了环城防御，进行顽固抵抗。根据敌军部署，我军决定采取东西夹击、先南后北的战术，具体兵力部署为：我东北野战军第1纵队、第2纵队从城西向东进攻；我第7纵队、第8纵队从城东向西攻击，在天津北站附近的金汤桥会师；第152师和野战军直属警卫团在宜兴埠一带佯攻。1949年1月12日，中央军委和毛泽东电示林彪、聂荣臻"于适当时间内攻占天津"。根据指示，我军向敌军发出和平解决的最后通牒。14日时限已到，敌人仍不表态，企图继续拖延时间。14日上午10时，我东北野战军各纵队向天津敌军发起攻击，首先对市区外层敌人的防御阵地实施了猛烈的炮击，摧毁了敌人的大部分防守措施。我军突破敌人第一道防线向纵深发展时，遭到敌人的拼命抵抗。经过29个小时的激战，至1月15日下午，我东北野战军全歼了天津守敌一个警备司令部两个军16个师共约13万人，活捉了敌警备司令陈长捷和敌军长刘云翰、林伟俦，解放了华北重要工业城市天津。塘沽守敌5万余人从海上南逃，我东北野战军第12纵队消灭了敌掩护部队3000多人。于1月17日解放了塘沽。

第三阶段，重兵围城，和平解放北平。

我党和傅作义的接触从1948年11月下旬开始，12月下旬正式举行谈判，此时，辽沈战役刚刚结束，张家口、新保安和天津、塘沽敌军被我军所消灭或包围，北平敌军已陷入孤立无援的境地。傅作义在与我谈判时，企图保全其军队，并对美国及蒋介石抱有一线希望，因此谈判进展缓慢。我党根据傅作义的矛盾心理和举棋不定的态度，对他采取了军事打击和政治争取双管齐下的方针，一方面向傅作义晓以大义，陈明利害，揭露他脚踏两只船的幻想，同时利用北平地下党帮他解除思想顾虑；另一方面以歼灭天津守敌的军事行动，打消他的幻想。1949年1月14日，中共中央毛泽东主席发表了《关于时局的声明》，提出了同南京国民党政府和平谈判的八项条件。此时，我军按照中央军委和毛泽东关于"积极准备攻城"和"进行和平谈判"的指示，在我北平地下党组织的配合下，一方面大军90万人逼近北平城垣，另一方面加紧对傅作义的政治攻势。1月16日，我军对傅作义发出和平解放北平的最后通牒，提出两种选择方法；一是自动放下武器，并负责保护工业设施、文化古迹、武器弹药和公文案卷的完整和人民群众的生命财产安全，我军则保证其官兵的生命财产安全；二是将部队带出北平城开入指定地点，按照我军制度改编为人民解放军。如果敌人不接受和平解放，我军就要武力解放北平。中央军委要求攻城部队作出精确攻城计划，要保护故宫等文化古迹和大学，并保护北平工业设施和市民的生命财产的安全。1949年1月20日，傅作义表示愿意接受我军提出的条件，和平改编。1月22日傅作义命令所属华北"剿总"司令部、第4兵团和第9兵团8个军部、26个师部等共约20万人陆续开到我军指定的孙河镇、庞各庄、黄村、良乡等地集结，接受我军的改编。1月26日，我军宣布整编命令。1月31日，驻守北平的傅作义部队全部被和平改编，我军进入北平，北平宣告和平解放。平津战役至此胜利结束。

2月3日，我军举行了入城式。2月下旬，绥远的傅作义余部也接受了我党所提出的条件，其军队和政府暂时维持现状，在以后的一个适当时候，再按我军的具体要求接受改编。

平津战役，是解放战争时期战略决战三大战役的最后一个战役。这次战役历时64天，我军共歼灭和改编国民党1个华北"剿总"司令部，1个天津警备司令部，3个兵团部，14个军部，50个师、2个骑兵旅（包括战役中重建或新建的3个军部和14个师）共约52万人，解放了北平、天津、张家口等重要城市，为我军向全国进军创造了有利的条件。平津战役中出现的三种解决敌人的办法，即"天津方式""北平方式"和随后的"绥远方式"，是一个伟大的创举，是我军解决江南、西北敌人残余势力的基本方针，对加速解放全国起了重大作用。

## 【毛泽东评说】

一、张家口、新保安、怀来和整个北平、天津、塘沽、唐山诸敌，除某几个部队例如三十五军、六十二军、九十四军中的若干个别的师，在依靠工事保守时尚有较强的战斗力外，攻击精神都是很差的，都已成惊弓之鸟，尤其你们入关后是如此。切不可过分估计敌人的战斗力。

……

四、但我们的真正目的不是首先包围北平，而是首先包围天津、塘沽、芦台、唐山诸点。

……

七、从本日起的两星期内（十二月十一日至十二月二十五日）基本原则是围而不打（例如对张家口、新保安），有些则是隔而不围（即只作战略包围，隔断诸敌联系，而不作战役包围，例如对平、津、通州），以待部署完成之后各个歼敌。尤其不可将张家口、新保安、南口诸敌都打掉，这将迫使南口以东诸敌迅速决策狂跑，此点务求你们体会。

八、为着不使蒋介石迅速决策海运平津诸敌南下，我们准备令刘伯承、邓小平、陈毅、粟裕于歼灭黄维兵团之后，留下杜聿明指挥之邱清泉、李弥、孙元良诸兵团（已歼约一半左右）之余部，两星期内不作最后歼灭之部署。

九、为着不使敌人向青岛逃跑，我们准备令山东方面集中若干兵力控制济南附近一段黄河，并在胶济线上预作准备。

> ——《关于平津战役的作战方针》，《毛泽东军事文集》第五卷，第 360—363 页，军事科学出版社、中央文献出版社 1993 年版。

此外，你们还可起草公开的劝降书，发来中央审查作口语广播，并在前线印发传单。嗣后，每攻一城都可采用公开劝降的办法，即军事攻势与政治攻势同时并举。

> ——《军事攻势和政治攻势同时并举》，《毛泽东军事文集》第五卷，第 431—432 页，军事科学出版社、中央文献出版社 1993 年版。

天津既有单独谈判，即可单独处理……（三）天津之敌如能接受你们所提限时缴械之条件，你们即可不经攻击而占领天津，如果该敌不能接受你们所提条件，则你们应于适当时间内攻占天津。

——《对付天津守敌的方针》，《毛泽东军事文集》第五卷，
第481页，军事科学出版社、中央文献出版社1993年版。

南京国民党反动政府，对于北平的和平解决采取什么态度，是值得注意的。国民党中央社于一月二十二日发表傅作义将军的文告，该文告称北平的和平解决，是为了"迅速缩短战争，获致人民公议的和平，保全工业商业基础与文物古迹，使国家元气不再受损伤，以期促成全国彻底和平之早日实现"。一月二十七日中央社又发表南京政府国防部的文告称："华北方面，为了缩短战争，获致和平，借以保全北平故都基础与文物古迹，傅总司令作义曾于二十二日发表文告，宣布自二十二日上午十时起休战。平市国军大部当即遵从总部指示，先后撤离市区，开入指定地点。共军已有少部开进市区。绥远大同两地亦将实施休战。"战败了，一切希望都没有了，比较好的一条出路，是军队离城改编，让人民解放军和人民政府和平地接收城防和市政，是北平问题和平解决的基本原因。为什么天津不肯这样做呢？难道天津的"工业商业基础与文物古迹"不应当保全吗？难道天津的"国家元气"应当受损伤吗？为什么一月二十二日应当"促成全国彻底和平之早日买现"，而在一月十三日就不应当，而令天津的和平解决不能实现呢？基本的原因是傅作义将军还想打一打。天津打败了，二十九个钟头内十几万人解除武装，陈长捷、林伟俦、杜建时等匪首一齐被俘，北平孤立了，毫无希望了，决心走第二条道路，和平解决北平问题的可能性从此产生。……和平解决北平问题的基本原因是人民解放军的强大与胜利，难道还不明显吗？北平人民，包括劳动人民，资产阶级及绅士们在内，一齐渴望和平解决，又是一个原因。……北平和平解决的又一个原因，是近二十万的国民党军队除少数几个死硬分子外，从兵士们到将军们，一概不愿打了。……

——《和平解决北平问题的基本原因》，《毛泽东军事文集》第五卷，
第491—493页，军事科学出版社、中央文献出版社1993年版。

在平津、淮海、太原、大同诸役以后，可不可以说国民党政权已经在

基本上被我们打倒了呢？就其军事主力已经被歼灭这一点来说，是可以这样说的。

——《目前形势和党在一九四九年的任务》，《毛泽东文集》第五卷，第 229 页，人民出版社 1996 年版。

## 【评析】

平津战役是继辽沈战役、淮海战役之后，我军在解放战争期间进行的第三个大战役。毛泽东和中央军委对这次战役发了数十封电报指示，进行了直接的具体指导和评说。辽沈战役之后，淮海战役也将结束，华北之敌傅作义集团成了惊弓之鸟，但去留仍然举棋不定。我军当时估计可有三种可能：一是"暂守平津，保持海口，扩充实力，以观时变"，二是统统退往江北，增强长江防线；三是华北之敌一分为二，属傅作义的部队退到绥远，中央军系统的则退往江南。而我军平津战役的基本思想是，第一步抓住敌人，加以分割包围，切断敌人退路；第二步各个歼灭。中央军委发出的《关于平津战役的作战方针》，体现了这个基本指导思想。为实现这一方针，中央军委还要求淮海战场上，对杜聿明兵团"两星期内不作最后歼灭之部署"，以免迫使"蒋介石迅速决策海运平津诸敌南下"。为了不使敌人向青岛逃跑，毛泽东还要求山东部队"控制济南一段黄河，并在胶济线上预作准备"。而对傅作义兵团"在两星期内一般应采取围而不打或隔而不围的办法"。关于整个战役的攻击次序，毛泽东明确指出："第一塘沽区，第二新保安，第三唐山区，第四天津、张家口区，最后北平区。"此外还发出了《军事攻势与政治攻势并举》的指示，对后来北平和平解放，绥远敌军起义作用很大。

由林彪、罗荣桓、聂荣臻组成的平津战役"总前委"，统一指挥各参战部队和平津地区的一切党政工作，认真贯彻毛泽东和中央军委制定的战略方针和作战部署，取得了战役的胜利，创造一些成功的经验，主要有：

一、抓住敌人不让逃跑。平津战役前夕，傅作义集团已成"惊弓之鸟"，蒋介石与傅作义各怀鬼胎，各有打算，部队去留，举棋不定。毛泽东和中央军委根据当时形势，电示我军稳住敌人，不使逃跑，并当机立断，速调东北野战军主力入关，与华北野战军协同，进行平津战役，就地歼敌，根据这个精神，我军缓打太原，撤围归绥，停攻保定，又对淮海战场杜聿明集团暂时不作最后歼灭，不使平津之敌感到孤立，并同傅作义派来的代表进行谈判，赢得了时间，稳住了敌人。我参战部队迅速进至指定位置，完成了作战部署，为就地歼敌打下了基础。

三、围而不打，隔而不围。当时傅作义兵团摆在西起张家口东到塘沽的1200多里的战线上，为我军分割包围造成了机会。于是我军先把两线之敌包围在张家口、新保安等几个据点上。而东线之敌也包围在塘沽、天津、唐山、怀来、南口、通县等几个据点上，最后才包围了北平。北平、天津、唐山、张家口之敌被包围，其他各处被阻隔，完成切断了敌人的逃路，为围歼敌人创造了条件。

三、利用不同方式，解决不同敌人。在平津战役中，我军采取了先打两头，孤立中间，各个歼灭的战略战术，首先在西线围歼新保安的"王牌"第35军，接着围歼从张家口逃跑之敌。后来对天津顽抗之敌，也采取强攻，将其全部歼灭。天津解放后，我以96万大军进逼北平，傅作义集团接受我军和平改编，北平和平解放。不久，绥远傅作义余部董其武部也接受了我军提出的维持现状，待一个时期后再按我军事制度改编的办法。后来，毛泽东把解决天津、北平和绥远之敌的办法，称之为"天津方式""北平方式"和"绥远方式"，并把这三种方式作为我军解决国民党残余的基本方针，加速了全国解放的进程。

# 渡江战役

【战例】

辽沈战役、淮海战役、平津战役等三大战役结束后，国民党军的主力大部被消灭，剩下能作战的部队只有 146 万人，分散部署在西起新疆、东到台湾的漫长战线上。以胡宗南为主任的"西安绥靖公署"13 个军约 18 万人，部署在以西安为中心的几个地区；以张治中为主任的"西北军政长官公署"11 个军约 25 万人，分布在大西北。这两个集团敌军被我西北野战军控制，不能形成有效的防御战。以白崇禧为长官的"华中军政长官公署"11 个军约 25 万人，分布在北起明港、东至九江、西至岳阳的长江两岸；以宋希濂为主任的"湘鄂西绥靖区"5 个军约 10 万人，部署在以宜昌、沙市为中心的岳阳至巴东的长江两岸；以程潜为首的"长沙绥靖公署"4 个军约 5 万人，分布在长沙、衡阳、株洲地区；以余汉谋为首的"广州绥靖公署"5 个军约 8 万人，分布在以广州为中心的广大地区，其中一个军驻守海南岛。国民党在我军即将发起渡江战役时，一方面提出了和平谈判的建议，与中国共产党进行和平谈判；另一方面积极部署扩充军备，加强长江防御，企图阻止解放军渡江南进。

中国共产党中央委员会决定，在同国民党进行和平谈判的同时，命令人民解放军第二、第三野战军和第四野战军一部，由刘伯承、陈毅、邓小平、粟裕、谭震林组成党的总前委统一指挥，准备在和谈破裂时，在汉口、芜湖、南京、江阴之线发起渡江作战。

1949 年 3 月 5 日，经过休整的第二野战军（原中原野战军），从河南漯河、周口等地出发，经河南东南部、湖北东北部，先头部队于 3 月 28 日到达长江以北的望江、安庆地区，后续部队于 4 月 5 日前到达宿松、安庆等地，野战军司令部从商庄移驻桐城；第三野战军（原华东野战军），自

3月2日开始从皖北、苏北等地分头南下，于3月20日前锋到达长江北岸的无为、滁县、扬州、泰州等地，野战军司令部从贾汪移驻苏北白马庙。淮海战役总前委从徐州移驻合肥。此时，长江北岸驻有敌第52师、第29师、第74师、第80师、第174师、第181师、第195师等7个师的主力和地方部队。为有利于我军渡江准备工作的展开，我军先头部队发动了一次清扫敌军行动，占领了江北除安庆、瓜洲、裕溪口等地以外的沿江大小市镇。

1949年3月31日，总前委根据中共中央军委的命令和当前敌情、地形情况制定了《京沪杭战役实施纲要》（即渡江作战实施纲要），决定组成东、中、西三个突击集团，采取宽正面、有重点的多路突击的战法，在江苏靖江至安徽望江段实施渡江作战，首先求歼汤恩伯部夺取南京、上海、杭州等城，占领苏南、皖南及浙江全省。为保证一举突破长江天险，总前委将整个渡江作战分为三个阶段：第一阶段是渡江后，消灭正面敌人，扩大和巩固阵地并向纵深推进；第二阶段，控制浙赣线，断敌军退路；第三阶段，消灭被围敌军。总前委将我参战部队分为三个集团：东集团由第三野战军第8兵团、第10兵团、榴弹炮第5团和第6团、坦克团、苏北军区3个警卫旅等8个军24个师约35万人，由粟裕、张震指挥，在南京东侧渡江作战；中集团由第三野战军第7兵团、第9兵团、榴炮弹第二团和第四团以及骑兵团等共7个军21个师约30余万人，由谭震林指挥，在裕溪口至姚沟、姚沟至棕阳镇之间渡江作战；西集团由第二野战军第三、四、五兵团共9个军27个师约35万人，由刘伯承、邓小平指挥在湖口至棕阳镇之间渡江作战；第四野战军第十二先遣兵团和江汉、桐柏、鄂豫军区部队约20万人，部分部队进攻白崇禧的浠水、蕲春等防区，保证我西集团右翼的安全，部分部队进攻孝感、黄陂、武汉等地，形成夺取武汉的态势并在武汉东侧准备渡过长江。

国民党长江防线分为两个战区：湖口以西至宜昌为长江中段战区，由华中军政长官白崇禧指挥；湖口以东至江阴为长江下游战区，由"京沪杭警备总司令部"总司令汤恩伯指挥。敌以长江防线为外围，以京沪杭三角地带为重点，以淞沪为核心，以浙赣闽为第二防线和第二战区。敌汤恩伯集团兵力部署为：第 8 兵团在贵池至湖口一带，担任左翼防守任务，第七绥靖区部队在铜陵一带，担任左翼防守和南京侧翼安全任务；第一绥靖区部队部署在南京的正面常熟至瓜洲一带，拱卫南京，首都卫戍司令部所辖兵力全部集中在南京，上海防守司令部所辖兵力担负防守上海的任务；由敌总司令汤恩伯指挥 1 个机动兵团担任机动作战任务；在南京驻有空军 4 个大队 1 个独立中队，有 161 架战机；武汉驻有一个飞行大队，有 38 架战机；上海驻有两个飞行大队，有 86 架战机；海军江防舰队和海防第 2 舰队，在南京长江两侧和上海吴淞口江面及海面上游弋。

第一阶段，占领南京。

1949 年 4 月 20 日夜，我军在东至江阴西至湖口沿江 500 多公里的江面上对敌军发起了攻击。我中集团首先在裕溪口至安庆段渡过长江，将敌军长江防线拦腰切断，我第 27 军军长聂凤智和第 27 军第 79 师师长肖镜海，是率先冲过长江天险的第一位军、师长。4 月 23 日，我中集团攻克了铜陵、芜湖等地并继续向宣城方向进军。我东、西集团于 21 日夜也同时渡过长江。至 23 日，我各路大军作战部队都渡江完毕，并展开对沿海防御敌军的战斗。23 日，我东集团攻占了镇江、常州，右集团军攻占了青阳、贵池。4 月 24 日凌晨三点，我军占领了南京国民党总统府，解放了南京。同时，我第四野战军第十二先遣兵团经信阳、孝感、罗山、老山、黄安等地向武汉、浠水方向挺进长江北岸。4 月 27 日，我先遣兵团抵达汉口附近的黄陵、新洲等地，第二野战军在浙赣线上展开作战，第三野战军逼近上海。此时，常州以东敌军向上海撤退，常州至芜湖敌军向杭州撤退，芜湖以西敌军向浙赣线撤退，企图固守淞沪组织新的防御。我东集团和中集团决心将敌军合围在广德以北、溧阳以南、吴兴以西地区歼灭之。4 月 27 日，我东集团和中集团在吴兴会师，29 在广德地区全歼敌 5 个多军，只有一部分逃往上海。5 月 3 日，我第三野战军第 7 兵团解放了杭州。我西集团从浙赣线迂回至敌汤恩伯集团侧后，于 5 月 7 日控制了浙赣路，切断了敌汤恩伯、白崇禧集团的联系，粉碎了敌人组织新的防御线的企图。

第二阶段，解放武汉。

4 月 27 日，我第四野战军先遣兵团第 12 兵团抵达汉口附近，第二野战军在浙赣线上展开作战，第三野战军逼近上海。5月初，敌白崇禧开始收缩武汉外围防御，准备南逃。为歼灭南逃敌军，我第12兵团分两路进行追击，第40军沿平汉路向汉口追击，第43军在武汉东的团风和田家镇之间渡江作战。5月15日，我第43军开始了渡江作战，南岸敌第305师的第913团和第915团战场起义，我军很快渡过了长江。16日，占领了黄石、鄂城等地。17日，我第二野战军占领九江、南昌等。在我第43军渡江作战同时，我第40军和江汉军区部队从北面、西面两个方向向汉口方向推进。我武汉地下党组织发动人民群众、社会知名人士等和敌武汉城防司令鲁道源等进行斗争，并为我军顺利接管武汉做好了大量的准备工作。5月16日，我军解放了汉口，武汉市工农各界欢迎解放军入城的代表在汉口以东的刘家庙迎接我先头部队第118师，当日我3个主力师渡过长江。5月17日，解放汉阳和武昌，武汉三镇得到了全部解放。在我第43军渡过长江，向敌军纵深穿插和包抄时，5月15日，敌"华中剿总"副总司令、第五绥靖区司令兼第十九兵团司令河南省主席张轸率第十九兵团在贺胜桥起义。至此，我军渡江战役全部结束。

渡江战役，我军共歼灭敌军9个军32个师和8个师的大部，接收起义、投诚部队1个军10个师及地方部队11个师等，共计约43万多人，解放了苏南、皖南、浙江、闽北、赣中等广大地区，并攻占了南京、上海、杭州、武昌、汉口、南昌等大城市，为解放南方各省创造了有利条件。

第三阶段，激战上海。

我第二野战军3个兵团渡过长江后于5月14日到达了浙赣线，第3兵团在江山、金华地区，第4兵团在鹰潭、东乡地区，第5兵团在上饶、义阳地区，切断了上海敌军向华南逃跑的陆上通道，使上海敌军陷入了孤立无援的境地，上海成为国民党南京政府在华东地区的最后一个重要据点。汤恩伯所剩8个军退据上海后，在南京解放的第二天也就是4月24日，汤恩伯下令对上海的工厂和重要交通、工业设施等进行了大肆破坏，并从1949年1月至5月上旬先后构筑了外围阵地、主阵地和核心阵地等三道防御线。敌军将上海分为沪西北区、沪西区和沪东区共三个防守区，共驻有8个军23个师、5个炮团和4个飞机大队，总计约25万多人，由敌"京沪杭警备司令"汤恩伯指挥。我第三野战军第9兵团和第10兵团担任解放上海的任务，东线兵团第9兵团第20军、第27军、第30军、第31军、第23军等5个军和炮兵第4团在黄浦江以东地区；西线兵团第10兵团第25军、第26军、第28军、第29军、第33军等5个军和炮兵第5团、第6团在黄浦江以西、闸北和吴淞地区作战。我军实施两兵团东西对进，逼近吴淞口，先切断敌军海上退路，再歼灭敌人。

1949年5月12日，我第9兵团和第10兵团同时从东西两个方向对上海发动了进攻。我第9兵团在占领了松江、南汇等地后于5月18日逼近了高桥；第10兵团占领了嘉定、刘行、月浦等地，与第9兵团形成了夹击吴淞口的态势。而高桥、刘行、月浦等地，是敌军退往海上的必经之路，经过激烈的战斗，我军歼灭了上述地区敌军。5月23日，我军歼灭了外围阵地的敌军，前锋部队进入市区。24日，敌司令部被迫撤至吴淞口军舰上，上海市区的最高指挥官为淞沪警备司令部副司令兼敌第51军军长刘昌义。5月24日，我军向上海市区发起总攻，第9兵团主力由南向北和由东向西，第10兵团主力由北向南和由西向东，夹击敌军，我炮兵部队则用炮火封锁住黄浦江口，防止敌军向东逃跑和敌军舰增援。此时，我党通过政治争取，第51军军长刘昌义率其部下4万多人投降。5月25日，我第9兵团和第10兵团封闭了黄浦江口，进攻吴淞要塞。26日晨，我军占领了狮子林炮台、宝山城和海滨浴场等地，直逼吴淞镇。此时，汤恩伯率敌第12军、第52军、第54军、第99军以及特种兵等5万余人乘军舰逃走。26日占领吴淞镇，结束了上海外围战斗。27日，我军解放了上海，全歼敌军15万余人。6月1日，我军解放了崇明岛，同时也解放了青岛。

## 【毛泽东评说】

……谈判至十五日（卯删）已告一段落。十六日至二十日（卯哿）是给南京考虑决策时间。在此时间内，我军应将一切必须攻占的北岸及江心敌据点全部攻占。二十日以后我军何日渡江，完全由我方选择，不受任何约束。……故你们应按原计划，确定于二十二日渡江不要改变，并必须争取一举成功，是为至要。

——《必须争取渡江一举成功》，《毛泽东军事文集》第五卷，第 544 页，军事科学出版社、中央文献出版社 1993 年版。

完全同意总前委的整个部署，即二野、三野各兵团于二十日（卯哿）开始攻击，二十二日（卯养）实行总攻，一气打到底，完成渡江任务以后，再考虑略作停顿，采取第二步行动。请你们即按此总计划坚决地彻底地执行之。……不得有任何的改变。……（四）此次我百万大军渡江南进，关系全局胜利极大。希望我二野、三野全军将士同心同德，在总前委及二野三野两前委领导下完成伟大任务。

——《百万大军渡江南进关系全局胜利极大》，《毛泽东军事文集》第五卷，第 546—547 页，军事科学出版社、中央文献出版社 1993 年版。

人民解放军百万大军，从一千余华里的战线上，冲破敌阵，横渡长江。西起九江（不含），东至江阴，均是人民解放军的渡江区域。二十日夜起，长江北岸人民解放军中路军首先突破安庆、芜湖线，渡至繁昌、铜陵、青阳、荻港、鲁港地区，二十四小时内即已渡过三十万人。二十一日下午五时起，我西路军开始渡江，地点在九江、安庆段。至发电时止，该路三十五万人民解放军已渡过三分之二，余部二十三日可渡完。……我东路三十五万大军与西路同日同时发起渡江作战。所有预定计划，都已实现。至发电时止，我东路各军已大部渡过南岸，余部二十三日可以渡完。……

——《人民解放军百万大军横渡长江》，《毛泽东军事文集》第五卷，第 552—553 页，军事科学出版社、中央文献出版社 1993 年版。

你们主力已越过陇海线，快要到湖北境内了。……你们全军似有提早渡江时间的必要，并且不必全军到达北岸然后同时渡江，可以采取先后陆续渡江的方法。

——《关于第四野战军应提早渡江及十三个军的使用问题》，《毛泽东军事文集》第五卷，第 580 页，军事科学出版社、中央文献出版社 1993 年版。

据邓饶陈电,接收上海的准备工作业已大体就绪,似此只要军事条件许可,你们即可总攻上海。……攻击步骤,以先解决上海后解决吴淞为适宜。

——《总攻上海的时间和步骤》,《毛泽东军事文集》,第五卷,第587页,军事科学出版社、中央文献出版社1993年版。

## 【评析】

在三大战役胜利之后,毛泽东和中央军委立即部署了渡江战役,中间因蒋介石下野,李宗仁上台,表示愿意重开国共和谈,并派代表赴北平谈判,渡江时间曾一度后推一星期,但到4月20日和平谈判破裂,南京国民党政府拒绝在和平协议上签字,毛泽东和中央军委立即下达渡江命令。1949年4月16日即电示总前委和前线指挥员,指出"立足点应放在谈判破裂用战斗方法渡江上面"。4月17日又电示总前委:"必须争取渡江一举成功"。4月18日再电示总前委:"百万大军渡江南进关系全局胜利极大。"4月21日向全军发布《向全国进军的命令》。4月22日我军胜利渡江,毛泽东为新华社写了题为《人民解放军百万大军横渡长江》的消息。之后,对夺取上海、武汉并接受管理城市的准备工作发出一系列指示,有力地指导了渡江战役。渡江战役的迅速成功,有如下经验:

一、奋勇作战,一举成功。当时国民党反动派虽有数十万军队布防在西起武汉东到上海的千余里长江防线上,想凭借长江天堑负隅顽抗,但已人心离散,兵无斗志。而人民解放军节节胜利,士气旺盛。在毛泽东主席和朱德总司令发出《向全国进军的命令》鼓舞下,奋勇前进,一往无前,渡江作战一举成功。从20日夜起到23日止,在东西千余里的长江防线上,人民解放军百万大军横渡长江。23日占领南京,国民党政府垮台,之后又解放上海、武汉,渡江战役胜利结束。

二、中间突破,两侧展开。我军渡江战役的作战方法可以说中间突破,两侧展开。从战役整体来看,是先夺取南京,后攻取上海、武汉等重镇。就夺取南京而言,也是使用这种战法,4月20日夜,我中集团军首先在裕溪口至安庆段渡过长江,将敌长江防线拦腰切断。次日夜,我东、西集团军也渡过长江。至23日,东集团军攻占镇江、常州;西集团军攻击贵池、青池一线。4月23日解放国民党首都——南京，宣告结束了国民党长达22年的反动统治。此后国民党军队如鸟兽散，人民解放战争像秋风扫落叶一般，进展顺利。

三、分割围歼敌军。敌长江防线被突破后，常州以东之敌撤向上海，常州至芜湖之敌向杭州撤退，芜湖以西之敌向浙赣路撤退，企图确保淞沪，组织新的防御。当时撤至广德地区的敌人就有五个多军的兵力，这支军队如果撤向上海或杭州，就会大大增加我军攻城的难度。因此，27日我东集团和西集团军在吴兴会师后，当即就地歼灭了该敌。

渡江战役的胜利，南京解放。标志着人民解放战争已走向全国胜利。毛泽东听到这一消息，兴奋地写了《七律·人民解放军占领南京》：

> 钟山风雨起苍黄，百万雄师过大江。
> 虎踞龙盘今胜昔，天翻地覆慨而慷。
> 宜将剩勇追穷寇，不可沽名学霸王。
> 天若有情天亦老，人间正道是沧桑。

# 抗美援朝战争第一次战役

## 【战例】

1950年6月25日，朝鲜战争爆发。27日，美国总统杜鲁门命令美国海军和空军部队入侵朝鲜，派海军第7舰队入侵我国台湾海峡，并且以联合国名义纠集十几个国家出兵组成所谓"联合国军"侵略朝鲜。6月30日，美国陆军第8集团军直接参加了朝鲜的地面作战。7月7日，美国操纵联合国非法授权由美国组成司令部，统一指挥参加侵朝的各国部队，由美国指派该部队司令官，并授权使用联合国旗帜。7月8日，美国总统杜鲁门任命麦克阿瑟为"联合国军总司令"。朝鲜民主主义人民共和国人民军同美国以及美国支持的南朝鲜李承晚傀儡集团军队展开了战斗。朝鲜人民军于6月底解放汉城，8月中旬，朝鲜人民军已解放了朝鲜南部的90%以上的地区和92%以上的人口，将美伪军压缩到了洛东江以东仅1万平方公里的狭小的釜山地区。美国为了挽救在朝鲜半岛的败局，乘朝鲜人民军主力集中于洛东江前线后方空虚之机，于9月15日在美国第10军军长阿尔蒙德少将指挥下，以第10军所属陆战第1师、步兵第7师、工兵第2旅、空降兵187团和南朝鲜伪军海军陆战队4个营等部队共7万余人，在260多艘军舰和近500架飞机掩护、支援下，在朝鲜中部西海岸的仁川港登陆，并立即向汉城、水原方向进攻。9月16日，在美第8集团军司令沃克中将的指挥下被围困在釜山的美伪军10个师开始向北反攻。朝鲜人民军处在两面作战不利情况下，被迫转入战略退却。9月23日，从洛东江北进的美骑兵第1师与在仁川登陆后向东南突进的美第7师在水原附近会合，28日攻占汉城，9月30日越过三八线，疯狂北进。

1950年10月1日，朝鲜外务相朴宪永带着金日成首相的信飞到北京，当面向毛泽东主席、周恩来总理恳请中国人民解放军出兵支援。10月2日，美麦克阿瑟命令美第 8 集团军北进攻占平壤；美第 10 军在元山登陆，两支部队在平壤—元山峰腰部会合，切断人民军退路，继续北进，并多次派遣空军轰炸我国东北边境的一些城市，严重威胁着朝鲜民主主义人民共和国的生存和我国的安全及世界和平。10 月 2 日，毛泽东主席决定派兵支援朝鲜，10 月 8 日，正式组成中国人民志愿军，由彭德怀任司令员兼政委。10 月 19 日，我志愿军 4 个军及 3 个炮兵师分 3 路秘密渡过鸭绿江，开赴朝鲜战场。志愿军将士决心为祖国人民争光，打好抗美援朝的第一仗。

1950 年 10 月 25 日，南朝鲜李承晚的第 6 师第 2 团一个加强步兵营由温井向北镇进犯，当该敌行至温井西北丰中洞、两水洞地区时，我第 40 军第 118 师第 354 团在第 353 团配合下，以拦头、斩腰、截尾的战术向敌人发起了突然攻击，经过 1 小时激战，将该敌大部歼灭。同时，伪第 1 师一个炮兵中队沿云山至温井的公路北犯，遭到我第 40 军第 120 师第 360 团的打击。25 日晚，我第 40 军第 118 师、第 120 师主力乘胜占领了温井，切断了已进至楚山、古场的伪第 2 师第 7 团的退路，揭开了中国人民志愿军第一次战役的序幕。

26 日，敌人继续分兵冒进，伪第 6 师第 7 团进至距离我国边界只有几公里的楚山。伪第 6 师主力到达熙川，伪第 1 师向云山以北进犯，美第 24 师、英第 27 旅分别窜至泰川、定州以东地区。志愿军司令部命令我第 38 军和第 40 军两个师，以及第 42 军第 125 师，在第 50 军第 148 师配合下，歼灭熙川伪第 6 师一部及伪第 8 师两个团；第 39 军向云山西北地区前进，阻击伪第 1 师北进及可能向熙川增援；第 66 军于 26 日晚过江进至铁山、车辇馆、批岘地区集结，阻击美第 24 师、英第 27 旅西进；第 50 军主力向安东、新义州地区开进，保证我军后方安全。

10 月 27 日，伪第 6 师第 19 团二个营在温井以东的龟头洞地区与我第 40 军第 120 师发生战斗，我第 39 军第 117 师以及第 40 军一部到达云山以北地区与伪第 1 师进入战斗。志愿军根据毛泽东关于"吸引敌主力增援"的指示，决定对伪第 6 师第 7 团采取围而不歼的战术，以诱引熙川、云山敌人来援，然后集中第 38 军、第 39 军、第 40 军主力将敌人围歼于云山以北地区。战至 28 日，仅有伪第 8 师第 10 团两个营由熙川来援，伪第 8

师主力仍留在熙川、球场地区，伪第 1 师也停留在云山以北地区。

10 月 29 日，我第 40 军第 118 师协同第 50 军第 148 师歼灭了楚山窜至古场地区的伪第 6 师第 7 团大部，随后第 40 军主力向南突击。我第 38 军第 113 师占领熙川，但伪第 8 师已南逃，丧失了歼敌良机，第 38 军于是急速向球场、军隅里方向前进，切断敌人南逃的退路。我第 39 军对云山敌人形成了三面包围，第 66 军也到达龟城以西地区阻止美第 24 师西进。

此时，敌人虽发现我军入朝，在我军歼灭伪第 6 师大部、伪第 8 师两个营后，错误地认为我们只是"象征性"出兵，仍未放弃迅速占领全朝鲜的企图，一面调整部署，一面继续冒进。10 月 31 日，美第 24 师、英第 27 旅分别抵达龟城、宣川地区；美第 1 军骑兵第 1 师从平壤调至云山、龙山洞地区，增援伪第 1 师；伪第 8 师退守球场地区，阻止我军从军隅里插进；伪第 1 师主力撤到宁边及其以东地区，以加强其侧翼；伪第 7 师东调球场、德川；美第 9 军第 2 师开始由朝鲜平壤北调至安州地区，作为美第 8 集团军预备队。为了歼击、钳制和调动敌人，我军决定采取向敌人侧后实施迂回、结合正面突击的战法，首先歼灭伪第 1 师、第 7 师、第 8 师，再视情况歼灭美英军，并于 10 月 30 日上报中央军委、毛泽东。毛泽东于当日 20 时回电同意，并于 11 月 2 日两次致电彭德怀对战役作了指示。我军决定：以第 38 军歼灭球场敌军，尔后沿敌右翼清川江左岸向院里、军隅里、新安州方向突进，切断清川江南北敌人联系；第 42 军第 125 师向德川方向突击并占领德川，阻击由东、南两个方向来援敌人，保证我军侧翼安全；第 40 军迅速突破当面敌人，于 11 月 1 日晚以部分兵力在上九洞地区阻止云山敌人逃跑，主力寻机歼灭宁边伪第 1 师，再向西南方向进军；第 39 军于 11 月 1 日晚歼灭云山敌人后向龙山洞地区突进，协同第 40 军歼灭美第 1 军骑兵第 1 师；第 66 军以一部兵力在龟城以西箝制美第 24 师，主力视情况从敌人侧后歼灭该敌；第 50 军主力进至新义州，准备阻击英第 27 旅。

11 月 1 日黄昏，我志愿军各部队先后向敌人发起了猛烈攻击。1 日，美骑兵第 1 师第 8 团与云山伪第 1 师第 12 团进行换防，我第 39 军以 8 个步兵团（配地炮两个团零 1 个营、高炮 1 个团）于 17 时发起攻击。战至 2

日凌晨，我第 38 军攻占云山，并歼灭美伪军各一部，在云山南截住了由云山撤退的美骑兵第 1 师第 8 团直属队及第 3 营的退路并包围之。该部敌人在飞机、坦克掩护下未能突围，3 日夜被我第 38 军全歼。与此同时，我担任阻援任务的第 39 军第 115 师第 343 团在云山以南击溃了由博川北援云山的美骑兵第 1 师第 5 团。在云山战斗中，我志愿军首次以劣势装备歼灭了具有现代化装备的美骑兵第 1 师第 8 团大部以及伪第 1 师第 12 团一部，狠狠打击了号称"王牌军"的美骑兵第 1 师的嚣张气焰。11 月 2 日，我第 38 军攻占了院里地区，威胁到敌人侧翼，敌人开始全线撤退。我第 40 军由于被阻于上九洞、古城洞、黑时洞一线，故未能包围宁边敌军。3 日凌晨，敌人在空军、炮兵和坦克掩护下，同时以伪第 1 师在宁边东北地区，美第 2 师、伪第 7 师以及伪军第 6 师在价川、军隅里地区作掩护阻止我军进攻，开始了全线撤退。我志愿军乘机发动进攻，第 38 军急速前进至军隅里、安州、新安州地区，切断敌人由新安州通往肃川后方的联系。至 4 日，我军先后到达博川、龙登里、飞虎山等地区，并占领了德川。此时，敌人主力已全部撤至清川江以南，并在新安州至价川一线占领了沿江有利阵地。我志愿军司令部考虑到我军歼敌机会已失，所携带粮弹已消耗殆尽，于 11 月 5 日下令各军停止攻击。此后，西线我军以一部兵力监视敌人，其主力集结在批岘、龟城、泰川、云山和球场以北等地区，进行休整，准备再战。

东线我第 42 军主力于 10 月 27 日抵达黄草岭和赴战岭防御地区，第 42 军第 124 师布防于黄草岭以南的芳草岭并控制了小白山，阻止敌人迂回至江界，切断敌人东西线的联系；第 126 师一部部署于赴战岭阻止敌人北进。27 日，敌伪首都师、伪第 3 师及美陆战第 1 师，在炮兵、坦克和空军的掩护下向我阵地发起猛攻。我军在炮兵支援下，与朝鲜人民军一道激战几昼夜，阻止了敌人的进攻，粉碎了敌人迂回江界的企图，有力地配合了我军西线主力的作战。11 月 6 日晚，由于我军西线反击战已结束，第 42 军主力已完成防御任务，我志愿军司令部命令该军主力于 11 月 7 日撤出黄草岭阵地，转至柳潭里一带组织防御。我志愿军入朝后第一次战役遂告结束。

抗美援朝第一次战役，是中国人民志愿军入朝后进行的首次战役，从1950年10月25日至11月5日，我志愿军共歼伪第6师、伪第1师、伪第8师和美骑兵第1师等总计15000余人，将疯狂进犯的美军及其南朝鲜伪军从鸭绿江边一直赶回到清川江以南，粉碎了敌人企图于"感恩节"前占领全朝鲜的计划，首战告捷，初步稳住了朝鲜的战局。

## 【毛泽东评说】

先歼灭敌人几个团，逐步扩大，歼灭更多敌人，稳定人心，使我军站稳脚跟，这个方针是正确的。……（六）我军第一个战役须确定以歼灭上述三个伪军师为目标，分为几个大小战斗完成之，然后再打美英军。

> ——《同意彭德怀提出的对敌作战方针》，《毛泽东军事文集》第六卷，第163页，军事科学出版社、中央文献出版社1993年版。

庆祝你们的初战胜利。（二）目前全战役的关键有两点：一是确实抓住古场、楚山之伪七团不使逃脱，如此则伪一、六、八师非增援不可，有仗可打；二是我三个军全部到齐并完成战役展开，如此则我攻击时猛速有力，保证歼敌。

> ——《第一次战役的关键有两点》，《毛泽东军事文集》第六卷，第174页，军事科学出版社、中央文献出版社1993年版。

全局关键在于我三十八军全军以猛速动作攻占军隅里、价川、安州、新安州一带，隔断南北敌人联系，并坚决歼灭北进的美军第二师，此是第一紧要事，其余都是第二位。

> ——《全局关键在于隔断南北敌人联系歼灭美军第二师》，《毛泽东军事文集》第六卷，第190页，军事科学出版社、中央文献出版社1993年版。

作战部署，以四十军位于熙川正面及温井、云山地区，三十九军位于云山、泰川地区，三十八军位于熙川东南地区，待敌向熙川攻击之时，然后分数路出发包围攻击之。这即是彭二十二日十时电及邓洪韩解二十二日十二时电的意见，我认为是适宜的。总以利于以主力插到敌人的后面和侧面，全歼六八两师为原则。（四）……如果把这一切敌人的主力各个歼灭，而举行追击时，在顺川地区可能遇到美伞兵团。此次作战，如能将上述一切敌人逐一歼灭，并控制新安州、顺川、成川、新邑、阳德线铁路及其以南一带地区，并以一部伸出至谷山、遂安、伊川、新溪地区，使平壤、元山两敌互相孤立，不能联系，则我将处于主动，敌将处于被动。因此，此次战役必须集中尽可能多的兵力，准备连续打几个仗。……

——《对第一次战役的部署》，《毛泽东军事文集》第六卷，第143—144页，军事科学出版社、中央文献出版社1993年版。

**【评析】**

1950年10月19日，美军与南朝鲜军占领朝鲜人民民主共和国首都平壤，当日，毛泽东为中央军委起草电报，指示我东北边防军提前结束准备工作，随时待命出动，按原定计划与新的敌人作战。这新的敌人就是美国为首的"联合国军"和南朝鲜军。当日制定《志愿军入朝参战及参战后的战略方针问题》，强调抗美援朝的必要性和不怕与美国开战，决定先调我东北部队12个师入朝，先打防御战，再打反攻战。10月8日下达"组成中国人民志愿军的命令"，同日致电金日成（通过中国大使转），告知中国"决定派志愿军入朝作战"。10月10日，致电金日成、彭德怀，指出"开辟敌后战场，这在战略上是必须的而且是有利的"。10月13日，致电当时在苏联的周恩来，对正在和苏联商讨援朝的周恩来指示，"我军应当和必须入朝参战"，陈以是否参战的利害。14日，又致电在苏联的周恩来，讲明"朝鲜情况和对我军参战的意见"。当日发出《志愿军入朝作战的方针和部署》。10月23日，电示彭德怀、洪学智、邓华，发出《对第一次战役的部署》。10月26日，复电彭德怀，同意他提出的"对敌作战方针"。10月28日，电示彭邓，指出"第一次战役的关键有两点"，即抓住古场之敌不让逃脱和我三个军全部到齐并完成战役展开。除此之外，还下达了许多有关调兵遣将和战争打法的电报，进行评说。

彭德怀司令员和洪学智、邓华副司令员认真贯彻执行毛泽东和中央军委的指示，指挥我志愿军和朝鲜人民军一道取得了抗美援朝的首战胜利，积累了一些有益的作战经验，主要是：

一、根据战场变化，调整作战方针。志愿军入朝前，根据当时朝鲜战场的朝美情况，毛泽东和中央军委曾计划在朝鲜北部的德川至宁远一线以南地区先组织防御作战，待半年后再行反攻。到志愿军入朝时，战场情况急剧变化，毛泽东根据彭德怀同志提出的作战方针，果断地改变了原定计划，作战方针由打防御战改变为打运动战。其原因是：第一，敌人前进快，我军已不可能先期到达德川至宁远公路线以南地区构筑防御阵地；第二，敌军分东西两线向北进犯，中间敞着一个约83公里的口子，便于我军在运动中进行割裂；第三，敌军兵力分散，仅西线就分为5路，每路约为1个师或1个旅，且前出态势前后不齐，有利于我军穿插分割，各个击破；第四，清川江以北，山高林密，地形复杂，不利于敌机械化部队展开，而便于我军在运动中割裂围歼敌人。战况证明，作战方针调整后符合作战实际，我军在运动中穿插分割，歼灭了一部分敌人，制止了敌军的疯狂北进，使我军站稳了脚跟，为这一战役的胜利奠定了基础。

二、荫蔽行动，出敌不意，攻敌不备。高明的指挥员总是善于荫蔽自己的作战意图，及时识破敌之诡计，出敌不意，攻敌不备，夺得战争胜利的。在第一次战役中，我志愿军采取一系列措施荫蔽自己的行动：第一，部队入朝时，利用黄昏或夜间分路过江，躲过了敌人空中侦察和空中袭击；第二，入朝后向前开进时，避开定州、博川、军隅里一线及其以北20公里的地区，以防过早被敌发觉；第三，各部队派遣远出之侦察人员，伪装成朝鲜人民军，迷惑敌人；第四，没有良好战机，大部队尽量避免过早同敌人接触，以免暴露我作战意图。例如当美国侵略军占领平壤、渡过清川江后，联合国军总司令麦克阿瑟还认定"中共不会介入，毫无介入的征候"。实际情况是，当时我志愿军已有4个军荫蔽集结在长津湖一带，麦克阿瑟却一无所知。在这种错误判断的指导下，侵略军仍疯狂向北冒进，因而遭到我军出其不意的打击，麦克阿瑟才大梦初醒，连忙布置撤退。这说明，即使在现代作战中，虽然侦察和情报手段先进，只要善于伪装，仍然可以隐蔽自己的作战意图，收到出敌不意、攻敌不备的效果。

三、由弱及强，各个击破。当时朝鲜战局，敌军分东西两线，东线较弱，西线较强，而对我志愿军来说，打西线较为有利，打东线困难较多。

据此，我军确定此役以西线作战为主，以东线为辅，东线以一定兵力防御，阻敌北进，而西线则集中优势兵力歼敌。在作战目标的捕捉上，我军确定先打伪军，后打美、英军。毛泽东在 10 月 26 日的电报中明确指示："我军第一个战役，须确定以歼灭上述三个伪军师为目标，分为几个大小战斗完成之，然后再打美、英军。"其原因是美军强，伪军弱。美军是各兵种合成军，装备优良，武器先进，坦克和装甲车多，火炮多，飞机多。例如，美军一个军有各种火炮 14001 门，我志愿军 1 个军才有 200 门，差距很大。相比起来，李伪军在武器装备上比美军要差，士气也不高，且同美军有一定矛盾。因此我先打伪军，胜利的把握较大。在这次战役中，我先歼灭了伪军的几部兵力之后，敌军甚为恐慌，接着我军又在云山地区歼灭伪军一个团和美军一个团的大部。这就证明，先打西线，后打东线，先打伪军，后打美军的战法是正确的，符合先打弱敌，后打强敌，由弱及强，各个击破的原则。

四、朝鲜人民军的有力配合。在这次战役期间，留在敌后的朝鲜人民军，从 10 月下旬起，在三八线南北地区展开了积极作战，在三八线以北，先后收复了阳德、谷山、平康等地，切断了敌东部和中部前后方的交通，牵制住大量敌军，有力地配合了我志愿军的正面作战。

# 抗美援朝战争第二次战役

## 【战例】

　　1950年10月下旬，我中国人民志愿军在朝鲜战场上取得第一次战役胜利后，侵朝美军总司令麦克阿瑟仍不相信我军主力已经进入朝鲜战场，还是坐镇日本东京遥控指挥。美国为了实现其迅速占领全朝鲜的原定计划，在朝鲜战场上准备发动更大规模的所谓"结束朝鲜战争的攻势"——圣诞节攻势。11月6日，即在第一次战役结束后的第二天，美以部分兵力开始从西线和东线同时向我军发起试探性进攻。西线的伪第7师向飞虎山进攻，伪第8师向德川进攻，英第27旅、美第24师和美骑兵第1师分别北渡清川江，以部分兵力向博川、宁边一线进攻，企图占领西起清川江口，向北经嘉山，向东经长新洞、龙山洞、寺洞至宁边一线，作为发动总攻的"开始攻击线"；东线，美陆战第1师继续向黄草岭进攻，美第7师一部向丰山北犯，伪首都师一部窜至并占领明川。与此同时，美军为了阻止中国人民志愿军增兵朝鲜，发动了以轰炸鸭绿江上所有桥梁为主要目标为期两星期的空中战役，企图阻止我军继续入朝，炸毁我军运输线，将我军已进入朝鲜的部队消灭。

　　我志愿军司令部领导对敌我双方情况进行了分析，提出了诱敌深入加以歼灭的指导思想。11月4日，我志愿军作了以下部署：西线各军分别以主力部队布防于新义州、龟城、泰川、云山以及熙川南的新兴洞、妙香山地区；各军以1个师分别在宜川、南市、博川、宁边、院里、球场地区，采取正面运动防御与游击战相结合的作战方针，诱敌深入，向敌侧向转移，以配合主力歼灭敌人；东线第42军主力布防于古土水、旧津里、赴战岭地区，以1个师位于宁边，以该师部分兵力向阳德方向游击活动。11月5日，毛泽东批准了彭德怀司令员提出的作战部署，决定增调宋时轮率第 9 兵团（辖第 20 军、第 26 军、第 27 军）立即进入朝鲜战场，担任东线江界、长津方面作战任务。11 月 8 日，东线敌人继续侵犯古土水、羊山、吉州，有向江界迂回切断我军后路的企图，西线敌人集中兵力沿清川江北进。我志愿军司令部根据敌情变化和毛泽东诱敌深入的指示，决定西线以第 38 军第 112 师在熙川至球场的公路上诱敌深入；第 38 军第 113 师、第 114 师和第 40 军由西北向东南德川方向移动；东线第 42 军主力将黄草岭防务交给新入朝的第 9 兵团，转移至宁边；第 39 军和第 66 军分别集结于泰川、龟城地区形成一个口袋阵；第 50 军对海防线警戒；东线第 9 兵团（欠第 26 军）以一部抵达旧津里以南部署阻击阵地，主力集结于旧津里西南及东南地区，先歼灭向长津进犯的美陆战第 1 师两个团，再扩大战果。8 日，我志愿军司令部将作战部署上报毛泽东主席。9 日，毛泽东回电同意并作了具体指示。根据中央军委和毛泽东的指示，我军迅速展开了战役的各项准备工作。11 月 9 日，我第 38 军第 112 师放弃了飞虎山阵地。10 日，我第 39 军第 115 师放弃了博川。东线我军于 11 月 7 日放弃了黄草岭。11 月 10 日，西线敌军全线推进，东线敌军自黄草岭、丰山、明川分 3 路向北进犯。

敌军的具体部署是：西线，美第 8 集团军指挥美第 1 军、第 9 军、伪第 2 军、英第 29 旅和美空降第 187 团，向朔州、碧潼方向突击。美第 1 军指挥美第 24 师、伪第 1 师等向新义州方向攻击，美第 9 军指挥美第 2 师、第 25 师、骑兵第 1 师和土耳其旅，担任集团军主要突击任务，伪第 2 军指挥伪第 6 师、第 7 师和第 8 师向宁远和熙川方向进攻，英军 29 旅和美空降第 187 团作为预备队；东线，美第 7 师主力沿新兴里向北进攻，海军陆战队第 1 师沿下碣隅里向北进犯，伪第 1 军指挥伪第 3 师、伪首都师沿东海岸向朝鲜东北部图们江边推进，美第 3 师作为预备队。11 月 21 日，西线敌军已抵达其"攻击开始线"。此时，我西线第 50 军、第 39 军、第 38 军、第 40 军、第 42 军、第 66 军分别转移至定州西北、泰川、德川以北、云山、宁边以北以及龟城地区；东线第 9 兵团的第 27 军到达旧津里，第 26 军抵达厚昌江口地区。东线第 20 军于 17 日左右在柳潭里以西及其西北地区完成集结。11 月 22 日、23 日，敌人继续进犯。我志愿军首长于 11

月 24 日决定集中 6 个军于西线向敌进攻集团反击, 我军的具体部署: 以第 38 军、第 42 军歼灭德川、宁边地区伪第 2 军主力, 再向价川和顺川、肃川方向实施迂回, 切断敌人退路, 协同第 39 军和第 40 军歼灭院里、价川地区敌军; 第 40 军向龙门山、西仓方向进攻, 阻止美第 2 师东援和美骑兵第 1 师北援, 再向院里、价川方向进攻; 第 50 军、第 39 军和第 66 军分别于五龙洞、院丰洞、新上里、天溪洞、明堂洞、外洞地区歼灭当面敌军后, 第 39 军渡过清川江向价川进攻, 第 50 军和第 66 军向博川方向进攻; 第 9 兵团在东线以主力歼灭美陆战第 1 师两个团于长津湖地区, 再在运动中继续歼灭敌军。第 26 军在临江地区作为预备队, 随时准备向惠山镇方向机动。

1950 年 11 月 24 日, 联合国军总司令麦克阿瑟从东京飞到朝鲜第 8 集团军司令部, 发出了"圣诞节结束朝鲜战争的总攻势"号令, 指挥东西线美伪军同时对我军发起了全面进攻, 美第 10 军从长津湖西进, 美第 8 集团军从清川江北上, 在武坪里会合后围歼我志愿军主力, 再一齐向中朝边境进军, 在圣诞节占领整个北朝鲜。西线美第 8 集团军指挥美第 1 军、第 9 军和伪第 2 军共 3 个军 8 个师 3 个旅及 1 个空降兵团, 左翼美第 1 军指挥美第 24 师、英第 27 旅、伪第 1 师由嘉山、古城洞地区分别向新义州、朔州方向进攻; 美第 9 军指挥美第 25 师、美第 2 师由立石、球场地区分别向朔州、碧潼、楚山方向进攻; 土耳其旅在军隅里地区, 美骑兵第 1 师在顺川地区作机动。右翼伪第 2 军指挥伪第 7 师、第 8 师分别从德川以北宁边和寺洞地区向熙川、江界方向进攻, 伪第 6 师位于北仓里、假仓里地区作机动。英第 29 旅在平壤, 美空降第 181 团在沙里院作为第 8 集团军预备队。东线, 美第 10 军指挥美陆战第 1 师、美第 3 师、美第 7 师由长津湖向武坪里、江界方向进攻, 伪第 1 军指挥伪首都师、伪第 3 师向东海岸图们江边推进。11 月 25 日, 西线各路敌军已被我军诱至西起纳清亭, 经泰川、云山、新兴洞至宁边以东约 140 公里的弧形地带的预定战场, 东线敌军被诱至社仓里、柳潭里、新兴里等地区, 我军作战条件已经成熟。

11 月 25 日黄昏, 西线我第 38 军和第 42 军在正面各军配合下, 向德川、宁边地区伪第 7 师和伪第 8 师发起了突击, 我抗美援朝战争第二次战役正式开始。第38军第112师从敌左翼进攻，于26日晨5时到达德川以西，切断了德川与军隅里敌军的联系；第113师从敌右翼向德川以南迂回，由新坪里渡过大同江，击垮伪第6师范团的阻击，于26日晨8时到达德川以南遮日峰切断了敌人南逃之路；第114师从正面攻击，于26日占领德川以北地区并在沙坪站歼灭了伪第7师榴炮营，完成了对伪第7师的包围。26日15时，伪第7师在飞机掩护下突围，双方战至19时，我第39军歼灭了伪第7师5000余人；同时，我第42军占领了宁边、孟山，为整个战役打开了缺口，为我军继续发展创造了有利条件。我第40军向球场以北新兴洞、苏民洞美第2师发起攻击，歼灭新兴洞敌三个连、苏民洞敌200余人，后又转向球场、价川进攻。我第50军、第66军、第39军分别向博川、安州、宁边、价川方向突袭。26日晚，第39军在柴山洞争取美第25师1个连共115人投降，第38军、第42军歼灭伪第7师、第8师及伪第6师一部，在敌右翼打开了战役缺口。27日，敌人急调美骑兵第1师一部由顺川向新仓里、土耳其旅由价川向德川方向机动，企图制止我军迂回、进攻。

11月27日黄昏，我第38军主力沿公路向价川进攻，于28日拂晓抢占了戛日岭及以西地区，粉碎了土耳其旅一个加强营的阻击，并击溃了美骑兵第1师的两个营。第38军第113师在左翼沿小路急速向三所里进攻，冒着被美军轰炸的危险，14小时前进了140里，于28日晨8时占领了三所里，粉碎了美骑兵第1师第5团的冲击，击退了由南面北援的敌人。我第38军前指命令第113师抢占龙源里。第113师第337团占领了龙源里，切断了价川敌人的退路。至此，美第2师、第25师及土耳其旅余部和美骑兵第1师、伪第1师各一部陷入我三面包围之中。29日白天，西线美军开始了全线撤退，美第1军由清川江北岸撤至安州，美第9军向价川及其以南地区收缩；同时急调顺川美骑兵第1师主力及位于平壤地区的英第29旅北上增援，企图与价川南逃敌军夹击我第113师。我志愿军司令部电令第38军主力第112师、第114师往三所里第113师靠拢，插至敌人退兵后面，以减轻三所里、龙源里的压力；正面各军迅速向安州、价川方向攻击，拦住敌人南逃之路。11月29日，第42军第一梯队进至新仓里，遭到美骑兵第1师第7团的阻击，影响了向顺川、肃川方向的战役迂回。从29日起，敌人在大量飞机、坦克和炮兵的掩护下向龙源里、三所里我第113师阵地猛攻，与美骑兵第1师、英第29旅形成南北夹击局面，企图打开南逃之路。我第113师激战两日，使南北之敌相距不足1公里，敌人始终未能会合。11月30日1时，我第40军攻占军隅里，歼灭美第2师1个营，其主力向安州方向前进；第38军主力进至龙源里、价川、三所里地区；第39军由军隅里西北渡过清川江向西南方向攻击，与第40军在青谷里、新仓里地区协助第39军歼敌一部。12月1日，敌人开始向三八线以南实行总退却，三所里、龙源里被困敌军向安州方向突围。由于敌人是现代化装备，比我军徒步要快得多，于12月2日我军停止了追击，让敌人绕道安州向肃川和平壤方向退去。我军主力于安州、博川、顺川等地进行休整，以一部分兵力尾随敌人向南推进。12月6日，我军收复平壤。

在我西线部队与敌军激战同时，东线我第9兵团进入朝鲜战场往长津湖方向进军，11月27日夜，第9兵团之第27军、第20军分别向柳潭里、新兴里、下碣隅里、古土里和社仓里等地区的美第10军发起了进攻。第27军当夜包围了新兴里和内洞寺敌军，并攻入新兴里歼灭敌人一部。第20军向下碣隅里、古土里和社仓里等地区敌人突击，占领了死鹰岭，将柳潭里与下碣隅里敌人隔开，并包围了下碣隅里，切断了古土里以北公路。经过一夜激战，至28日，我军将敌人分割包围于新兴里、柳潭里、下碣隅里等几个孤立地区，形成了各个歼灭敌人的有利条件。敌人在飞机和坦克掩护下，向我军展开了猛烈的反扑，但均被我军击退。我军由于火力弱、缺乏防冻经验，非战斗减员极其严重。11月29日，我军决心集中兵力首先歼灭新兴里美陆战第1师1个团，对柳潭里、下碣隅里伪首都师围而不攻。30日晚我军向新兴里敌军发起进攻。12月1日，敌人向南逃跑，我军在后浦、泗水里地区歼灭了美陆战第1师1个团大部。同日，柳潭里敌人向下碣隅里方向突围；在死鹰岭地区我军歼灭了伪首都师一部。1月3日，伪首都师在飞机和坦克掩护下逃至下碣隅里。

12月2日，为了阻止敌人南逃，我军决心以预备队第26军接替第20军歼灭下碣隅里敌人。12月6日，敌人在大量飞机和坦克掩护下，乘着汽车突围南逃,我军虽给予阻击但未能全歼。12月12日,敌人在美第3师接应下逃至五老里,我第26军和第27军即尾随敌人进行追击。12月9日,朝鲜人民军收复元山。12月17日,敌人撤至连浦、兴南港地区,在海空军的掩护下从海上撤退。同日,我第9兵团在朝鲜人民军第3军团配合下解放咸兴。12月24日,我军收复元山港、兴南地区及沿海港口。至此,第二次战役全部结束。我第9兵团在咸兴、元山地进行休整补充。

抗美援朝战争第二次战役是于1950年11月25日至12月24日进行的,我志愿军采取了诱敌深入、集中兵力各个歼灭敌人的方针,共歼敌36000余人(其中美军24000余人),解放了除襄阳以外的全部三八线以北领土和三八线以南的翁津、延安半岛,迫使敌人退至三八线以南转入防御,初步扭转了朝鲜战局。

## 【毛泽东评说】

目前部署及下一步作战意图,均很好,请即照此稳步施行。……(四)争取在本月内至十二月初的一个月内东西两线各打一二个仗,共歼敌七八个团,将战线推进至平壤、元山间铁路线区域,我军就在根本上胜利了。

——《同意志愿军下一步的作战方针和部署》,《毛泽东军事文集》第六卷,第198页,军事科学出版社、中央文献出版社1993年版。

彭十二月四日二十四时电所述战役部署甚好,望即照此执行。十二月四日十八时电所述经验总结,亦是很好的。此次西线歼敌二万余,是一个大胜利。(二)宋陶覃十二月四日二十二时五分电部署意见很好,望即执行。除歼灭极围之敌及准备打援外,如能以一个军的主力再歼灭社仓里地区美三师的两个团,则意义极大。

——《同意东西两线作战部署》,《毛泽东军事文集》第六卷,第237页,军事科学出版社、中央文献出版社1993年版。

(一)目前美英各国正要求我军停止于三八线以北,以利其整军再战。因此,我军必须越过三八线。如到三八线以北即停止,将给政治上以很大的不利。(二)此次南进,希望在开城南北地区,即离汉城不远的一带地区，寻歼几部分敌人。然后看情形，如果敌人以很大力量固守汉城，则我军主力可退至开城一线及其以北地区休整，准备攻击汉城条件，而以几个师迫近汉江中游北岸活动，支援人民军越过汉江歼击伪军。如果敌人放弃汉城，则我西线六个军在平壤、汉城间休整一时期。……

——《我志愿军必须越过三八线作战》，《毛泽东军事文集》第<br>六卷，第 239 页，军事科学出版社、中央文献出版社 1993 年版。

九兵团此次在东线作战，在极困难条件之下，完成了巨大的战略任务。由于气候寒冷、给养缺乏及战斗激烈，减员达四万人之多，中央对此极为怀念。为了恢复元气，养精蓄锐，以利再战，提议该兵团在当前作战完全结束后，整个开回东北，补充新兵，休整两个月至三个月，然后再开朝鲜作战。在此期间内，即由西线六个军，配合朝鲜人民军，在南朝鲜作战。每一战役，以歼灭美李军一万人左右至多两万人为目标，兵力似已够用。……

——《关于志愿军兵力使用的意见》，《毛泽东军事文集》第六卷，<br>第 241 页，军事科学出版社、中央文献出版社 1993 年版。

兹将我志愿军三十八军在第二次战役中的经验总结，转发给你们，这是极重要的经验，望注意研究。在志愿军的作战经验中证明，我军对于具有高度优良装备及有制空权的美国军队，是完全能够战胜的。

——《我军能够战胜装备优良的美国军队》，《毛泽东军事文集》<br>第六卷，第 243 页，军事科学出版社、中央文献出版社 1993 年版。

## 【评析】

为了巩固与扩大第一次战役的胜利战果，我志愿军决定向敌人反击。毛泽东和中央军委决定增派第 9 兵团入朝参战，并于 11 月 5 日电示彭德怀、邓华并告宋时轮、陶勇同志："（一）各电均悉，部署甚好。"11 月 9 日电示彭德怀："目前部署及下一步作战意图，均很好，请即照此稳步施行。""争取在本月内至十二月初的一个月内东西两线各打一二个仗，共歼敌七八个团，将战线推进至平壤、元山间铁路线区域，我军就在根本上胜利了。"11 月 13 日毛泽东在审阅 1950 年 11 月 12 日周恩来为毛泽东起草的给斯大林的电报稿加写的一段话中说："据我的观察，朝鲜的战局，是可以转变的。"11 月 18 日电示彭、邓、朴，指出"只要我军多打几个胜仗，歼灭几万敌军整个国际局势就会改观。"12 月 3 日电示彭、邓、朴，"我九兵团数日作战，已取得很大胜利"，"如我军能将这些增援队各个歼灭，在朝鲜战局上将起很大变化"。12 月 4 日电示彭邓、朴、洪，相机占领平壤。12 月 5 日致电彭宋：同意东西两线作战部署。12 月 13 日电示彭："我军必须越过三八线。如到三八线以北即停止，将给政治上以很大的不利。"12 月 21 日电复彭德怀，回答"关于朝鲜战场形势和作战部署"的有关问题，此外，对兵力调配、后勤补给和战略战术的有关问题作了许多相关的指示，并加以评说。

我志愿军司令部坚决贯彻执行毛泽东和中央军委的指示，指挥志愿军取得了第二次战役的胜利，创造了新的作战经验，主要是：

一、诱敌深入，适时反击。在第二次战役中，我军抓住敌人恃强骄傲和轻视我军的心理，在敌人进行试探性进攻时，将计就计，主动撤出飞虎山、德川等地，将主力撤到龟城、泰川、云山、妙香山等地区，构筑工事，隐蔽待机；同时以小部兵力节节抗击，示弱于敌，让敌人大胆地向我预定地区冒进。11 月 24 日，敌向我发起总攻后，我主力部队又按预定作战方法，继续诱敌深入。待我将敌军诱至对我有利的作战地区之后，及时抓住战机，毫不犹豫地向敌人发起猛攻，给敌出其不意的打击，迅速地打开缺口，为整个战役的胜利创造了有利条件。

二、迂回包围，分别歼敌。在此役中，我针对美伪军对后方交通线依赖大，害怕我切断其退路等弱点，特别强调实施迂回包抄，各个歼灭敌人的作战方针。第 38 军和第 42 军首先采取分割包围战术，分别歼灭了伪第 2 军主力大部。接着又向敌后方实施大胆的战役迂回，与我正面部队形成对敌人的合围态势，有力地调动了敌人，为我主力分割歼敌创造了有利条件。第 9 兵团在歼灭新兴里等地的战斗中，也是集中优势兵力，对敌形成合围，完成了歼敌任务。这些战斗都雄辩地说明，只有大胆地实施迂回包围，才能有效地歼灭敌人。

三、英勇顽强，连续作战。这次战役，正值隆冬天气，战地气温降到零下 30 多摄氏度，缺乏棉衣，缺少弹药，缺少粮食，我志愿军战士只能一口炒面一把雪，有时甚至断炊数天，困难极其严重。在极其困难的情况下，部队连续作战一月之久，凭着坚强的政治思想工作，指战员们始终斗志昂扬，不怕困难，不怕牺牲，英勇顽强，前仆后继，终于打赢了这场战争。

四、缺点和不足。这次战役说明了后勤工作的极端重要。由于粮食、弹药等一切战略物资都靠祖国供应，运输线长，运输车辆不足，再加上敌人对我运输线的狂轰滥炸，补给十分困难。我军主要靠部队本身携带的粮食弹药作战，战役攻势只能维持七天到十天，影响了战役的发展。有时因粮食弹药供应不足，严重影响了对合围之敌的攻歼和对逃敌的追击，丧失了不少歼敌的机会。第9兵团在东线因为作战条件恶劣，减员4万多人，致使部队伤了元气，只得整个开回东北休整、补充。我军有些作战方法，如迂回包围、各个击破等，固然行之有效，但也遇到了新问题，那就是迂回幅度过大，包围敌人太多，由于我军的武器装备处于劣势，很难达到预期的目的。如柳潭里之敌从12月1日至17日，我军在死鹰岭、下碣隅里、五老里、连浦等地四次围攻都被其突围，只歼其一部，最后该敌仍从海上逃走。因此，应从敌我双方的实际情况出发，实行较小范围的迂回包围，比较能够奏效。

# 凡尔登战役

【战例】

凡尔登作战是 1916 年德国和法国在法国东部边境要塞凡尔登进行的一次激战,是第一次世界大战中具有决定意义的一次战役。

1914 年至 1918 年的第一次世界大战,是帝国主义国家为了重新瓜分世界、争夺殖民地而进行的非正义战争。大战爆发以前,帝国主义国家逐渐形成了两个敌对的军事集团:"三国同盟"和"三国协约"。1882 年,德、奥、意在维也纳签订军事同盟条约,称为"三国同盟",意大利于 1915 年退出,参加协约国。英、法、俄为对抗"三国同盟",先后分别缔结了一些协定,至 1907 年形成另一个帝国主义军事集团,称为"三国协约"。第一次大战爆发后,有美、日等 20 多个国家参加"三国协约",一方面对德、奥宣战,通称"协约国",德、奥一方则通称"同盟国"。1917 年 8 月 14 日,中国也参加了"协约国",对德、奥宣战。

第一次世界大战的导火线是 1914 年 6 月的萨拉热窝事件。1914 年 6 月 28 日,奥匈帝国皇储弗朗茨·斐迪南大公夫妇在波斯尼亚检阅军事演习后,到达萨拉热窝,被塞尔维亚爱国青年普林西普炸死。奥匈帝国在 7 月 23 日向塞尔维亚提出条件苛刻的最后通牒,28 日对塞宣战,第一次世界大战爆发。

战争开始后,同盟国有军队 350 余万人,协约国为 610 余万人;以后,同盟国兵力增至 2500 万人,协约国增至 1500 万人。战火遍及欧、亚、非三洲,欧洲是主要战场,其中又分为 3 条战线:西线,从北海延伸到瑞士,英、法、比军队在此与德国军队作战;东线,从波罗的海延伸到罗马尼亚,德、奥军队在此与俄国军队作战;巴尔干战线,在多瑙河和萨瓦河一带,塞尔维亚军与奥军作战。三条战线中以西线为主。大战历时 4

年零 3 个月，先后有 30 多个国家参战，13 亿人口被卷入战争漩涡。1916 年，第一次世界大战进入决定性阶段，凡尔登战役便是在这一阶段中发生在西线的一次决定性战役。

凡尔登是法国东北部的军事重镇和最大的要塞，位于法、德边境。凡尔登要塞依山而建，炮台环列，筑有复杂而坚固的防御工事，居高临下，形势险要，俯瞰着马斯河上游，有"法国的东方门户""巴黎的钥匙"之称。因此，德军决定猛烈攻击凡尔登，以引诱法军来援，使凡尔登成为碾碎法军的"磨盘"，使之大伤元气，以此来争取西线的胜利。1915 年冬，德军开始作进攻准备，调集了西线战场上的训练和装备最好的 10 个师，共 27 万人，大炮 1000 多门，其中的 600 门是重炮。德国皇太子威廉任战役统帅，德国皇帝还亲自检查作战准备。为了迷惑法国，西线德军全都处于无准备状态。法军曾发现德军进攻凡尔登的企图，但未引起高度重视，没有采取足够的措施。当德军即将向凡尔登发起进攻时，守卫凡尔登的法军仅有 4 个师 10 余万人，270 门大炮，法军主力还在远离凡尔登的其他战场上。

1916 年 2 月 21 日，德军在 8 公里长的战线上发起攻击，首先以空中火力破坏了凡尔登附近的交通枢纽和通讯设施，接着用密集的炮火、燃料弹、毒气向马斯河东岸凡尔登北面的狭窄三角地带进行了猛烈的射击。第二天，德军步兵向可塞弗、亚查吕斯地段实施正面攻击，并迅速地突破法军前沿阵地，占领了浩木特及其东面的考勒斯森林的大部。之后，德军把法军从沙木格乃克斯至贝奥木特一线的要塞网中击退，继续向前推进。25 日，德军占领了凡尔登北面的重要支撑点岛奥木特堡。这时，法军一面继续顽强地抵抗，一面急调第二集团军驰援，并任命第二集团军司令贝当将军为凡尔登防守军的总指挥。贝当到达前线后，立即采取紧急措施，组织力量抢修公路，用近 4000 辆汽车在一个星期内运来 19 万军队和 2 万 5000 吨军火，接着又把第 10 集团军调来，使凡尔登守军增至 43 万余人。之后，法军阵地稍趋稳定。但由于德军也不断增兵，加强攻势，以致坎朴、浩罗木特、浮克斯村一线都被德军占领。

与此同时，为了配合马斯河东岸正面的进攻，另一路德军从东面沿爱坦至凡尔登道路的两侧，向凡尔登挺进，至 3 月 6 日，占领了答老朴至夫勒斯一带，法军被迫退至凡尔登附近的可推斯地区防守，并凭借马斯河西岸弗尔格斯南北两方高地的炮兵阵地，向东岸德军阵地射击。两军争夺的焦点便转移到马斯河西岸。3 月 6 日，在马斯河西岸作战的德军发起猛烈攻击，占领了弗尔格斯高地及其东南的弗尔格斯村和勒格吕飞吕村等地。3 月 10 日，德军又攻占了弗尔格斯以南的高地及 265 山岭。15 日，德军推进至托特马等地。此后，德军和法军在马斯河西岸的主要支撑点 304 高地展开激烈的拉锯战。经过反复争夺，至 5 月底，德军终于占领了亚弗考特森林、304 高地、托特马高地、苦米勒斯村一线。此后，德军在马斯河西岸停止进攻，争夺重点又移到东岸正面战场。

法军为确保凡尔登，不断增兵，并想乘德军停止攻击之机，夺回失守的阵地。5 月下旬，法军组织反攻，夺回了岛奥木特堡，但随之又被德军夺走，德军乘势于 6 月 2 日攻占浮克斯堡。至此，德军从北、西、东三面迫近凡尔登。6 月末，曾一度推进到距凡尔登仅 3 公里的地区，但伤亡很大。

与此同时，东线战场上俄德两军战斗也很激烈。英法联军为了援救凡尔登，于 7 月 1 日在法国索姆河两岸发动了对德军的进攻，双方都投入了数十万部队。德国不仅无法向凡尔登增兵，还必须从凡尔登抽调部队去东线和索姆河战场，从而大大削弱了对凡尔登的攻势。入秋以后，德军被迫放弃了一部分已占领的阵地。10 月 24 日以后，又相继放弃岛奥木特堡和浮克斯堡。12 月 15 日，法军乘势反攻，夺回了布挪斯至岛奥木特村一线以北的许多重要据点。之后，德军凭坚固守，双方形成对峙态势。12 月底，战役基本结束。德军未能攻占凡尔登，其一举歼灭法军主力，取得西线胜利的战略计划彻底破产了。

### 【毛泽东评说】

在 1916 年，德军曾向法国要塞凡尔登举行数度的进攻。当时德军的战役统帅是德国皇太子，投入战斗的力量是德军的最精锐部分。当时的战斗是带决战性的。德军猛攻不克，整个德奥土保阵线再也找不到出路，从此日益困难，众叛亲离，土崩瓦解，走到了最后的崩溃。然而当时英美法阵线方面，还没有看出这种情况，以为德军仍极强大，不知道自己的胜利已经快到面前。在人类历史上，凡属将要灭亡的反动势力，总是要向革命势力进行最后挣扎的，而有些革命的人们也往往在一个期间内被这种外强中干的现象所迷惑，看不出敌人快要消灭，自己快要胜利的实质。

——《第二次世界大战的转折点》，《毛泽东选集》第三卷，第884页。

## 【评析】

1916年发生的凡尔登战役，是第一次世界大战中两大军事集团间的一次战略决战。战争规模很大，法军投入了全部70个师的大部分兵力，德军也先后投入了46个师。交战结果，法军伤亡37万余人，德军伤亡60万人。德军虽曾攻占凡尔登附近300平方公里的土地，但始终未能攻克凡尔登要塞。因战事失利，德军参谋长法尔根海被降职到驻罗马尼亚部队的司令官，而参谋长一职由兴登堡自己担任，并由鲁登道夫担任实际上的副总参谋长，宰相柏茨蔓主张议和，被赶下了台。在法国，维维阿尼内阁辞职，由布里昂德组阁。布里昂德于12月12日组成了五人战时核心内阁。由此，我们可以看出凡尔登战役对德、法政局和军界的严重影响。此后，德国处境日益恶化，走到了崩溃的边缘。然而，协约国方面并没有看出这一点，美国迟至1917年4月6日才正式对德宣战。

第二次世界大战期间，美英报纸把当时的斯大林格勒战役比作凡尔登之战。毛泽东在《第二次世界大战的转折点》一文中指出：这个比拟并不适当，因为两者有性质的不同：凡尔登战役是帝国主义之间你争我夺的战争，双方都是非正义的；而斯大林格勒保卫战则是苏联人民反对法西斯德国侵略的正义战争。但二者有一点是相同的：有许多人在这种时候还被德国的攻势所迷惑，以为德国还有获胜的可能。毛泽东深刻地分析凡尔登战役"带决战性的"性质，指出德奥土保阵线"众叛亲离，土崩瓦解"和英美法战线"胜利已经快到面前"的态势，并且给我们提出了一个观察时局的科学方法："在人类历史上，凡属将要灭亡的反动势力，总是要向革命势力进行最后挣扎的，而有些革命的人们也往往在一个期间内被这种外强中干的现象所迷惑，看不出敌人快要消灭，自己快要胜利的实质。"毛泽东的这一论述，不仅科学地分析了凡尔登之战以后的第一次世界大战的发展趋势，而且在更普遍的意义上教导我们，观察和分析形势时，必须善于抓住关键的问题，通过现象看本质，只有这样，才能高瞻远瞩，因势利导，夺取战争的胜利。

# 意大利侵略阿比西尼亚之战

## 【战例】

第二次世界大战前夕，德、意、日和英、美、法等两大帝国主义集团之间矛盾日趋激化。德、意、日法西斯国家为了和英、美、法等国争夺势力范围，重新瓜分世界，进行了一系列的侵略战争。1935 年 10 月至 1936 年 5 月，意大利侵略灭亡阿比西尼亚（即今埃塞俄比亚）的战争，就是其中之一。

阿比西尼亚位于非洲东北的红海之滨，是一个具有 3000 多年历史的古老国家。公元 1—7 世纪时，曾是非洲政治、经济和文化中心之一。从 16 世纪起，葡萄牙、英国和意大利等国为了掠夺阿比西尼亚的丰富资源，不断地对阿比西尼亚进行侵略战争。1869 年苏伊士运河通航以后，红海沿岸地区的经济和战略地位更加重要，阿比西尼亚更成为欧洲列强的争夺目标。1885 年意大利抢占了阿比西尼亚北部沿海的厄立特里亚地区，切断了阿比西尼亚与红海的联系。1890 年 2 月，意大利悍然宣布阿比西尼亚受其"保护"。1896 年战败后被迫承认阿比西尼亚独立。第一次世界大战后，意大利法西斯为了建立地中海霸权，重新分割东非和北非的美法殖民地，一直处心积虑地准备发动对阿比西尼亚的侵略战争。法西斯头子墨索里尼上台后，为了摆脱内外交困的窘境，加紧准备对阿比西尼亚的武装侵略。1934 年起，意大利把大批军队和军用物资源源不断地运往厄立特里亚地区，并制造了"华尔华尔事件"，加剧东北非的紧张局势。所谓"华尔华尔事件"，是指 1934 年 12 月 5 日发生的一次意、阿两军交火事件。原因是：阿军护送勘定英属索马里与阿比西尼亚边界的英阿划界委员会委员到达华尔华尔，这个地区和意属索马里接界，并已被意军占领多年，意军不许执行护送任务的阿军在该地搭设营帐，并开枪打死阿军 100 多人，阿军还击。打死意军数十人。1935年2月起，意大利进行了一系列的局部动员。9月底，集结于东北非的意大利军队已达30万人。墨索里尼狂叫，对阿比西尼亚问题要作"一劳永逸的解决"。不久，便悍然发动了对阿比西尼亚的侵略战争。

1935年10月3日，意大利派飞机轰炸阿比西尼亚北方重镇阿杜瓦城，以20万陆军从北、东、南三路进攻，妄图一举占领阿比西尼亚，后来意军增加到50多万，共计21个师。侵略军拥有大批现代化武器和装备，计有机枪10000余挺，火炮近1000门，坦克300辆，飞机500架。

当时的阿比西尼亚，人口约1200万，经济落后，没有统一的军队。1930年1月，代表保守势力的女皇扎娣图病死，少王"阿比西尼亚"派领袖、摄政王塔法西·马海南即位，称海尔·塞拉西一世。在海尔·塞拉西皇帝的领导下，战争爆发前进行了总动员，但进展缓慢。到1935年底，阿军还不到45万人，而且武器装备很差，只有二三百挺机枪，50门火炮，7架民用飞机。除了皇帝卫队装备较好外，其余大部使用的是弓箭、刀枪等原始武器。

尽管力量悬殊，但阿比西尼亚人民和军队不畏强暴，同仇敌忾，拿起刀枪，高喊"坚决抗敌，至死不屈"的口号，投入了保卫祖国独立的神圣抗战。

战争开始后，双方军队在北面、东面和南面三条战线同时开战。东线意军17000人，阿军10000人，由于意军坦克在沙漠里行动不便，所以始终没有大的进展。南线意军约11万人，阿军10—15万人。北线意军有3个军团，约25万人，阿军约15万—25万人，编为3个集群，是双方争夺的主要战场。

北线意军由意大利东北非总督德波诺亲自指挥，1935年10月3日从厄立特里亚首先向阿杜瓦进攻。阿军在敌人优势兵力的攻击下，坚守到最后一刻。10月6日被迫撤离后，又数次反攻，均未奏效。10月12日，阿军大部退守马卡累。马卡累地势较高，形势险要。意军12万人向马卡累猛攻，阿军居高临下，英勇反击，迫使11月6日一度攻至城区的意军先头部队溃退。直到11月8日，马卡累才落入意军之手。

东线意军也遭到阿军的顽强抵抗。意军的坦克陷在沙漠里无法行动，只能使用马匹和骆驼作战，动用飞机轰炸。阿军民使用弓箭、刀枪，英勇杀伤敌人，常常进行夜袭，埋藏粮食，填塞水井，实行坚壁清野，使意军在东线一直没有什么进展，还被迫撤出已占领的一些地方。

南线意军于10月初从索马里侵入阿比西尼亚后，其主要攻击目标是戈腊黑，以便进而夺取哈拉尔和切断从吉布提到阿比西尼亚首都亚的斯亚贝巴的铁路线。阿军奋勇迎击敌人，他们的武器装备很差，不少人是用镖枪、盾牌等原始武器来和拥有飞机、大炮和坦克的敌人搏斗，战斗极为激烈。最后因为意军飞机的狂轰滥炸，11月8日戈腊黑也失守了。

意军占领马卡累和戈腊黑以后，意阿双方暂时形成对峙态势。在阿比西尼亚军民的顽强抗击下，意大利法西斯的闪击战计划遭到了失败，11月6日，墨索尼里撤掉了德波诺的职务，任命参谋总长巴多里奥为东北非意军总司令。11月19日至21日，阿皇海尔·塞拉西一世巡视西线，商讨阿军乘机反攻的计划。11月21日至28日，阿军在南线收复了戈腊黑和哈拉尔，12月北线还打败了前去增援的法西斯精锐部队黑衫军，取得了重大的战果。

阿比西尼亚人民的抗意战争，赢得了世界各国人民特别是非洲人民的同情和支持，埃及等国人民成立了阿比西尼亚委员会，举行罢工和游行示威，有的还组织志愿人员，奔赴阿比西尼亚作战。意大利的革命者，也声援阿比西尼亚人民的斗争。但是，英、法等对意大利的侵略采取了绥靖政策。法国害怕意大利向巴尔干半岛、多瑙河流域和近东扩张，给自己带来"灾祸"，竭力将意大利法西斯的侵略引向非洲大陆，以保障自己的利益。英法政府还出面进行所谓"调停"，12月中旬提出一个祖护意大利的议和方案，遭到了阿比西尼亚拒绝。

1936年1月，阿比西尼亚军队在马卡累以西的唐北安区积极反攻，战斗极其激烈。开始，阿军局部突破了意军战线，但由于意军利用坦克和飞机配合步兵作战，使阿军不能发展胜利。

2月10日，意军向马卡累以南的安太洛镇发动猛攻，企图切断唐比安区与设在德埃西的海尔·塞拉西皇帝指挥总部间的联系。经过激战，阿军败退，2月15日意军占领了该城。

3月底，北线阿军在阿香奇湖（德西埃北）一带向意军发起攻击，获得局部胜利。4月2日，意军猛烈进攻，迫使阿军后退。意军在追击时广泛使用了毒气，并且派出间谍组织在阿军后方进行骚扰和破坏。阿军在腹背受敌和力量悬殊的情况下，节节败退。4月15日，离首都250公里的德埃西也被意军占领了。

当首都亚的斯亚贝巴处于十分危急之时，海尔·塞拉西皇帝于5月3日出国，从法属索马里乘英轮去伦敦。5月5日，意军占领了阿比西尼亚首都亚的斯亚贝巴，至此，北线战事基本结束。

阿军在北线失败后，南线也很快瓦解了。意军占领了哈拉尔、迪雷达瓦等地。墨索里尼随即宣布正式吞并阿比西尼亚。此后，阿军转入游击战争，但由于缺乏统一的领导，处于各自为战的松散状态。1941年，英国军队在东北非向意军展开反攻，阿比西尼亚人民的游击战争更加活跃。1月，海尔·塞拉西一世率领两千多游击战士从苏丹打回祖国，一路上队伍迅速扩大。4月，阿比西尼亚游击队扫清了解放亚的斯亚贝巴的道路。到年底，阿比西尼亚人民赶跑了意大利侵略军，恢复了国家的独立。


【毛泽东评说】

关于丧失土地的问题，常有这样的情形，就是只有丧失才能不丧失，这是"将欲取之必先与之"的原则。如果我们丧失的是土地，而取得的是战胜敌人，加恢复土地，再加扩大土地，这是赚钱生意。……不愿意丧失一部分土地，结果丧失了全部土地。阿比西尼亚的打硬仗，也得到丧失宝国的结果，虽然阿国失败的原因不仅仅这一点。

　　　　——《中国革命战争的战略问题》，《毛泽东选集》第一卷，第211—212页。

阿比西尼亚为什么灭亡了呢？第一，它不但是弱国，而且是小国。第二，它不如中国进步，它是一个古老的奴隶制到农奴制的国家，没有资本主义，没有资产阶级政党，更没有共产党，没有中国这样的军队，更没有如同八路军这样的军队。第三，它不能等候国际的援助，它的战争是孤立的。第四，这是主要的，抗意战争领导方面有错误。阿比西尼亚因此灭亡了。然而阿比西尼亚还有相当广大的游击战争存在，如能坚持下去，是可以在未来的世界变动中据以恢复其祖国的。

　　——《论持久战》，《毛泽东选集》第二卷，第 453 页。

　　民力和军力相结合，将给日本帝国主义以致命的打击。民族战争而不依靠人民大众，毫无疑义将不能取得胜利。阿比西尼亚的覆辙，前车可鉴。

　　——《反对日本进攻的方针、办法和前途》，《毛泽东选集》第二卷，第 347 页。


## 【评析】

　　第二次世界大战前夕，1935 年 10 月到 1936 年 5 月意大利侵略者灭亡阿比西尼亚（今埃塞俄比亚）的战争，是意大利法西斯头子、战争狂人墨索里尼侵略扩张的罪行之一，在当时国际上"产生了极坏的影响"。中国抗日战争爆发后，一些亡国论者便据为口实，主张向日本侵略者妥协投降，便是这种恶劣影响的反应之一。毛泽东为了教育党和人民，廓清谬误，以正视听，在《中国革命战争的战略问题》《论持久战》和《反对日本进攻的方针、办法和前途》中多次论及这次战争。在《论持久战》"驳亡国论"一节为了批驳"如果抗战，必会作阿比西尼亚"等亡国论调时，具体指出了阿比西尼亚灭亡的四个原因（见前引录），深刻地分析了阿比西尼亚灭亡的时代特点和社会条件，教导人民对具体事物和具体战争要作具体的研究和分析，否则，就看不出问题的实质，就会得出完全错误的结论。

　　在《中国革命战争的战略问题》一文中，为了批驳王明反对诱敌深入，主张"御敌于国门之外"的错误方针，毛泽东深刻地阐述了"诱敌深入""后发制人"的战略战术，以及丧失土地与战胜敌人的关系，指出："如果我们丧失的是土地，而取得的是战胜敌人，加恢复土地，再加扩大土地，这是赚钱生意。"毛泽东严厉地批判了王明等人在敌人第五次反"围剿"时期不愿意丧失一部分土地，结果丧失了全部土地的愚蠢行径，并且指出："阿比西尼亚的打硬仗，也得到丧失全国的结果，虽然阿国失败的原因不仅仅这一点。"

一切反侵略的战争都是正义的，正义的事业，终归是要胜利的。1938年5月，毛泽东在《论持久战》中预言："阿比西尼亚还有相当广大的游击战争存在，如果坚持下去，是可以在未来的世界变动中据以恢复其祖国的。"后来的情况正是这样，坚强不屈的阿比西尼亚人民，在世界反法西斯力量的支持下，经过五年多的艰苦奋战，终于赶走了意大利侵略者，光复了祖国。

毛泽东在《反对日本进攻的方针、办法和前途》一文中，讲到抗日战争的"两套办法"，即"全国军队的总动员"和"全国人民的总动员"。他指出，民力和军力相结合，将产生无穷威力，给日本帝国主义者以致命的打击。民族战争而不依靠人民大众，将会重蹈阿比西尼亚亡国的覆辙，揭示了战争的真正伟力在于人民，体现了毛泽东"兵民是胜利之本"的思想。

# 斯大林格勒战役

【战例】

　　1942年7月17日至1943年2月2日进行的斯大林格勒战役，是第二次世界大战期间，苏联人民为抗击法西斯德国及其同盟者的侵略而进行的伟大卫国战争中的一次决定性战役。

　　太平洋战争爆发后，苏联和美、英三国达成关于开辟第二战场的协议，美、英承担义务于1942年内在欧洲开辟第二战场。到1942年5月初，与苏军作战的德军已有217个师又20个旅，约占德军及其附庸国陆军总数的80%；6月底，又增至230个师又26个旅，火炮和迫击炮3000门，坦克500辆，作战飞机1200余架。德军第6集团军司令保卢斯上将，把在奥廖尔至塞瓦斯托波尔一线作战的南方集团分为A、B两个集团军群。A集团军群向高加索攻击，B集团军群向斯大林格勒方向进攻。希特勒的企图是迅速攻下斯大林格勒和高加索地区。他妄想在消灭苏军主力后，把德军主力从苏德战场上移往西线，对付英、美，并掠夺近东资源，打通德、日联系；同时，日军主力也可以从北面解脱出来西进，对付中国和英、美，这样来夺取法西斯战线的胜利。

　　斯大林高度重视这个战役的决定性意义。最高统帅部从预备队中将第62、第63、第64集团军调到斯大林格勒方向。7月12日，组建了斯大林格勒方面军，司令员为铁木辛哥元帅（7月23日后为戈尔多夫中将）。还把原来西南方面军和第21、第28、第38、第57集团军和空军第8集团军也编入该方面军，后又把新组建的坦克第1、第4集团军和伏尔加河舰队划入归该方面军指挥。总计兵力达12个师16万余人，火炮和迫击炮2200余门，坦克约400辆，飞机454架。此外，远程航空兵150—200架轰炸机、防空航空兵第102师60架歼击机也在这里参战。双方对比，德军比苏军多 0.7 倍，炮兵和坦克多 0.3 倍，飞机多 1 倍多。方面军的任务，是在 520 公里宽、120 公里纵深地带内实施防御，阻止德军的推进。第一线部队的布置是：第 63 集团军在巴甫洛夫斯克至谢拉非摩维奇一线展开；第 21 集团军在谢拉非摩维奇至克列次卡亚一线展开；第 62 集团军在克列次卡亚至苏罗维基诺一线展开，第 64 集团军在第 62 集团军以南展开。

战役是在斯大林格勒外层地域展开的。从 7 月 17 日起，第 62、第 64 集团军的前进支队于 6 昼夜内在奇尔河、齐姆拉河一线对敌人进行了激烈抵抗。这就迫使德军第 6 集团军展开一部分主力，从而赢得了改善基本地区防御的时间。7 月 23 日晨，德军第 6 集团军以步兵、坦克各 1 个军从彼列拉佐夫斯基地域向上布集诺卡、卡明斯基方向进攻，25 日又以步兵、坦克各一个军从奥布利夫斯卡亚地域向卡拉奇方向进攻，企图围歼顿河大弯曲部的苏军，进而强渡顿河，一举占领斯大林格勒。由于苏军第 62、第 64 集团军的顽强防御和坦克第 1、第 4 集团军实施了反突击，敌人的企图被打破。苏军于 8 月 10 日撤退到顿河左岸，在斯大林格勒外围防御，阻止了敌人的进攻。

希特勒统帅部企图从西面迅速攻占斯大林格勒的计划破产后，被迫将坦克第 4 集团军从高加索方向调了过来，以便向斯大林格勒施行钳形攻势：第 6 集团军由西向东突击；坦克第 4 集团军沿科帖尔尼科沃至斯大林格勒的铁路线向东北方向实施进攻。为防守这一方向，7 日，从斯大林格勒方面军内分编出一个东南方面军，辖第 64、第 57、第 51 集团军，近卫第 1 集团军，空军第 8 集团军；8 月 30 日起，第 62 集团军也编入东南方面军，司令员叶廖缅科上将。9 日至 10 日，东南方面军实施了反突击，迫使德军坦克第 4 集团军暂时转入防御。至 17 日，德军在此也被阻止在外层防御之外，敌人从南面突入斯大林格勒的企图也失败了。

8 月 7 日，德军第 6 集团军在顿河大弯曲部又发起了攻击。经过激战，8 月 14 日苏军退到顿河东岸。之后，德军第 6 集团军把主力调到左翼，8 月 15 日晨向特廖赫奥斯特罗夫卡亚方向发起进攻，8 月 17 日傍晚，苏军也退到顿河东岸。至此，争取顿河大弯曲处的激烈战斗结束了。

8 月 19 日，德军第 6 集团军和坦克第 4 集团军再度发起进攻，力图通过从西面和西南面同时突击攻占斯大林格勒。23日，第6集团军和第14装甲军在斯大林格勒以北突至伏尔加河。斯大林格勒防空地域的部队在抗击这一突击中起了重要作用。同日，德军航空兵出动2000架次，对斯大林格勒进行狂轰滥炸。在空战中，苏军飞行员和高射炮手击落敌机120架。苏军最高统帅部大本营从预备队中调来第24、第66集团军，会同斯大林格勒方面军所属集团军从北面对敌人实行反突击，这就牵制了第6集团军的一部分兵力，使斯大林格勒保卫者的处境得到改善。德军被阻止在西北市郊。但是，8月初，希特勒把意大利第8集团军在斯大林格勒西北投入交战，9月底又将罗马尼亚第3集团军投入交战，而德军第6集团军的基本兵力则集中用于直接夺取城市的斗争。至9月底，在进攻斯大林格勒的"B"集团军群作战的德军达80多个师，希特勒统帅部力图在最短时间内攻占斯大林格勒。

9月12日，德军从西面和西南面也逼近了城市。保卫斯大林格勒市区的任务主要由崔可夫中将指挥的第62集团军和舒米洛夫少将指挥的第64集团军共同担负。市内展开了激烈的巷战，每一条街道、每一个工厂、每一座学校、每一幢楼房，都要经过多次反复争夺。首先展开的是争夺市中心和南部的战斗。德军在付出惨重代价后，9月25日才攻占了市中心和南部的一部分。9月27日以后，该军主力转向北部工厂区。在大量坦克的配合下，德军于10月14日攻占了拖拉机厂，前出到伏尔加河，从而切断了苏军第62集团军一部分兵力与主力间的联系，将其压迫至伏尔加河河岸一带。此时，德军在市北部展开进攻，都未成功。在此期间，近卫第1集团军和第24、第66集团军于9月在该市以北实施的几乎没有间断过的反突击，在市南发动进攻的第57、第51集团军牵制了敌人大量兵力，给斯大林格勒保卫者以有力支持。28日，斯大林格勒方面军改称顿河方面军，司令员为罗科索夫斯基中将，东南方面军改称斯大林格勒方面军，司令员为叶廖缅科上将。10月15日，德军从斯大林格勒拖拉机厂地域一个狭窄地段突至伏尔加河地域。11月11日，德军最后一次试图攻占该市，并在"街垒"工厂以南打到了伏尔加河，但始终未能占领这个工厂。

1942年11月18日，斯大林格勒会战的防御阶段终于结束。这一阶段，德军死伤约 70 万人，损失火炮和迫击炮 2000 余门，坦克和强击火炮 1000 余辆，作战飞机和运输机 1400 余架。希特勒统帅部企图迅速攻占斯大林格勒的计划和整个 1942 年夏秋战局计划均告破产。

苏军首长在战役防御阶段中就制定了斯大林格勒反攻计划。大本营的代表朱可夫元帅和华西列夫斯基将军在制定反攻计划中起了重要作用。反攻的意图是，通过从谢拉菲靡维奇地域和克列茨卡亚地域的顿河登陆场及从斯大林格勒以南萨尔帕群湖地域分别实施突击，粉碎敌人掩护其突击集团两翼的军队，并在沿卡拉奇、苏维埃茨基向心方向发展进攻时，围歼直接在斯大林格勒附近作战的敌军主力。11 月中旬，反攻准备完毕。

反攻开始前，在斯大林格勒方向展开的是西南方面军，辖有近卫第 1 集团军、第 5 坦克集团军、第 21 集团军、空军第 17 集团军，司令员是瓦杜丁中将；顿河方面军，辖第 65、第 24、第 66 集团军，空军第 16 集团军，司令员是罗科索夫斯基中将；斯大林格勒方面军，辖第 62、第 64、第 57、第 51、第 28 集团军，空军第 8 集团军，司令员是叶廖缅科上将，总计兵力 110.6 万人，火炮和迫击炮 155 万门，坦克和自行火炮 1463 辆，作战飞机 1350 架。苏军当面之敌是德军南线集团军 "B" 集团军群，司令为魏克斯元帅，所属罗马尼亚第 3 集团军、德军野战第 6 集团军、第 4 装甲集团军、罗马尼亚第 4 集团军，共有兵力 101.1 万多人，火炮和迫击炮 10290 门、坦克和强力火炮 675 辆，作战飞机 1216 架。苏军兵力比德军多 0.1 倍，火炮和迫击炮多 0.5 倍，坦克和自行火炮多 1.2 倍，作战飞机多 0.1 倍。

11 月 19 日，西南方面军、顿河方面军第 65 集团军实施突击，拉开了反攻的序幕。苏军的反攻分为三个阶段：

第一阶段（1942 年 11 月 19—30 日），苏军完成对德军第 6 集团军和坦克第 4 集团军的包围。

11 月 19 日，开始反攻当天，苏军西南方面军和顿河方面军突破了德军防线。21 日，苏军西南方面军的快速部队进抵卡拉奇地区，切断了德军通向西方的交通线，并于 23 日占领了卡拉奇。斯大林格勒方面军于 11 月 20 日转入攻势，在突破敌军防线之后，也向卡拉奇方向急进，其快速部队于 23 日进抵卡拉奇地区，与西南方面军的快速部队会合。这样，在反攻的第 5 天，苏军包围了进犯斯大林格勒的德军主要集团 22 个师。

苏军步兵到达快速部队占领的地域后，建立了更紧密的包围圈，至 30 日，被围德军所占地区的面积缩小了一半，只有 1500 平方公里了。在苏军进攻过程中，被围德军两翼有 12 个师被歼。此外，苏军的一部分还向西占领有利阵地，构成了坚固的对外正面。

第二阶段（1942 年 12 月），苏军粉碎德军外围的企图。1942 年 11 月底，希特勒几乎把他拥有的全部后备兵力投向斯大林格勒方面，企图解救在斯大林格勒附近的德军。新调来的和被围的德军主要集结于科帖尔尼科沃和托尔莫辛地域内，并在那里建立了两个突击集团。

苏军最高统帅部识破了敌人的图谋，指示西南方面军和斯大林格勒方面军转入围歼德军增援集团，把消灭德军被围集团的任务交给顿河方面军负责。

12 月 12 日，德军从科帖尔尼科沃地域向苏军斯大林格勒方面军发起进攻，企图从南面冲向被围集团。12 月 23 日，德军推进到梅什科瓦河地区，但由于苏军的顽强抵抗，进攻受阻。

12 月 16 日，为消灭德军援兵，苏军西南方面军在顿河的大弯曲处转入了决定性的进攻。在突破敌防线后，猛烈围歼和击溃了意大利集团军的主力和德军"顿河"集团军群的左翼。德军不得不从托尔莫辛和科帖尔尼科沃地区抽调兵力到莫洛佐夫斯基等地域，并从苏德战场的其他地段抽调一些部队，仓猝地投入到新卡里特瓦以南地段上的战斗。24 日起，苏军西南方面军与新调来的德军展开激战。至 31 日，苏军西南方面军前出到新卡里特瓦、马尔科夫卡、米列罗沃，莫罗佐夫斯基一线，设防固守。

苏军斯大林格勒方面军在得到最高统帅部的预备队加强后，于 12 月 24 日也发起进攻，28 日，粉碎了科帖尔尼科沃等地德军的抵抗后，31 日，抵进到托尔莫辛、科米萨罗夫斯基一带。

12 月份西南方面军和斯大林格勒方面军所实施的数次进攻，共歼灭意大利军 5 个师、3 个旅及德军两个师和罗马尼亚军 7 个师，不仅粉碎了德军解围的企图，而且为围歼被围于斯大林格勒的法西斯德军创造了条件。由于 12 月份进行的空中封锁，德军借助航空兵进行补给的企图也破灭了，

700 余架飞机被击毁。至 1943 年 1 月初，德军集团总兵力减至 25 万人，坦克约 300 辆，火炮和迫击炮 4130 门，作战飞机 100 架。负责攻击被围德军的顿河方面军，辖军第 66、第 24、第 65、第 21、第 57、第 64、第 62 集团军，空军第 16 集团军，该方面军炮兵比敌人多 0.7 倍，飞机多 2 倍，但兵员和坦克比敌人少六分之一。最高统帅部代表沃罗诺夫炮兵上将负责对战役实行总领导。

第三阶段（1943 年 1 月—2 月 2 日），歼灭德军被围集团。

1943 年 1 月 8 日，苏军向被围德军的指挥部发出最后通牒，令其停止抵抗，但遭到了拒绝。于是，苏军顿河方面军 1 月 10 日向被围德军发起猛攻。苏军最高军事统帅部的计划是，先将被围之敌截成几段，而后分别歼灭之。

战斗开始后，顿河方面军从维尔佳契东南地域向"红十月"工厂这一总方向上实施主要突击，以便分割敌人。1 月 13 日，苏军占领了被围德军防线西部的突出地带。1 月 13 日至 17 日，苏军把德军直接赶向斯大林格勒市区。1 月 18 日起，苏军进行短暂休整和补充。22 日，苏军继续发起进攻，26 日冲入市区，在马马耶夫岗西北坡与守城的第 62 集团军会师，将被围德军分割为两部分。

从 1 月 25 日起，德军开始整师整团地投降。31 日，德军第 6 集团军南集群在保卢斯元帅率领下停止抵抗。2 月 2 日，北集群投降。在反攻的第三阶段中，苏军全歼敌军 22 个师，俘敌官兵 9.1 万人，被击毙约 14 万人。

斯大林格勒战役是第二次世界大战中最大的会战之一。这次会战历时长达 200 天之久，法西斯集团在会战中被打死、打伤、俘虏和失踪的官兵约达 150 万人，占其在苏德战场作战总兵力的四分之一。

## 【毛泽东评说】

斯大林格勒之战，英美报纸比之为凡尔登战役，"红色凡尔登"之名已传遍于世界。这个比拟并不适当。……这一战，不但是苏德战争的转折点，甚至也不但是这次世界反法西斯战争的转折点，而且是整个人类历史的转折点。……

而在斯大林格勒保卫战之后，……一方面苏联将举行极大规模的第二个冬季反攻，英美对第二条战线的开辟将无可拖延（虽然具体时间仍不能计算），欧洲人民也将准备着起义响应。另一方面，德国及其欧洲伙伴再也无力举行大规模的攻势了，希特勒只好把整个方针转入战略防御。只要迫使希特勒转入了战略防御，法西斯的命运就算完结了。因为像希特勒这样法西斯国家的政治生命和军事生命，从它出生的一天起，就是建立在进攻上面的，进攻一完结，它的生命也就完结了。斯大林格勒一战将停止法西斯的进攻，这一战是带着决定性的。这种决定性，是关系于整个世界战争的。

　　——《第二次世界大战的转折点》，《毛泽东选集》第三卷，第 884—888 页。


## 【评析】

斯大林格勒之战具有重大的军事意义和政治历史意义。1942 年 10 月 12 日，当斯大林格勒之战正在激烈进行的时候，毛泽东在为延安《解放日报》写的社论《第二次世界大战的转折点》一文中就预言：“这一战，不但是苏德战争的转折点，甚至也不但是这次世界反法西斯战争的转折点，而且是整个人类历史的转折点。”

历史的进程完全证明了毛泽东的英明预见。斯大林格勒一战，歼灭德军 66 个师，约占整个苏德战场德军总数的四分之一。从此，德国法西斯军队的士气一蹶不振，陷入了最后失败的深渊。这次会战，对争取苏联卫国战争乃至整个第二次世界大战的根本转折，作出决定性的贡献，是战胜法西斯集团的一个最重要的阶段。斯大林格勒会战的结果，苏联武装力量从敌人手中夺取了战略主动权，并且一直掌握到战争结束，终于在 1945 年 5 月攻克柏林，彻底消灭了希特勒纳粹政权。斯大林格勒之战的胜利，大大提高了苏联及其武装力量的国际威望，极大地鼓舞了世界人民的反法西斯斗争。相反，由于德军的失败，对以德国为首的德、意、日法西斯集团产生了精神上政治上的严重震撼，动摇了它的国际地位，破坏了仆从国的信任。在土耳其统治集团中间，尽管受到来自德国的压力，但保持中立的企望却更强烈了。

斯大林格勒之战的光辉胜利，显示了苏军业已增强的威力及其很高的军事学术水平。在会战中，为围歼敌军重兵集团，先后出色地实施了方面军群的战略性防御战役和进攻战役，战争史上从未有过这样规模的战役。苏军的防御特点是：在大纵深预先建立构筑完善的防御地区，并以军队及时占领，具有高度的积极性。斯大林格勒成了巷战学校。正确选择主要突击方向和军队转入反攻的时机，善于建立军队的进攻集团，隐蔽进行战役准备，军队在进攻过程中巧妙行动，各方面军和集团军之间密切协同，迅速地构成合围的对内正面和对外正面，在对外正面上发展反攻等，决定了苏军反攻的胜利。此外，炮兵和航空兵第一次显出威力，政治机关和党组织在夺取胜利中也建立了巨大功勋。

# 后　记

　　本书是集体创作，初稿由多人分头执笔撰写；选题确定、修改定稿，都是由本人独立完成的。参加本书写作和提供资料的，还有毕国民、东民、英男、袁堤、修兰、刘磊、孙瑾、晓莹、赵庆华、张桂芳、赵悦、张玉兰、李东兵、马文军、张玉芬、巴尔士、王小宁、宋新河等同志。

毕桂发

2023 年冬